33.遯		34.大壯		35.晉		36.明夷		37.家人		38.睽		39.蹇		40.解	
卦詞	4-256	卦詞	4-281	卦詞	4-304	卦詞	4-337	卦詞	5-25	卦詞	5-52	卦詞	5-88	卦詞	5-110
初六	4-258	初九	4-283	初六	4-310	初九	4-341	初九	5-29	初九	5-57	初六	5-94	初六	5-115
六二	4-260	九二	4-285	六二	4-314	六二	4-348	六二	5-31	九二	5-61	六二	5-96	九二	5-117
九三	4-263	九三	4-286	六三	4-318	九三	4-353	九三	5-35	六三	5-64	九三	5-99	六三	5-120
九四	4-267	九四	4-291	九四	4-320	六四	4-358	六四	5-42	九四	5-69	六四	5-101	九四	5-125
九五	4-270	六五	4-294	六五	4-324	六五	4-362	九五	5-44	六五	5-73	九五	5-102	六五	5-128
上九	4-271	上六	4-297	上九	4-327	上六	4-366	上九	5-46	上九	5-76	上六	5-104	上六	5-130
41.損		42.益		43.夬		44.姤		45.萃		46.升		47.困		48.井	
卦詞	5-138	卦詞	5-172	卦詞	5-205	卦詞	5-240	卦詞	5-270	卦詞	5-302	卦詞	5-326	卦詞	5-365
初九	5-147	初九	5-177	初九	5-213	初六	5-243	初六	5-277	初六	5-307	初六	5-331	初六	5-373
九二	5-152	六二	5-180	九二	5-217	九二	5-249	六二	5-282	九二	5-309	九二	5-336	九二	5-376
六三	5-154	六三	5-185	九三	5-221	九三	5-252	六三	5-287	九三	5-312	六三	5-342	九三	5-381
六四	5-158	六四	5-192	九四	5-225	九四	5-256	九四	5-290	六四	5-313	九四	5-347	六四	5-384
六五	5-161	九五	5-194	九五	5-231	九五	5-259	九五	5-292	六五	5-316	九五	5-352	九五	5-386
上九	5-166	上九	5-198	上六	5-236	上九	5-263	上六	5-296	上六	5-318	上六	5-357	上六	5-388
49.革		50.鼎		51.震		52.艮		53.漸		54.歸妹		55.豊		56.旅	
卦詞	6-24	卦詞	6-58	卦詞	6-97	卦詞	6-130	卦詞	6-162	卦詞	6-194	卦詞	6-227	卦詞	6-269
初九	6-31	初六	6-63	初九	6-105	初六	6-138	初六	6-167	初九	6-198	初九	6-234	初六	6-273
六二	6-34	九二	6-68	六二	6-107	六二	6-141	六二	6-171	九二	6-203	六二	6-239	六二	6-278
九三	6-36	九三	6-73	六三	6-112	九三	6-145	九三	6-175	六三	6-207	九三	6-247	九三	6-281
九四	6-41	九四	6-80	九四	6-115	六四	6-150	六四	6-180	九四	6-211	九四	6-253	九四	6-284
九五	6-45	六五	6-89	六五	6-117	六五	6-152	九五	6-183	六五	6-212	六五	6-256	六五	6-288
上六	6-47	上九	6-92	上六	6-122	上九	6-156	上九	6-187	上六	6-219	上六	6-258	上九	6-292
57.巽		58.兌		59.渙		60.節		61.中孚		62.小過		63.旣濟		64.未濟	
卦詞	6-303	卦詞	6-337	卦詞	6-355	卦詞	6-385	卦詞	7-27	卦詞	7-61	卦詞	7-91	卦詞	7-127
初六	6-307	初九	6-340	初六	6-359	初九	6-392	初九	7-37	初六	7-68	初九	7-96	初六	7-135
九二	6-310	九二	6-342	九二	6-361	九二	6-396	九二	7-41	六二	7-71	六二	7-100	九二	7-137
九三	6-314	六三	6-344	六三	6-366	六三	6-398	六三	7-47	九三	7-74	九三	7-105	六三	7-138
六四	6-317	九四	6-345	六四	6-367	六四	6-400	六四	7-51	九四	7-76	六四	7-110	九四	7-141
九五	6-322	九五	6-348	九五	6-373	九五	6-403	九五	7-54	六五	7-81	九五	7-116	六五	7-145
上九	6-327	上六	6-350	上九	6-376	上六	6-405	上九	7-57	上六	7-85	上六	7-122	上九	7-149

譯註 周易四箋 6

Four Methods of Exposition on the Book of Change

옮긴이 방인(方仁)은 1980년에 서울대학교 인문대학 철학과를 졸업하였으며, 1983년에 한국학중앙연구원 부설 한국학대학원에서 「다산역학(茶山易學)사상에 대한 연구」로 석사학위를 취득하였다. 1995년에는 서울대학교 철학과에서 「태현(太賢)의 유식(唯識)철학연구」로 박사학위를 취득하였다. 다산역학과 관련해서는 「다산의 「역론(易論)」을 통해 본 卜筮의 모의실험적 기능」(『주역연구』 제4집, 한국주역학회, 1999) 등 7편의 논문을 발표하였으며, 중문(中文)으로는 「茶山易的辨證法」(『第五屆韓國傳統文化國際學術硏討會論文集』, 南京大, 2005) 등 2편, 영문(英文)으로는 "A Semiotic Approach to Understanding Tasan Chŏng Yakyong's Philosophy of Yijing"(*Review of Korean Studies*, Academy of Korean Studies, 2000) 등 3편의 논문을 발표하였다. 1989년 이래 경북대학교 인문대학 철학과 교수로 재직하고 있으며, 미국의 하버드대학 옌칭연구소와 캐나다의 브리티시 컬럼비아대학(UBC) 한국학연구소의 객원교수(Visiting Scholar)를 역임하였다.

옮긴이 장정욱(張正郁)은 1989년에 경북대학교 경상대학 회계학과를 졸업했으며, 동 대학원 철학과 박사 과정을 수료했다. 현재 대구와 인근의 대학에 출강하고 있으며, 도가(道家) 연구 동아리인 '삼현관(三玄觀)'의 모임을 이끌고 있다. 다산(茶山)의 『역학서언(易學緖言)』 중 「현산역간(玆山易柬)」(『다산학』 4호, 다산학술문화재단, 2003), 「사수고점박(沙隨古占駁)」(『다산학』 6호, 다산학술문화재단, 2005)을 번역하였고, 논문으로는 「노자(老子)의 현실인식과 사유와 실천」(경북대 석사논문, 1993), 「역상(易象)의 적용방식과 설정원리에 대한 분석－다산의 『周易四箋』을 중심으로」(대한철학회, 『철학연구』 75집, 2000), 「역사(易詞)에 나타나는 '유부(有孚)'의 의미－다산(茶山) 「역례비석(易例比釋)」의 '유부'례(有孚例)를 중심으로」(한국주역학회, 『주역연구』 제6집, 2001) 등이 있다.

역주譯註 **주역사전**周易四箋 **6**

1판 1쇄 발행 2007년 08월 20일
1판 2쇄 발행 2014년 04월 20일
1판 3쇄 발행 2017년 09월 30일
1판 4쇄 발행 2024년 06월 01일

지은이 / 다산 정약용
옮긴이 / 방인 · 장정욱
펴낸이 / 박성모
펴낸곳 / 소명출판
출판등록번호 / 제1998-000017호
주소 / 서울시 서초구 사임당로14길 15 서광빌딩 2층
대표전화 / (02) 585-7840
팩시밀리 / (02) 585-7848
somyungbooks@daum.net / www.somyong.co.kr

값 31,000원

ISBN 978-89-5626-267-3 94810
ISBN 978-89-5626-261-1 (전8권)

역주
주역사전 6

譯註周易四箋

다산 정약용 지음
방인 · 장정욱 옮김

소명출판

일러두기

1. 이 책은 茶山 丁若鏞의 『周易四箋』(戊辰本, 24卷, 1808)을 완역하고 주석을 단 것이다.
2. 번역의 底本으로 삼은 것은 활자본 『周易四箋』(新朝鮮社本, 『與猶堂全書』, 1937)과 필사본 奎章閣 所藏 『周易四箋』과 國立中央圖書館 所藏 『周易四箋』이다. 略號로는 新朝鮮社本은 '新朝本'으로, 奎章閣本은 '奎章本'으로, 國立中央圖書館 所藏本은 '國中本'으로 표기하였다.
3. 新朝本, 奎章本, 國中本을 對校하여 오자(誤字)를 바로잡고, 이를 [校閱]로 표시하였다.
4. 각 조목은 원문과 번역문으로 나누어 실었다. 한글표기를 원칙으로 하되, 필요하다고 판단된 경우, 한글과 漢字를 병기하였다.
5. 원문은 '○' 표시로 구분한 것 외에 문단 구분이 없으나, 原文이 지나치게 긴 경우에는 적절히 나누어 문단 구분을 하였으며, '○' 표시는 그대로 살렸다.
6. 원문의 細注 부분은 원래의 위치에서 작은 글씨로 써주고, ≪ ≫로 표시해 주었다.
7. 원문에는 없으나, 의미맥락상 필요한 말은 [ ] 안에 넣었다.
8. 譯註는 脚注로 처리하였다. 『周易四箋』에서 인용하고 있는 해당 원전을 찾아 출전을 밝히고, 필요한 경우 원문을 실었으며, 인용이나 출전이 잘못된 경우 해당 원전에 근거해 바로잡았다.
9. 脚註에서 제시된 『周易四箋』 및 『易學緒言』의 典據는 新朝鮮社本의 卷數 및 面數에 의거하였다.
10. 신조선사본의 면수는 양면으로 되어 있으므로, 가·나로 나누어 표기하였다.
11. 『周易四箋』은 『四箋』으로, 그리고 『易學緒言』은 『緒言』으로 略號를 사용하였다.
12. 8卦의 离와 64卦의 離를 구별하여 표기하였다. 즉, 8卦 중의 하나로 쓰일 때에는 离로, 64卦 중의 하나로 쓰일 때에는 離로 표기하였다.
13. 본 역주본에서는 卦爻의 변화를 표시하기 위하여 기본적으로 '훈글과컴퓨터'사의 8卦 폰트를 조합하여 사용하였다. 그러나 각 卦爻 앞에 오는 괘 그림 및 기타 본문 내의 괘 그림에는 예문서원에서 만든 64卦의 폰트를 사용하였다.
14. 각 卷의 前面紙에는 卦爻辭索引을 배치하여, 각각의 卦辭와 爻詞가 기재되어 있는 卷數와 面數를 쉽게 찾아볼 수 있도록 하였다. 여기에는 64卦의 384爻辭, 64卦辭, 用九·用六 등 모두 450개의 占筮例가 제시되어 있다.
15. 각 卷의 後面紙에는 爻變表를 배치하여 爻變의 모든 例를 일목요연하게 참고할 수 있도록 하였다. 여기에는 64卦의 384爻와 用九·用六 등 모두 386개의 爻變例가 제시되어 있다.

역자 서문

다산(茶山) 정약용(丁若鏞) 선생의 저서 『주역사전(周易四箋)』에 대해서 역자(譯者)가 처음으로 관심을 갖게 된 것은 한국정신문화연구원(현재 한국학중앙연구원의 前身)의 한국학대학원에서 「다산역학사상에 대한 연구」(1983)라는 제목으로 석사논문을 쓰게 되면서부터이다. 그 이후(以後) 벌써 20년의 세월이 훨씬 지나서, 이제 그 역서(譯書)의 출간을 눈앞에 두게 되니, 벅찬 감회를 억누를 수가 없다. 솔직히 말하자면, 『주역사전』을 연구하겠다고 나섰을 때는 그 가치를 충분히 인식하고 출발했다기보다는 실학사상가로서 새로운 사상사적 전환의 틀을 마련한 다산 정약용의 경학 관련 저술 중에서 미개척 분야를 연구해 보겠다는 의욕이 더 강했던 것이 사실이었다. 하지만 이때는 『주역사전』이 번역도 되어 있지 않았을 뿐 아니라, 다산역학에 관련된 선행 연구도 거의 찾아볼 수 없었기 때문에 텍스트의 독해(讀解)는 결코 호락호락하지 않은 난제(難題)였다. 이런 상황에서 역자는 학부 시절에 『맹자(孟子)』를 배우면서 인연을 맺게 된고(故) 함재(涵齋) 김재홍(金在泓 : 1916~2006) 선생님께서 평소 다산 정약용 선생의 『주역사전』이 중국의 어떤 역학대가의 저술에도 뒤지지 않는 독창성과 탁월성을 지니고 있음을 역설하시던 것을 상기하고, 찾아뵙고 가르침을 청하게 되었다. 돌이켜 생각해보면, 선생의 가르침이 없었더라면, 당시 석사논문은 물론이고, 오늘날 『주역사전』의 번역도 감히 시도하지 못하였을 것이다. 이 기회를 빌어 지난 해 세상을 떠나신 함재(涵齋) 선생님께 마음속 깊이 감사 드린다. 역자(譯者)는 그 이후 연구 주제를 바꾸어 「신라 태현(太賢)의 유식사상(唯識思想)」이라는 제목으로 박사논문을 쓰게 되었지만, 다산역학에 관한 관심은 한 번도 마음속을 떠난 적이 없었다. 박사논문을 마친 이후로 역자(譯者)의 연구 관심은 오히려 다산역학으로 다시 옮겨오게 되었다. 다산역학은 역자가 경북대학교 철학과 대학원에서 강의를 개설한 이래, 가장 많이 설강한 과목이 되었으며, 아울러 몇 편의 관련 논문도 발표하기에 이르렀다. 그러다가 한국학술진흥재단의 2000년 동서양학술명저번역 사업에 참여하게 되어, 제자 장정욱(張正郁)과 더불어 『주역사전』의 번역에 착수하게 되었다. 지원 당시 역자가 학술진흥재단의 다른 사업에 지원하고 있는 관계로 부득이하게 장정욱이 연구책임자가 되었으나, 전체적인 총괄과 마무리는 역자가 담당하게 되었다. 번역 작업은 일단 2002년에 완료되었으나, 그 이후에도 오류를 수정하고, 내용을 보완하는 작업을 계속하였다. 2005년 8월부터 일 년 동안 캐나다 밴쿠버에 있는 브리티시 컬럼비아 대학(UBC)의 한국학연구소의 초청으로 연구년을 보내면서, 최종적인 교정작업에 몰두할 수 있었다. 역자가 번역 작업을 하면서 특히 어려움을 많이 느낀 부분은 주역의 괘사(卦辭)와 효사(爻辭)의 번역이다. 다산은 해석방법론에 있어서 자신의 독창적인 방법론을 활용하고 있기 때문에, 이전(以前)의 역학자들로부터 현저하게 차별되는 방식으로 괘사와 효사를 해석하고 있다. 다산의 독특한 괘효사(卦爻辭)의 해석을 충실히 살리기 위해, 역자는 일단 괘효사를 직역 위주로 번역하였으나, 그것만으로는 의미가 충분히 드러나지 않아,

숨은 뜻을 괄호 안에 넣어 보충함으로써 그 문맥을 살리려고 시도하였다. 그러나 그 과정에서 번역해 놓고도 문맥이 통하지 않는 부분에 이르러서는 절망감을 느낀 적이 한두 번이 아니다. 역자는 괘사와 효사의 만족할 만한 번역을 얻을 때까지 역문(譯文)을 몇 번이고 다시 고쳤으며, 다산의 관점을 충실히 반영하기 위하여 최대한 노력하였다. 아울러, 가능한 한 역주(譯註)를 상세히 달아서 독자들의 이해를 돕도록 하였다. 이미 『주역사전』의 번역본(『자세히 풀어쓴 주역사전』, 이영희 역, 민창사, 2004)이 나와 있음에도 불구하고, 본 역서(譯書)가 의의를 가질 수 있다면, 그것은 바로 이 주석(註釋) 때문일 것이다.

번역 텍스트로는 1937년에 신조선사(新朝鮮社)에 의해 간행된 활자본과 규장각(奎章閣) 소장(所藏) 필사본을 주로 사용하였고, 번역과 아울러 양본(兩本)에 대한 텍스트 대교(對校) 작업을 병행하였다. 번역이 끝나갈 무렵에 다산학술문화재단의 도움으로 국립중앙도서관에서 소장하고 있는 『주역사전』의 또 다른 필사본을 입수하게 되어 교정 작업과 더불어 텍스트 교열(校閱)에 참조하였다. 역자가 『주역사전』의 번역에 착수할 당시에는 텍스트 교열 작업까지 목표로 한 것은 아니었지만, 다산학술문화재단이 기념비적 사업의 일환으로 의욕적으로 추진하고 있는 『여유당전서』의 정본(定本) 사업에 참여하게 된 것을 계기로 철저한 자세로 임하게 되었다. 텍스트 간의 이동(異同)을 대조하여, 그 차이를 밝힐 뿐 아니라, 그 중에서 어떤 것을 모범적 텍스트로 정할 것인지에 관해서도 역자의 견해를 밝혔다. 세 개의 텍스트가 모두 일치된 경우라 하더라도, 만일 다산이 인용한 전거(典據)가 잘못된 것이 확실한 경우에는 과감하게 그 잘못을 시정(是正)하고자 하였다. 역주에서 신조선사본(新朝鮮社本)은 '新朝本'으로, 규장각본은 '奎章本'으로, 국립중앙도서관본은 '國中本'으로 표기하였다. 그리고 번역서의 편집 체제와 관련하여, 신조선사본(8卷) 체제를 따르지 않고, 『주역사전』의 무진본(24卷) 체제를 근간으로 하여 권수 등을 표기함으로써, 고본(古本)의 원형(原形)을 제시하고자 하였다. 다만 24권으로 분권(分卷)하게 되면, 각권(各卷)의 분량이 너무 작아지는 문제도 있고 하여 각권을 표시하기는 하되, 3권씩 묶어 총8책(冊)의 체제로 묶기로 하였다. 그렇지만 각주에서 『주역사전』 및 『역학서언(易學緖言)』의 전거(典據)를 제시할 경우에는 신조선사본의 권수 및 면수에 의거하기로 하였다. 그것은 일반적으로 전거(典據) 제시의 경우에 신조선사본의 권수 및 면수를 제시하는 것이 통례(通例)이고, 필사본의 경우에는 활자본과는 달리 면수를 분명하게 확정하기 어렵기 때문이다. 권수가 이중적으로 표기됨으로써 독자들에게 혼란을 야기할 소지는 있겠으나, 무진본 권수는 오직 책의 고본의 원형을 드러내기 위한 용도로 사용되었을 뿐이고, 실제로 각주에서 인용문의 출처를 밝히는 용도로는 신조선사본의 권수, 면수가 사용되었다는 점을 미리 염두에 둔다면, 큰 혼란은 없으리라고 본다.

그러면 이제 『주역사전』의 학술적 가치에 대해 말해보기로 하자. 다산은 신유(辛酉)년(1801) 강진에 유배된 이후, 자신에게 닥친 불운을 오히려 학문을 닦을 수 있는 절호의 기회로 삼아, 『주역』 연구에 착수하게 된다. 「윤외심(尹畏心)에게 보낸 편지[與尹畏心書]」에서 전하는 다산의 술회에 따른다면, "계해년(1803) 늦은 봄부터 눈으로 보는 것, 손으로 잡는 것, 입으로 읊조리는 것, 마음으로 생각하는 것, 붓으로 기록하는 것으로부터 밥을 먹고 변소에 가며, 손가락 놀리고 배 문지르는 것에 이르기까지 어느 하나도 주역 아닌 것이라고는 없었다."(『與猶堂全書』 第1集 『詩文集』 「與尹畏心書」, 제19권 19~20면) 이처럼 자나깨나 오로지 『주역』 연구에 몰두한 결과 나온 다산의 『주역』 주석서가 바로 『주역사전』이다. 다산이 『주역사전』의 완성을 위해 쏟은 정성은 그야말로 엄청난 것이었다. 『주역사전』이 세상에 최초로 모습을 드러낸 것은 1804년에 펴낸 갑자본(甲子本, 八卷)이었으나, 다산은 이에 만족하지 않고 고치고 또 고치어, 을축본(乙丑本) 8권(1805), 병인본(丙寅本) 8권(1806), 정묘본(丁卯本) 24권(1807), 무진본(戊辰本) 24권(1808)의 개정본을 차례로 내기에 이르렀다. 갑자본에서 무진본에 이르기까지 무려 모두 4번의 개고(改稿)를 거친 셈인데, 아마도 다산의 저술 중에서 이처럼 정성을 기울인 저술은 없을 것이다. 이렇게 해서 탄생된 『주역사전』을 다산은 자신의 다른 어떤 저술보다도 더 소중히 여겼다. 다산은 『주역사전』이 하늘의 도움이 없었다면 결코 나올 수 없었을 "天助之文字(하늘의 도움을 얻어 지어낸 文字)"였다고 회고하고 있다. 다산은 자신의 두 아들에게 주는 편지(「示二子家誡」)에서 다음과 같이 당부하고 있다. "『주역사전』은 그야말로 내가 하늘의 도움을 얻어 지어낸 문자(文字)이다. 결코 사람의 힘으로 통할 수 있거나, 사람의 지혜나 생각으로 도달할 수 있는 바가 아니다. 이 책에 마음을 가라앉혀 깊이 생각하여 그 속에 담긴 오묘(奧妙)한 이치를 모두 통할 수 있는 사람이 있다면, 그는 바로 나의 자손이나 친구가 되는 것이니, 그런 사람이 천년에 한 번 나오더라도 배 이상 정을 쏟아 애지중지할 것이다[周易四箋 是 吾得天助之文字 萬萬非人力可通 智慮所到 有能潛心此書 悉通奧妙者卽子孫朋友 千載一遇 愛之重之 當倍常情]."(『與猶堂全書』 第1集 『詩文集』 卷18, 5나) 다산은 자신의 저술에 대해 아는 사람은 적고, 비난하는 사람은 많다는 사실에 대해 개탄하며, 만일 천명(天命)이 허락하지 않는다면, 차라리 불에 태워버려도 좋겠다고 말하면서도, 만일 자신이 저술한 책 중에서 『주역사전』과 『상례사전(喪禮四箋)』만이라도 전승해간다면, 나머지 책들은 그냥 없애버려도 좋겠다고 말한다. 다산의 『주역사전』이 지니는 진정한 가치를 처음으로 발견하고, 이를 격려한 사람은 다산의 중형(仲兄)이었던 손암(巽菴) 정약전(丁若銓)이었다. 『주역사전』이 완성되었을 당시 흑산도(黑山島)에 유배되어 있던 손암(巽菴)은 이를 읽어보고, 복희·문왕·공자의 세 성인 마음속의 오묘한 이치가 이제야 찬연하게 밝혀졌다고 기뻐하였다. 손암은 말하기를 "처음에는 놀라고, 중간에는 기뻤고, 나중에는 나도 모르게 무릎이 굽어졌다. 저자(著者)인 내 동생을 어떤 사람이라고 해야 좋을지 모르겠다. 미용(美庸)저 자신도 모를 것이다"라고 하였다. 손암은 특히 「계사전」 중에서 고점법(古占法)에 대한 부분을 특별히 독립시켜 주석(註釋)한 「시괘전(蓍卦傳)」

에 대해서 감탄을 금치 못하였다. 손암은 말하기를 "주역사해(周易四解)는 그 어느 것이 장관(壯觀)이 아니오리마는 시괘전(蓍卦傳)에 이르면, 더욱 절기(絶奇)한 문자(文字)인 것이다[周易四解 孰非壯觀, 而至蓍卦傳 尤是絶奇文字]"라고 하였다. 손암과 더불어 다산의 당대에 『주역사전』의 가치를 높이 평가한 인물로는 아암(兒庵) 혜장(惠藏, 1772~1811) 선사(禪師)가 있었다. 혜장 선사는 다산이 강진 유배시에 친하게 지냈던 불승(佛僧)으로서, 유학(儒學)에 대해서도 박식(博識)을 자랑하던 사람이었다. 혜장은 전통적 역학(易學)에 대해서도 해박하였으나, 다산의 『주역사전』을 접하고 나서는 산승(山僧)이 20년 동안 역학(易學)을 공부한 것이 모두 헛된 일에 지나지 않았다고 고백하고, 그 이후로 40세라는 아까운 나이로 세상을 떠날 때까지 한결같이 다산 역학의 열성적인 전수자가 되었다.

그렇다면 다산의 『주역사전』의 대략적인 내용에 대해서 살펴보기로 하자. 『주역사전』의 '四箋'이란 글자 그대로는 '네 가지 주석'이라는 뜻이지만, 보다 구체적으로는 『주역』 해석을 위한 ① 추이(推移), ② 효변(爻變), ③ 호체(互體), ④ 물상(物象)의 네 가지 방법론을 가리킨다. 먼저 추이(推移)란 전통적인 역학방법론인 괘변설(卦變說)을 가리키고, 호체(互體)란 상괘(上卦)와 하괘(下卦) 외에 중간에서 괘를 취하는 것을 가리키며, 물상(物象)이란 괘사를 해석할 때 철저하게 「설괘전(說卦傳)」에 설명된 괘의 상징에 의거하여 해석하는 것을 가리킨다. 이 중에서 효변을 제외한 나머지 세 방법론은 역학사를 통해 전승되어 내려온 것이기 때문에, 새로운 것이 아닌 것처럼 보일 수도 있으나, 구체적으로 그 내용을 살펴보면, 보다 정밀한 해석이 가능하도록 다산에 의해서 새롭게 조직된 것임을 알 수 있다. 다산역학의 방법론 중에서 가장 독창적인 요소라고 부를 수 있는 것은 단연코 효변의 방법론이다. 다산은 이 효변법(爻變法)을 개발함으로써 첩첩산중 가로막고 있던 해석학적 난제를 단숨에 해결하는데 성공할 수 있었다. 효(爻)란 획(畫)과 구분되는 개념으로서, 획(畫)이 단순히 그어진 선(線) 이외의 것을 가리키지 않는 정태적 개념이라고 한다면 이와는 달리 효(爻)는 음(陰)에서 양(陽)으로, 혹은 양(陽)에서 음(陰)으로 변화된 상태를 가리키는 동태적 개념이라고 할 수 있다. 이 효변 개념은 역 해석자에게 코페르니쿠스적인 발상의 전환을 요구한다. 효변설(爻變說)을 따른다면, 음(陰)은 비록 음으로 표기되어 있다고 하더라도 사실은 노음(老陰)이기 때문에 이미 양으로 변동되고 있는 과정을 가리키며, 양(陽)은 비록 양으로 표기되어 있다고 하더라도 사실은 노양(老陽)이기 때문에 이미 음으로 변동되고 있는 과정을 가리킨다. 따라서, 효변설을 취하면, 대부분의 역학가들이 양(陽)으로 보고 있는 것을 반대로 음(陰)으로 보고, 대부분의 역학가들이 음(陰)으로 보고 있는 것을 오히려 양(陽)으로 보게 되는 것이다. 역학사상 효변을 통해 괘사를 해석한 역학자의 경우는 정말로 희귀하다. 주자(朱子)의 경우에도 점법(占法)에서는 효변설을 취하고 있으나, 괘사 해석에서는 전혀 효변을 취하고 있지 않다. 따라서, 효변설에 관한 한 다산은 거의 대부분의 역학자들이 취하고 있는 전통적 해석방식에 도전하고 있다고 보아도 과언이 아닐 것이다. 다산의 효변설이 역학사상 일대사건이 될 수 있는 것도 바로 이 효변설이 지니는 혁명적인 발상 때문이다. 그렇다면 다산은 어떻게 이 효변설에 착안하게 되었으며, 다른 대부분의 역학자들의 통설에 맞설 수 있는 용기와 확신을 지닐 수 있었을까? 그것은 바로 『춘추좌씨전』에 소개되어 있는 춘추관점(春秋官占)의 점서례(占筮例)를 통해서였다. 『춘추좌씨전』에는 건초구(乾初九)를 '乾之姤'라고 표기하고 있는 등의 예가 자주 등장하고 있는데, 여기서 '乾之姤'는 '乾의 姤'라고 읽으면 안 되고, '乾이 姤로 간다', 혹은 '乾이 姤로 변화한다'라고 읽어야 하는 것이다. 즉 이때 '之'는 문자 그대로 '갈 지(之)자'로 읽어야 하는 것이다. 이러한 용례는 『춘추좌씨전』에 17개, 『국어(國語)』에 3개가 나타나고 있다. 다산은 『춘추좌씨전』과 『국어』의 점서례(占筮例)에 대한 철저한 분석을 통해, 이것이 『춘추좌씨전』과 『국어』의 몇몇 사례에 국한되는 것이 아니라, 『주역』 64괘(卦) 384효(爻) 전체에 모두 적용되어야 하는 방법론임을 확신하게 된다. 역학의 정통적 계보가 단절되게 된 이유도 바로 이 효(爻)가 변동하는 법이 온전히 전수되지 못했던 데 있다. 효변을 취하지 않게 되면, 물상(物象)이 맞지 않게 되고, 물상이 맞지 않게 되자 「설괘전(說卦傳)」을 폐기하게 되니, 아예 『주역』을 올바로 해석하게 되는 길이 끊어져 버린 것이다. 그렇지만, 효변설을 취하고, 다시 변동된 물상을 「설괘전」에 대조해 본다면, 3백 84개의 효사(爻詞)가 글자마다 부합하고 글귀마다 계합(契合)하여 털끝만큼도 의심스럽거나 통하지 않는 것이 없게 된다는 것이다. 「윤외심(尹畏心)에게 보낸 편지[與尹畏心書]」에서 다산은 효변을 궁전(宮殿)의 천문만호(千門萬戶)를 모두 열 수 있는 열쇠에 비유하고 있다. 궁전 속에는 종묘의 아름다움과 백관의 풍부함이 모두 그 속에 있으나, 단지 자물쇠가 견고히 채워져 있어서, 그 문 앞에 누가 이르더라도 아무도 감히 내부를 엿볼 수 없는 상황이다. 그런데 여기에 하나의 만능열쇠가 있어, 그 열쇠만 손에 쥔다면, 궁전의 모든 문을 열 수 있으니, 그 열쇠로 외문(外門)을 열면 외문이 열리고, 중문(中門)을 열면 중문이 열리고, 고문(皐門)·고문(庫門)·응문(應門)·치문(雉門) 등이 차례로 열려, 결국에는 천문만호가 모두 활짝 열려 종묘의 아름다움과 백관의 풍부함을 모두 감상할 수 있게 되는 것과도 같다. 다산의 외손자인 방산(舫山) 윤정기(尹廷琦, 1814~1897)가 그의 저서 『역전익(易傳翼)』에서 이 효변을 주역 해석의 비밀문을 여는 "황금열쇠(金鑰匙)"라고 불렀던 것도 바로 이 때문이다. 요즈음의 말로 한다면 이른바 '마스터 키'(master key)와도 같은 것이 바로 효변이라 하겠다. 이처럼 일단 효변설을 취하게 되자, 다산은 『주역』의 해석학적 난제들을 파죽지세처럼 풀어 나갈 수 있었다. 뿐만 아니라, 다산은 효변설을 추이설(推移說) 등의 다른 방법론적 수단과 효과적으로 결합시킴으로써 마침내 만족할 만한 『주역』 전편의 해석에 성공하기에 이르렀다. 지금까지 역자(譯者)는 효변설을 중심으로 다산역학방법론의 의의를 설명하였으나, 보다 자세한 내용을 알기 위해서는 『주역사전』의 해제(解題)를 참조하기를 바란다.

이 번역본이 완성되기까지 도움을 주신 많은 분들께 이 자리를 빌어 감사를 드리고 싶다. 무엇보다도 동서양명저번역사업이라는 뜻깊은 사업을 통해, 『주역사전』의 학술적 가치를 세상에 널리 알릴 수 있는 기회를 부여해 준 한국학술진흥재단에 깊은 감사를 드리고 싶다. 아울러, 귀중한 자료인 『주역사전』의 국립중앙도서관 소장본을 구하여, 텍스트의 비교대조에 큰 도움을 주신 다산학술문화재단에 깊은 감사를 드린다. 그 다음으로 역자(譯者)는 경북대 철학과 대학원 수업을 통해 『주역사전』을 접하게 된 것을 계기로 이제는 다산역학에 관해서는 전문적인 학자의 수준으로 성장한 나의 제자 장정욱이 공역자(共譯者)로서 보여준 성실성과 각고(刻苦)의 노력에 대해 찬사를 보내고 싶다. 아울러 학업에 바쁜 와중에도 교정작업을 헌신적으로 도와준 경북대 철학과 대학원의 제자 김상현과 이정숙에게도 역시 고마움을 전하고 싶다. 그리고 이 역주본(譯註本)에서 64괘의 폰트(font)를 사용할 수 있도록 선뜻 허가해주신 예문서원 오정혜 사장님과 이를 주선해주신 계명대 홍원식 교수님께도 진심으로 감사의 말씀을 드리고 싶다. 책의 출판이 늦어지는데도 인내심을 갖고 기다려주신 소명출판의 박성모 사장님의 배려와 원문(原文)과 세주(細注)가 뒤엉켜서 어지럽던 원고를 전문적인 편집 작업을 통해 깔끔하게 정리해주신 편집진의 노고가 없었더라면, 이 책이 이렇게 세상에 나올 수 없었을 것이다. 그리고 마지막으로 이 번역이 시작해서 끝날 때까지 헌신적으로 뒷받침해주고, 성원을 아끼지 않은 나의 아내에게도 고마운 마음을 표하고 싶다.

『주역사전』 무진본(戊辰本) 발간
이백주년을 한 해 앞둔 2007년 7월에
경북대 연구실에서
방인 삼가 적음

『주역사전』 해제(다산의 역경해석 방법론)와 참고문헌은 『周易四箋』 8권 말미에 수록하였습니다.

譯註 周易四箋 1

譯註 周易四箋 2

譯註 周易四箋 3

周易四箋 戊辰本 卷之七

周易四箋 戊辰本 卷之八

周易四箋 戊辰本 卷之九

譯註 周易四箋 4

周易四箋 戊辰本 卷之十

周易四箋 戊辰本 卷之十一

周易四箋 戊辰本 卷之十二

譯註 周易四箋 5

譯註 周易四箋 7

譯註 周易四箋 8

周易四箋 戊辰本 卷之十六

【49. 택화 혁(澤火 革)】

離下兌上 ○ 第二十八卦之正 ≪遯一之上 大壯五之二≫

離가 下卦이고, 兌가 上卦이다. ○ 제28괘의 正卦이다. ≪遯卦의 1이 6으로 가고, 大壯卦의 5가 2로 간다.≫

雜卦傳 曰 革 去故也 ≪項安世云 以火鎔金 爲去故≫

「雜卦傳」에서 말하였다. "革은 낡은 것을 제거하는 것이다." ≪항안세(項安世)[1]가 말하였다. "불[☲]로 쇠[☱]를 녹임으로써, 낡은 것을 제거한 것이 된다."[2]≫

○鏞案 革者 以火而鎔金也 ≪鄭東卿云 革 爐鞴之象≫ 卦自遯大壯來 乾之剛金 ≪二卦 皆乾金≫ 天質未變 ≪不成器≫ 移之爲革 ≪升降之≫ 則鍛之以离火 ≪下今离≫ 淬之以兌水 ≪上今兌≫ 戈兵利斷 ≪离之象≫ 戎器銛銳 ≪萃大象 兌爲戎器≫ 此 洪範所謂 金從革也 去故之義也

䷠ ䷰ ䷡

遯 → 革 ← 大壯

○[鏞案] 혁(革)은 불[☲]로 쇠[☱]를 녹이는 것이다. ≪정동경(鄭東卿)[3]은 革卦가 화로와 풀무의 형상이라 하였다.[4]≫ 革卦는 遯卦와 大壯卦로부터 나왔는데, [이 두 괘에서는] 乾의 강한 쇠의 ≪遯卦와 大壯卦에는 모두 乾의 쇠가 있음≫ 본래 재질(材質)이 아직 변하지 않았다. ≪어떤 기물(器物)을 이루지 않았다.≫ 이것이 推移하여 革卦가 되면 ≪오르거나 내림≫ 离의 불로 [그 쇠를] 달구어 두드리고 ≪[革卦의] 下卦는 지금 离≫ 兌의 물에 담가서 식힘에 ≪上卦는 이제 兌≫ [下卦를 보면] 창과 무기(戈兵)로 날카롭게 [사물을] 자르고 ≪[과병(戈兵)은] 离의 物象≫ [上卦에서도 또한] 병장기(兵仗器)가 예리하다.[5] ≪萃卦의 「大象傳」에서 兌를 "戎器"로 보았다.[6]≫ 이런 상황이 바로 『尙

---

1) 항안세(項安世, ?~1208) : 南宋의 易學家, 字는 평보平父(一作 平甫). 號는 平庵(一作 平菴). 저서로 『周易玩辭』(16卷)가 있다.

2) 『周易玩辭』, "革, 以火鎔金, 故爲去故; 鼎, 以木鑽火, 故爲取新, 亦以離爲主也."

3) 정동경(鄭東卿) : 北宋 哲學者. 心學의 초기 대표적 인물. 字는 소매(少梅). 자칭 '합사어부合(沙漁父)'라 하여, 학인(學人)이 '合沙先生'이라 불렀다. 저서로 『易說』(3卷)이 있다.

4) 자세한 것은 알 수 없으나, 정동경(鄭東卿)은 革卦 자체를 용광로(爐鞴)의 象으로 본 것 같은데, 茶山은 추이의 과정을 가지고 "용금(鎔金)"을 설명하고 있다.

書』「홍범(洪範)」에서 "金從革", 즉 "쇠는 따르고 바뀐다"라고 한 것으로,[7] 낡은 것을 없애는 의미이다.

又皮去毛 曰 革 ≪許愼云≫ 故獸退毛 謂之革 堯典所謂 希革也 遯大壯之時 巽髮震毛 ≪大巽而上震≫ 質而無文 ≪二卦皆無离≫ 移之爲革 則夏而希革 ≪离爲夏≫ 秋而毛毨 ≪兌爲秋≫ 髮毛大變 ≪巽震變≫ 离文炳然 ≪下今离≫ 變革之義也

遯 → 革 ← 大壯

또 가죽에서 털을 제거한 것을 "혁(革)"이라고 하니 ≪허신(許愼)의 말[8]≫ 짐승이 털을 가는 것도 "혁(革)"이라고 하는데, 「요전(堯典)」에서 말한 "희혁(希革 : 새와 짐승이 털갈이를 하는 것)"이 바로 그것이다.[9] 遯卦와 大壯卦의 때에는 巽의 머리털이나 震의 체모(體毛)가 ≪[遯卦는] 큰 巽의 형태이고, [大壯卦의] 上卦는 震≫ 원래 그대로 별다른 무늬가 없었는데 ≪遯卦와 大壯卦에는 모두 离가 없음≫ 推移하여 革卦가 되면, 여름에는 털이 빠지고 ≪离는 여름이 됨≫ 가을에는 털이 새로 자라나서 ≪兌는 가을이 됨≫ 두발(頭髮)과 체모(體毛)가 크게 변함에 ≪巽과 震이 변함≫ 离의 무늬가 뚜렷하게 드러나

5) "과병(戈兵)"이나 "융기(戎器)"는 모두 무기(武器)·병장기(兵仗器)라는 뜻이니, "戈兵利斷, 戎器銛銳"를 말 그대로 풀면 동어반복이 되어 어색하다. 그래서 이상과 같이 원문에 없는 말을 넣었다.

6) 「大象傳」, "澤上于地, 萃. 君子以, 除戎器, 戒不虞". 茶山曰, "兌金上銳(陰爲小), 是戎器也."

7) 『書經』「洪範」, "水曰潤下, 火曰炎上, 木曰曲直, 金曰從革, 土爰稼穡."

8) 『說文解字』, "獸皮, 治去其毛, 曰革."

9) '털갈이'라고 하면 보통 '털이 빠지고 새로 나는 과정' 전부를 말하는 것인데, 엄밀히 따지면 여기 "희혁(希革)"은 털이 빠지는 단계(즉 "退毛")까지이고, 아래 나오는 "모선(毛毨)"은 '빠진 털이 새로 나는 과정'이다. "모선(毛毨)"도 역시 『尙書』「堯典」에 나오는 말이다.

니 《[革卦의] 下卦가 지금 离》 [이것이 바로] 변혁되었다는 뜻이다.

聖人以之 變革隨宜 《文質變》 命而民莫不信 《大巽變爲离》 言而民莫不悅 《大兌變爲兌》 革之時義也

遯 → 革 ← 大壯

성인(聖人)이 이런 의미를 본받아 변혁을 상황에 맞게 적절히 진행하니 《그래서 형식[文]과 본질[質]이 모두 변함[10]》 명령을 내리되 백성이 믿지 아니함이 없고 《[遯은 大巽인데, 명령을 뜻하는] 大巽이 변하여 [믿음을 상징하는] 离가 되었다》 말씀하되 백성이 기뻐하지 않음이 없으니 《[革卦의 母卦인 大壯卦는 大兌인데, 말씀을 뜻하는] 大兌가 변하여 [기쁨을 상징하는] 兌가 되었다》 이것이 革卦가 오늘날 우리에게 주는 의미(時義)이다.[11]

革, 已日[12]乃孚,[13] 元亨, 利貞, 悔亡.

---

10) 세주(細注)의 "文質變"이란, '변혁은 文과 質이 모두 변해야 하는 것이니, 상황에 맞게 적절히 진행(隨宜)되야 한다', 또는 '변혁이 상황에 맞게 적절히 진행(隨宜)되면, 文과 質이 모두 바뀌어 진정한 변혁이 이루어진다'는 뜻을 함축한 말이겠다.

11) "革之時義"를 '개혁할 때의 바른 도리', 또는 '변혁이 시의적절하게 이루어짐' 정도로 풀 수도 있겠다.

12) [校閱] "이일내부(已日乃孚)"의 "已(이)"가 新朝本에는 "己(기)"로 되어 있는데, 誤記이다. 이후의 例도 동일하다.

13) 已日乃孚 : "이일내부(已日乃孚)"로 읽는다.

개혁함에 하루만에 곧 신뢰를 받을 것이다. 크게 형통하며,[14] 일을 맡아 처리함(貞)에 이로울 것이다. [변한 것이 있더라도 다시 본래대로 될 것이니, 결국에는] 바뀐 것이 없을 것이다.

此 革之不變者也 遯大壯之時 乾王馭民 ≪其二陰爲民≫ 巽以齊之 ≪遯大巽≫ 兌以說之 ≪大壯之兼兌≫ 民猶不信 ≪彼無离≫ 變之革之 ≪升降之≫ 除舊布新 則道之以禮 ≪离文[15]明≫ 物無不悅 ≪上今兌≫ 不過一日 ≪离爲日≫ 民已信之 ≪离爲信≫ 已日乃孚也 已日者 旣日也 ≪猶書云 旣[16]月≫ 日在西天之下 ≪离在兌乾下≫ 旣日之象也

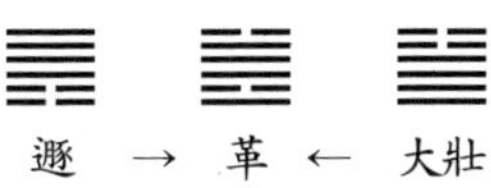

이것은 革卦가 변하지 않는 경우이다. 遯卦와 大壯卦의 때는 乾의 임금이 백성을 다스릴 적에 ≪그 두 개의 陰이 백성에 해당≫ 巽에 따라 그들을 동등하게 대우하고 ≪遯卦는 大巽≫ 兌로써 그들을 달래어 보지만 ≪大壯卦는 겸태(兼兌)≫ 백성들은 오히려 신뢰하지 않았는데 ≪遯卦와 大壯卦에는 [믿음을 뜻하는] 离가 없음≫ [이런 상황을] 개혁하여 ≪遯卦와 大壯卦의 획(畫)을 올리거나 내린 것을 말함≫ 구습이 타파되고 새로운 기풍이 진작되면, 예의(禮義)로써 그들을 이끌어 ≪离의 문화가 밝게 됨≫ 만물이 기뻐하지 않음이 없는데 ≪上卦가 지금 [革卦에서 기쁨을 뜻하는] 兌≫ 하루가 지나지 않아서 ≪离는 태양이 됨≫ 백성들이 그를 믿으니 ≪离가 믿음이 됨≫ "이일내부(已日乃孚 : 하루만에 신뢰한다)"라고 말한 것이다.[17] "이일(已日)"

---

14) 다산은 "元"을 '君'으로 보아, "元亨"을 '임금의 일이 형통하다'라고 보기도 한다.
15) [校閱] "离文明"의 "文"이 奎章本에는 "民"으로 나오는데, 誤記이다.
16) [校閱] "旣月"의 "旣"가 新朝本에는 "卽"으로 나오는데, 誤記이다.
17) 이상을 부연하면, 변혁하기 이전에는 '손제(巽齊)'와 '태세(兌說)'였는데, 변혁 이후에는 '리례(离禮)'와 '태열(兌悅)'이 된 것이다. 이는 결국 단순한 평균주의(巽齊)와 선전

은 '하루가 다함'을 뜻한다. ≪『尙書』에서 "기월(旣月)"이라 한 것과 같은 용례이다.[18]≫ 해가 서쪽 하늘 아래에 있으니 ≪离가 서쪽을 뜻하는 兌와 하늘을 뜻하는 乾의 아래에 있음≫ 하루가 다한 형국이다.

○大壯之卦 善之長也 ≪上本震≫ 義之和也 ≪本兼兌≫ 移之爲革則於离之位 ≪一二三≫ 移震爲离 ≪五之二≫ 元亨也 ≪离嘉會≫ 於坎之位 ≪四五六≫ 兌以剛中 ≪二之五≫ 利於貞也 ≪坎貞固≫

革 ←推移← 大壯

○大壯卦는 "善之長(훌륭한 君長)"에 해당되며 ≪上卦는 본래 震≫ [또] "義之和(정의로운 화합)"에 해당된다.[19] ≪[大壯卦는] 본래 兼兌의 형상≫ 추이하여 革卦가 되면 곧 离의 자리에 ≪1·2·3位≫ 震을 옮겨서 离가 되니 ≪5가 2로 감≫ 군주가 형통함이요,[20] ≪离는 즐겁게 만남의 뜻≫ 坎의 자리에는 ≪4·5·6位≫ 兌에 따라 剛이 가운데 자리하니 ≪2가 5로 감≫ 일을 맡아 처리함에 이로운 것[21]이다.[22] ≪坎의 일이 건실한 것이다.[23]≫

선동(兌說)이 지양되고, 보다 고차적인 '禮에 따른 정치'로 변화되었음을 뜻하는 것이라 하겠다.

18) 『書經』「舜典」에 "輯五瑞, '旣月'乃日"이라 했는데, 그 傳에 "기(旣)"는 '다함(盡)'이라 하였다. 한편, 이 구절을 '吉月과 吉日을 고른다'는 뜻으로 해석하기도 하는데(車相轅 譯, 『書經』, 명문당, 1973, 41면), 여기서 다산이 말하는 뜻과 어떻게 연관되는지는 분명치 않다.

19) 乾卦「文言」, "元者, 善之長; 亨者, 嘉之會也; 利者, 義之和; 貞者, 事之幹也."

20) 이를 물론 "크게(元) 형통하다"라고 풀 수도 있다.

21) "利貞"을 '利於貞'이라 풀고 있다.

22) 卦辭에 "'元'亨, '利'貞"이라 하였는데, 大壯卦에서 먼저 "元"(震; 善之長)과 "利"(兌; 義之和)를 설명하고, 다음으로 革卦에서 "亨"과 "貞"을 설명하고 있다. 즉, 革卦에서 '离의 자리'(下卦)에 '离'가 위치한 것(亨者, 嘉之會)에 따라 "元'亨'"을 설명하고, '坎의 자리'(上卦)에 兌로 "剛中"한 것(貞者, 事之幹)에 따라 "利'貞'"을 설명하고 있다. 그리고 震元, 离亨, 巽利, 坎貞이지만, 茶山은 또한 이를 "元亨"과 "利貞"으로 묶어서

○遯者 大巽也 ≪兼畫三≫ 大壯者 兼兌也 ≪兼畫三≫ 移之爲革而兌巽如舊 ≪下互巽≫ 其悔者 亡也 ≪變者亡≫

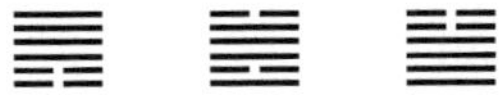

遯 → 革 ← 大壯

○遯卦는 大巽의 형태이고 ≪획을 겹치면 삼획괘(三畫卦)가 됨≫ 大壯卦는 兼兌의 모양인데 ≪획을 겹치면 삼획괘(三畫卦)가 됨≫ 推移하여 革卦가 되어도 그런 兌와 巽이 이전과 마찬가지로 있으니 ≪革의 下互卦는 巽≫ 그 뉘우침이 없는 것이다. ≪변한 것이 없다.[24]≫

彖曰 : 革, 水火相息, 二女同居, 其志不相得, 曰革. 已日乃孚, 革而信之. 文明以說, 大亨以正, 革而當, 其悔乃亡. 天地革而四時成, 湯武革命, 順乎天而應乎人, 革之時, 大矣哉.

「彖傳」: 革卦는 물과 불이 서로를 소멸시키고, 두 여자가 함께 살되, 그 뜻이 서로 맞지 않음인데, 이것을 [‘바꾸다’, ‘갈아치우다’는 뜻으로] ‘혁(革)’이라 하는 것이다. “이일내부(已日乃孚 : 하루만에 곧 호응한다)”란 개혁하여 신뢰를 받는다는 것으로, 문화를 진작하여 [만민을] 기쁘게 하며, 올바름으로 크게 형통한다. 혁신하여서 도리에 마땅하게 되니 그 후회함이 이에 없는 것이다. 하늘과 땅이 바뀌어서 춘하추동 네 계절이 이루어

본다(乾卦「文言」 부분을 참조).

23) 坎貞固 : ‘坎은 곧고(貞) 굳음(固)이다’의 뜻으로 해석할 수도 있다.

24) “회망(悔亡)”은, 茶山에 따르면, ‘悔(變)가 생겼다가 없어진 경우(變者亡)’와 ‘애초에 悔(變)가 없는 경우(無所變)’ 두 가지가 있는데, 여기서는 茶山이 위에서 설명했듯이 後者에 속한다. 그래서 “悔亡(變者亡)”의 “망(亡)”을 엄밀히 따지면 ‘잃어버린다’, ‘상실한다’, ‘없어진다’라고 풀어야 하지만, 여기서는 문맥과 卦象에 따라 바로 ‘없다’라고 풀었다. 한편, 이후 동일한 경우인 九四의 “悔亡”에 대해서는 “無所變”이라 하였으니, 여기서도 “變者亡”이 아니라 “無所變”이 바른 것이라 할 수 있지만, ‘亡’字 자체에 ‘없다’는 뜻도 있으므로, 굳이 誤記로 보지 않았다. 「易例比釋」 해당 부분 참조 바람.

지며, 탕왕(湯王)과 무왕(武王)이 혁명하여 하늘을 따르고 사람에 부응하니, 혁신의 때(時)[가 갖는 의의(意義)]는 실로 중대한 것이다.

息者 熄也 滅也 水降則火滅 ≪金之所以淬≫ 火升則水涸 ≪亨飪之革物≫ 於是乎 革物也 ≪火在下 故相滅 若在上 則睽而已≫

["水火相息"이라고 했을 때] '식(息)'은 '꺼지게 한다', 혹은 '소멸시킨다'는 뜻이다. 물이 내려가면 불이 꺼지고, ≪이에 [불에 달구어진] 쇠가 담금질되는 바이다≫ 불이 올라가면 물이 마르니 ≪이에 삶고 익혀서 사물의 성질이 바뀜≫ 이런 계기에 사물을 변화시키는 것이다. ≪불이 [물] 아래에 있는 까닭에 서로 소멸시키는 것이며, 만약에 불이 위에 있다면 [불은 위로 가고, 물은 아래로 가서] 서로 등질 뿐이다.≫

○离女未衰 ≪中女也≫ 兌女有寵 ≪兌在上≫ 安能相得 雖有离志 必以兌失也 文與睽同者 明睽與革爲交易也

革　　　睽

○离의 여인이 아직 늙지도 않았는데 ≪离는 중년 여인≫ 兌의 여인이 총애를 받으니 ≪[젊은 여인을 상징하는] 兌가 위에 있음≫ 어찌 서로 마음이 맞을 수 있겠는가! 비록 离로 [화합할] 뜻이 있더라도 반드시 [상실(喪失)을 뜻하는] 兌로 말미암아 [그런 마음을] 잃게 될 것이다.[25] [革卦의 「彖傳」의] 글이 규괘(睽卦)와 같은 것은 睽卦와 革卦가 서로 交易 관계에 있음을 밝힌 것이다.[26]

---

25) 「說卦傳」의 茶山 '今補'에 兌는 "脫失"이라 함.

26) 앞서 보았듯이 이 革卦의 「彖傳」에는 "二女同居, 其志'不相得'"이라 하였는데, 睽卦 「彖傳」에서는 "二女同居, 其志'不同行'"이라 하였다.

○離則爲信 《虛中故》 革而信之也 離禮旣明 《我修之》 物無不悅 《彼爲兌》 文明以說也 《說悅通》

○[革의 下卦인] 離는 곧 믿음이 되니 《離는 가운데가 빈 까닭에 그러함》 "혁이신지(革而信之 : 개혁하여 신뢰를 받는다)"라는 것이요, 離의 禮가 이미 밝음에 《내가 [먼저] 수양을 쌓음》 만물이 기뻐하지 않음이 없으니 《상대가 [기쁨을 뜻하는] 兌로 됨》 "문명이열(文明以說 : 문화를 창달하여 기쁘게 함)"이라 하는 것이다. 《'說'字와 '悅(열)'字는 통한다.》

○革而當者 當於位也 遯之時 二五當位 《剛柔當》 一六失位 大壯之時 一六當位 二五失位 變革之時 其當於理者 因之 《當位者不變》 其不當於理者 革之 《不當位者 升降之》 此所謂 革而當也 審如是也 民心信服 《下今離》 天心悅豫 《上今兌》 其有悔乎

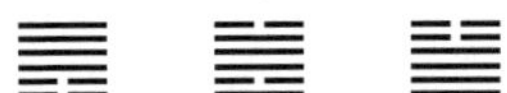

遯 → 革 ← 大壯

○"혁이당(革而當 : 혁신하여서 도리에 마땅하게 됨)"이라고 한 것은 괘획(卦畫)이 자리에 합당하기 때문이다. 遯卦의 때에는 2와 5가 자리에 합당하고 《剛과 柔가 자리에 맞음》 1과 6이 바른 자리를 잃고 있었으며, 大壯의 때에는 1과 6이 자리에 합당한 반면에 2와 5는 바른 자리를 잃고 있었다. 개혁할 때에도 이치에 합당한 것은 계속 유지하고, 《[革卦로 推移하면서] 자리가 맞는 괘획은 변하지 않았음》 그 이치에 합당하지 않은 것은 혁파하니 《자리에 맞지 않은 괘획은 올리거나 내림》 이것을 일러 "혁이당(革而當)"이라고 한 것이다. 만일 참으로 이와 같이 한다면, 민심(民心)도 믿고 따르고 《下卦가 지금 離》 천심(天心)도 기뻐하리니 《上卦가 지금 兌》 무슨 후회할 일이 있겠는가!

○陰陽之變 降自天位 升自地位 ≪三才位≫ 天地變革也 大壯之時 震德爲春 ≪本上震≫ 移之爲革 則离夏兌秋 遂成大冬 ≪今大坎≫ 四時成也

遯 → 革 ← 大壯

○陰과 陽이 변동하여 天位로부터는 하강(下降)하고,[27] 地位로부터는 상승(上昇)하니[28] ≪天・地・人의 3才의 자리≫ 天地가 바뀌는 것이다. 大壯卦의 때에는 그 震의 성질이 봄에 해당되는데 ≪본래 上震≫ 推移하여 革卦가 되면 곧 离의 여름과 兌의 가을이 되고, 마침내 한겨울이 되니 ≪지금 2・3・4・5・6位가 大坎≫ "四時成"이라고 한 것이다.

○殷尙白 得兌德者 湯也 ≪西方色≫ 周尙赤 得离德者 武王也 ≪离爲武≫ 遯之大命 ≪兼畫巽≫ 今乃革之 ≪一之上≫ 湯武革命也 巽以承乾 ≪今兩互≫ 順乎天也 五乃應二 ≪五爲君之心≫ 應乎人也 ≪二爲人之心≫

遯 → 革 ← 大壯

○은(殷)나라는 흰색을 숭상하였으니 그 兌의 德을 얻은 자는 탕(湯)임금이며 ≪흰색은 서쪽을 상징하는 색≫ 周나라는 붉은 색을 숭상하였으니 그 离의 德을 얻은 자는 武王인데 ≪离는 武가 됨≫ 遯卦의 大命이 ≪획을

---

27) 降自天位(天位로부터 하강함)의 경우: ① 大壯卦의 5가 2로 감, ② 遯卦의 1이 6으로 감.

28) 升自地位(地位로부터 상승함)의 경우: ① 大壯卦의 2가 5로 감, ② 遯卦의 6이 1로 감.

겹치면 巽의 형태가 됨≫ 이제 바뀌니 ≪1이 6으로 감≫ "탕무혁명(湯武革命)" 이라고 한 것이다. 巽으로써 乾을 받드니 ≪지금 革의 두 互卦≫ "順乎天" 인 것이며, 제5位가 곧 제2位와 호응하니 ≪제5位는 君主의 마음에 해당≫ "應乎人"인 것이다. ≪제2位는 人民의 마음에 해당한다.≫

○或曰 己者 十幹之名 先於庚也 ≪兌爲庚≫ 庚者 更革也 ≪鄭玄云≫ 其義 非也

○혹자는 ["이일내부(已日乃孚)"가 아니라 "기일내부(己日乃孚)"로 보고] 말하기를, "기(己)는 십간(十幹[29])의 명칭으로, 경(庚)의 바로 앞인데 ≪兌는 경(庚)이 됨[30]≫ 경(庚)에는 '바꾼다'는 뜻이 있다"라고 하였는데 ≪[庚을 경혁(更革)이라 한 것은] 鄭玄의 말이다.[31]≫ 이런 해석은 옳지 않다.

䷰

初九 : 鞏用黃牛之革. ○象曰 : 鞏用黃牛, 不可以有爲也.

初九 : [튼튼하게 묶으려면] 황소의 가죽을 써서 [수레를] 묶어야 할 것이다. ○「象傳」: 황소의 가죽을 써서 묶더라도[32] [수레가 이미 부서져 있

---

29) 十幹은 십간(十干), 혹은 천간(天干)이라고도 하는데, ① 갑(甲), ② 을(乙), ③ 병(丙), ④ 정(丁), ⑤ 무(戊), ⑥ 기(己), ⑦ 경(庚), ⑧ 신(辛), ⑨ 임(壬), ⑩ 계(癸)이다.

30) 兌爲庚 : 「說卦傳」에 나오는 것은 아니며, 兌가 서쪽이 되니, 천간(天干)으로 보면 서쪽인 "경(庚)"에 해당하는 것이다.

31) 이런 주장을 정현(鄭玄)이 했다는 것은 아니며, 다만 "경(庚)"을 "경혁(更革)"이라 한 鄭玄의 說에 의거하여, 어떤 사람이 이런 주장을 했다는 것이다. 자세한 것은 알 수 없으나, 만일 "기일내부(己日乃孚)"라고 본다면, ''바꾸는 날'인 '경일(庚日)'의 전날인 '기일(己日)'에 이미 신뢰한다'라는 정도의 뜻이 되는 셈이겠다. 한편, 巽卦 九五에 "先'庚'三日, 後'庚'三日"이라 했는데, 참조해 보아야 할 것이다.

32) "鞏用黃牛"라고 한 것은 "鞏用黃牛之革"을 생략한 것으로 보아야 할 것이다. 즉 "黃

다면] 어찌 할 수 없을 것이다.

此 革之咸也 以韋束物曰 鞏 ≪說文云≫ 所鞏者 乾車也 咸自否來 ≪三之上≫ 乾之大車 ≪虞氏云≫ 屢被摧敗 ≪姤 遯 否≫ 敝車雖存 ≪否上乾≫ 又將毁滅 ≪將爲觀爲剝≫ 不可不改革也

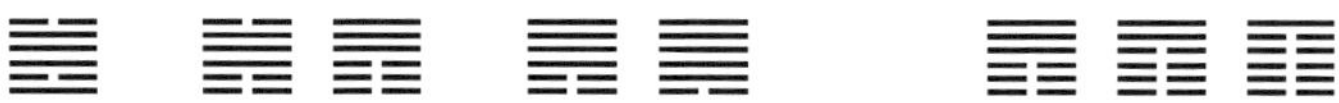

革 → 咸 ← 否 ← 遯 ← 姤　　　否 → 觀 → 剝

이것은 革卦가 咸卦로 변하는 경우이다. 가죽끈으로 물건을 묶는 것을 가리켜 "공(鞏)"이라고 하는데, ≪『說文』에서 말함≫ 여기서 [그 가죽끈에] 묶이는 것은 乾의 수레이다. 咸卦는 否卦로부터 왔는데 ≪3이 6으로 감≫ [否卦를 보면] 乾의 큰 수레가 ≪우번(虞翻)의 說≫ 여러 차례 파손되어 ≪姤卦→遯卦→否卦로 진행된 것≫ 부서진 수레가 비록 남아 있기는 하지만 ≪否卦의 上卦는 乾≫ 또한 장차 완전히 부서져 없어지게 되었으니 ≪장차 觀卦가 되고 剝卦가 됨≫ 고치지 않을 수 없는 형편이다.

移之爲咸 ≪三之上≫ 則通卦爲坎 ≪二六夾≫ 坎德堅固 ≪見說卦≫ 車可鞏也 鞏之柰[33]何 坤爲黃牛 ≪孔子曰 天玄地黃≫ 在膚外者爲革 ≪坤之最上畫≫ 黃牛之革也 柔往爲坎 ≪三之上≫ 鞏用革也 ≪艮手以束之≫

革 → 咸 ← 否

牛"로 묶는 것이 아니고, 역시 '黃牛의 革'으로 묶는 것이다.

33) [校閱] "柰何"의 "柰"가 奎章本에는 "奈"로 나오는데, 뜻에는 차이가 없다.

이런 상황에서 추이(推移)하여 咸卦가 되면 ≪3이 6으로 감≫ 卦의 전체적 형태가 坎이 된다. ≪2·3·4·5·6의 협괘≫ 坎의 성질은 견고함이니 ≪「說卦傳」에 나옴[34]≫ 수레를 견고하게 묶을 수 있는 것이다.[35] 그렇다면 어떻게 견고하게 묶을 것인가? [否卦의 下卦인] 坤은 황우(黃牛)가 되며 ≪孔子가 "하늘은 검고, 땅은 누르다"고 함[36]≫ 피부의 바깥 부분이 가죽이 되니 ≪坤의 제일 위 획[37]≫ [그것은 곧] "황소의 가죽"인 것이다. 柔가 가서 [견고함을 뜻하는] 坎이 되었으므로 ≪3이 6으로 감≫ "공용혁(鞏用革 : 가죽으로 공고히 묶음)"이라고 말한 것이다. ≪下卦의 '艮의 손'으로 묶음≫

○雖則鞏矣 本自摧敗 ≪義見上≫ 不可以有爲也 艮以止車 何以行矣

革 → 咸 ← 否

○비록 [수레를] 공고하게 묶기는 했지만 본래 그 자체가 심하게 부서져 있었으니 ≪풀이는 앞서 나왔다.≫ "어찌 할 수가 없는 것"이다. [또한, 咸卦의 下卦인] 艮으로써 수레를 막고 있으니 어떻게 운행하겠는가?

○遯六二 宜參看

○遯卦 六二의 경우를 마땅히 참고해 보아야 한다.[38]

---

34) 「說卦傳」에 "坎德堅固"라고 명시적으로 나오는 것은 아니며, 다만 "'堅'多心" 등의 말에 의거하여 茶山이 이렇게 말하는 것이다.

35) '공(鞏)'字를 '묶다'는 뜻과 아울러 '공고하다'는 뜻으로 사용한 것이다.

36) 「說卦傳」에 坤은 소(牛)라고 하였는데(遠取), 坤卦 上六의 「文言」에서 "天玄而地黃"이라 하였으니, 坤은 또한 "黃色"이다. 따라서 坤이 "黃牛"라는 것이다.

37) 坤이 "부(膚)"이다. 茶山의 '今補'에 나온다.

38) 遯卦 六二에 "執之, 用黃牛之革"이라 하였는데, 이는 姤卦로 爻變하는 경우이다.

䷰

六二 : 已日乃革之, 征吉, 无咎. ○ 象曰 : 已日革之, 行有嘉也.

六二 : 하루만에 곧 개혁하니, 정벌하러 가면 길할 것이며, 허물이 없을 것이다. ○「象傳」: 하루만에 개혁하니 [정벌하러] 가면 좋은 일이 있을 것이다.

此 革之夬也 二者 自大壯來者也 ≪五之二≫ 來而爲离 ≪乃虛中≫ 离日旣至 諸象悉變 ≪爲革卦≫ 旣日乃革也 二爲卦主 故彖詞所言 此又明之

䷡ ䷰ ䷪

大壯 → 革 → 夬

이것은 革卦가 夬卦로 변하는 경우이다. [지금 관건이 되는] 六二는 大壯卦로부터 나온 것인데 ≪5가 2로 감≫ 안으로 들어와서 离가 되어 ≪이에 가운데가 텅 빔≫ 离의 태양이 도달함에 모든 象이 변하니 ≪革卦가 됨≫ 하루만에 곧 개혁하는 것이다.[39] 이 六二가 卦主인 까닭에 卦辭(彖詞)[40]에서 말한 것을 여기서 또 밝힌 것이다.[41]

○征者 南君北征也 ≪二之五≫ 大壯之時 我得乾金 ≪本下乾≫ 克彼震木 ≪上震木≫ 移之爲革 ≪二之五≫ 火又克金 ≪我得离≫ 以征

39) "已日乃革"을 역시 "旣日乃革"이라 풀이한 것이다.

40) 卦辭(彖辭)에서 "革, 已日, 乃孚"라고 하였는데, 여기 六二에서 다시 "已日, 乃革之" 라고 한 것을 가리킨다.

41) 卦主라서 효변을 고려하지 않고 本象에 의거하니, 원래 本象에 의거한 卦辭와 같은 것이다.

則吉

大壯 → 革

○[여기서] "征"이라고 한 것은 남쪽 나라의 임금이 북방으로 정벌하는 것을 가리킨 것이다. ≪[大壯卦의] 2가 5로 감≫ 大壯卦의 때에는 우리가 乾의 쇠(金)를 얻어서 ≪下卦가 본래 乾≫ 상대방의 震의 나무(木)를 이겼는데[42] ≪上卦가 震의 木≫ 推移하여 革卦가 되어도 ≪2가 5로 감≫ 불이 또한 쇠를 이기니[43] ≪우리가 离를 얻음≫ 정벌함에 길한 것이다.

○大壯之時 二五失位 ≪剛柔不當位≫ 移乃得當 ≪二五皆當位≫ 是无咎也

大壯 → 革

○大壯卦의 때에는 제2位와 제5位가 그 바른 자리를 잃고 있었는데 ≪剛과 柔가 바른 위치가 아님≫ 革卦로 추이(推移)하게 되면 그 바른 자리를 얻게 되니 ≪2와 5가 모두 바르게 자리≫ 이것이 "무구(无咎)"라고 말한 까닭이다.

○行有嘉者 征有吉也 离以嘉會 故征而吉也

○"행유가(行有嘉)"라고 한 것은 "[정벌하러] 감에 길함이 있다"는 뜻이니, 离로써 기쁘게 모임을 가지게 되므로, 정벌하러 가면 길한 것이다.

---

42) 五行의 원리로 볼 때, 金克木의 이치가 작용함.
43) 五行의 원리로 볼 때, 火克金의 이치가 작용함.

○案 治國之法 革而後 可久也 殷人屢遷 厥國乃光 周人狃安 衰微不振 此其驗也 自宋以來 懲於王呂 世之謀國者 因循爲能 不敢言變法 噫 其誤矣

○[案]나라를 다스리는 법률은 [시대에 맞게] 개정한 이후에야 오래 지속될 수 있다. 은(殷)나라 사람은 [진취적으로] 자주 도읍을 옮겼기에 그 나라가 빛나게 되었고,[44] 주(周)나라 사람은 안일함에 빠졌기에 쇠약해져서 떨쳐 일어나지 못했으니 이것이 그 증거이다. 宋나라 이래로 왕안석(王安石)과 여혜경(呂惠卿[45])이 짝이 되는 것을 경계하여,[46] 세상에 국가를 운영하는 자들이 구법(舊法)을 답습하는 것을 능사로 삼고, 감히 변법(變法)을 말하지 못하니, 슬프다, 그 그릇됨이여!

九三 : 征凶. 貞厲. 革言三就, 有孚. ○象曰 : 革言三就, 又何之矣.

九三 : 정벌에 나서면 흉할 것이다. 일을 맡아 처리함에 위태로움이 있

44) "누천(屢遷)"은 首都나 나라의 근거지를 여러 번 옮겼다는 뜻이지만, 이는 지역적인 이동뿐만 아니라, 법령과 제도의 정비와 개혁까지 포함하는 것이다. 기록에 따르면 殷나라는 여러 차례 도읍을 옮겼는데, 『尙書』「반경(盤庚)」편이 바로 이런 천도(遷都)의 전형적인 사례라 할 것이다(윤내현, 『商周史』, 민음사, 1984, 33면 註45 참조).

45) 여혜경(呂惠卿) : 신종의 지원으로 부국강병의 신법을 통해 혁신정치를 단행한 왕안석의 정책을 계승한 新法黨에 속한 인물, 여혜경(呂惠卿)은 채확(蔡確)・장돈(章惇)・채경(蔡京) 등과 함께, 조법(祖法)을 묵수(墨守)하려던 사마광(司馬光) 계열의 구법당과 정책적으로 대결하였다. 신법당 관료는 화북・화남 출신으로 대개 미천한 계층들이 많아, 호상(豪商)・대지주의 이익을 억제하고, 중소농민이나 상공업자의 이익을 도모하여 중산계층을 육성함으로써 부국강병을 달성하고, 국방을 충실히 하려고 하였다.

46) "王呂"는 北宋代의 新法黨인 '王安石'과 "呂惠卿"을 가리킨다.

을 것이다. 개혁이 세 차례 논의를 거쳐 성취(成就)되니, 신뢰가 있을 것이다. ○「象傳」: 개혁이 세 차례 논의를 거쳐 성취(成就)되니, [백성들이] 또한 어디로 [떠나]가겠는가?

此 革之隨也 隨自否來 ≪一之上≫ 南國之衆 ≪否下坤≫ 征彼北君也 ≪一之上≫ 爻之未變 我得离火 ≪內爲我≫ 彼爲兌金 ≪外爲敵≫ 征必克之 ≪金克木[47]≫ 爻之既動 我反爲木 ≪下今震≫ 金[48]將克我 ≪上兌金≫ 以征則凶

革 → 隨 ← 否

이것은 革卦가 隨卦로 변하는 경우이다. 隨卦는 否卦로부터 왔으니 ≪1이 6으로 감≫ 南國의 무리가 ≪否의 下卦가 ['衆'을 뜻하는] 坤≫ 저 북방의 군주를 정벌하는 것이다. ≪1이 6으로 간 것≫ 爻가 아직 변하지 않았을 때에는 [즉 革卦에서 볼 때] 우리는 离의 불(火)을 얻고 ≪內卦는 우리가 됨≫ 상대방은 兌의 쇠(金)가 되니 ≪外卦는 적이 됨≫ [五行의 이치로 볼 때] 정벌하면 반드시 이기게 되지만 ≪쇠가 나무를 이김≫ 爻가 이미 변동하게 되면, [즉 隨卦가 되면] 우리는 도리어 나무가 되어 ≪下卦가 지금 [나무를 뜻하는] 震임≫ [金克木의 이치에 따라서] 쇠가 장차 우리를 이길 것이니 ≪隨卦의 上卦는 兌로 쇠에 해당됨≫ 정벌하러 가면 흉한 것이다.

○ 否之時 尊卑正位 ≪天在上≫ 柔往成坎 ≪一之上≫ 其德雖貞

---

47) [校閱] 奎章本과 新朝本과 國中本에 모두 "金克木"으로 되어 있다. 革卦가 大壯卦로부터 推移된 것을 고려한다면, "金克木"이 틀린 것은 아니다. 그러나 여기서 "我得离火, ≪內爲我≫ 彼爲兌金, ≪外爲敵≫ 征必克之"라고 하였으므로, 문맥상으로 볼 때, "火克金"이라고 하는 것이 더 적절할 것으로 보인다.

48) [校閱] 奎章本과 國中本에는 "金"(금)으로 되어 있으나, 新朝本에는 "今"(금)으로 되어 있다. 前者를 따른다.

≪五尙剛≫ 陰乃乘剛 ≪上今兌≫ 以幹事 則厲也 ≪正亦危≫

革 → 隨 ← 否

○否卦의 때에는 존귀한 자와 비천한 자가 바르게 자리해 있었는데 ≪하늘이 위에 있음≫ [否卦가 隨卦로 추이하면서] 柔가 위로 가서 坎을 형성함에[49] ≪1이 6으로 감≫ 그 德은 비록 바르고 곧으나 ≪제5位가 여전히 剛이다≫ 陰이 이에 剛을 올라타게 되니 ≪上卦는 이제 兌≫ [이런 상황에서] 일을 주간(主幹)하면 위태로울 것이다. ≪바른 일이라 해도 또한 위태롭다는 뜻[50]≫

○就者 成也 法令之將革也 施命于巽 ≪二四互≫ 旣一言矣 ≪君言謂之命≫ 說言乎兌 ≪革上兌≫ 亦再言矣 三之旣變 成言乎艮 ≪二四互≫ 成於三也 ≪就成也≫

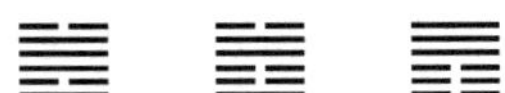

革 → 隨 ← 否

○"취(就)"는 이룬다는 뜻이다. 법령을 장차 개혁하고자 함에, 巽에서 그 명령을 내리니 ≪革卦의 2·3·4位의 互卦≫ 일단 한 번 말한 것이며 ≪군주의 말을 命이라 함≫ 兌에서 자세히 설명을 하고 달래니[51] ≪革卦의 上卦는

49) 3·4·5·6位에 大坎이다.

50) "正亦危"라 한 것은, "貞厲"의 "貞"을 "幹事"로 보면서, 아울러 "正"으로 보아야 함을 지적한 것이다. 다시 말해 『주역』의 "정(貞)"은 단순히 '일(事)'이라는 뜻이 아니라, '바른 일', '일을 바르게 함'이라는 뜻을 함축한다고 茶山은 보고 있는 것이다.

51) "說言乎兌"는 「說卦傳」에 나오는 말인데, "열언호태"로 읽어서 '兌에서 기쁜 말씀'으로 볼 수 있으나, 여기서는 '說'字를 '유세(遊說)'라고 할 때의 "세(說)"로 읽었다. 즉, 일차 내린 명령의 취지를 다시 잘 설명하여 이해시킨다는 것이다. 그리고 다음의 "成言乎艮" 역시 「說卦傳」에 나오는 말이다.

兌≫ 또한 두 번 말함이며, 이 九三이 효변하여 艮에서 말한 바를 이루니, ≪隨卦의 2·3·4位의 互卦≫ 세 번에 걸친 논의에서 [그 개혁을] 이룬 것이다.[52] ≪"취(就)"는 성취(成就)함을 뜻한다.≫

震以行之 ≪下今震≫ 坤國一變 ≪否下坤≫ 革言三就也 曷然哉 法令之革 大事也 議之至三 方可以沛然行之也

革 → 隨 ← 否

震으로 그 개혁안을 시행함에 ≪隨卦의 下卦가 지금 [行을 뜻하는] 震≫ 坤의 나라가 일변하게 되니 ≪否卦의 下卦가 坤≫ "혁언삼취(革言三就)", 즉 "개혁이 세 번의 논의를 거쳐 성취되었다"라고 한 것이다.[53] 왜 그렇게 해야 하는 것인가? 법령의 개혁은 중대사이니, 논의를 세 차례는 거쳐야 비로소 전면적으로 강력하게 시행할 수 있는 것이다.

○二五猶應 ≪剛柔應≫ 离信不改 ≪今大离≫ 是 有孚也

革 → 隨

52) "成於三"을 "[개혁에 대한 말을] 세 번을 이루었다"라고 보면, 茶山의 취지가 드러나지 않는다. 茶山은 분명 '논의가 세 번 되었다'는 것만 말하는 것이 아니고, 그 세 번의 논의로 개혁이 완성되었다고 본다. 그래서 앞의 "成言乎艮"도 '艮에서 또 한 차례의 논의가 이루어졌다'는 뜻으로 보지 않고, "艮에서 '말한 바'가 이루어졌다"고 풀었다. 아래 주석(注釋)에서 재론함.

53) "革言이 三就"라고 보면, 개혁에 대한 논의만 세 차례 있은 것이고, 개혁이 완성되었다는 말이 아니다. 따라서 "革이 言三에 就"라고 푸는 것이 茶山의 취지에 부합되는 것으로 보인다. 한편 그 "言三"이란 "施命"(命은 君言), "說言互兌", "成言互艮"이다.

○[隨卦에서] 제2位와 제5位가 여전히 호응하고 ≪剛과 柔가 상응함≫ 离의 믿음이 바뀌지 않았으니 ≪지금 [隨卦의 初位에서 제4位까지를 통틀어 보면] 大离의 형태≫ 이것이 "유부(有孚)", 즉 "믿음이 있다"라고 한 까닭이다.

○旣終乎艮 ≪二四互≫ 又何之矣

革 → 隨

○이미 艮에서 [개혁이] 종결되니 ≪[隨卦의] 2·3·4位의 互卦가 艮≫ 또한 어디를 가겠는가?[54]

○案 周禮 樊纓三就 士喪禮 馬纓三就 ≪禮器[55] 有一就七就等文≫ 何楷 引之爲詁 其義 非也

○[案]『周禮』에 '[말의] 뱃대 끈(樊)과 가슴걸이 끈(纓)은 세 번 둘러 감아 만든다'고 하였고,[56]『儀禮』「士喪禮」[57]에는 '말의 가슴걸이 끈은

54) "어디를 가겠는가"라는 말은, 개혁이 잘 이루어져 백성들이 다른 곳으로 떠나가지 않는다는 뜻이겠다. 혹은 죄를 지은 간신배나 소인배들이 '어디로 도망가겠는가'라는 뜻일 수도 있겠다.

55) [校閱] 新朝本에는 "禮記"로 되어 있으나 奎章本과 國中本에는 "禮器"로 되어 있다. 書名을 쓴 것으로 본다면, "禮記"라고 하더라도 틀린 것은 아니다. 그러나 茶山의 문례(文例)를 보면, 서명(書名)보다는 편명(篇名)을 표시하는 것이 관례이므로, 後者를 따르기로 한다.

56)『周禮』「春官」「典瑞」에 "繅皆三采'三就'"라는 말은 확인되는데, "樊纓'三就'"라는 말은 확인하지 못했다.「春官」「巾車」과「秋官」「大行人」에 "九就"·"七就"·"五就"라는 말이 나오는데, 여기 "三"이 "九"나 "七"이나 "五"의 誤字일 수 있겠다. 혹 그 "九就"·"七就"·"五就"를 두고, "세 가지 종류의 就"라는 뜻으로 "三就"라 한 것인지 모르겠다. 한편 여기 "취(就)"라는 말의 뜻이 분명하게 이해되지 않는다. '둘러 감다(匝)'는 뜻으로 보는 경우도 있는 것 같고, '가닥'이라는 뜻으로 보기도 하는 것 같은데(예컨대 "三就"는 '세가닥의 줄을 꼬아 한 가닥으로 만든 것'), 그 "둘러 감는다"는 것이 구체적으로 어떤 상황인지 모르겠다.

57) 여기서 "士喪禮"라고 하였는데, 정확히는『儀禮』「旣夕禮」이다.「旣夕禮」는「士喪

세 번 감쳐 만든다'고 하였는데[58] ≪『禮記』「禮器」편에도 "일취(一就)", "칠취(七就)" 등의 말이 나온다.[59]≫ 하해(何楷)[60]가 이것을 끌어다 [여기 爻辭의 "삼취(三就)"라는 말을] 풀이하니, 그런 해석은 잘못이다.[61]

䷾

九四 : 悔亡. 有孚. 改命, 吉. ○ 象曰 : 改命之吉, 信志也.

九四 : [개혁(改革)한 것이 이치에 이미 합당하니] 후회(後悔)할 일이 없을 것이며, 믿음이 있을 것이다. 命이 개혁(改革)되어 吉할 것이다. ○「象傳」: 命이 개혁(改革)되어 吉하니, [사람들이] 그 [개혁(改革)의 진정한] 뜻을 믿어줄 것이다.

此 革之旣濟也 兩互姤也 ≪已見象≫ ䷫ 姤之九四 其卦巽也 ䷸ 革自遯來 ≪一之上≫ 本以兼巽 ≪兼畫三≫ 今爲重巽 其悔者 亡也 ≪無所變≫

禮」의 下篇으로 볼 수 있으니, 茶山이 이렇게 인용한 것이겠다. 따라서 誤記로 볼 것은 아니니 고치지 않는다.

58) 『儀禮』「旣夕禮」, "薦馬, 纓'三就'."

59) 『禮記』「禮器」, "有以少, 爲貴者, …… 大路, 繁纓'一就'; 次路, 繁纓'七就'."

60) 하해(何楷) : 明나라 末期의 학자. 『古周易訂詁』라는 저서가 있다.

61) 『古周易訂詁』에 보면, 하해(何楷)는 "革言, 謂以改革之論, 相籌度也. 「士喪禮」云, '馬纓三就'; 注, 刺繡一匝, 還復刺, 爲'一就'. 今云'三就', 猶言三匝也. 三上正應, 兌上爲口言, 象三歷四與五, 而革道始成, 至上則閱三爻矣, 有三就象"이라고 하였는데, 이는 결국 '개혁에 대한 논의(革言)를 세 차례 한다(三就)'라는 말이다. 따라서 茶山이 틀렸다고 말한 것이다.

이것은 革卦가 旣濟卦로 변하는 경우이다. [革卦의] 兩互卦는 姤卦이며 ≪이미 「彖傳」을 설명할 때 언급됨[62]≫ 姤卦의 九四는 그 지괘(之卦)가 巽卦이다. 革卦는 遯卦로부터 왔으니 ≪1이 上으로 감≫ 본래 兼巽인데 ≪획을 겹치면 巽≫ 이제 [兩互卦인 姤卦가 효변하여] 重巽이 되니, 그 후회함이 없는 것이다. ≪변한 것이 없음≫

○ 巽之所來 又自中孚 ≪三之一≫ 本以大离 ≪兼畫三≫ 移不失离 ≪上互离≫ 是 有孚也

○ 巽卦의 유래가 또한 中孚卦로부터이니 ≪3이 1로 감≫ 본래 大离로 ≪中孚卦를 兼畫하면 大离의 형태≫ [巽卦로] 推移하여도 离를 잃지 아니하니 ≪巽卦의 上互卦가 离≫ 이것이 "有孚"인 것이다.

○ 遯之大命 ≪大巽命≫ 移之爲巽 ≪二之四≫ 乃爲申命[63] ≪重巽命≫ 改命吉也

62) 구체적으로 兩互作卦로 姤卦를 도출하여 언급한 것은 없고, 다만, 「彖傳」의 "順乎天"이란 말을 兩互卦로 설명하였다. 즉 "巽以承乾(今兩互), 順乎天也"라고 하였다.

63) [校閱] "乃爲申命"의 "命"이 新朝本에는 "名"으로 되어 있는데, 誤記이다.

○遯卦에 있던 大命이 ≪大巽의 명령≫ 추이(推移)하여 巽卦가 됨에 ≪2가 4로 감≫ 곧 命을 거듭 내리는 것이 되니 ≪重巽의 명령≫ "命이 바뀜에 吉한 것"이다.[64]

以正卦 則旣濟也 ≪上今坎≫ 泰之旣移 ≪二之五≫ 天心忽改 ≪乾中變≫ 乾王自絶 ≪下今离≫ 坤臣內犯 ≪五之二≫ 君位遂正 ≪五今剛≫ 以水克火 ≪坤極乾≫ 天地大變 此 孔子所謂 湯武之革命也 互巽亦改 ≪革互巽今亡≫ 改命吉也

革 → 旣濟 ← 泰

正卦로 본다면, [九四가 효변하여] 곧 旣濟卦가 되거니와 ≪上卦가 이제 坎≫ 泰卦가 [旣濟卦로] 옮겨가면서 ≪2가 5로 감≫ 天心이 갑자기 바뀌게 된다. ≪乾의 가운데가 변함≫ 乾의 임금이 자멸하고 ≪旣濟의 下卦가 이제 [단절(斷絶)을 뜻하는] 离≫ 坤의 신하가 안으로 침범하여 ≪5가 2로 감≫ 군주의 자리가 마침내 바로 잡히는데[65] ≪제5位가 이제 剛이 됨[66]≫ 물로써

64) 보다 엄밀히 따지면, "遯之大命, 移之爲巽"은 "改命"을, "乃爲申命"은 "吉"을 설명하는 것이라 하겠다. 즉, 遯卦(大巽)가 巽卦(重巽)로 추이하는 것이 "改命(명이 바뀜)"이고, 이렇게 "改命"하고 나서, 간곡하게 당부하는 뜻으로 거듭 명령을 내리니(즉 "申命"), "吉"하게 되는 것이다. 重巽卦는 巽이 겹쳐 있으니 "申命(명을 거듭 내림)"인데, 이를 '명령을 재차 내린다'라고 해석하여, "改命"을 설명한 말로 보아서는 곤란하겠다. 말 그대로 "申命"은 "改命"이 아니거니와, 茶山은 巽卦의 「大象傳」과 「彖傳」에 나오는 "申命"이라는 말을 풀면서, "申"은 '重'이라고 하였다. 이는 위에서 말한 것과 같이, '같은 명령을 당부하는 뜻으로 거듭 내린다'는 말일 수도 있고, 또는 '다른 명령을 또다시 내린다'는 말일 수도 있다(『書經』의 "申命羲叔"의 경우). 그러나 어느 경우도 "改命"의 뜻이 되는 것은 아니니, 다른 명령을 또 내리는 것이 앞의 명령을 뒤집는 것은 아니다.

65) "乾의 임금이 자멸하고, 坤의 신하가 안으로 침범한 상황(乾王自絶, 坤臣內犯)"에서 "군주의 자리가 마침내 바로 잡히는 것(君位遂正)이 어떻게 가능한가 하는 의문이 생길 수 있으나, 현재의 상황이 "탕무혁명(湯武革命)"이라는 혁명적 상황이라는 점을 고

불을 이겨 ≪[泰卦로 본다면] 坤이 乾을 이김≫ 天地가 크게 변하였으니,[67] 이것이 孔子께서 말씀한 "탕무(湯武)의 革命"이라는 것이다.[68] [命을 뜻하는] 互巽도 역시 바뀌니 ≪革卦의 下互卦인 巽이 지금 旣濟卦에서 없어짐≫ "命을 고쳐서 吉한 것"이다.

○旣濟之卦 坎之心志 离以信之 ≪水火卦≫ 此 信志也

遯 → 革 → 旣濟

○旣濟라는 卦는 坎의 취지(心志)를 离로써 믿는 형상이니 ≪水와 火로 된 卦≫ 이것을 "신지(信志)", 즉 "뜻을 믿어준다"고 말한 것이다.

○案 彖之悔亡 以所革皆當也 ≪一二五六皆當位≫ 此之悔亡 以六位皆當也 ≪旣濟六位皆得當≫ 變革當理 則無後悔也

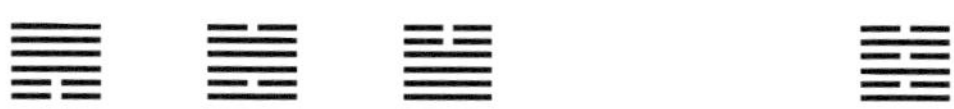

遯 → 革 ← 大壯　　　旣濟

○[案] 괘사(卦辭)에서 "悔亡"이라는 것은 바뀐 것이 모두 합당하기 때문이요 ≪[遯卦에서 변한] 1·6位와 [大壯에서 변한] 2·5位가 모두 바르게 자리함≫ 여기 九四에서 "悔亡"이라고 한 것은 여섯 획의 위치가 모두 합당

려한다면, 충분히 이해가능하다.

66) 兩互作卦하지 않고 바로 正卦로 보아도, 坤臣이 內犯하여 君位가 바르게 되니, "改命"이고 "吉"이라는 것이다.

67) "以水克火 ≪坤克乾≫"은 旣濟卦에서 坎이 离의 위에 자리하고 있는 상황과, 그 母卦인 泰卦에서도 또한 坤이 乾의 위에 자리하고 있는 형국을 두고 하는 말이다. 이는 湯·武의 혁명과 物象이나 卦德의 측면에서 어떤 연관을 가지는 것은 아니다.

68) "此孔子所謂 湯武之革命也" : 革卦의 「彖傳」에서 "湯武革命"이라고 한 것을 말한다.

하기 때문이다. ≪旣濟卦는 여섯 자리가 모두 마땅하다.≫ 변혁한 것이 이치에 합당하다면 후회할 일이 없는 것이다.

九五 : 大人虎變. 未占, 有孚. ○ 象曰 : 大人虎變, 其文炳也.

九五 : 大人이 호랑이처럼 변함이다.[69] [굳이 산가지를 써서] 점치지 않더라도(未占)[70] 서로 신뢰함이 있다. ○「象傳」: "대인호변(大人虎變)"이라 한 것은 그 문덕(文德)이 [밝게] 빛남을 가리킨다.[71]

此 革之豐也 大人者 乾也 ≪大壯之下乾≫ 虎者兌也 ≪上今兌≫ 卦自大壯來 ≪二之五≫ 大壯者 大虎也 ≪兼畫兌≫ 移之爲革 ≪五之二≫ 則大虎之體 离文炳然 ≪下今离≫ 虎之變也 乾之大人 ≪下本乾≫ 賁其文德 ≪离爲文≫ 變其天質 ≪乾爲天≫ 大人虎變也 推移之跡在五 ≪二之五≫ 故言其本象

大壯 → 革 → 豐

69) 미리 부연하면, "大人虎變"이란 大人이 자신의 면모를 일신하여, 아름다운 문양을 이루고 있는 호랑이 가죽처럼, 빛나고 뚜렷한 존재가 되었다는 뜻이다.

70) "未占有孚"는 아래 茶山의 설명에 따르면 "未占에 有孚"라는 말인데, "未占"은 말 그대로 "점치지 않는다"는 것이 아니라, "효변(爻變)을 적용하여 점치지는 않는다"는 뜻으로, 결국 "효변(爻變)을 적용하지 않고, 本象(本卦의 象)에 의거하여 점친다"는 말이 된다. 아래에서 재론(再論)한다.

71) "其文炳也"는 "호랑이 무늬가 빛난다"는 뜻이지만, 이는 결국 "大人(其)의 문덕(文德)이 빛난다"는 의미를 함축하는 것이다. 그리고 "병(炳)"은 이후 "위(蔚)"과 대비되는 말인데, 호랑이 무늬(炳)와 표범 무늬(蔚)의 차이를 연상하면 쉽게 이해 될 것이다.

이것은 革卦가 豐卦로 변하는 경우이다. "大人"이라고 한 것은 乾을 가리키며 ≪大壯卦의 下卦인 乾≫ 호랑이라고 한 것은 兌를 가리킨다. ≪革卦의 上卦가 지금 兌[72]≫ 革卦는 大壯卦로부터 왔는데 ≪2가 5로 감≫ 大壯卦는 큰 호랑이이다. ≪大壯卦를 겸획하면 ['虎'를 뜻하는] 兌의 형태≫ [大壯卦에서] 추이(推移)하여 革卦가 되면 ≪5가 2로 감≫ 큰 호랑이의 몸에 离의 무늬가 찬란하니 ≪下卦는 지금 离≫ 호랑이의 변화이다. 乾의 大人이 ≪下卦가 본래 大壯에서 乾≫ 학문과 교양을 닦아서 ≪离가 文이 됨≫ 그 본래 바탕(天質)을 변화시키니 ≪乾이 天이 됨≫ "대인호변(大人虎變)", 즉 "大人이 호랑이처럼 변함"이라고 한 것이다. 推移의 자취가 제5位에 있으므로 ≪2가 5로 감≫ 그 本卦의 象을 말한 것이다.

○占主於變 未占者 未變也 坎志中剛 ≪四五六≫ 本與二應 ≪剛柔應≫ 是 有孚也 爻之旣變 二五不應 ≪五今柔≫ 未有孚也

革 → 豐

○[『周易』의] 점(占)은 변화를 중심으로 하는 것이니, "미점(未占)"은 '미변(未變)'이다.[73] [革卦에서는, 즉 "未占"의 경우는] 坎의 의지가 안으

72) 「說卦傳」에는 兌가 羊이라 하였을 뿐인데, 兌가 호랑이가 된다는 것은, 『禮記』의 "左靑龍, 右白虎"라는 말에서 근거한 것이다. 兌는 서쪽으로 오른쪽에 해당한다.

73) 卦辭나 卦主의 경우에는 本象에 의거하니, 일견 "主於變"이 아닌 것으로도 보이지만, 이도 그 母卦와의 관계 속에서 파악되는 것이니, 즉 추이(推移) 변화에 따른 것이니, 결국 "主於變"인 것이다. 한편, 이런 의미에서 엄밀하게 따져 보면 "占主於'變'"에서 "占"·"變"이라는 말과 "未占者, 未變也"의 "占"·"變"은 같은 말이 아니다. 後者의 경우는 좁은 의미에서 '爻變의 적용'을 "占"·"變"이라 한 것이라면, 前者는 推移와 爻變을 포괄하는 넓은 의미의 "占"·"變"이다. 卦辭나 卦主도 推移라는 변화에 따른 것이라 본다면, 『周易』에는 어떤 "未變"도 "未占"도 있을 수가 없는 것이다. 물론 "占主於變"이라는 말을 "占은 爻變에 주로 근거한다" 정도로 풀면, 이런 문제가 애초에 없는 것이기는 하지만, 그러나 "占"·"變"이라는 말이 爻變에만 국한될 수 있는 개

로 강건하고 ≪上卦인 4 · 5 · 6位는 坎[74]≫ [그 제5位가] 본래 제2位와 호응하고 있으니 ≪剛과 柔가 상응함≫ "유부(有孚 : 상호 신뢰가 있음)"인 것이다. 효(爻)가 이미 변하면 [즉 豐卦를 고려하는 "占"의 경우에는] 제2位와 제5位가 호응하지 않으니 ≪[豐卦에서] 제5位가 이제 柔가 됨≫ "미유부(未有孚 : 믿음이 없음)"이다.[75]

○ 學圃云 炳然者 南方离火之文 ≪字從火從丙≫

○ 학포(學圃)가 말하였다. "병연(炳然)(찬연하다)이라 한 것은 남쪽을 상징하는 离의 불(火)의 문양이다." ≪'병(炳)'字는 '火'와 [남쪽을 뜻하는] '병(丙)'에 의거하고 있다.≫

上六 : 君子豹變, 小人革面. 征凶, 居貞, 吉. ○ 象曰 : 君子豹變, 其文蔚也, 小人革面, 順以從君也.

념이 아닌 것도 분명하니, 이렇게 부연해 본 것이다. 요컨대 "變"에는 推移(卦變)와 爻變이 모두 포괄되며, "占"이란 말에는 ① 산가지 등으로 점치는 행위 차제, ② 그렇게 나온 점괘를 풀이하여 미래를 판단하는 것, ③ 좁은 의미로 爻變을 적용하여 보는 것이라는 차원을 달리하는 의미가 있는 것이다. 이 문제는 아래에서 이 구절 전체의 해석과 연관하여 다시 언급된다.

74) 革의 上卦(坎位)가 '☵'인데, 그 가운데가 '—'이니, "坎志中剛"이라 한 것이다.

75) 바로 앞서 "推移의 跡이 五에 있으니 本象을 말했다"고 하였는데, 여기서 "占"은 이를테면 그와는 달리 '本象을 말하지 않고, 변상(變象)을 말하는 것'이며, 반대로 "未占"이란 그와 같이 '本象을 말하는 것'이다. 茶山의 설명에 따르면, 결국 本象은 고려하지 않고 爻變을 적용하여 지괘(之卦)의 象(變象)을 살피는 것이 곧 여기의 "占"이라는 것인데, 앞서도 말했듯이 『周易』에는 본질적으로 여하한 "未占"도 있을 수가 없기에, 여기서는 방편적으로 "占"이라는 말을 효변(爻變), 또는 '효변의 적용'이라는 좁은 의미로 사용한 것이다.

上六: 君子는 [위엄을 갖추어] 표범처럼 변할 것이고, 小人은 [君子의 교화(敎化)를 받아서] 면모(面貌)를 혁신(革新)할 것이다. 정벌에 나서면 흉할 것이고, 머무르면서 일을 맡아 처리하면 길할 것이다.[76] ○「象傳」: "君子豹變"이라고 한 것은 그 문양(文樣)이 조밀하면서 찬연함을 말한 것이요, "小人革面"이라고 한 것은 유순하게 군주를 따른다는 뜻이다.

此 革之同人也 卦自遯來 ≪一之上≫ 遯之時 君子在上 ≪乾在上≫ 質而無文 ≪乾爲實≫ 移之爲革 ≪一之上≫ 則兌虎离文 ≪澤火革≫ 其文蔚然 ≪彬斐貌≫ 君子豹變也 ≪乾變兌≫ 五自大壯 ≪二之五≫ 大曰虎也 ≪大壯本大兌≫ 六自遯移 ≪一之上≫ 小曰 豹也 ≪今單兌而已≫

이것은 革卦가 同人卦로 변하는 경우이다. 革卦는 遯卦로부터 왔는데 ≪1이 上으로 감≫ 遯卦의 때에는 君子가 위에 있으면서 ≪[군자를 뜻하는] 乾이 上卦에 있음≫ 질박하기만 하고 꾸밈이 없더니 ≪乾은 '實質'을 뜻함≫ 추이하여 革卦가 되면 ≪1이 上으로 감≫ 兌의 호랑이가 离의 문양(文樣)을 지니고 있어서 ≪澤과 火가 革卦≫ 그 무늬가 대단히 아름다우니 ≪"위(蔚)"는 무늬가 조밀하면서 고운 모양[77]≫ [그것을 비유적으로] "君子가 표범처럼 변한다"고 말한 것이다. ≪乾이 兌로 변함≫ [앞서] 九五는 大壯卦로부터 왔으니 ≪2가 5로 감≫ 그 큰 것을 가리켜 호랑이라고 한 것

---

76) "居貞, 吉"이란, 어떤 거처나 도읍지를 정하고자 할 때 점쳐 보니 길하다는 결과가 나온 것이거나, 또는 거취를 어떻게 할지 점쳐보니, 밖으로 나가거나 벼슬에 오르지 말고, 은거하여 자신과 집안을 다스리는 것이 좋다는 점괘가 나온 것이라 하겠다.

77) 朱子는 여기 "蔚"을 "紆胃反"이라 하였고,『經典釋文』에서도 "音尉, 又紆弗反"이라 하였으니, 결국 "위"로 읽는다는 것이다.

이요 ≪大壯卦는 본래 大兌의 형태≫ 이 上六은 遯卦부터 옮겨온 것이니 ≪1이 6으로 감≫ 작은 것을 가리켜 표범이라고 한 것이다. ≪지금 革卦는 오직 한 개의 兌가 있을 뿐이다.[78]≫

○ 遯之時 小人在下 ≪艮小人≫ 迷不嚮道 ≪艮爲迷≫ 移之爲革 ≪上之一≫ 則离面忽新 ≪易例 离爲面≫ 順以從化 ≪离爲化≫ 小人革面也 上爲卦主 ≪一之上≫ 故言其本象

遯 → 革

○遯卦의 때에는 小人이 아래에 있으면서 ≪艮은 小人을 상징함≫ 미혹하여 길을 찾지 못하였는데 ≪艮은 미혹함이 됨≫ 推移하여 革卦가 되면 ≪上이 1로 감≫ 离의 면모(面貌)가 갑자기 일신(一新) 되어서 ≪易例에 离는 얼굴이 됨≫ 유순하게 [위의] 교화(敎化)를 따르니 ≪离는 교화가 됨≫ "소인혁면(小人革面)", 즉 "小人이 면모(面貌)를 혁신(革新)할 것이다"라고 한 것이다. 上六이 卦主가 되는 까닭에 ≪遯卦의 1이 6으로 감≫ [爻變한 象을 취하지 않고] 그 本象을 말한 것이다.

○遯之艮邑 ≪艮在下≫ 征彼北君 ≪一之上≫ 上之旣變 征者遂亡 ≪一陰亡≫ 其占凶也

遯 → 革 → 同人

---

78) 兌는 결국 호랑이와 표범 모두를 상징하는데, 九五에서는 大壯卦에서 大兌이므로 표범보다는 덩치가 큰 '호랑이'라는 象이 언급되었고, 여기서는 단일한 '兌'만 연관되니, 그 보다 작은 '표범'이 언급되었다는 말이다.

○遯卦의 艮의 도읍(都邑)에서 ≪艮이 下卦에 있음≫ 저 북쪽의 군주를 정벌하러 나갔다가 ≪遯卦의 1이 6으로 간 것≫ [革卦의] 上爻가 변하면서 그 정벌에 나선 자가 결국 없어져 버리니 ≪[革卦 上六에 있던] 陰이 없어짐≫ 그 占이 흉한 것이다.

○居貞者 奠居之筮也 ≪如卜居≫ 同人自夬來 ≪上之二≫ 一陰在外 ≪夬上兌≫ 危而不安 移之同人 則柔自外遷 ≪上之二≫ 入乎离垣 ≪下今离≫ 當位而應 ≪柔得二≫ 內事以治 ≪离爲治≫ 居貞吉也

遯 → 革 → 同人 ← 夬

○"거정(居貞)"이란 거처를 정하는 일에 대한 점이다. ≪"복거(卜居)"와 같은 말이다.79)≫ 同人卦는 쾌괘(夬卦)로부터 왔는데 ≪上이 2로 감≫ [그 夬卦에서는] 음(陰) 하나가 밖에 자리하고 있어서 ≪夬卦의 上兌에 있는 陰≫ 위험하고 안전하지 못하였다. [夬卦에서 推移하여] 同人卦가 되면, 그 柔가 밖에서 안으로 옮겨와서 ≪上이 2로 감≫ 离의 담장 안으로 들어오는데 ≪下卦가 지금 同人卦에서 离≫ 바른 자리에 위치하여 [제5位의 剛과] 호응하며 ≪柔가 제2位를 얻음≫ 집안 일을 잘 처리하니 ≪离는 다스림이 됨≫ "居貞吉", 즉 '머무르면서 일을 맡아 처리하면 길하다'라고 한 것이다.

○蔚者 草木之薈蔚也 遯之大巽 ≪自遯來≫ 草木旣茂 ≪巽草木≫

---

79) "卜居"란 거처나 도읍을 어디로 정할지 점을 쳐 본다는 것인데, 그 진퇴나 거취를 어떻게 할지 점쳐본다는 뜻도 된다. 『史記』「周紀」에 "成王, 使召公, 卜居"라고 한 용례가 보이며, 『漢書』「郊祀志」에도 "秦文公……卜居之而吉"라는 말이 나온다. 또 "卜居"는 『楚辭』의 篇名이기도 하다. 한편 "복(卜)"이란 말그대로 보면 거북 껍질이나 어떤 뼈로 점을 치는 것이지만, 後代에 오면 꼭 거북점이 아니더라도 일반적인 점치는 행위를 뜻하기도 한다.

离乃成文 ≪下今离≫ 其文蔚也 許愼曰 蔚彬斐貌 ≪說文云≫

遯 → 革

○"위(蔚)"란 초목이 무성하고 아름다운 모습을 가리키는 말이다. 遯卦는 大巽의 형태로서 ≪革卦는 遯卦에서 나옴≫ 초목이 이미 우거져 있었는데 ≪巽은 초목≫ 离로써 이에 문양을 이루었으므로 ≪[革卦의] 下卦가 지금 离≫ "그 문양이 조밀하면서 아름답다(其文蔚也)"라고 한 것이다.[80] 허신(許愼)은 "위(蔚)"를 '무늬가 조밀하면서 고운 모양'이라고 하였다. ≪『說文』에서 말함[81]≫

○乾君在上 中乃巽順 ≪兩互象≫ 順以從君也 大德之人 天質本美 而文之以道德 小德之人 天姿超邁 而文之以博學 此 虎豹之變也 小人之德 薄位卑者 亦能從化而革面 此 革世之極功也

○[革卦의 兩互卦를 보면] 乾의 임금이 위에 자리해 있음에, 안으로 곧 巽의 순종함이니 ≪兩互卦의 象≫ "유순하게 군주를 따르는 것"이다. 큰 德을 지닌 사람은 타고난 바탕이 본래 아름답지만 道德으로 그것을 더욱 도야하고, 작은 德을 지닌 사람은 타고난 자질이 뛰어나지만 널리 배워서 그것을 더욱 빛나게 하니,[82] 이것이 "호표지변(虎豹之變)", 즉 호랑이와 표범의 변화인 것이다. 小人으로 자질이 박약하고 지위가 비천

---

80) 여기서는 "위(蔚)"를 또 다른 측면에서, 즉 草木(巽)에 의거하여 한 번 설명해 보는 것이다. 앞서 이미 "移之爲革(一之上), 則兌虎离文(澤火革), 其文蔚然(彬斐貌), 君子豹變也"라고 하며, 표범 가죽의 문양으로 설명하였다.

81) 『說文解字』의 '蔚'字 조항에 이런 말이 나오는 것이 아니다. '비(斐)'字 조항에서 『周易』의 이 구절을 인용하면서 "君子豹變, 其文斐也"라고 하였기에, 茶山이 이렇게 말하는 것이다.

82) "大德之人"은 九五의 "大人"에, "小德之人"은 여기 上六의 "君子"에 상응한다고 할 것이다. "小德之人"이 "小人"을 말하는 것은 아니다.

한 경우에도 또한 [위에서 베푸는] 교화(教化)를 따라서 면모(面貌)를 일신(一新)할 수 있으니, 이렇게 소인까지도 교화되어 면모가 일신됨(此)은 세상을 바꾸는 궁극의 일이다.

○ 楊子雲曰 貍變則豹 豹變則虎 ≪本是別種 其說非≫ 陸公理[83)]曰 陽爻稱虎 陰爻稱豹 虎大而豹小也 ≪陽大而陰小≫ 王湘卿曰 虎文疎[84)]而著曰炳 豹文密而理曰蔚

䷰

革

○ 양자운(楊子雲)[85)]이 말하였다. "삵쾡이가 변하면 표범이 되고, 표범이 변하면 호랑이가 된다."[86)] ≪茶山 : [삵쾡이, 표범, 호랑이는] 본래 별개의 종(種)이므로, 그런 설명은 그르다.≫ 육공기(陸公紀)[87)]가 말하였다. "[兌의[88)]] 양효(陽爻)를 호랑이라고 지칭하고, 음효(陰爻)를 표범이라고 지칭하니, 호랑이는 큰 반면에 표범은 작다."[89)] ≪茶山 : [易例에] '陽'은 大이고, '陰'은 小이다.≫ 왕상경(王湘卿)이 말하였다. "호랑이의 무늬는 성기지만 분명하므로 '병(炳)'이라고 하고, 표범의 무늬는 조밀하고 이채로우니 '위(蔚)'라 한다."[90)]

---

83) [校閱] 奎章本과 新朝本과 國中本에 모두 "陸公理"로 되어 있다. 그러나 "陸公理"는 "陸公紀"의 誤記인 것으로 보인다. 公紀는 陸績의 字이다.

84) [校閱] 奎章本에는 "疎"가 "踈"로 나온다. "踈"는 "疎"의 譌字이다.

85) 양자운(楊子雲) : 漢代의 "양웅(揚雄)"을 말한다(楊·揚을 혼용한다).

86) 貍變則豹, 豹變則虎 : 楊雄의 『法言』「吾子」(卷第2)에 나오는 글. "聖人虎別, 其文炳也. 君子豹別, 其文蔚也. 辯人貍別, 其文萃也. 貍變則豹, 豹變則虎"이라고 함(李軌 注, 諸子集成本 『法言』, 上海書店).

87) "陸公理"는 "陸公紀"의 誤記인 것으로 추측된다. 公紀는 육적(陸績)의 字이다.

88) "陽爻稱虎" 앞에 본래 "兌之"가 있다. 즉 原文에는 "兌之陽爻稱虎"로 되어 있다.

89) 앞의 주석에서 밝힌 것처럼, 인용된 문장은 陸公理가 아니라, 陸公紀, 즉 陸績의 說인데, 茶山의 인용은 原文과는 다소 차이가 있다. 原文은 다음과 같다. "陸績云, 兌之陽爻稱虎, 陰爻稱豹, 豹, 虎類而小者也. 君子小於大人, 故曰, 豹變, 其文蔚也"

90) 虎文疏而著曰炳, 豹文密而理曰蔚 : 모기령(毛奇齡)의 『仲氏易』에서도 왕상경(王湘

○按 同是乾物 而五爲大人 六爲君子者 遯一卦之內 君子小人 皆有 ≪天山卦≫ 故對小人而名之曰 君子也

遯 → 革 ← 大壯

○[按] 동일하게 乾에 해당되는 物象이지만, 九五는 大人이 되고, 이 上六은 君子가 되는 것은 [母卦가 되는] 遯卦이라는 한 卦 안에 君子와 小人이 모두 있기 때문이니 ≪[군자를 뜻하는] 天과 [소인을 뜻하는] 山으로 된 卦≫ 그 小人에 대하여 상대적으로 君子라고 호칭한 것이다.[91)]

○學稼云 遯者 兼巽也 隱而變者 爲豹 ≪巽爲隱≫

○學稼가 말하였다. "遯卦는 획(畫)을 겹치면 大巽의 형태가 되는데, [이는] 가만히 숨어 있다 돌변하는 것이니 표범으로 삼은 것이다." ≪巽은 숨음이 된다. [92)]≫

○或曰 征凶者 北君南征也 ≪上之一≫ 火將克金 ≪外卦內爲敵≫ 是 征凶也 ≪主外卦而言≫

遯 → 革

卿)의 이 구절을 인용하고 있다.

91) 九五의 "大人"은 大壯卦의 乾으로 설명하였으며, 大壯卦에는 小人을 상징하는 艮이 없다.

92) 고양이과(科) 동물은 일반적으로 다 그런 셈이니, 호랑이도 물론 그런 것이라 할 것이다. 다만 상대적으로 표범보다는 덩치가 크다보니 그런 점이 덜하지 않을까 하는 측면에서 이해되는 말이며, 또한 우리 옛 사람들의 관념에 山中大王인 호랑이를 표범처럼 그렇게 숨어 있다가 돌변하는 자로 보지 않을 따름인 것이겠다.

○어떤 사람이 말하기를 “征凶”이란 북쪽 나라의 임금이 남쪽으로 정벌을 나간 것으로서 ≪上이 1로 감≫ [內卦의] 불(火)이 장차 [外卦의] 쇠(金)를 이기리니 ≪茶山 : 外卦에서는 內卦가 敵이 된다.[93]≫ [북쪽 나라의 君主의 입장에서] “정흉(征凶)”이 된다고 하였다. ≪茶山 : 이는 外卦를 위주로 말한 것이다.[94]≫

【50. 화풍 정(火風 鼎)】

巽下离上 ○ 第二十八卦之反 ≪遯二之五 大壯上之一≫

巽이 下卦이고, 离가 上卦이다. ○ 第28卦의 反易卦이다. ≪遯卦의 2가 5로 가고, 大壯卦의 上이 1로 간다.≫

---

93) 일반적으로는 “內爲我, 外爲敵”이므로, 이를 특기(特記)한 것이다.

94) 앞서 茶山은 “정(征)”을 “遯之艮邑, 征彼北君”으로 설명하였고, “凶”은 6位로 올라간 ‘陰--’이 효변하면서 없어져 버리는 상황으로 설명하였다. 茶山의 풀이는 內卦의 입장에서 흉한 것이고, 여기 或者의 풀이는 外卦의 입장에서 흉한 것이다. (즉 內卦의 입장에는 전쟁에 이기는 것이다.) 자신과 정반대되는 해석이기는 하지만 나름대로 근거를 가지고 있으니, 끝 부분에 특별히 언급한 것이겠다.

序[95]卦傳曰 革物者 莫若鼎

「序卦傳」에서 말하였다. "사물[의 성질]을 바꾸는 데에는 세발솥(鼎) 만한 것이 없다."

○雜卦傳曰 鼎 取新也 ≪項氏云 以木鑽火 故爲取新≫

○「雜卦傳」에서 말하였다. "정(鼎)은 새로운 것을 취함이다." ≪항안세(項安世)[96]가 말하였다. "[下卦인 巽의] 나무를 마찰시켜 구멍을 뚫음으로써 불(火)을 일으키는 까닭에 '취신(取新)'이라고 한 것이다."[97]≫

○程子曰 下植爲足 中實爲腹 受物在中之象 對峙于上者 耳也 橫亘[98]乎上者 鉉也 鼎之象也 ≪子夏傳 亦有斯語≫

䷱

鼎

○程子가 말하였다. "[이 鼎卦를 보면] 아래에 서 있는 것은 [솥의] 다리가 되고, 가운데 가득 차 있는 것은 [솥의] 배(腹)가 되어 물건을 안에 담고 있는 형상이다.[99] 위에서 마주 보고 있는 것은 [솥의] 귀(耳)이고, 그 위에 가로로 걸쳐 있는 것은 [솥을 옮길 때 그 귀에 걸어 사용하는] '들막대'[100]이니, 세발솥의 형상이다." ≪[茶山] 『子夏易傳』에도 역시 이런 말

95) [校閱] "序卦傳"의 "序"가 新朝本에는 "守"로 되어 있는데, 誤記이다.

96) 항안세(項安世, ?~1208) : 南宋의 易學家, 字는 평보[平父(一作 平甫)]. 號는 평암[平庵(一作 平菴)].

97) 『주역완사(周易玩辭)』, "革, 以火鎔金, 故爲去故; 鼎, 以木鑽火, 故爲取新, 亦以離爲主也. 한편, 項安世의 이 말은 『論語』「陽貨」에 "찬수개화(鑽燧改火)"와 연관지어 보면 이해될 수 있는 말이다.

98) [校閱] 奎章本에는 "긍(亘)"의 別字로 쓰여져 있다.

99) "다리"란 1位의 "--"을 두고 하는 말이고, 가운데 가득 차 있는 배(腹)는 2·3·4位의 '☰'을 두고 하는 말이다.

이 나온다.[101]≫

○鏞案 鼎者 升牲之器也 古者 煮牲以鑊 升之于鼎 出之以匕 薦之用俎 ≪薦骨胾≫ 餘湆在鼎 ≪肉汁也≫ 調和五味 以爲芼羹 ≪菜曰芼≫ 薦之用鉶 祭祀燕饗 其禮同也 ≪見儀禮諸篇≫

○[鏞案] "鼎"이란 [제사나 연회에서] 희생(犧牲)을 담아 올리는 데 쓰이는 그릇이다. 옛날에는 발이 없는 가마솥(鑊)으로 희생을 삶아서 세발솥에 담아 올리고, 큰 주걱(匕)으로 [세발솥에 든 고기를] 꺼내서 다리가 달린 접시[102]에 차려 올렸는데 ≪뼈와 고기를 올림≫ 세발솥 안에 남아 있는 국물은 ≪["읍(湆)"은] 고기 국물을 말함≫ 오미(五味)[103]를 맞춰, 나물탕국[104]을 만들어 ≪"나물"을 "모(芼)"라고 한다.≫ 국그릇[105]에 담아 올렸으니, 제사나 연회에서 그 의식 절차가 동일하였다. ≪『儀禮』의 여러 편에 나온다.[106]≫

大牢九鼎七鼎 少牢五鼎 ≪羊豕魚腊膚≫ 特牲三鼎 ≪豕魚腊≫ 特豚一鼎 ≪用豕子≫ 鼎爲之綱 籩豆簠鉶 皆視鼎而爲差 鼎之重 如是也

100) 솥의 귀(耳)는 5位의 "--"을 두고 하는 말이다. 들막대(鉉)란 6位의 '—'을 두고 하는 말이다. 뜨겁고 무겁운 세발솥을 옮기자면, 그 귀(鼎耳)에 '고리'나 '막대기'를 걸고서 들어 올리게 되는데, 여기 "현(鉉)"을 '들고리'라고 할 수도 있겠으나, 茶山은 그 '陽—'의 모양에 주목하여 "경(扃)" 또는 "경현(扃鉉)"이라 하므로, "들막대"라고 옮긴다.

101) 『子夏易傳』, "趾, 分其初也; 次, 實腹也. 中虛, 耳也; 上剛, 鉉也. 故曰, 鼎象也".

102) 조(俎) : 저민 육고기와 일반의 육고기를 고여 놓는 받침대(吳江原 譯註, 『儀禮』 卷3, 청계, 2000, 965면).

103) "五味"란 매운맛(辛), 신맛(酸), 짠맛(鹹), 쓴맛(苦), 단맛(甘)을 말한다. 한편 『說文解字』에서도 "鼎, 三足兩耳, 和'五味'之寶器也"라고 하였다.

104) 모갱(芼羹) : 육고기에 나물을 넣어 끓인 탕국(吳江原 譯註, 앞의 책, 1007면).

105) 형(鉶) : 국을 끓이고 담는 데 쓰는 일종의 작은 세발솥(위의 책, 973면).

106) 확(鑊)에 삶아 정(鼎)으로 올리는 것은 『儀禮』 「士冠禮」에 보이며, "出之以匕, 薦之用俎"는 「公食大夫禮」에, 국을 끓이는 것 법도 「公食大夫禮」에 보인다.

태뢰(大牢)[107]에는 아홉 또는 일곱 가지 세발솥을 차리고, 소뢰(少牢)에는 다섯 가지 세발솥을 차리며 ≪양, 돼지, 물고기, 말린 토끼고기,[108] 돼지껍질[109]≫ 특생(特牲)은 세 가지 세발솥 ≪돼지, 물고기, 말린 토끼고기≫ 특돈(特豚)은 세발솥 한 가지를 차리는데 ≪새끼 돼지를 사용함≫ 세발솥이 그 중심이 되어 '대나무 굽접시',[110] '굽접시',[111] '궤(簋)',[112] '국그릇(鉶)'은 모두 세발솥에 맞추어 차이를 두었으니[113] 세발솥의 중요함이 이와 같다.

卦自大壯來 震帝在上 ≪帝出震≫ 乾王主祭 不可無烹飪也 又自遯來 乾賓在上 巽主致養 不可無烹飪也 ≪遯互巽≫ 移之爲鼎 則巽以潔之 ≪下今巽≫ 离以成禮 ≪上[114]今离≫ 此 制器之義也 卦形似鼎 此 名卦之義也 鼎字 象目在股上 卽离巽之合也 ≪巽爲股≫

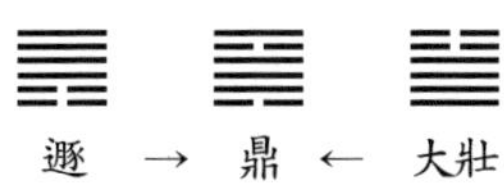

107) "태뢰·대뢰(大牢)":『禮記』「王制」,「郊特牲」,「玉藻」 등에 보임.

108) 석(腊): 생강이나 계피 등으로 조미하여 말린 토끼 고기(吳江原 譯註,『儀禮』卷1, 청계, 2000, 221면).

109) 부(膚): 돼지고기의 껍데기를 말함(위의 책, 851면).

110) 변(籩): 제사나 연회시 과실류나 포를 담아 놓는 대나무 그릇(吳江原 譯註, 앞의 책, 170면;『儀禮』卷3, 829면).

111) 豆: 나물이나 절인고기 및 고급 음식을 담는 그릇으로, 변(籩)과 유사하나 나무나 흙으로 만든다는 점이 다르다(吳江原 譯註,『儀禮』卷1, 청계, 2000, 169면, 170면).

112) "궤(簋)"는 기장, 쌀, 조 등의 '밥'을 담는 기물이다(吳江原 譯註,『儀禮』卷3, 청계, 2000, 852면 註 24).『周易』에서는 損卦 卦辭, 坎卦 六四에 언급되며,「說卦傳」의 震의 茶山 今補에도 나온다.

113) 혹자는 "豆(굽접시)"의 수를 기준으로 다른 기물의 수량을 조절하는 것이 통례라고 함(위의 책, 811면).

114) [校閱] 新朝本에는 "下今离"로 되어 있으나 奎章本과 國中本에는 "上今离"로 되어 있다. 後者가 옳다.

鼎卦는 大壯卦로부터 왔다. [大壯卦에서는] 震의 상제(上帝)가 위에 있고 ≪上帝는 동쪽의 震方에서 나옴.[115]≫ 乾의 임금이 제사를 주관하니, 음식을 장만하지 않을 수 없다. 또한 [鼎卦는] 遯卦로부터 왔으니, [遯卦에서는] 乾의 손님이 위에 있고 巽의 주인이 [그 손님을] 대접함에[116] [역시] 음식을 장만하지 않을 수 없다. ≪遯卦의 [2·3·4位가] 互巽≫ 추이하여 鼎卦로 되면, 巽으로 정결하게 하고 ≪[鼎卦의] 下卦가 지금 巽≫ 离로 禮儀를 갖추니 ≪上卦가 지금 [禮를 상징하는] 离≫ 이는 [연회나 제사에 사용할] 그릇과 용기를 차리는(制器) 뜻이다. 卦의 모양이 세발솥과 유사하니 이것이 바로 그렇게 이름을 붙인 이유이다. '鼎'字는 눈(目)이 허벅다리(股) 위에 있는 형상을 취하고 있으니, 곧 离의 눈과 巽의 허벅다리가 결합된 것이다. ≪[离는 눈을 상징하고] 巽은 '고(股)'가 된다.≫

䷱

鼎, 元吉, 亨.[117]

鼎卦는 임금(元)이 길하며,[118] 형통할 것이다.

此 鼎之不變者也 卦自大壯來 ≪上之一[119]≫ 震其元也 ≪本上震≫

---

115) 「說卦傳」, "帝出乎震".

116) 「說卦傳」, "坤也者, 地也. 萬物, 皆'致養'焉".

117) [校閱] "元吉亨"이 奎章本에는 "元亨吉"로 되어 있는데, 誤記이다.

118) 물론 이를 "크게(元) 형통하다"라고 풀 수도 있으나, 아래 茶山의 설명에 따라 위와 같이 하였다. 茶山도 이런 해석을 부정하는 것은 아니다.

119) [校閱] 新朝本과 奎章本과 國中本에 모두 "一之上"으로 나오는데, "上之一"로 바꾸었다. "一之上"도 틀린 것은 아니지만 여기서 굳이 이렇게 말해야 할 이유가 없으니 推移의 本法에 따랐다.

移之爲鼎 ≪上之一≫ 明以臨下 ≪上今离≫ 民德歸順 ≪柔降而爲巽≫ 君道之吉也 ≪古以君爲元≫

鼎 ← 大壯

이것은 鼎卦가 변하지 않는 경우이다. 鼎卦는 大壯에서 왔는데 ≪[大壯卦의] 上이 1로 감≫ 震이 그 "원(元)"이다. ≪大壯의 上卦가 震≫ 추이하여 鼎卦가 되면 ≪[大壯卦의] 上이 1로 감≫ [그 임금(元)이] 명철(明哲)하게 아래에 군림하게 되면 ≪上卦가 지금 [밝음을 뜻하는] 离≫ 백성들의 마음이 되돌아와 순종하니 ≪柔가 아래로 내려와 巽이 됨≫ 군주의 道가 吉한 것이다. ≪옛날에는 "君"을 "元"이라 하였다.[120]≫

◯ 又自遯來 ≪二之五≫ 柔往成离 ≪二之五≫ 下與二應 ≪剛柔應≫ 嘉會之亨也

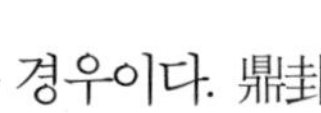

遯 → 鼎

◯ [鼎卦는] 또한 遯卦에서 나왔는데 ≪2가 5로 감≫ 柔가 위로 나아가서, 离를 이루고 ≪2가 5로 감≫ 아래로 제2位와 호응하니 ≪剛과 柔가 호응≫ "경사스러운 모임"의 "형통함"인 것이다.[121]

彖曰 : 鼎, 象也. 以木巽火, 亨飪也. 聖人, 亨, 以享上帝, 而大亨, 以養聖賢. 巽而耳目聰明, 柔進而上行, 得中而應乎剛, 是以

120) "元吉"을 "君道之吉"이라 풀이한 것이다.
121) 「文言」, "亨者, 嘉之會也".

元亨.

「彖傳」: 鼎[이란 卦名]은 그 괘획(卦畫)의 모양에서 따온 것인데, 나무가 유순하게 불을 따르니, 음식을 삶고 익혀 요리하는 것이다. 聖人은 정성껏 음식을 장만하여[122] 上帝에게 제사를 올리며, 크게 음식을 장만하여 성현을 대접하고 기른다. [이 鼎卦는] 공손하면서도 귀와 눈이 총명함인데, 柔가 나아가서 위로 가고, 가운데 자리를 얻어 剛에 호응하니, 이런 까닭에 [임금이] 크게 형통한 것이다.

象者 像也 諸卦命名 皆以會意 唯鼎爲象形也 ≪胡庭芳云 六十四卦 取象者三 頤 鼎 井 是也≫ 巽木入离火之中 ≪巽在內≫ 乾陽爲兌口之實 ≪兩互象≫ 亨飪之象也

"象"이란 모양을 본떴다는 것이다. 여러 卦에 붙은 이름은 모두 [卦畫에 담긴] 의미를 결부시킨 것인데, 오직 이 "鼎"이라는 이름은 그 괘획의 모양에서 따온 것이다.[123] ≪호정방(胡庭芳)[124]이 말하였다. "64卦에서

---

122) 여기 "亨"은 "팽(烹)"으로 읽고 새겨야 한다.

123) 여기서 회의(會意)·상형(象形)이란 卦의 이름으로 사용된 글자 자체가 회의자(會意字)라거나 상형자(象形字)라는 말이 아니며, 괘획(卦畫)과 괘이름의 관계가 이른바 六書法의 "會意"나 "象形"에 해당하는 측면이 있기에 이렇게 표현한 것이다. 일반적으로 괘획과 괘이름 사이에 형태적·시각적 유사성은 없으며, 易理에 따른 의미연관(意味聯關)이 성립한다(會意). 그런데 여기 鼎卦를 비롯한 몇 가지는 괘획의 형태 자체가 어떤 實物에 방불(髣髴)하니 바로 그것을 취하여 이름을 붙였다는 것이다(象形). 물론 오늘날 그 괘획을 보고 바로 세발솥(鼎)을 떠올릴 수 있는 사람은 없겠으며, 결국 모든 경우 우선 괘이름을 음미하여 괘획이 뜻하는 바를 파악하게 되는 것이기는 하지만, 그 괘획과 괘이름 사이에 성립하는, 易理에 따른 보다 추상적인 의미연관(會意)과 괘획의 구체적인 형태에 입각한 보다 즉물적(卽物的)인 '象形의 관계'는 구분하여 볼 수가 있는 것이다. 卦의 命名에 대해서는 「讀易要旨」, '고명(顧名)'을 참조 바람. 한편, 六書法의 會意란 어떤 의미를 가지는 둘 혹은 그 이상의 요소를 합쳐 하나의 글자를 이루어, 그 뜻을 합하여 보면 뜻하는 바가 무엇인지 알 수 있게 하는 방식 또는 그런 문자를 말한다. "誠", "森" 등의 글자를 예로 들 수 있겠다. 象形에 대해서는 췌언(贅言)이 될 것이니 부연을 하지 않는다.

124) 호일계(胡一桂): 元代의 程朱學者. 號는 雙湖, 字가 庭芳.

그 획(畫)의 모양을 따서 이름을 붙인 경우가 세 가지인데, "頤"·"鼎"·"井"이 그것이다."[125])≫ [鼎卦의 卦象을 보면] 巽의 나무가 离의 불 속으로 들어가고 ≪巽이 內卦에 자리≫ 乾의 陽이 兌의 입에 [음식물처럼] 가득 차 있으니 ≪두 互卦의 象≫ 음식을 삶고 요리하여 먹는 象인 것이다.[126]

卦自大壯來 ≪上之一≫ 乾聖人也 震上帝也 移之爲鼎 則巽齊克潔 离誠格天 ≪上今离≫ 享上帝也 大壯之時 內乾君王也 乾震聖賢也 ≪互乾爲聖 震爲賢≫ 移之爲鼎 則巽命兌祿 ≪三五兌≫ 离以禮之 ≪上今离≫ 養聖賢也

鼎 ← 大壯

鼎卦는 大壯卦에서 나왔는데 ≪上이 1로 감≫ 그 下卦의 乾은 "聖人"이고, 上卦의 震은 "上帝"이다. 추이하여 鼎卦가 되면 巽으로서 삼가 齋戒하는지라 매우 정결하고, 离의 정성이 하늘에 닿았으니 ≪[鼎卦의] 上卦가 지금 离≫ "상제에게 제사를 올림(享上帝)"이다. 또 大壯卦인 때에 內卦의 乾은 임금이고, 下互卦인 乾과 上卦인 震은 각각 "聖人"과 "賢人"인데 ≪互乾이 성인이 되고, 下震이 현인이 된다.≫ 추이하여 鼎卦가 되면 巽의 왕명으로 兌의 녹봉을 ≪3·4·5位의 兌≫ 离로써 예의를 갖추어 그들에 내려주니 ≪上卦가 지금 离≫ "성인과 현인을 기른다(養聖賢)"라고 한 것이다.

○朱子曰 享帝[127]貴誠 用犢而已 養賢 則饔飧[128]牢禮 當極其

125) "雙湖胡氏曰, 易六十四卦, 取象, 凡三; 頤·鼎·井, 是也." 朝鮮圖書株式會社 編輯部 編纂, 『備旨具解原本周易』, 801면.

126) "팽임(亨飪)"의 象이란 곧 세발솥(鼎)의 象이라는 것이다.

127) [校閱] "享帝"의 "帝"가 新朝本과 國中本에는 "祭"로 되어 있다. 『本義』의 原文에는 "帝"로 되어 있다. 따라서 奎章本을 따른다.

盛 故曰大烹[129]

○朱子가 말하였다. “上帝를 제사지내는 데는 정성을 귀하게 여기니 그 제물로 어린 송아지를 한 마리 사용할 뿐이며, 현자를 봉양하는 데 있어서는 평소 조석의 밥이나 큰 연회에 그 성대함을 다해야 하는 것이므로, ‘크게 장만하여 차린다’라고 한 것이다.”[130]

○坎耳之位 ≪四五六≫ 离目又明 ≪上今离≫ 耳明曰 聰 ≪易例 坎不离 則聽不明≫ 目明曰 明也 下巽上离 故曰 巽而聰明也

鼎

○坎의 귀의 자리에 ≪4·5·6位≫ 离의 눈도 또한 밝은데 ≪上卦가 지금 鼎卦에서 离이다.≫ 귀가 밝은 것을 “총(聰)”이라 하고 ≪易例에 坎만 있고, 离가 없으면 “聽不明”이라 하였다.[131]≫ 눈이 밝은 것을 “明”이라 한다. 下卦가 [공순하다는 뜻의] 巽이고, 上卦가 离이니, “공손하면서도 [귀와 눈이] 총명한 것”이 된다.

○柔進上行者 二之五也 ≪遯所移≫ 得中者 得五也 ≪上之中≫ 應乎剛者 應乎二也

---

128) [校閱] “飧”이 新朝本에는 “飱”으로 되어 있고, 國中本에는 “湌”으로 되어 있는데 誤記이다.

129) [校閱] 『주역본의(周易本義)』의 原文에는 “大烹”이 아니라, “大亨”으로 되어 있다.

130) 이는 「彖傳」에서 하늘에 제사지내는 데는 그냥 “팽(亨)”이라 하고, 聖賢을 기는 데는 “대팽(大亨)”이라 하여, 얼핏 이해가 되지 않을 수 있으니, 부연 설명한 것이다. 한편, 朱子의 『주역본의(周易本義)』 원문에는 “故曰大‘亨’”이라고 나오는데, 誤字라기보다는 茶山이 그 뜻을 취하여 일부러 바꾼 것으로 보아 고치지 않았다. 즉 “大亨”을 “大烹”이라 풀이한 셈이다.

131) 聽不明 : 噬嗑卦 上九와 夬卦 九四의 「象傳」에서 나오는 말이다.

䷠ → ䷱

遯 → 鼎

○"柔進上行"은 2가 5로 간 것을 가리키며 ≪遯卦에서 추이한 것≫ "得中"은 그것이 제5位에 있는 것을 가리키며 ≪上卦의 中位≫ "應乎剛"이란 [그 陰이] 제2位의 陽과 호응하는 것을 가리킨다.

䷱

初六 : 鼎顚趾, 利出否, 得妾, 以其子, 无咎. ○ 象曰 : 鼎顚趾, 未悖也, 利出否, 以從貴也.

初六 : 솥의 다리를 뒤집어서, 더러운 것을 쏟아 버리니 이로울 것이다. 첩을 얻으니, 그녀가 낳은 자식[이 귀하게 됨]으로 말미암아 [그 어머니도 따라서 귀하게 되므로] 허물이 없을 것이다. ○「象傳」: "솥의 다리를 뒤집는다(鼎顚趾)"고 하더라도 [어느 경우에나] 패륜(悖倫)[의 행동]이 되는 것은 아니며, "더러운 것을 쏟아버리니 이롭다(利出否)"라고 한 것은 [그 어머니가] 귀인(貴人)을 따랐기 때문이다.[132)]

此 鼎之大有也 鼎之爲卦 足對峙於下 ≪初之陰≫ 耳對峙於上 ≪五之陰≫ 去其扃鉉 ≪上一剛≫ 則顚之倒之 皆爲鼎形 ≪自初至五 卦形如大過≫ 此 其所以取顚倒之象也 ≪如大過≫ 巽股之末 ≪下本巽≫

132) 아래에서 茶山은 "이종귀(以從貴)"를 '비록 천한 妾이지만 그 아들이 귀하게 됨에 어미도 그에 따라 귀하게 된다'는 뜻으로 풀고 있다.

其象似趾 ≪似鼎足≫ 然而非趾 彼在上者 趾也 ≪五之陰≫

鼎 → 大有 ← 大過

이것은 鼎卦가 大有卦로 변하는 경우이다. 鼎卦의 형태를 보면, 다리가 아래에 마주 서 있고 ≪제1位의 陰≫ 솥귀가 위에서 마주하고 있는데 ≪제5位의 陰≫ 그 들막대(扃鉉)[133]를 빼고 나면 ≪제6位의 한 개의 剛[134]≫ 거꾸로 뒤집어도 역시 세발솥의 모양이 된다. ≪初位에서 제5位까지의 卦形은 大過卦와 유사하다.≫ 이것이 鼎卦가 뒤집어진 象을 취하는 까닭이다. ≪[거꾸로 된 象을 취하는] 大過卦의 경우와 같다.[135]≫ [바로 볼 때는] '巽의 허벅지'의 끝이[136] ≪下卦가 본래 鼎卦에서 巽이다.≫ 마치 발(趾)의 모양으로 보이지만 ≪세발솥의 다리와 흡사하다.≫ [이상의 논리에 따라 倒象으로 볼 때] 그러나 그것은 발이 아니고 그 위에 있는 것이 발이다. ≪즉 제5位의 陰을 가리킨다.≫

曷然哉 卦自大壯 ≪上之一≫ 上本震也 震則爲趾 ≪震足也≫ 趾不向上乎 鼎顚趾也 趾之旣倒 ≪鼎旣顚≫ 坎水流惡 ≪一五夾≫ 巽以潔之 ≪下今巽≫ 利出否也 否者惡也 ≪謂穢惡≫

---

133) "경현(扃鉉)"은 같은 말을 반복한 것으로, "들막대"와 "귀고리"(들고리)라는 식으로 번역할 필요가 없겠다. 아래 九五의 "금현(金鉉)"을 설명하는 부분에서, 이에 대해 언급한다.

134) '들막대'는 세발솥 자체에 부착된 것이 아니고 본래 따로 있는 것이니 이런 말이 가능한 것이겠다.

135) 여기서 大過卦를 언급하는 이유는, 「雜卦傳」에 "大過, '顚'也"라 했으니, 大過卦의 경우는 주로 '거꾸로 된 象(倒象)'을 취하는데, 이 鼎卦도 상획(上畫)을 제외하고 보면 그런 大過卦와 유사하니 '거꾸로 된 象'을 취한다는 것이다.

136) 즉 初位의 '陰--'을 말함.

䷡ ䷱ ䷍

大壯 → 鼎 → 大有

어째서 그러한가? 이 鼎卦는 大壯卦에서 왔으니 ≪上이 1로 감≫ 上卦가 본래 震인데, 震은 곧 발(趾)이 되니 ≪震은 족(足)이다.≫ 발이 위를 향해 있지 않은가![137] 따라서 "세발솥의 다리를 들어 뒤집음(鼎顚趾)"인 것이다. 이렇게 발이 뒤집어짐에 ≪세발솥이 이미 뒤집어진 것≫ 坎의 물이 더러운 것을 씻어 내리고 ≪鼎卦의 初位에서 제5位까지 협착하면 坎≫ 巽으로 청결하게 하니 ≪[鼎卦의] 下卦가 지금 巽≫ "더러운 것을 쏟아 내어 이롭다(利出否)"라고 한 것이다. "否"는 '더러움'이라는 뜻이다 ≪때가 끼어 더러움을 말한다.≫

程子曰 傾出敗惡 以致潔 取新也 ≪朱子曰 當卦初 鼎未有實而舊 有否惡之積 因其顚而出之≫ 饋食禮 有漑鼎之節 此 時牲未[138]及升 ≪在卦初≫ 故漑而顚之也

정자(程子)가 말하였다. "상하고 더러운 것을 기울여서 쏟아 버리고 정결하게 하여, 새로운 것을 담는 것이다."[139] ≪朱子가 말하였다. "卦의 처음에 해당하여, 솥 안에 내용물은 없고 이전에 쓰던 그대로이라 더러운 찌꺼기들이 쌓여 있으니, 그 솥이 엎어진 것을 기회로 더러운 것들을 쏟아 내는 것이다."≫ [그러나 내 생각에는] 음식을 차려 대접하는 예식(禮式)에 세발솥을 물로 씻는 절차가 있는데, 이때는 아직 희생(犧牲)을 담아 올리기 이전이니 ≪卦의 초획(初畫)에 해당≫ 솥을 씻어서 엎어 두는 것이다.[140]

---

137) 「說卦傳」에 따르면 震☳은 다리(足)가 되는데, 이른바 정립(鼎立)해 있는 솥의 다리와 연관지어 볼 때, '--'이 위에 가 있으니 다리가 위를 향해 있다는 것이다.

138) [校閱] "미(未)"가 奎章本에는 "말(末)"로 되어 있는데, 誤記이다.

139) 成百曉 譯註, 『周易傳義』 下, 전통문화연구회, 1998, 314면. "趾顚, 則覆其實矣, 非順道也. 然, 有當顚之時, 謂傾出敗惡, 以致潔取新, 則可也".

140) 이는 茶山 자신의 견해는 程子나 朱子와 다름을 넌지시 보인 것이다. 程朱는 "趾顚,

○大有自夬來 ≪上之五≫ 夬自泰進 ≪三而五≫ 乾君坤后 本相配合 ≪泰之上≫ 進而爲夬 則兌妾乃尊 ≪夬上兌≫ 是 得妾也 移之大有 則离爲大腹 ≪說卦文≫ 妾受孕也 鼎本無乾 ≪無正乾≫ 今乾復生 ≪初爻動≫ 孕所生也 乾則爲君 此 貴子也 帝王之家 妾子爲君 ≪立爲君≫ 母以子貴 ≪春秋傳≫ 以其子无咎也

大壯 → 鼎 → 大有 ← 夬 ← 大壯 ← 泰

○大有卦는 夬卦에서 나왔고 ≪上이 5로 감≫ 夬卦는 泰卦에서 [앞으로] 나아온 것이니 ≪제3位에서 제5位까지 [陽의 세력이] 나아감≫ 乾의 임금과 坤의 왕비가 본래 서로 짝하여 있었다. ≪坤后는 泰의 上卦≫ 이것이 진전(進前)되어 夬卦가 되면, 兌의 첩(妾)이 이에 존귀해지니 ≪夬卦의 上兌≫ 이것은 "첩을 얻은 것"이다. 추이하여 大有卦가 되면, 离는 크게 부른 배(大腹)가 되니 ≪「說卦傳」의 글[141]≫ 첩(妾)이 잉태한 것이다. 鼎卦에는 본래 乾이 없었는데 ≪바른 자리의 乾은 없음[142]≫ 지금 之卦인 大有에서 乾이 다시[143] 생겨나니 ≪初爻가 변함≫ 잉태했던 아이가 태어난 것이다. 乾은 곧 군주가 되니, 이는 [임금이 될] 귀한 아이인 것이다. 제왕의 가문에서 첩의 자식이 제후(君)가 되어[144] ≪제후로 세우는 것[145]≫ 그 [천한 妾인]

則覆其實矣, 非順道也"라 하고, 朱子는 "鼎而趾顚, 悖道也"라고 하여, "정전지(鼎顚趾)" 자체를 "패도(悖道)"로 보지만, 茶山은 禮式의 한 절차로 보고자 하는 것이다.

141) 「說卦傳」, "离……其於人也, 爲'大腹'."

142) 2·3·4位에 互乾☰은 있으니, '바른 자리의 乾(正乾)'이 없는 것이다.

143) 母卦인 大壯에서 乾☰이 있었으니, "다시(復)"라고 한 것이다.

144) 이를 "제왕(帝王)의 가문에서는 첩(妾)의 자식이라도 제후(君)가 되니"라고 풀 수도 있겠다.

145) "立爲君"이란 자신의 노력이나 어떤 특별한 과정을 거쳐 제후가 된다는 것이 아니라, 관례와 법도에 따라 그렇게 제후로 세운다는 뜻이다. 한편, 이를 "입사(立嗣)하여 결국 帝王이 된다"는 뜻으로 풀 수도 있겠다.

어미도 자식에 따라 귀하게 되니 ≪이 말은 『春秋』의 傳에 나온다.146)≫ "[첩이] 그 아들로 인해 허물이 없음(以其子, 无咎)"인 것이다.

○夬之時 兌妾乘剛 移之大有 ≪上之五≫ 柔降得中 是 无咎也

鼎 → 大有 ← 夬

○夬卦의 때에는 兌의 첩(妾)이 剛 위에 올라타고 있는 형국이었는데, 추이하여 大有卦로 가면 ≪6이 5로 감≫ 柔가 아래로 내려가 上卦의 가운데 자리를 얻으니, 이것을 "无咎"라고 한 것이다.

○未悖者 謂顚之倒之 鼎形無悖也 ≪不乖違≫

○"未悖"란 [卦象으로 본다면] 거꾸로 뒤집어도 세발솥의 모양이 어그러지지 않은 것을 두고 하는 말이다. ≪달라지지 않음147)≫

○以從貴者 春秋之義 母以子貴也 鼎垢雖汙 旣濯旣寫 可祭乾王 兌妾雖厲 旣降旣孕 可育乾君 其義一也

○"以從貴"라는 것은 춘추시대에 어미가 자식[이 귀하게 됨]에 따라 존귀하게 되는 예법을 가리킨다. 세발솥에 때가 끼어 비록 더러우나 그것을 씻어서 없애면 乾의 임금을 제사지내는데 사용할 수 있듯이, 兌의

146) 『春秋公羊傳』 '隱公 元年', "子以母貴, 母以子貴."

147) 앞서 보았듯이 鼎卦는 그 상획(上畫)을 제외하면 뒤집어도 같은 모양이니 "未悖"(無悖)라는 말인데, 茶山의 말은 「象傳」의 "未悖"란 말이 바로 이런 뜻이라는 것은 아니고, 卦形 자체가 이러하니 "未悖"라는 뜻이 나왔다는 것이다. 그리고 앞서도 지적하였듯이, 程子나 朱子는 "정전지(鼎顚趾)"를 "悖道"로 보고, "未悖"를 '아직 道理에 어그러진 것은 아니다'라는 식으로 유보적 의미로 해석했다면, 茶山은 바로 "悖理가 아니다"(無悖)라고 해석하고 있다.

첩(妾)이 비록 처음에는 위태로운 자리에 있었으나 겸손히 처신하고 회임(懷妊)을 함에 乾의 제후를 길러 낼 수 있으니, 그 뜻은 같다.[148]

○案 鼎者 器也 有器 斯有主器者 故其占如是

○[案] 세발솥은 [중요한] 기물(器物)인데, 기물(器物)이 있으면 이에 곧 그 기물(器物)을 주관하는 자가 있게 마련이므로, 그 占이 이와 같다.[149]

九二 : 鼎有實, 我仇有疾, 不我能卽, 吉. ○象曰 : 鼎有實, 愼所之也. 我仇有疾, 終无尤也.

九二 : 솥에 [손님을 대접할] 음식이 가득 있는데, 내 손님(仇)[150]은 병이 나서 내게로 올 수가 없을 것이다.[151] [이는 나의 잘못은 아닌 까닭에] 吉할 것이다. ○「象傳」: 솥에 음식이 가득하지만 [병이 들었으니, 초대받아] 가는 것을 삼가는 것이다.[152] "내 손님이 병이 난 것"이니 [내게] 끝내

148) 爻辭의 前句인 "鼎顚趾, 利出否"와 後句인 "得妾, 以其子, 无咎"가 결국 같은 취지의 말이라는 것이다. 前者는 卦象에 의거하여 보다 즉물적으로 말한 것이라면, 後者는 그 卦象의 의미를 人間事에 비겨 부연한 것이라 하겠다.

149) 이 爻辭에서 앞 구절은 "鼎"이라는 器物을 중심으로 말하였고, 뒷구절에서는 인간사에 즉해서 말했는데, 이는 '器物'과 '그 器物을 주관하는 사람'의 관계를 함축한다는 것이다. 다시 말해, "鼎"이라는 器物이 이미 그것을 주관하는 사람을 전제하고 있다는 것이다. 「序卦傳」에 "革物者, 莫若鼎; 故, 受之以鼎. '主器者', 莫若長子; 故, 受之以震"이라고 함.

150) "구(仇)"는 일반적으로 원수(怨讐)라는 뜻으로 쓰이지만, 여기서는 외나무다리에서 만나게 되는 그런 사람이 전혀 아니다.

151) "我不能卽"의 "我"를 '내가'라는 뜻이 아니라 '나에게(於我)'라는 뜻으로 본 것이다.

152) 여기 "정유실(鼎有實)"은 주인의 입장에서 손님을 초대했다는 것이고, 손님 입장에서는 '초대를 이미 받았다'는 것인데, "신소지(愼所之)"는 결국 '손님으로 초대받아 가는

는 허물이 없을 것이다.

此 鼎之旅也 旅自否來 ≪五之三≫ 否之時 坤則內虛 移之爲旅則剛自外入 ≪五之三≫ 遂以艮實 ≪艮爲果爲實≫ 鼎有實也 三四兩剛 正實卦中 鼎有實也

鼎 → 旅 ← 否

이것은 鼎卦가 旅卦로 변하는 경우이다. 旅卦는 否卦에서 나왔고 ≪5가 3으로 감≫ 否卦의 때에는 坤으로 곧 안이 비어 있었는데, 추이하여 가서 旅卦가 되면, 剛이 밖에서 안으로 들어와서 ≪5가 3으로 감≫ 마침내는 艮에 따라 가득하니 ≪艮은 '果'가 되고 '實'이 된다.[153]≫ "鼎有實"이라고 한 것이다. [旅卦에] 제3·4位의 2개의 剛이 바로 卦 가운데를 채우고 있으니 "세발솥에 음식이 가득 차 있는 것"이다.

○仇者 耦也 ≪君臣夫婦 皆好仇≫ 賓主者 嘉耦也 否之時 乾賓在外 ≪西北 爲賓位≫ 巽爲主人 ≪否互巽≫ 移之爲旅 則艮手以招 ≪下今艮≫ 要與相見 ≪上今离≫ 而乾賓不至 ≪卦中今無乾≫ 坎疾乃見 ≪二五夾≫ 我仇有疾 不我能卽也 ≪卽就也≫ 曷云哉 鼎者 亨[154]飪之卦

것'을 삼가한다는 뜻이다. 그 주체를 혼동할 수 있기에 부연하였다.

153) 「說卦傳」에 艮☶은 "과라(果蓏)"가 된다고 했는데, 나무 열매(木實)가 "果"이고, 풀의 열매(草實)가 "라(蓏)"이다. 여기서의 "실(實)"은 물론 그런 열매라는 말이 아니고, '가득 채움', '가득 채운 것' 또는 '내용물'(즉 음식물)이라는 뜻으로 쓰였다. 앞에 "爲果"를 첨언한 것은 "艮爲實"이라고만 하면 언뜻 알기 어려우므로 그렇게 한 것이다. 茶山은 흔히 이렇게 同字에 異義나, 異字에 同義를 취하는 방식으로 易詞를 해석하는데, 이는 고도의 상징성을 띠는 『周易』을 해석하는 한 가지 的實한 방법이 될지언정, 象數易의 견강부회로 보아서는 안 될 것이다.

154) [校閱] 新朝本과 國中本에는 "亨飪之卦"로 되어 있으나 奎章本에는 "亨"이 "烹"으

也 兌饋旣具 禮應相速 ≪离爲禮≫ 縱彼不來 我不可以不招也

鼎 → 旅 ← 否

○ "구(仇)"란 상대나 짝이란 말이다. ≪임금과 신하, 지아비와 지어미는 모두 좋은 짝이다.≫ 손님과 주인은 좋은 짝이다. 母卦인 否卦의 때에는 乾의 손님이 바깥에 자리하여 있고 ≪서북쪽은 손님의 자리이다≫ 巽은 主人이 된다. ≪3·4·5位의 互巽≫ 추이하여 가서 旅卦가 되면, [주인이] 艮의 손(手)으로 [손님을] 불러 ≪下卦가 지금 旅에서 艮≫ 서로 만나고자 하지만 ≪上卦가 지금 [가회(嘉會)를 뜻하는] 离≫ 乾의 손님은 오지 않고 ≪卦 안에 지금 乾이 없다≫ 坎의 질병만 도리어 보이니 ≪제2位에서 제5位까지 협착하면 坎이다.≫ "초대한 손님(仇)이 병이 들어, 내게 올 수 없는 것"이다. ≪"卽"은 나아가는 것이다.[155]≫ 어째서 이렇게 말하는 것인가? 이 鼎卦는 손님을 접대할 음식을 장만함을 상징하는 것인데, 兌의 잔치음식(饋)이 이미 갖추어지면 禮法에 응당 서로 초대해야 하며 ≪离는 禮가 됨≫ 설사 상대가 오지 않는다고 하더라도 내가 부르지 않을 수 없기 때문이다.[156]

○ 艮以止之 ≪下今艮≫ 愼所之也 坎疾宜愼 雖有鼎實 不可來也

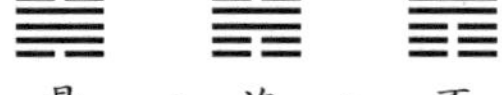

鼎 → 旅 ← 否

로 되어 있다. "烹飪之卦"라고 하더라도 誤字는 아니지만, 여기서는 前者를 따르기로 한다.

155) 訟卦 九四의 "不克訟, 復'卽'命", 旅卦 九二의 "旅'卽'次"에 대해서도 茶山은 "卽者, 就也"라고 함.

156) 상대방이 오지 못하더라도, 내 쪽에서는 예의에 따라 일단 상대를 초대해야 한다는 것이고, 지금 그런 형국이니 "吉"이고 "終无尤"인 것이다.

○艮은 그치게 하는 것이니 ≪[旅卦의] 下卦가 지금 艮≫ "가는 것을 삼가함(愼所之)"이다. 坎의 질병은 의당 조심해야 하니, 비록 세발솥에 음식이 가득 있더라도 [손님으로] 올 수가 없는 것이다.[157)]

○終者 艮也 否塞之時 剛自外反 ≪五之三≫ 三乃得位 ≪陽居陽≫ 終无尤也 ≪尤咎也≫ 詩云 寧適不來 微我有咎 此之謂也

䷱ ䷷ ䷋

鼎 → 旅 ← 否

○["終无尤"의] "終"은 艮에 따른 말이다. 막혀서 궁색한 상황에서, 剛이 밖에서 안으로 되돌아오고 ≪否卦의 5가 3으로 감≫ 3이 이에 자신의 바른 자리를 얻으니 ≪陽이 陽의 자리에 위치함≫ "끝에는 허물될 일이 없는 것"이다. ≪"尤"는 허물이다.≫ 『詩經』「小雅」「伐木」에서, "마침 일이 있어 오지 못하는 것이지, 내게 잘못이 있는 것은 아니네"라고 한 것도 바로 이런 상황을 말하는 것이다.[158)]

○案 此爲鼎之旅 故旅之鼎 亦云 終无尤 ≪彼云 旅卽次 此云 不能卽 兩卽字 相照≫

䷱ ䷷ ䷋ ䷷ ䷱ ䷡

鼎 → 旅 ← 否　　旅 → 鼎 ← 大壯

---

157) 「象傳」의 "鼎有實, 愼所之也"를 "坎疾宜愼, 雖有鼎實, 不可'來'也"라고 풀이하고 있으니, 분명 손님의 입장에서 '오지 못한다', 즉 초대를 받았으나 병이 들어 손님으로 가지 못하는 것이다.

158) 여기 詩의 "微我有咎"의 "我"도 결국 '於我'의 뜻으로 볼 수 있는데, 이는 「象傳」의 "不我能卽"의 "我"를 '於我(나에게)'로 본 것이 그르지 않다는 방증(傍證)일 수 있겠다.

○[案] 이는 鼎卦가 旅卦로 가는 경우인데, 따라서 旅卦가 鼎卦로 가는 경우에도 역시 "終无尤"라 하였다.[159] ≪또 거기서는 "旅卽次"라고 하였고,[160] 여기서는 "不能卽"이라 하였으니, 두 '卽'字도 서로 조응한다.[161]≫

○學稼云 鄕射禮 謂賓爲耦 耦者 仇也 ≪子夏易傳云 君子好仇≫

○學稼가 말하였다. "『儀禮』「鄕射禮」에서 말하기를, "초대한 손님(賓)을 '耦'라고 하였는데,[162] 그 耦가 [곧] '仇'이다."[163] ≪『子夏易傳』에 "君子에 좋은 짝(好仇)"이라 하였다.[164]≫

---

159)

茶山은 旅卦 六二에서 "遯移爲鼎 ≪五之二≫ 陽雖卑降 ≪陰則升≫ 大壯之移 ≪一之上≫ 剛乃上升 ≪一之上≫ 終无尤也 ≪上爲卦之終≫"이라고 설명하였다.

160) 旅卦 六二의 爻辭에 "려즉차(旅卽次)"라 했는데, "나그네가 客舍(次)에 들어감(卽)"이라는 뜻이다.

161) 鼎卦가 旅卦로 효변하는 것과 旅卦가 鼎卦로 효변하는 것은 분명 다른 것이다. 그러나 易詞에 이와 같이 兩者 사이의 조응관계가 나타나니(물론 모두 그런 것도 아니고, 이런 사례가 흔한 것도 아니다), 분명 易詞를 엮은 자가 또한 이런 측면도 고려했을 것이라고 茶山이 지적한 것이다.

162) 『儀禮』「鄕射禮」에 "삼우(三耦)가 堂 아래 서편에 서서 기다림(三'耦', 俟于堂西)"이라는 말이 나오는데, 활을 쏠 때 한 조(組)가 되는 '두 사람'을 "우(耦)"라고 한다(二人爲耦). 따라 三耦는 모두 6명이다.

163) 「鄕射禮」에서 초대 손님을 "우(耦)"라 한다는 것은 알겠는데, 그 "우(耦)"가 또한 어떻게 "구(仇)"라는 것인지는 미상(未詳)이다. 결국 아무 근거 없이 단지 "仇"가 耦라고 말한 셈이다. 오히려 뒤의 細注가 원수(怨讐)가 아닌 '짝'·'배필'이라는 뜻의 "仇"의 용례를 보여주고 있다(이 細注는 통상적인 예에 따라 보면 보통 茶山의 말이다).

164) 현행 四庫全書의 『子夏易傳』의 해당 부분에는 "君子好仇"라는 말이 확인되지 않는다. 다만 毛奇齡의 『仲氏易』에 "子夏傳, 君子好仇"라는 말이 나오는데, 『子夏易傳』 또는 『子夏傳』의 異本에 따른 말이거나, 아니면 그 책의 다른 어떤 부분에 나오는 말로 보인다. 요컨대 여기 "仇"가 외나무다리에서 만나는 '원수(怨讐)'가 아니고 '짝'·'상대'·'배필'의 뜻이라는 것인데, 『詩經』 첫머리의 유명한 "窈窕淑女, 君子好'逑'"라는 구절을 『禮記』「緇衣」에서는 "詩云, 君子好'仇'"라고 인용하고 있는 것도 그의 한 사례가 될 것이다.

九三 : 鼎耳革, 其行塞, 雉膏, 不食, 方雨虧, ≪句≫ 悔, 終吉. ○ 象曰 : 鼎耳革, 失其義也.

九三 : 솥귀를 고치기는 하였으나,[165] [잘못 고쳐서] 그 솥을 옮길 방법이 궁색(窮塞)하다.[166] 꿩고기가 기름지더라도 먹지 않을 것이다. 바야흐로 비가 내리려고 하니, ≪句≫ [월식(月蝕)이 일어나, 달이] 이지러질 것이다. 변한 것이 있더라도 끝에는 길할 것이다.[167] ○「象傳」: 솥귀를 고치기는 하였으나(鼎耳革), 그 올바른 도리를 잃어버린 것이다.[168]

此 鼎之未濟也 鼎耳在五 ≪坎耳之位 有耳形≫ 三之旣變 坎耳在下 ≪下今坎≫ 鼎耳革也 ≪革變也≫ 三剛今分 ≪三今柔≫ 兩耳之形也

鼎 → 未濟

이것은 鼎卦가 未濟卦로 변하는 경우이다. [鼎卦에서] 세발솥의 귀가 제5位에 자리하고 있었는데 ≪坎의 귀의 자리에 귀의 형태가 있는 것[169]≫ 이

165) "정이혁(鼎耳革)"을 '솥귀가 파손되어'라고 풀면 간명하기는 하지만, 아래서 茶山은 솥귀가 아주 떨어져 나가 없어진 것이 아니라, 그 위치를 바꾼 것으로 설명한다. 그래서 이런 취지에 따라 '솥귀를 잘못 고쳐 달았다'는 뜻으로 보았다.

166) 아래에서 茶山이 "扃貫不相及, 而鼎不可行"이라고 했듯이, 이는 결국 그 솥을 '옮기지 못한다'는 뜻이다. '막혔다'라고 하기에도 어색하여, 차라리 그 '색(塞)'字를 살려서 '궁색(窮塞)'이라 한 것이다.

167) 이를 "뉘우치니(悔) 끝에는 길할 것이다"라고 풀 수도 있겠는데, "회(悔)"라는 말이 卦象이 변한 것과 연관된다는 측면을 보다 주목하여 위와 같이 해석하였다. 語感에 다소 차이가 있기는 하지만 그 뜻은 결국 같은 것이다.

168) 여기 "義"는 구체적으로는 '솥을 고치는 방식'을 뜻한다고 하겠다. 즉 "失其義"란 '고치는 방법(義)이 잘못 되었다'는 것이고, 나아가 '고치기는 고쳤는데, 잘못 되었다'는 것이다.

九三이 효변하면서 坎의 귀가 아래로 내려가 자리잡으니 ≪[未濟卦의] 下卦가 지금 坎≫ "솥귀를 고침(鼎耳革)"이다. ≪"革"은 변함이다.≫ 제3位의 '剛'이 지금 나누어지니 ≪[未濟卦의 제3位가 지금 '柔'≫ 두 귀의 모양이다.

凡 鼎之有耳 以受鉉貫也 ≪儀禮云 扃鼏[170]≫ 而鼎之有鉉 將以行鼎也 ≪虞仲翔云 鼎不以趾行 而以耳行≫

대저 세발솥에 귀가 있는 것은 들막대(鉉)를 끼워 넣기 위한 것이요 ≪『儀禮』에 [세발솥의 들막대와 솥뚜껑이라는 뜻으로] "경멱(扃鼏)"이라 하였다.[171]≫ 세발솥에 들막대가 있는 것은 [그 솥을] 옮기기 위한 것이다. ≪우중상(虞仲翔)[172]은 "세발솥은 그 다리로 옮기는 것이 아니고, 귀로 옮긴다"고 하였다.[173]≫

---

169) "坎의 귀의 자리(坎耳之位)"란 上卦를 말하다. 上卦의 4·5·6位는 그 자릿수 자체가 짝·홀·짝수이니 '陰--'·'陽—'·'陰--'이라 '坎☵'이 되고, 坎☵은 귀(耳)가 된다(「說卦傳」, 近取). 그래서 上卦를 "坎의 귀의 자리"라 한 것이다.

170) [校閱]『四箋』 원문에는 "儀禮云扃'鼎'"이라 나오는데, 여기 "정(鼎)"은 誤字인 것으로 보인다. 그 이유는, 첫째, "경정(扃鼎)"을 '들막대(扃)와 세발솥(鼎)'이라는 말로 본다면, 이 둘을 동등하게 병칭하는 것은 다소 어색하다는 문제가 있다. 들막대는 세발솥의 부속품인 것이다. 둘째, '들막대'의 다른 명칭인 "현(鉉)"을 설명하는 중에 나온 말이니, "경정(扃鼎)"을 '세발솥의 들막대'로 보고자 해도 역시 이상하다. 그런 뜻이라면 '정경(鼎扃)'이라 했을 것이기 때문이다. 셋째, 이를 "경경(扃鼎)"이라 보기도 어렵다. 『儀禮』에서 같은 뜻인 이 두 글자를 연이어 썼다는 것은 분명 이상하다. 이상의 의문에서, 『儀禮』를 치밀하게 다 살펴 본 것은 아니지만, 그 「士冠禮」「公食大夫禮」에 "세발솥의 들막대와 그 솥뚜껑을 차려 놓는다"는 뜻인 "설경멱(設扃)'鼏'"이라는 말이 나오기에, 감히 "정(鼎)"을 '솥뚜껑'이라는 뜻의 '멱(鼏)'字로 고친다. 독자들의 질정(叱正)을 바라는 바이다. 한편, 이 '멱(鼏)'字는 이후 六五의 茶山의 안설(案說)에서 "경(扃)"과 같은 글자로 설명되는 '경(鼏)'字와 다른 글자이다.

171) 細注의 이 말은, 『儀禮』에서 "경멱(扃鼏)"이라 했는데, 들막대를 뜻하는 "현(鉉)"이 그 "경(扃)"과 같다는 것이다. "경(扃)"은 들막대(鉉)이고, "멱(鼏)"은 세발솥의 뚜껑을 말한다.

172) 우중상(虞仲翔, 164~233) : 우번(虞翻). 중국의 삼국시대 吳나라의 經學者로, 중상(仲翔)은 그의 字이다. 蜀나라 관우(關羽)의 죽음을 예언하여 맞춘 것으로도 유명하다.

173) 현행 『周易集解』(李鼎祚, 北京市中國書店, 1990)의 해당 부분에 이 말이 그대로 나오지 않고, 다만 "鼎, 以耳行"이라는 말만 확인되는데, 茶山은 흔히 이런 식으로 원문을 가감(加減)하여 인용한다.

今鉉在上 ≪上一剛≫ 而耳在三 ≪三今柔≫ 則扃貫不相及 ≪隔二位≫ 而鼎不可行也 本以乾行 ≪二四互≫ 今爲离防 ≪二四互≫ 其行塞也 ≪未濟自否來 否塞也≫

鼎 → 未濟 ← 否

지금 [之卦인 未濟卦에서] 들막대가 위에 자리하고 있는데 ≪上位의 剛 하나≫ 그 귀(耳)는 제3位에 자리하여 있으니 ≪제3位가 지금 柔이다≫ 들막대를 끼워 넣는데 [귀와 들막대가] 서로 닿지를 않아 ≪두 자리가 떨어져 있다≫ 솥을 움직일 수가 없는 것이다. 본래 鼎卦에서는 ['行'을 뜻하는] 乾이 있어 움직일 수 있었는데 ≪2·3·4位의 互卦≫ 지금 그것이 离의 막음'이 되니 ≪未濟卦 2·3·4位의 互卦≫ "그것을 옮기기에 궁색한 것(其行塞)"이다. ≪未濟卦는 否卦에서 추이하여 나왔는데, "비(否)"는 막힘이라는 뜻이다.[174]≫

○离雉在上 坎則爲膏 ≪屯九五≫ 雉多膏也 ≪上下坎≫ 兌口遂滅 ≪本互兌≫ 雉膏不食也 ≪如井渫不食≫ 徐幾曰 猶人有才德 而不爲時用 ≪胡炳文云 井鼎九三 皆居下而未爲時用≫

鼎 → 未濟 ← 否

○[之卦인 未濟卦를 보면] 离의 꿩(雉)이 위에 있는데, 坎은 곧 기름진 고기(膏)가 되니 ≪屯卦 九五에 이런 용례가 나온다.[175]≫ 그 꿩이 기름지

174) 이를 "未濟卦는 ['막힘'을 상징하는] 否卦에서 추이하여 나왔으니, 비색(否塞)한 것이다"라고 풀 수도 있겠다.
175) 屯卦 九五에 "준기고(屯其膏)"라 함.

게 살이 올라 있다. ≪위 아래로 坎이다.[176]≫ [그러나] 효변하여 兌의 입이 결국 없어지니 ≪본래 鼎卦에서 3·4·5位가 互兌였다≫ "雉膏不食(꿩고기가 기름지나 먹지 않는 것)"이다. ≪이는 井卦 九三의 "정설불식(井渫不食)"과 같은 의미이다.[177]≫ 서기(徐幾)[178]가 [이 九三의 상황에 대해] 말하였다. "사람이 재능과 덕성을 갖추고 있으나, 적절한 때에 등용되지 못하는 것과 같다."[179] ≪호병문(胡炳文)[180]이 말하였다. "井卦 九三과 鼎卦 九三은 모두 아래에 자리하여 알맞은 시기에 등용되지 않는 것이다."[181]≫

○ 未濟之卦 日月相望 ≪坎爲月≫ 月食之時也 卦自否來 ≪五之二≫ 否之時 坎月之位 ≪四五六≫ 乾體圓滿 ≪說卦乾爲圓≫ 中剛今黑 ≪五今柔≫ 圓之虧也 當此之時 坎雨滂沱 ≪上下坎≫ 方雨而虧也 ≪方雨而月食≫

鼎 → 未濟 ← 否

○ 未濟라는 卦는 해와 달이 서로 마주보고 있으니 ≪坎은 달이 된다≫ 월식(月食)이 일어나는 상황이다. 未濟卦는 否卦에서 나왔다. ≪5가 2로 감≫ 否卦인 때는 坎의 달의 자리에 ≪4·5·6位[182]≫ 乾의 형태가 원만하

---

176) 未濟卦 3·4·5位의 上互卦와 下卦가 坎☵이니 이렇게 말한 것이다.

177) 井卦 九三에 "정설불식(井渫不食)"이라 하였는데('우물을 새로 쳐서 물이 맑으나 먹지 않는다'는 뜻), 茶山은 "君子, 懷才包美, 自視淸澈, 而民不被澤, 誠足自傷也"라고 설명하였다.

178) 서기(徐幾): 생몰년 미상. 대략 1720년 前後로 在世. 南宋의 학자. 號는 進齋.

179) "進齋徐氏曰, ……其行則不通, 於雉膏則不食; '猶人有才德, 而不爲時用', 不得君之祿而食之也." 朝鮮圖書株式會社 編輯部 編纂, 『備旨具解原本周易』, 810면.

180) 호병문(胡炳文, 1250~1333): 元代의 경학자. 字는 仲虎, 號는 雲峰.

181) 成百曉 譯註, 앞의 글, "雲峯胡氏曰, 井鼎九三, 皆居下, 而未爲時用."

182) "坎의 달의 자리(坎月之位)"란, 上卦位는 '坎☵'이 되고, 坎은 달(月)이 되니 이렇게 말한 것이다. 앞서 "坎의 귀의 자리(坎耳之位)"와 같은 논리에서 나온 말이다.

였는데 ≪「說卦傳」에 乾은 "원(圓)"이 된다고 하였다.[183]≫ 그 가운데 자리의 剛이 지금 未濟卦에서는 검게 되었으니 ≪제5位가 지금 [검은 색을 상징하는] 柔이다≫ 둥근 모양새가 이지러진 것이다. 이런 상황에 처하여, 坎의 비가 쏟아지니 ≪未濟의 上互卦와 下卦가 坎이다≫ 바야흐로 비가 내리는데 [달이] 이지러진 것이다. ≪막 비가 내리고 월식이 일어 난 것이다.≫

古者 日月之食 瞽師奏鼓[184] ≪夏書云≫ 牧人獻牲 ≪春秋所云 鼓用牲[185]≫ 牲鼎之所用也 故其占如此

古代에는 일식이나 월식이 있으면 악사(樂師)[186]가 북을 치고 ≪『尙書』「夏書」에 나옴[187]≫ 목인(牧人)[188]이 제사에 쓸 희생(犧牲)을 바쳤으니 ≪『春秋』에도 [일식이 일어나면] "북을 치고 희생을 바쳤다"고 함[189]≫ [이런 천문 현상이 있으면] 희생(犧牲)을 담는 세발솥[190]이 소용되는 것이다. 따라서 鼎

---

183) 「說卦傳」에 "乾爲'圜'"이라 하였는데, "圜"은 일반적으로 "두를 환"으로 새기지만, "둥글 원"으로도 읽으니 이렇게 말하는 것이다.

184) [校閱] "瞽師奏鼓"의 "고(鼓)"가 奎章本에는 "皷"로 되어 있는데, 同字이다.

185) [校閱] 『四箋』 원문에는 "'鼓'用牲"으로, 즉 "鼓"로 나오는데, 여기서는 "鼓"로 바꾸었다. 일반적으로 이 둘을 구분치 않고 혼용하지만, 원래 前者는 名詞로 '북'이라는 뜻이고, 後者는 '북을 치다'는 뜻의 動詞이다. 한편, 여기 '鼓'字가 『春秋』 원문에는 판본에 따라 "鼓"나 "皷"로도 나오는데, 모두 '북을 친다'는 동사로 쓰인 것이다.

186) 原文의 "고사(瞽師)"란 말 그대로는 '눈먼 악사'라는 뜻이지만, 여기서 굳이 맹인이라는 것이 부각될 필요가 없으니, 그냥 "악사"라 하였다. 눈이 멀어 보지 못하면 音感은 더 섬세해지므로 맹인을 樂師로 삼았다고 한다.

187) 『尙書』「夏書」「胤征」, "瞽奏鼓."

188) 『周禮』「地官」「司徒」에 "牧人"이라는 직책이 나오는데, "牧人, 掌牧六牲而阜蕃其物, 以共祭祀之牲牷"이라고 하였다. 즉 각종 제사에 희생(犧牲)으로 쓰이는 여러 동물들을 관리하는 직책이다.

189) 많은 사례가 나오는데, 그 대표적인 것을 보면, 『左傳』 '文公 15年'條의 經文에 "六月辛丑朔, 日有蝕之, '鼓用牲'于社"라 하였고, 그 傳에 "六月辛丑朔, 日有蝕之, '鼓用牲'于社, 非禮也. 日有蝕之, 天子不擧, 伐鼓于社; 諸侯用幣于社, 伐鼓于朝, 以昭事神, 訓民事君, 示有等威, 古之道也"라고 하였다.

190) 『儀禮』「特牲饋食禮」에 "及佐食擧'牲鼎'", "乍割之, 實于'牲鼎'"이라는 말이 나온다. 한편, 이 구절을 "牲은 鼎之所用也"라는 식으로 볼 수도 있겠으나, 이는 文理가 다소 어색한 듯하여 취하지 않는다.

卦 九三의 占이 이와 같다.[191)]

○本以圓月 ≪否上乾≫ 今爲坎月 ≪五之二≫ 悔則悔矣 ≪象則變≫ 月色載新 ≪下坎月≫ 是 終吉也

○본래는 둥근 달이었다가 ≪否卦의 上卦는 乾[192)]≫ 지금은 단지 坎의 달이 되니 ≪否卦의 5가 2로 감≫ 변하긴 변하였으나 ≪象이 곧 변했음≫ 달빛이 새로우니[193)] ≪下卦가 坎의 달이다.≫ 이것은 "끝에는 길한 것(終吉)"이다.

君子之悔過遷善 如日月之食 ≪孟子云≫ 悔終吉也 三爲卦終 ≪下卦竟≫ 故曰 終

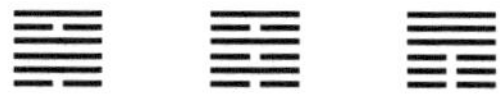

鼎 → 未濟 ← 否

君子가 개과천선(改過遷善)하는 것은 일식이나 월식[이 일어났다가 사라지는 것]과 같으므로 ≪『孟子』에서 이렇게 말함[194)]≫ "변한 것이 있더라도 끝에는 길하다(悔終吉)"라고 한 것이다. 이 제3位는 卦의 한 "끝"이 되기 때문에 ≪下卦가 끝남≫ "終"이라 말한 것이다.

---

191) 일식이나 월식에 지내는 제사에 犧牲을 담는 '세발솥'이 소용되니, "방우휴(方雨虧"라는 말이 이 鼎卦 九三에서 언급되었다는 것이다. 다시 말해, 이상의 증거로 볼 때 "方雨虧"라는 말에는 '세발솥'과의 연관성이 함축되어 있다는 것이다. 이런 茶山의 설명은 결국 "方雨虧"라는 말의 보다 구체적인 함의를 지적한 것이라 하겠는데, 그렇다면 이 爻辭를 "바야흐로 비가 오고 월식이 일어날 것"이니 '세발솥을 준비하라'는 豫言으로 볼 수 있겠다.

192) 上卦는 '坎☵의 자리'인데, '乾☰의 원만함'이 자리하니 "원월(圓月)"이라 하는 것이다.

193) 여기 "재(載)"는 '……하기 시작하다'는 뜻으로 쓰인 말로 보이는데, "新"이 이미 '새롭게 시작한다'는 뜻을 가지므로 굳이 풀지 않았다.

194) 『孟子』「公孫丑下」篇에 "古之君子, 過則改之; 今之君子, 過則順之; 古之君子, 其過也, 如日月之食, 民皆見之; 及其更也, 民皆仰之"라고 하였다(張基槿 譯著, 『論語』 上, 명문당, 1973, 257면). 또한 『論語』「子張」에도 "子貢曰, 君子之過也, 如日月之食焉; 過也, 民皆見之; 更也, 民皆仰之"라는 말이 나온다(같은 책, 465면).

○ 兌則爲義 ≪西方卦≫ 今兌旣滅 失其義也 旣失其義 何以食矣 ≪不義故不食≫

鼎 → 未濟 ← 否

○ 兌는 곧 바른 도리(義)가 되는데 ≪서쪽을 상징하는 卦≫ 지금 [九三이 효변하면서] 그 兌가 소멸되어 버렸으니, "그 올바른 도리를 잃어버린 것(失其義)"이다. 이미 그 도리를 잃어 버렸으니 어떻게 먹을 수 있겠는가! ≪의롭지 않으므로 먹지 않는 것이다.[195)]≫

○案 漢書 五行志云 鼎以耳行 ≪扃以擧≫ 耳革則行塞 史記云 有雉升鼎而雊 ≪殷本紀≫ 雉亦鼎實也

○[案]『漢書』「五行志」에 "세발솥은 귀(耳)로 [들어] 옮긴다"라고 하였으니 ≪들막대로 들어서 옮기는 것[196)]≫ 그 귀가 바뀌어 버리면[197)] 옮기기가 궁색해지는 것이다.『史記』에 "꿩 한 마리가 세발솥 위에 날아 올라가서 울었다"라고 하였으니 ≪[『史記』의]「殷本紀」에 나옴[198)]≫ 꿩고기도 또한 세발솥에 담아 올리는 것이겠다.[199)]

---

195) 이 "不義故不食"을 "옳지 않으니 먹지 않는다"라고 풀 수도 있는데, 이 말은 분명 "不義해서 먹지 못한다"라는 뜻과 "不義하니 먹지 않는다"라는 이중적인 의미를 함축하고 있다. 그러나 한편으로 여기 "不食"은 "雉膏不食(꿩고기가 기름지나 먹지 않는다. 또는 먹히지 않는다)"의 "不食"이니, 엄밀하게 보면 "먹지 못한다"라고 풀어야 한다. 즉 그 말이 결국 '군주나 위 사람이 밝지 못해(不義), 아래의 賢人(雉膏)을 등용하지 못함(不食)'을 뜻하므로 그러하다.

196)『漢書』「五行志」, "鼎, 宗廟之器, ……鼎三足, 三公象, 而'以耳行'."

197) 거듭 말하지만, 여기 "耳革"을 '귀가 파손되었다'는 뜻으로 볼 수도 있겠으나, 원래의 귀가 파손되어 '그 귀를 고쳐 달았다'는 뜻으로 보았다. 물론 고치기는 고쳤는데 잘못 고친 것이다.

198)『史記』「殷本紀」에 "帝武丁, 祭成湯; 明日, 有飛雉, 登鼎耳, 而'呴', 武丁懼"라는 말이 나온다. 한편, 여기 '呴'字는 "구(雊)"와 같은 말이다.

九四 : 鼎折足, 覆公餗, 其形, 渥, 凶. ○ 象曰 : 覆公餗, 信如何也.

九四 : 솥다리가 부러지고, 솥 안에 들어 있던 [음식인] 공속(公餗)[200]을 쏟으니,[201] [그 大臣은 목을 베는 重刑인] 옥형(剭刑)[202]을 당할 것이니, 흉하다. ○「象傳」: 공속(公餗)을 엎어서 쏟는다면, [王이 그 大臣을] 신뢰함이 어떠하겠는가?

此 鼎之蠱也 蠱自泰來 《一之上》 泰之三陽 本皆震足 《自復始》 鼎之三足也 今折其一 《初今柔》 鼎折足也 大壯之時 《鼎自大壯來》 震剛爲足 《剛在四》 今剛乃折 《四今柔》 亦折足也

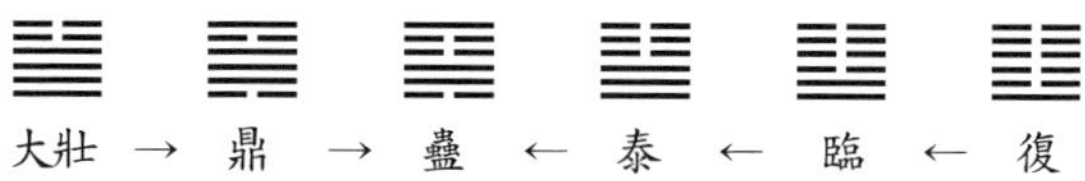

이것은 鼎卦가 蠱卦로 변하는 경우이다. 蠱卦는 泰卦에서 나왔는데

199) 「殷本紀」의 내용을 근거로 꿩고기도 세발솥에 담아 올렸다고 보는 것은 다소 무리라 하지 않을 수 없다. 그 전후의 문맥에 그렇게 볼 근거가 전혀 없다. 다만 꿩고기를 담아 올린 정(鼎)이니, 꿩이 거기에 날아 올라가 울지 않았을까 추측한 것일 뿐이다.

200) "공(公)"은 '제후(諸侯)'나 '天子(王)의 조정에 있는 제후와 동급의 대신(大臣)'을 가리킨다. 그리고 "속(餗)"은 '죽(鬻)', '나물 죽', '솥안에 담긴 음식(鼎實)' 등을 뜻한다. 여기서는 문맥에 따라 '음식', '솥안의 음식'으로 풀이하였다.

201) 여기서, 公餗이라고 한 것은 천자가 먹을 음식이지, 제후나 大臣이 먹을 음식을 가리키는 것이 아니다. 다산이 아래 注에서 "四者, 大臣之位也, 大壯之時, 君子居之, 故乾君信之, 四之旣變 忽爲小人, 离誠旣滅, 顚覆厥德, 敗事之象也"라고 하였다. 즉, 大臣이 잘못해서, 천자에게 드릴 公餗을 쏟아버린 잘못을 범한 것이므로, 자기 자신의 임무를 다하지 못해 일을 그르친 것이 된다.

202) 茶山은 注에서 朱子의 뜻에 따라 "악(渥)"을 重刑의 한 종류인 "옥(剭)"의 뜻으로 풀고 있다.

≪1이 上으로 감≫ 泰卦의 세 개의 陽은 본래 모두 [본래는] 震의 발(足)이니 ≪[泰卦는] 復卦에서 시작됨≫ 세발솥의 세 다리이다. 지금 [蠱卦로 추이하게 되면] 그 하나가 부러지니 ≪[蠱卦의] 初位가 지금 柔≫ 세발솥의 다리가 부러진 것이다. 大壯卦인 때는 ≪鼎卦는 大壯卦에서 나왔다≫ 震의 剛이 다리가 되는데 ≪剛이 제4位에 있음≫ 지금 [鼎卦가 효변하여 蠱卦로 되면서] 그 剛이 곧 부러지니 ≪제4位가 지금 柔≫ 역시 다리가 부러진 것이다.

○蠱之貞顚兌也 其悔倒震也 ䷑ ≪山風卦≫ 震足旣倒 ≪上今艮≫ 兌食乃覆 ≪兌之口向下≫ 是 覆餗也 是 本乾君之所食 ≪泰下乾≫ 覆公餗也 ≪食迸地≫

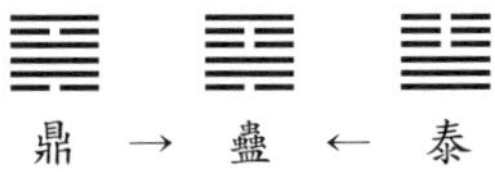

○蠱卦의 貞卦는 거꾸로 된 兌이고, 그 悔卦는 거꾸로 된 震이다.[203] ≪蠱는 山과 風으로 된 卦≫ [이렇게] 震의 다리가 이미 거꾸로 되고 ≪[蠱卦의] 上卦가 지금 艮≫ 兌의 음식이 이에 엎질러지니 ≪兌의 주둥이가 아래를 향함[204]≫ 솥 안의 음식이 엎질러진 것이다. 이는 본래 乾의 君主가 먹을 음식이니[205] ≪泰卦의 下卦는 乾≫ "복공속(覆公餗)"인 것이다. ≪솥 안의 음식이 쏟아져 땅에 흩어졌다.≫

---

203) 貞卦는 內卦, 悔卦는 外卦를 말한다. '거꾸로된 兌'는 巽이고, '거꾸로 된 震'은 艮이다.
204) 蠱卦의 下卦인 巽☴을 두고 하는 말이다.
205) 本乾君之所食: 천자(乾君)가 먹을 음식인 公餗을 잘못해서 쏟은 것으로 해석해야 한다. 다산은 아래의 注에서 "四者, 大臣之位也, 大壯之時, 君子居之, 故乾君信之, 四之旣變 忽爲小人, 离誠旣滅, 顚覆厥德, 敗事之象也"라고 하였다. 즉, 大臣이 잘못해서, 천자에게 드릴 公餗을 쏟아버린 잘못을 범한 것이니, 이는 자신의 임무를 다하지 못해, 천자의 신임을 잃는 것을 상징한다.

曷云哉 鼎足三公之象也 ≪漢書云≫ 四者 大臣之位也 ≪程子云≫ 大壯之時 ≪鼎之本≫ 君子居之 ≪震剛居于四≫ 故乾君信之 ≪鼎上离≫ 四之旣變 忽爲小人 ≪上今艮≫ 离誠旣滅 ≪上离亡≫ 顚覆厥德 敗事之象也 ≪蠱 壞也≫ 大傳曰 四多懼

䷡ ䷱ ䷑ ䷊

大壯 → 鼎 → 蠱 ← 泰

어째서 이렇게 말하는 것인가? 세발솥의 세 다리는 삼공(三公)의 象이며 ≪『漢書』에서 말함[206]≫ 제4位는 대신(大臣)을 상징하는 자리이기 때문이다. ≪程子도 이렇게 말함[207]≫ 大壯卦의 때에 ≪鼎卦의 母卦≫ 君子가 그 [막중한] 자리를 차지하고 있음에 ≪震의 剛이 제4位에 자리함≫ 乾의 君主가[208] 그를 신임하였는데 ≪鼎卦의 上卦가 [믿음을 뜻하는] 离≫ 이 九四爻가 효변함에 갑자기 小人이 되어 ≪蠱卦의 上卦가 지금 [小人을 뜻하는] 艮≫ 离의 정성이 이미 소멸되고 ≪上卦의 离가 없어짐≫ 그런 군자의 德을 내팽개쳐 버리니,[209] 일을 그르칠 象인 것이다. ≪"蠱"는 무너진다는 뜻이다.[210]≫ 「大傳(계사전)」에 "제4位는 두려움이 많은 자리"라고 하였다.[211]

○ 朱子曰 形渥 諸本作刑剭 謂重刑也 周禮 謂之屋誅 ≪司烜文≫ 謂誅之於屋中也 ≪胡庭芳云 不殺于市 以適甸師氏≫ 以卦象 則泰

---

206) 『漢書』「五行志」, "鼎, 宗廟之器, ……鼎三足, 三公象, 而以耳行."

207) "四, 大臣之位, 任天下之事者也." 朝鮮圖書株式會社 編輯部 編纂, 『備旨具解原本周易』, 811면.

208) 여기서 말하는 "乾君"은 이후 "○信何如者" 다음에 나오는 "乾王"과 같은 말이다. 즉 諸侯인 "君"을 말하는 것이 아니고 "天子"(王)를 말한다.

209) 大壯卦의 上震☳이 蠱卦가 되면 '☶'으로 되는 것을 두고 하는 말이겠다.

210) 蠱卦는 泰卦에서 나왔는데, 그렇게 추이하면서 "乾壞其下, 坤壞其上"하니 "괴(壞)"인 것이다.

211) 「繫辭下傳」에 "二多譽, 四多懼"라고 했는데, 이는 결국 그 爻辭에 두려움에 관한 언급이 많이 나타나는 자리라는 말이기도 하겠다.

之時 乾首全矣 ≪泰下乾≫ 移之爲蠱 則艮廬之下 ≪上今艮≫ 乾首乃截 ≪初今折≫ 其刑剭也 ≪四折而互乾之首亦亡≫

○朱子가 말하였다. "형악(形渥)은 여러 판본에 형옥(刑剭)이라 되어 있는데, 무거운 형벌의 일종이다."[212] 『周禮』에서는 그것을 "옥주(屋誅)"라고 하였는데 ≪「秋官」「司烜氏」에 나오는 말[213]≫ [죄인을] 집안에서 죽이는 것을 말한다.[214] ≪호정방(胡庭芳)이 말하였다. "저자 거리에서 죽이지 않고, [田野의 일을 관장하는] 전사씨(甸師氏)[215]에게 보내[어 죽이]는 것이다."[216]≫

大壯 → 鼎 → 蠱 ← 泰

卦象으로 보면, 泰卦인 때는 乾의 머리(首)가 온전하였는데 ≪泰卦의 下卦는 乾≫ 추이하여 가서 蠱卦가 되면, 艮의 여막(廬) 아래에서 ≪[蠱卦의] 上卦가 지금 艮≫ 乾의 머리가 잘리니 ≪초획(初畫)이 지금 蠱卦에서 陰으로 절단됨≫ 그 형벌이 "옥(剭)"인 것이다.[217] ≪[효변하면서] 제4位가 절단되어 '互乾의 머리'도 또한 없어졌다.≫

---

212) 『周易本義』, "晁氏曰, 形渥, 諸本作刑剭, 謂重刑也. 今從之". 朱子의 인용구는 "謂重刑也"에서 끝나고, "周禮" 以下는 다산의 문장이다. 『本義』에 인용된 설은 본래 朱子의 說이 아니고 晁氏의 說인데, 朱子가 따른다고 하였다. 여기서 晁氏는 北宋의 晁說之(조열지)를 가리킨다.

213) 『周禮』「秋官」에 "司烜氏, 掌以夫遂取明火於日, ……邦若'屋誅', 則爲明竁焉"라고 하였는데, 사훤씨(司烜氏)는 불을 관리하는 벼슬이다.

214) 細注의 胡庭芳의 말에 '전사씨(甸師氏)에게 보낸다'고 하는 것으로 보아서, "옥주(屋誅)"가 집안(屋中)에서 처형하는 것이라고 해도, 자신의 집안이나 방안에서 죽인다는 의미는 아니고, 외부에 노출되지 않은 어떤 건물 안에서 처형한다는 뜻이겠다. 즉 체면을 지켜주는 의미에서 공개 처형은 하지는 않는다는 말이겠다.

215) 『周禮』「天官」「甸師」, "掌帥其屬, 而耕耨王藉, 以時入之, 以共粢齍盛. ……王之同姓有辜, 則死刑焉."

216) "雙湖胡氏曰, ……謂所殺不於市, 以適甸師氏者也." 朝鮮圖書株式會社 編輯部 編纂, 『備旨具解原本周易』, 812면.

217) "기형악(其形渥)"을 '기형옥(其刑剭)'으로 풀이한 것인데, 물론 이를 "그(其)는 옥(剭)의 벌을 받는다"는 식으로 풀 수도 있겠다.

○ 信如何者 謂乾王信任也 以其本君子也 ≪大壯之上震≫ 處之三公之位 ≪居于四≫ 久而不遷 ≪四不移≫ 离以信之 ≪上本离≫ 其信任如何也 今忽變爲小人 ≪上今艮≫ 覆我王事 ≪鼎今覆≫ 能不及禍乎

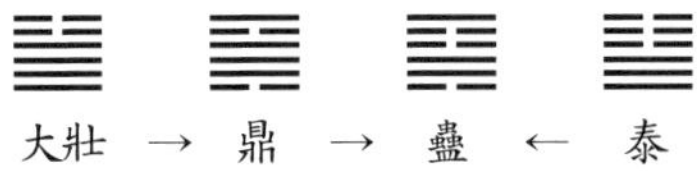

○ "信如何"라고 했는데, [그 "信"은] 乾王의 신임을 말한다. 그 신하가 본래는 군자였기에 ≪大壯卦의 上卦는 震≫ 삼공(三公)[218]의 지위에 두어 ≪제4位에 자리함≫ 오랫동안 교체하지 않고 ≪제4爻는 옮겨온 것이 아님≫ 离로 신뢰하였으니 ≪[鼎卦의] 上卦가 본래 离≫ 그 신임이 어떠하였겠는가! 그런데 지금 [효변하면서, 그가] 홀연히 小人으로 변하여 ≪[蠱卦의] 上卦가 지금 艮≫ 우리 임금의 일을 그르치니 ≪세발솥이 지금 엎어졌다≫ 화(禍)가 미치지 않을 수 있겠는가?

○ 案 京房易傳云 刑在頄爲剭 ≪兌爲頰 故爲是說≫ 鄭司農 周禮注云 屋誅 謂夷三族 ≪周無夷三族之法≫ 鄭玄本 渥作剭 ≪新唐書 元載贊 作刑剭≫

○ [案] 경방(京房)의 『易傳』에서는 광대뼈에 형벌을 가하는 것이 "옥(剭)"이라고 하였고 ≪兌는 얼굴의 뺨이 되니 이런 설명을 한 것이다.[219]≫ 정사농(鄭司農)[220]의 『周禮』注에는 '옥주(屋誅)'가 三族을 멸하는 것이라 하였

218) 삼공(三公) : ① 周나라의 太師, 太傅, 太保. 前漢의 丞相, 太尉, 御史大夫(이후에 大司徒, 大司馬, 大司空). 後漢의 太尉, 司徒, 司空. ② [韓] 三政丞, 즉 領議政, 左議政, 右議政.

219) 태협(兌頰) : 「說卦傳」 近取의 荀九家의 說에 兌☱가 "보협(輔頰)"이 된다고 함. 茶山은 분명한 증거는 없다고 함.

220) 정사농(鄭司農, ?~83) : 東漢(後漢)의 經學家인 鄭衆을 가리킨다. 鄭衆은 字가 仲師이며, 河南 開封人으로 경학가인 鄭興의 아들이다. 章帝 때에 그는 大司農(財政業務를 管

다. ≪ 周나라에는 삼족(三族)을 몰살시키는 법률이 없었다.[221]≫ 鄭玄의 책에는 "악(渥)"이 "옥(剭)"으로 되어 있다. ≪『新唐書』의 원재(元載)[222]에 대한 찬(贊)에 "형옥(刑剭)"이라 되어 있다.[223]≫

○王弼云 形渥 霑濡之形也 ≪餗覆 則全鼎淋漉≫ 朱子曰 若作形渥 却只是 澆濕渾身 ≪邵氏聞見錄云 王弼不知古易形[224]渥作刑剭≫ 程子曰 形渥謂赧汗也 ≪胡炳文云 其形赭[225]汗 未[226]足凶也≫

○ 왕필(王弼)은 "형악(形渥)"이란 '젖은 모양'을 뜻한다고 하였는데[227]

轄)이란 관직을 지냈기 때문에, 경학가들은 모두 그를 鄭司農이라고 칭했다. 그를 鄭衆이라고 부르지 않는 데에는 『後漢書』「宦官傳」에 등장하는 그 당시 환관 鄭衆과 구별하기 위한 이유도 있다. 또 東漢 末年에 등장한 鄭玄(즉 "後鄭")과 구분하기 위해 "先鄭"이라고도 한다. (이때는 그의 아버지 鄭興까도 포함된다.) 그는 『易』·『詩』·『三統曆』을 망라해서 『春秋難記條例』라는 저작을 남겼는데 이는 당시에 매우 유명했던 책이었다. 그의 생애에 대해서는 『後漢書』「鄭衆傳」을 참고하면 된다. 그의 저서는 모두 전하지 않는데 그 일문(佚文)이 마국한(馬國翰)의 『옥함산방집일서(玉函山房輯佚書)』에 수집되어 있다.

221) 茶山의 이 말은, 『周禮』 등을 상고해 볼 때 이런 法令이 명시적으로 없다는 것이겠으며, 실제 이런 일이 없는가 하면 그렇지는 않았을 것이다. 『荀子』에 "一人有罪, 而三族皆夷"이라는 말이 나온다. "三族"은 父族, 母族, 妻族을 말한다.

222) 원재(元載) : 字는 공보(公輔), 당(唐)나라 대종조(代宗) 때, 764년에서 777년까지 宰相을 지낸 인물. 이보국(李輔國)에 붙어 당唐나라 대종(代宗) 때에는 벼슬이 중서시랑(中書侍郎)에 이르고, 천하원수행군사마(天下元帥行軍司馬)까지 겸하였다. 이보국(李輔國)이 피살될 적에는 은밀히 그를 제거하는 음모에 가담하였고, 위 아래로 뇌물을 쓰며 충성되고, 어진 사람들을 제거하여 자신의 이익을 탐하였다. 뒤에 황제가 그의 간악함을 알고는 자진(自盡)케 하였다.

223) 이는 그 「元載傳」에 나오는 것이 아니고, 그 卷이 끝나는 부분에서 사신(史臣)이 그와 몇 사람을 평가한 찬(贊)에 나오는 말이다(『新唐書』 卷15, 중화서국, 1975, 4733면). 한편, "찬(贊)"이란 歷史의 記事에 첨가하는 의론, 또는 文體의 하나로 인물을 칭송하고 논평하는 글을 말하는데, 서화(書畵)의 옆에 쓰는 말도 贊이라 한다.

224) [校閱] "古易形渥"의 "形"이 奎章本에는 "刑"으로 되어 있는데, 誤記이다.

225) [校閱] "其形赭汗"의 "자(赭)"가 新朝本과 奎章本과 國中本에 모두 "난(赧)"으로 되어 있다. 『周易傳義大全』에 나오는 胡炳文의 原文에는 "자(赭)"로 되어 있으므로, 原文에 따라 고쳤다.

226) [校閱] 新朝本과 國中本에는 "未足凶也"로 되어 있으나 奎章本에는 "不足凶也"로 되어 있다. 여기서는 前者를 따른다.

227) 왕필의 『周易注』에 "渥, '沾'濡之'貌'也(악은 젖은 모양이다)"라고 하였다. 여기 "첨

≪[茶山] 솥에 담겨 있던 음식이 쏟아지면, 온 솥이 젖어 [그 음식물이] 뚝뚝 흘러 떨어진다는 것[228]≫ 朱子는 "만약 '形渥'이라고 보면 다만 사람의 온 몸이 축축이 젖은 것이 될 뿐이다"라고 하였으며[229] ≪『소씨문견록(邵氏聞見錄)』[230]에 말하였다. "왕필(王弼)은 古易에 '형악(形渥)'이 '형옥(刑剭)'으로 되어 있는 것을 몰랐다."[231]≫ 程子는 "'형악(形渥)'이란 무안하여 얼굴을 붉히며 진땀을 흘리는 것을 뜻한다"고 하였다.[232] ≪호병문(胡炳文)[233]이 말하였다. "그 얼굴을 붉히고 땀을 흘리는 정도라면 흉하다고 하기에는 미흡하다."[234]≫

(沾)"은 위에 인용문의 "점(霑)"과 같은 뜻이다.

228) 茶山은 왕필(王弼)의 이 말을 음식물이 흘러 내려 '솥이 젖었다'는 뜻으로 보는데, 왕필의 원문 자체는 꼭 이렇게 볼 것만은 아니다. 그 『周易注』에 "渥, 沾濡之貌也. 旣覆公餗, '體'爲渥沾"이라 하였는데, 그 "體"를 '사람의 몸'으로 볼 수도 있기 때문이다.

229) 『朱子語類』에 "若作形渥, 却只是澆濕渾身"이라고 하였다. 이 말은, 앞서 언급되었듯이 朱子 자신은 "형악(形渥)"을 '무거운 형벌'이라는 뜻으로 보지만, "형악(形渥)"을 말 그대로 본다고 해도, '솥이 젖은 것'이 아니라 '사람의 몸이 젖었다'는 뜻이 된다는 것이다. 한편, 이런 朱子의 말이 꼭 왕필의 말을 염두에 둔 것인지는 분명하지 않으며, 오히려 다음에 나오는 程子의 說에 대한 反論이라 볼 수도 있다. 또한 심지어는 朱子가 말한 "혼신(渾身)"을 '솥의 온 몸체'라고 풀 수도 있다. (앞서 지적했듯이, 왕필의 말도 '사람의 몸'으로 볼 수가 있다.) 다만 분명한 것은, 茶山이 왕필의 말을 '솥이 젖었다(全鼎淋漉)'는 것으로 보고, "형악(形渥)"을 '사람의 몸이 젖은 것'이라 한 朱子의 說을 대비시켰다는 것이다("全鼎"과 "渾身"이 대비됨).

230) 『소씨문견록(邵氏聞見錄)』: 宋代의 소백온(邵伯溫, 1057~1134)의 저술, 소백온(邵伯溫)은 소옹(邵雍)의 아들로서, 어려서 아버지와 二程의 가르침을 받았고 『易學辨惑』이라는 저술이 있다. 그리고 소백온(邵伯溫)의 아들 소박(邵博)은 『邵氏聞見後錄』을 지었는데, 아들의 『後錄』에 대비하여 아버지의 저술을 『聞見前錄』이라고 부르기도 한다. 그런데 여기서 인용된 설은 소백온(邵伯溫)의 『聞見前錄』에서 인용된 것이 아니라, 소박(邵博)의 『邵氏聞見後錄』에서 인용된 것이다.

231) "雙湖胡氏曰, 按邵氏聞見後錄云, 王弼註鼎其形渥凶, 以爲霑濡之形也. 蓋王弼, 不知古易, 形作刑, 渥作剭"이라고 하였다(朝鮮圖書株式會社 編輯部 編纂, 『備旨具解原本周易』, 812면). 따라서 여기서 인용된 說은 邵伯溫의 『聞見前錄』에서 나온 것이 아니라, 소박(邵博)의 『邵氏聞見後錄』에서 나온 것으로 보는 것이 타당하다.

232) 成百曉 譯註, 『書經傳義』 下, 전통문화연구회, 1998, 321면. "其形渥, 謂赧汗也. 其凶, 可知."

233) 호병문(胡炳文, 1250~1333): 元代의 경학자. 字는 중호(仲虎), 號는 운봉(雲峰). 주희(朱熹)의 학문을 깊이 탐구했으며, 저서로는 『易本義通釋』·『書集解』·『春秋集解』·『禮書纂述』·『四書通』·『大學指掌圖』·『五經會義』·『爾雅韻語』 등이 있다.

234) 이는 程子의 說에 대해 胡氏가 반박한 것이다. 즉 爻辭에 "其形渥, 凶"이라 했거니

總之 孔子曰 鮮不及矣 及者 及於刑禍也 梅書曰 臣下不匡 其刑墨 此云 其[235]刑剭 卽此文例也 剭者 屋誅也 敬大臣 故不殺于市

결론적으로, 孔子가 [「繫辭傳」에서] "미치지 않음이 드물다"라고 하였는데, "미친다(及)"라고 하는 것은 '형벌의 화(刑禍)에 미친다'는 것이다.[236] 매색(梅賾)이 위조(僞造)한 『尙書』[237]에, "신하가 [임금의 그런 잘못을] 바로 잡아 주지 않는다면, 그 신하에게 묵형(墨刑)을 가한다"라고 하였는데,[238] 여기서 "其刑剭"이라 한 것은[239] 바로 이런 "其刑墨"이라는 글의 용례와 같은 것이다. "剭"이란 집안에서 주살(誅殺)하는 형벌로서, 大臣을 대접하여 시장에서 공개적으로 처형하지 않는 것이다.

○胡炳文云 初未有鼎實 故顚趾而出否 四已有鼎實 故折足而覆餗 《張淸子亦云》

와, 부끄러워 땀을 흘리는 정도라면, 易詞에서 그를 두고 "凶"하다고 하지는 않았을 것이라는 말이다. 『周易傳義』(朝鮮圖書株式會社 編輯部 編纂, 『備旨具解原本周易』, 812면)에 "雲峯胡氏曰 ……其形渥, 諸家, 或以爲其形'赭'汗, 或以爲霑濡之象, 皆'未'足以見四之凶"라고 하였다(여기 '자(赭)'字와 위의 茶山 인용문의 "난(赧)"과는 같은 뜻이다).

235) [校閱] 奎章本과 國中本에는 "此云其刑剭"으로 되어 있으나 新朝本에는 "其"가 생략되어 있다. 여기서는 前者를 따른다.

236) 「繫辭傳」에서 孔子가 "선불급의(鮮不及矣)"라고 한 것을 보아도, "형악(形渥)"이 땀을 흘리는 정도가 될 수 없고, '형벌을 받는다'는 뜻이라는 것이다.

237) 현재의 『書經』은 東晉의 매색(梅賾)이 구해 바친 것으로서, 今文尙書 29편을 33편으로 늘리고, 다시 25편을 위조하여 부친 것이다. 茶山은 염약거(閻若璩)의 『고문상서소증(古文尙書疏證)』을 받아들여 정현(鄭玄)의 주(註)의 서서(書序) 24편이 진고문임을 논한 위에, 매색(梅賾)에 의해 파쇄(破碎)되기 이전의 古文尙書를 복원하고자 하였다(심경호, 「茶山尙書論 연구의 방향」, 『정신문화연구』 40호, 한국정신문화연구원, 1990; 「茶山 尙書論에 관하여」, 『韓國漢文學硏究』 14집, 韓國漢文學硏究會, 1991).

238) 이는 현행 『書經』 「商書」 「伊訓」에 나오는 말인데, 이른바 今文尙書에는 없고 古文尙書에만 있는 篇이니, 茶山이 "매서(梅書)"라 한 것이다. 한편, 여기 "신하불광(臣下不匡)"은 '신하가 바르지 않다'는 말도 아니고, '신하를 바로 잡지 않는다'는 말도 아니다. 茶山이 단지 해당 부분만 인용하여 다소 오해의 소지가 있기에 언급한다.

239) 물론 爻辭에는 "기형악(其形渥)"이라 나오는데, 지금 이를 "기형옥(其刑剭)"이라 보고 말하는 것이다.

○ 호병문(胡炳文)이 말하였다. "初六은 솥에 아직 내용물이 담겨 있지 않았으니, 다리를 들고 뒤집어 더러운 것들은 쏟아 내었었는데, 이 九四는 이미 솥에 음식물이 담겨 있기 때문에 다리가 부러지면서 솥 안의 음식이 쏟아지는 것이다."[240] ≪장청자(張淸子)[241]도 역시 이렇게 말함[242]≫

孔子曰 德薄而位尊 ≪艮小人在上≫ 知小 ≪坎位陰在中≫ 而謀大 ≪乾三陽在中≫ 力小而任重 ≪艮內柔≫ 鮮不及矣 ≪及於禍≫ 易曰 鼎折足 覆公餗 其形渥 凶 言不勝其任也

䷱ ䷑

鼎 → 蠱

孔子께서 말씀하셨다. "德은 없으면서 지위는 높고 ≪[蠱卦에] 艮의 小人이 위에 자리해 있음≫ 지혜는 적은데 ≪坎의 자리에 陰이 안에 있음[243]≫ 도모하는 일은 크고 ≪[鼎卦에서] 乾의 세 개의 陽이 가운데 자리함≫ 힘은 적은데 맡은 일은 무거우면 ≪艮은 안이 柔弱함≫ 화를 당하지 않는 일이 드물다. ≪재난에 미침≫ 『周易』에 "鼎折足, 覆公餗, 其形渥, 凶(솥다리가 부러짐에 공속(公餗)을 쏟을 것이다. 옥형(剭刑)을 당하리니, 흉하다)"라고 하였으니, [이는] 그 맡은 바 임무(任務)를 감당하지 못함을 말한 것이다."

---

240) "雲峯胡氏曰……初, 未有鼎實, 故因顚趾, 而出否; 四, 已有鼎實, 故折足, 則餗皆覆矣." 朝鮮圖書株式會社 編輯部 編纂, 『備旨具解原本周易』, 812면.

241) 張淸子는 元代人으로 號는 中溪, 字는 希獻으로, 『周易本義附錄集注』라는 저술이 있다.

242) "中溪張氏曰, 初之顚趾, 卽四之折足也. 初利而四凶, 何也? 曰, 初在鼎下, 未有實之鼎也." 朝鮮圖書株式會社 編輯部 編纂, 『備旨具解原本周易』, 812면.

243) 이는 "知"을 뜻하는 坎☵의 자리에, "小"를 뜻하는 '陰--'이 안에 자리잡고 있다는 말이다. 「說卦傳」의 茶山 今補에 坎☵은 知(智)가 된다고 하였다. "坎의 자리(坎位)"란 上卦를 말하는데, 鼎卦나 蠱卦 모두 上卦의 5位가 '陰--'이지만, 여기서는 역시 蠱卦를 두고 하는 말로 보아야 할 것이다.

六五 : 鼎黃耳, 金鉉, 利貞. ◯ 象曰 : 鼎黃耳, 中以爲實也.

六五 : 솥에 황금색 솥귀(黃耳)가 있고, 쇠로 된 들막대가 있으니,[244] [주간(主幹)하는] 일(貞)이 이로울 것이다. ◯「象傳」: 솥에 황금색 솥귀가 있다(鼎黃耳)라고 한 것은 속으로 내실(內實)을 기하는 것을 가리킨 것이다.[245]

此 鼎之姤也 鼎自遯來 《二之五》 於坎之位 《四五六》 膚來成雙 其象耳也 《陰畫如耳形》 本以乾金 今受土黃 《艮亦土》 鼎黃耳也 鼎耳之上 一剛上橫 《五柔而上剛》 是 何物也 鼎則有扃 其名 鉉也 本以乾金 《遯上乾》 今焉爲鉉 是 金鉉也 五爲卦主 故言其本象

遯 → 鼎 → 姤

이것은 鼎卦가 姤卦로 변하는 경우이다. 鼎卦는 遯卦에서 왔는데 《2

244) 이후 上九에 나오는 옥현(玉鉉)을 '옥으로 된 들막대'가 아니라, '옥으로 장식한 들막대'라고 본다면, 여기 "금현(金鉉)"도 같은 논리로, '쇠를 보강한 들막대'(그 재질은 나무나 청동(靑銅)으로 되어 있는데, 쇠를 보강한 것), 또는 '황금(金)으로 장식한 들막대'(재질은 나무나 청동이나 쇠로 되어 있는데, 황금으로 장식한 것)라고 보는 것이 가능하다. 그런데 後者의 경우는, 앞의 "黃耳"와 어울리는 점이 있기는 하지만, 噬嗑卦 六五에 "黃金"이라는 말이 이미 있으니 易詞의 "金"을 '황금'으로 보기는 적절치 않은 점이 있다. 前者의 경우는 분명 나름으로 타당한 근거가 있는 해석이지만, 茶山도 별다른 언급이 없고, 지나친 천착(穿鑿)이라는 혐의(嫌疑)도 있으니, 여기서는 그냥 간명하게 '쇠로 된 들막대'로 풀이한다.

245) "中以爲實", 즉 '中을 實로 삼았다'는 것은, 卦象으로 본다면 '가운데 있는 것(中)'을 가지고 '채우는 것(實)'으로 삼았다. 즉 '가운데 있던 것으로 속을 채웠다'는 말이다. 아래에 설명이 나온다.

가 5로 감≫ 坎의 자리에 ≪上卦인 4·5·6位≫ 살(膚)이 안으로 들어와 짝을 이루니[246] 그 象이 '귀'이다. ≪陰畫은 [둘로 나뉘어 있으니] 귀의 모양이다.≫ 또한 본래 [遯卦에서] 乾의 쇠(金)였던 것이 지금 흙(土)의 황색을 받으니[247] ≪遯卦의 下卦인 艮도 역시 土≫ "鼎黃耳"인 것이다. 솥귀의 위에 剛 하나가 위로 가로질러 있는데 ≪제5位가 柔이고, 제6位가 剛≫ 이것은 무엇인가? 세발솥에는 곧 들막대가 있으니 그 이름이 "현(鉉)"이다.[248] 본래 乾의 쇠였던 것이 ≪遯卦의 上乾≫ 지금 들막대가 되니 이것이 "금현(金鉉)"이다. 이 六五가 卦主가 되니 그 本象을 말한 것이다.

○ 遂成大坎 ≪一五夾≫ 兌巽皆利 ≪上互兌≫ 利幹事也

遯 → 鼎

○[遯卦에서 추이하여] 마침내 ['貞'을 뜻하는] 큰 坎을 이루는데 ≪鼎卦의 初位에서 제5位까지 협착≫ 兌와 巽은 모두 "利"이니 ≪3·4·5位의 上互卦가 兌이다≫ 일을 맡아 처리함에 이로운 것(利幹事)이다.

○ 遯本內虛 ≪下心虛≫ 移五爲二 中以爲實也 ≪移中以實中≫

○遯卦는 본래 안이 비어 있었는데 ≪아래에 중심이 비어 있음[249]≫ 제5

---

246) 이는 2에서 5位로 推移해 간 '陰--'을 두고 하는 말이다. 『周易四箋』 제일 마지막의 「附見兼互取象之法」에 陰--이 부(膚)가 된다고 하였다.

247) 2가 5로 갔으니 乾金이 土黃을 받은 것이다. 한편, 解卦 九二의 "黃矢"와 연관하여 茶山은 "坤·鼎·噬嗑, 皆以陽在中, 爲黃"이라고 하였는데, 이는 반대로 5가 2로 간 것을 두고 하는 말이겠다.

248) "경(扃)"은 막대기, 빗장 등의 뜻을 가지는 보통명사라면, "현(鉉)"은 일종의 고유명사라는 것이다. 즉 '세발솥의 들막대'가 현(鉉)인 것이다.

249) 이는 下卦의 가운데, 즉 제2位가 陰--인 것을 두고 하는 말이다.

位의 것을 옮겨서 제2位가 되게 하니, "中以爲實"인 것이다 ≪가운데 있는 것을 옮겨서 가운데를 채운 것이다.[250]≫

○案 說文云 鉉擧鼎具 ≪字書云 扃也≫ 周禮 謂之鼏 ≪字從冂與鼏[251]不同≫ 鼏與扃同 ≪皆音冋[252]≫ 以木貫鼎也 ≪所以擧≫ 俗以鉉爲鼎耳 大誤也

○[案] 『說文』에 '鉉'은 '세발솥을 드는 도구'라고 하였으며[253] ≪字書에서는 '鉉'이 '扃'이라 하였음[254]≫ 『周禮』에는 이 '鉉'을 '鼏(경)'이라 하였으니[255] ≪[茶山] 이 '솥귀나무 鼏(경)'字는 '冂(경)[256]'에 의거하며, ['솥뚜껑 冖(멱)'[257]에 의거한] '솥뚜껑 鼏(멱)'과는 같은 글자가 아님≫ '솥귀나무 鼏(경)'과 '빗장 扃(경)'은 같은 것으로서 ≪모두 발음이 '경'[258]≫ 나무로 되어 세발솥[의 귀]에 끼우는 것이다.[259] ≪들기 위한 것≫ 일반적으로 '鉉(현)'을 세발

---

250) 물론 그 의미는 결국 "바른 도리(中)로 내실(內實)을 기했다"는 것이지만, 卦象으로 볼 때 이러하다는 것이다.

251) [校閱] "與鼏不同"의 "멱(鼏)"이 奎章本에는 "멱(冪)"으로 되어 있다. 여기서는 新朝本과 國中本을 따른다.

252) [校閱] "冋"의 字形이 "同"과 비슷하나, 차이가 있다. "冋"은 "경(冏)"의 誤記이거나 "同"의 誤記로 추정된다.

253) 『說文解字』, "鉉, [所以]擧鼎也. 易謂之鉉, 禮謂之鼏. 從金玄聲."

254) 『康熙字典』의 해당 부분에 이런 설명이 나온다.

255) '솥귀나무(鼏)' : 『周禮』「冬官」「考工記」「匠人」에 "廟門, 容大'扃'七个, 闈門, 容小'扃'參个"라는 말이 나오는데, 그 '경(扃)'字가 "鼏"으로 된 판본이 있는 것으로 보인다. 『說文解字』에서 '鼏'字를 설명하면서 "周禮, 廟門容大'鼏'七箇"라고 하였다.

256) '冂(경)'은 솥귀에 꿰어드는 나무의 모양을 본뜬 글자이다.

257) '冖(멱)'은 뚜껑의 뜻이다. 솥뚜껑의 뜻을 나타낸다.

258) "冋"은 "경(冏)"의 誤記이거나 "同"의 誤記로 추정된다. 만일 "冋"이 "경(冏)"의 誤記라면, '솥귀나무 (鼏)'과 '빗장 扃(경)'의 발음이 다 같이 '경'이 된다는 것을 가리킨 것이 되고, 만일 "冋"이 "동(同)"의 誤記라면, 두 글자의 발음이 '같음(同)'을 가리킨 것이 된다.

259) 『說文解字』에서 "경(鼎)"을 "以木橫貫鼎耳, 擧之"라 하였으니, "경(鼎)"은 분명 그 재질이 나무일 것이다. 그러나 "현(鉉)"은 앞서 보았듯이 『說文解字』에도 그 재질에 대한 언급이 명시적으로 나오지 않거니와, 그 글자가 '金'에 의거해 있고 세발솥(鼎)이 보통 청동기(靑銅器)라는 것을 볼 때, 얼마든지 '청동'이나 다른 재질로 된 것일 수 있다. 따라 茶山의 이 말은 "경(鼎)"에 대한 설명이지, "현(鉉)"이나 '세발솥의 들막대'가 모두

솥의 귀라고 보는데 이는 크게 틀린 말이다.

上九 : 鼎玉鉉, 大吉, 无不利. ○象曰 : 玉鉉在上, 剛柔節也.

上九 : 솥에 옥(玉)으로 [장식]된 들막대가 있으니,260) [그처럼 제사를 드릴 때 정성을 다한다면] 크게 吉할 것이며, 이롭지 않음이 없을 것이다. ○「象傳」: 옥(玉)으로 [장식]된 들막대(玉鉉)가 위에 있으니, 굳셈(剛)과 부드러움(柔)이 [조화되어] 절도(節度)를 이룰 것이다.261)

此 鼎之恒也 鼎耳之上 《五爲耳》 一剛爲扃 《卽鼏也》 其象 鉉也 卦自大壯來 《一之上》 本以乾玉 《壯下乾》 升爲鼎鼏 《一之上》 鼎玉鉉也 《荀九家 以震爲玉 非矣》 震則爲帝 《帝出震》 玉鉉之鼎 以享帝也 其占大吉

大壯 → 鼎 → 恒

이것은 鼎卦가 恒卦로 변하는 경우이다. 솥귀 위에 《제5位의 陰은 귀가 된다.》 剛 하나가 들막대가 되니 《즉 '鼏'이다》 그 象이 "현(鉉)"이다.

나무로 되어 있다는 것이 아니다.

260) 순전히 玉으로 만들어진 '들막대'가 아니고, 옥으로 일부 장식한 것으로 보는 것이 이치에 맞다. 아래 순구가(荀九家)의 易說과 학가(學稼)의 설명이 나온다.

261) 물론 이는 卦象의 '剛—'과 '柔--'에 의거하여 하는 말로, 그 강약(强弱)이 적절하게 안배되었다는 의미이다.

鼎卦는 大壯卦에서 왔는데 ≪6이 1로 감≫ 본래 乾의 옥(玉)이 ≪大壯卦의 下乾≫ 위로 가서 세발솥의 들막대가 되니 ≪1이 6으로 간 것≫ "鼎玉鉉" 이다 ≪荀九家는 震을 玉으로 보는데 잘못이다.262)≫ 震은 곧 上帝가 되는데 ≪[「說卦傳」에 따르면] 上帝는 震의 방위에서 나온다≫ 옥으로 장식된 들막대가 딸린 세발솥으로 [정성 가득히] 상제에게 제사를 올리니, 그 占이 "대길(大吉)"인 것이다.

○巽以順之 ≪下本巽≫ 以禋以享 无不利也 上爲卦主 故言其本象

○巽으로 도리에 맞게 순종하여 ≪[鼎卦의] 下卦가 본래 巽≫ 정성스럽게 제사를 올림에 [上帝가] 흠향하시니263) "이롭지 않음이 없다(无不利)"라고 한 것이다. 이 上九가 卦主가 되니, 그 本象을 말한 것이다.

○大壯之時 剛者太剛 ≪下四陽≫ 柔者太厲 ≪柔乘剛≫ 移而升之 ≪一之上≫ 柔乃卑降 ≪上之一≫ 剛亦有節 ≪下今巽≫ 剛柔節也 ≪中於節≫

大壯 → 鼎 → 恒

○大壯卦의 때에는 강한 것은 지나치게 강하고 ≪아래에 4개의 陽이 모여 있음≫ 약한 것은 아주 위태로운데 ≪柔가 [분수에 맞지 않게] 剛을 올라타고 있음≫ 추이하여 그 강한 것을 위로 올림에 ≪大壯의 1이 6으로 감≫ 柔가 이에 겸손하게 아래로 내려오고 ≪上이 1로 감≫ 剛에도 또한 절도가 있으니 ≪鼎卦의 下卦가 지금 巽≫ "剛柔節"이다. ≪절도에 맞음264)≫

262) 「說卦傳」 해당 부분의 茶山 주석을 참조 바람.

263) 이를 "以'禋以享'"으로, 즉 '정성스럽게(禋) 제사를 올린다' 정도로 풀 수도 있겠으나, "以禋"과 "以享"으로 나누어 풀었다.

264) 大壯卦에서는 陰은 陰대로 陽은 陽대로 연속되어 있던 것이, 鼎卦가 되면서 陰陽이 하나씩 교환되어 '마디(節)'가 생긴 형국이다. 한편, 巽☴이 '절(節)'이라는 것이 아니고,

○案 大有上九 亦云 吉无不利 以尙賢也 ≪五之上≫ 今乾之大德 起於至卑 ≪大壯之初位≫ 升於至高 ≪一之上≫ 不大吉乎

夬 → 大有 → 大壯　　　大壯 → 鼎 → 恒

○[案] 大有卦 上九에서도 역시 "길하고 불리할 것이 없다"라고 하였는데, [그것은] 어진 사람을 숭상하였기 때문이다. ≪夬卦의 5가 6으로 간 것이다.≫ 지금 이 鼎卦 上九에서도 乾의 덕 높은 賢者가[265] 아주 비천한 곳에서 일어나서 ≪大壯卦의 初位≫ 至高한 자리에까지 오르니 ≪1이 6으로 감≫ "大吉"이 아니겠는가!

○又按 九家易云 牛鼎受一斛 羊鼎五斗 豕鼎三斗 ≪有大小≫ 天子飾黃金 諸侯[266]白金 大夫銅 士鐵

○[又按] 荀九家의 易說에 "牛鼎은 1곡(斛)을 담고,[267] 羊鼎은 5두(斗), 豕鼎은 3두(斗)를 담는데 ≪세발솥에 크고 작은 것이 있음≫ 天子는 [그 솥을] 황금으로 장식하고, 제후는 백금, 대부는 구리, 士人은 쇠로 장식한다"고 하였다.[268]

'☰'이 '☶'으로 된 것이 '절(節)'인 것이다.

265) 茶山에 따르면 乾☰은 大人, 君子를 상징한다. 물론 이는 나름의 易理에 근거한 말이다.

266) [校閱] "諸侯"의 "侯"가 奎章本에는 "候"로 되어 있다.

267) "곡(斛)"은 10斗, 즉 '열 말'에 해당한다고 하는데, 오늘날의 그것과 꼭 같은 것은 아닐 것이다.

268) 이는 결국 "옥현(玉鉉)"을 설명하기 위한 인용이다. 즉 이렇게 장식한다고 하였으니, '옥으로 장식한 들막대'라는 말이 가능하다는 것이다. 한편, 위 인용구는 李鼎祚의 『周易集解』(北京市中國書店, 1990)에 보이는데(鼎卦의 「彖傳」 다음에 나옴), 茶山이 많이 축약하여 인용한 것이다. 예컨대 그 原文에 보면, '사(士)'의 경우는 牛鼎·羊鼎에는 아예 해당이 안 되고, 다만 시정(豕鼎)의 경우에 쇠로 장식한다고 나온다.

○ 學稼云 玉之爲物 不中爲鉉 必金鉉而玉飾矣

○ 學稼가 말했다. "옥(玉)이라는 물건의 성질은 [세발솥의] 들막대를 만들기에는 알맞지 않으니, 반드시 쇠로 된 들막대를 옥(玉)으로 장식한 것이겠다."[269)]

【51. 중뢰 진(重雷 震)】

震下震上 ○ 第二十九卦之正 ≪臨二之四 小過三之一≫

震이 下卦이고, 震이 上卦이다. ○ 第29卦의 正卦이다. ≪臨卦의 2가 4로 가고, 小過卦의 3이 1로 간다.≫

---

269) 茶山이 앞서 "경(鼎)"에 의거하여 들막대가 일반적으로 나무라 하였기에, 여기서 학가(學稼)가 "금현(金鉉)"이라 한정하여 말한 것이 다소 이상하게 보일 수 있다. 굳이 해명을 한다면, 乾☰이 '玉'도 되고 '金'도 되니(「說卦傳」) 그 乾金이라는 卦象에 의거하여 "金鉉"이라 하는 것이다. 일반적인 "옥현(玉鉉)"이라면 물론 나무로 된 들막대에 玉으로 장식한 것일 수가 있다. 그러나 여기 上九에서 "玉鉉"은 乾[☰]이라는 卦象과 결부되므로 동시에 "金鉉"이라고 할 수밖에 없는 것이다. (한편, 茶山은 앞서 六五의 金鉉을 遯卦의 上乾과 연관하여 설명하였다.)

序卦傳曰 震者 動也

「序卦傳」에서 말하였다. "震은 움직임이다."

○雜卦傳曰 震 起也

○「雜卦傳」에서 말하였다. "震은 일어남이다."

○鏞案 乾包火而激發之則爲雷 火撓乾而披散之則爲風 此所謂 雷以動之 風以散之也 其所以變化之本 雖同其性 則雷剛而風柔 此 所以[270] 剛在內者 爲震也

○[鏞案] 乾이 火를 둘러싸서, 부딪혀서 발생하게 하면, 그것은 곧 우레[☳]가 되고, 火가 乾을 휘저어서, 풀어 헤치면, 그것은 곧 바람[☴]이 되니, 이것을 이른바 "雷以動之"라고 하고, "風以散之"라고 한 것이다.[271] 그 변화를 발생하게끔 하는 바의 근본은 비록 동일하지만, 그 성질에 있어서는 우레는 剛하고, 바람은 柔한 차이가 있으니, 이것이 剛이 안에 있는 것이 震이 되는 까닭이 된다.

以重卦則 卦自臨來 臨者 大震也 ≪兼畫三≫ 又自小過來 小過者 兩震也 ≪下倒震≫ 移之爲震 又成兩震 此 彖詞之義也

臨 → 震 ← 小過

重卦로써 말할 것 같으면, 震卦는 臨卦로부터 왔으니, 臨卦는 大震의

---

270) [校閱] 奎章本에는 "此所謂"로 되어 있고, 新朝本과 國中本에는 "此所以"로 되어 있다. 여기서는 後者를 따른다.

271) "雷以動之, 風以散之"는 「說卦傳」의 第四章에 나오는 말이다. 즉, "雷以動之 風以散之, 雨以潤之, 日以烜之, 艮以止之, 兌以說之, 乾以君之, 坤以藏之"의 구절 중의 일부이다.

형태이다. ≪겸획(兼畫)하여 삼획괘(三畫卦)로 보면, 臨卦는 震의 형태가 됨≫ 또 震卦는 小過卦로부터 왔으니, 小過卦에는 두 개의 震이 있었는데 ≪[小過卦의 下卦인 艮을 뒤집으면 震이 됨≫ [小過卦로부터] 推移하여 震卦가 되면, 다시 두 개의 震을 이루니, 이것이 彖詞의 뜻이다.

䷲

震亨. 震來虩虩,[272] 笑言啞啞,[273] 震驚百里, 不喪匕鬯.[274]

震은 형통할 것이다. 천둥이 칠 때, [上帝를] 두려워하고 또 두려워하지만, [나중에는 복(福)을 받게 되어] 껄껄 웃는 소리가 날 것이니, 천둥소리가 백리(百里)에 떨쳐 두렵게 하더라도, 주걱과 울창주(匕鬯)를 [놀라서] 떨어트리지 않을 것이다.

此 震之不變者也 卦自小過來 ≪三之一≫ 剛自外來 遂以爲主 ≪艮爲震≫ 嘉會以合 ≪下大离≫ 其道 亨也

䷽ → ䷲

小過 → 震

이것은 震卦가 변하지 않는 경우이다. 震卦는 小過卦로부터 왔으니 ≪3이 1로 감≫ 剛이 밖으로부터 와서 마침내 주인이 되고 ≪[小過卦의 下卦인] 艮은 [震卦로 옮겨오면, 震卦의 下卦인] 震이 됨≫ 즐겁게 만남으로써 합치

272) 震來虩虩 : "진래혁혁(震來虩虩)"으로 읽는다.
273) 笑言啞啞 : "소언액액(笑言啞啞)"으로 읽는다.
274) 不喪匕鬯 : "불상비창(不喪匕鬯)"으로 읽는다.

니 ≪震卦의 아래에 1·2·3·4位가 형성하는 大离가 있음≫ 그 道가 형통함이다.[275)]

○小過之時 雷在山上 是 震來也 大坎恐懼 ≪兼畫三≫ 心病震疊 是 虩虩也 ≪二剛故疊文≫ 虩虩者 恐懼貌 ≪虩音迄逆切≫

○小過卦의 때에 우레[☳]가 山위에 있으니, 이것이 "震來"라고 한 까닭이다. 大坎은 두려워함에 해당되니 ≪小過卦를 兼畫하여 三畫으로 해서 보면 大坎卦가 됨≫ 마음에 病이 있고, 우레가 거듭치니, [이것을] "혁혁(虩虩)"이라고 한 것이다. ≪두 개의 剛이 있는 까닭에 첩문(疊文)을 사용한 것≫ '혁혁(虩虩)'은 두려워하는 모습을 뜻한다. ≪'虩'字의 音은 '迄(흘)'과 '逆(역)'의 반절(半切)이다. [즉 '虩'은 'ㅎ'과 'ㅕㄱ'이 반씩 결합되어 '혁'으로 읽힌다.]≫

○移之爲震 ≪三之一≫ 震又來矣 ≪下今震≫ 然 以卦象則 喜形於面 ≪离爲面≫ 成言乎艮 ≪二四互≫ 是 笑言也 震鳴旣疊 ≪上下震≫ 笑言啞啞也 ≪重震故疊文≫ 許愼云 啞啞 笑聲也 ≪說文云≫

○[小過卦로부터 推移하여] 震卦가 되면 ≪3이 1로 감≫ 震이 또 다시 온 것이다. ≪[小過卦의] 下卦는 이제 震≫ 그러나 만약 卦象으로써 본다면, 기쁨이 얼굴에 드러나고 ≪离는 얼굴이 됨≫ 艮에서 말소리를 이루니[276)]

---

275) 乾卦의 「文言」에 "亨者, 嘉之會也"라 하였고, 또 "嘉會, 足以合禮"라고 함.

≪2・3・4의 互艮≫ 이것이 [바로] "웃는 소리(笑言)"이다. 震의 울리는 소리가 이미 거듭됨에 ≪[震卦의] 上卦와 下卦가 震≫ "소언액액(笑言啞啞)"이라고 한 것이다. ≪震이 거듭되는 까닭에 첩문(疊文)을 사용함≫ 허신(許愼)[277]이 말하기를, "액액(啞啞)은 웃음소리"라고 하였다. ≪[허신(許愼)의] 『설문(說文)』에서 말하였다.≫

○卦自臨來 ≪二之四≫ 臨之時 上坤互坤 ≪三五互≫ 恰有兩坤 以十乘十 ≪地數十≫ 其數百也 坤爲邑里 其象 百里也 ≪古封疆不過百里≫ 本以大震 ≪兼畫三≫ 升而爲雷 ≪二之四≫ 上坤互坤 莫不坎懼 ≪坎在兩坤中≫ 震驚百里也

臨 → 震

○震卦는 臨卦로부터 왔으니 ≪2가 4로 감≫ 臨卦의 때에 上卦인 坤과 互坤이 있어서 ≪[臨卦의] 3・4・5는 互坤≫ 흡사히 두 개의 坤이 있는 듯하다. [그런데] 십(十)을 십(十)과 곱하면 ≪地數는 十10이다.≫ 그 數가 일백(一百)이 된다. 坤은 읍리(邑里)이니, [두 개의 坤이 있으므로, 地數 10과 地數 10을 곱하게 되면] 그 象이 백리(百里)가 된다. ≪古代에 봉지(封地)가 백리(百里)를 넘지 않았다.≫ [臨卦는] 본래 大震의 형태인데 ≪[臨卦를] 겸획(兼畫)하여 삼획괘(三畫卦)로써 보면 大震이 됨≫ 상승하여 우레가 되니 ≪[臨卦에서 震卦로 推移하게 되면] 2가 4로 감≫ 上坤과 互坤[의 사이]에서 坎으로써 두려워하지 않음이 없으니 ≪[臨卦에서 兩坤이 있었는데, 震卦로 推移하게 되면] 坎이 兩坤 가운데 있게 됨≫ [이것을 가리켜] "震驚百里", 즉 "우레가 百里를 놀라게 한다"라고 말한 것이다.

---

276) 成言乎艮: 『周易』「說卦傳」.
277) 허신(許愼) : 東漢 汝南召陵人. 字는 叔重. 저서에 『五經異義』・『說文解字』가 있다.

白虎通曰 震驚百里 諸侯[278]之象也 ≪威不出封疆之外≫ 雷聲不過百里 ≪古語云 千里不同風 百里不同雷≫ 故取以爲象

『백호통(白虎通)』[279]에서 말하기를, "우레가 百里에 울려 퍼지는 것은 제후의 형상이다"라고 하였으니[280] ≪[諸侯의] 위세(威勢)가 봉토(封土)의 한계 밖으로 벗어나지 않음≫ 천둥소리가 百里를 벗어나지 않으므로 ≪옛 말에 "千里不同風 百里不同雷",[281] 즉 "千里를 넘으면 바람이 같지 않고, 百里를 넘으면 우레가 같지 않다"라는 말이 있음≫ 그처럼 象을 취한 것이다.

○下震 俎也 ≪俎木器≫ 坤四陰 肉也 ≪坤爲膚≫ 遂以震木 ≪四之剛≫ 揷於坤肉之中 ≪二之四≫ 其象 匕也 ≪卽棘匕≫ 又下震 卣也 ≪震爲樽≫ 上大坎 酒也 ≪虞氏云≫ 遂以震草 ≪四之剛≫ 和於坎酒之中 ≪二之四≫ 其象 鬯也 震之長子 ≪主器者 在下≫ 立於艮廟之中 ≪下互艮≫ 以祀先王 ≪上震爲先王≫ 當此之時 忽有雷聲 震驚百里 ≪義見上≫ 艮手堅操 ≪三五艮≫ 中剛猶直 ≪四之剛≫ 不喪匕鬯也 坎則爲敬 ≪坤文言≫ 敬以直也

䷒ → ䷲

臨 → 震

278) [校閱] "諸侯"의 "侯"가 奎章本에는 "候"로 되어 있다.

279) 『백호통(白虎通)』: 『白虎通義』를 말한다. 漢 班固 撰. 後漢 章帝가 여러 儒者들을 모아서 五經의 同異를 北宮 白虎觀에서 정하도록 하였는데, 책이름은 이것에 기인하여 붙여진 것이다. 처음에는 "白虎通德論"이라고 하였다가 후에 고쳤다.

280) 『백호통(白虎通)』, 「봉공후(封公候)」 편에 "諸侯封不過百里, 象雷震百里, 雷者, 陰中之陽也, 諸侯像也", 즉 "제후의 봉토는 사방 백리를 초과하지 않는다. 이것은 천둥이 백리에 걸쳐 다 들리는 점을 상징한다. 천둥은 음속에 있는 양이고, 제후의 형상이다(반고 저, 신정근 역주, 『백호통의』, 소명출판, 2005, 126면).

281) "千里不同風, 百里不共雷"라고 하기도 함. 또 "千里不同風, 百里不同俗(천리를 넘으면 바람이 같지 않고, 백리를 넘으면 풍속이 같지 않다)"라는 말도 있다. 그리고 "萬里同風"이라는 말도 있는데, 이는 천하가 통일되어 태평한 상황을 가리킨다.

○[臨卦는 大震의 형태로서, 臨卦의] 아래에 있는 [2·3·4의 互卦인] 震은 [祭享 때 희생을 얹어놓는] 조(俎)[282]요, ≪俎는 木器의 명칭≫ [윗쪽에 있는] 坤의 四陰은 [동물의] 고기(肉)에 해당된다. ≪坤은 피부(皮膚)가 됨≫ 마침내 震의 나무[283]를 ≪震九四의 剛≫ 坤의 고기에 삽입(揷入)하니 ≪[臨卦가 震卦로 推移하게 되면] 2가 4로 감≫ 그 象이 수저(匕)가 된다. ≪즉 극비(棘匕)[284]를 가리킴≫ 또 [震卦에서] 下卦인 震은 유(卣)[285]에 해당되며 ≪震은 '준(樽)'에 해당됨≫ [震卦의] 上互卦인 大坎은 술이니 ≪우번(虞翻)[286]이 그렇게 주장함≫ 마침내 震의 풀을 ≪震卦 九四의 剛≫ 坎의 술에 집어넣어 [맛을] 조화롭게 하니 ≪[臨卦가 震卦로 推移하게 되면] 2가 4로 감≫ 그 象이 [神에게 바치는 방향주(芳香酒)로서 울창주(鬱鬯酒)인] 창(鬯)[287]의 모습이다. 震의 長子가 ≪祭器를 주관하는 자가 아래에 거처하고 있음≫ 艮의 사당[288] 가운데 서서 ≪震卦의 下互卦는 艮≫ 先王에게 제사를 올리는데 ≪震卦의 上震은 先王이 됨≫ 이 때를 맞아, 갑자기 천둥소리가 들려오면서, 그 천둥소리가 百里를 놀라게 할 때, ≪뜻이 위에 나타남≫ 艮의 손(手)으로써 굳세게 붙잡는 것이다. ≪2·3·4는 艮[289]≫ [가운데 4位에 있는] 中剛이 [여전히] 곧은 상태로 있으니 ≪震卦 九四의 剛≫ [이것을 가리켜] "不喪匕鬯", 즉 "주걱과 울창주를 떨어트리지 않는 것이다"라고 말한 것이다. 坎

282) 조(俎): 고대에 제사를 지내거나 잔치를 할 때에 고깃덩이 혹은 다른 먹을 것을 두는 禮器이다. 형태는 'ㅠ'모양이다.

283) 震木: 震卦는 오행 중에 木에 해당한다.

284) 극비(棘匕): 대추나무로 만든 주걱. 솥 안의 고기를 담아서 俎 위에 얹는 도구.

285) 유(卣): 고대의 일종의 중형의 술단지. 청동으로 만들었고 일반적으로 타원형이고 뚜껑과 손잡이가 있다. 禮器로 많이 사용하였으며 商과 西周에서 성행하였다.

286) 우씨(虞氏): 虞翻. 三國 吳 餘姚人. 字는 중상(仲翔). 저서에 『易注』·『老子訓注』·『論語訓注』·『國語訓注』가 있다. 그의 易說은 鄭玄의 것과 같다. 孟喜·京房 등의 학설을 종합하였는데, 한 이래로 象數에 그것을 사용하였다. 그의 『易注』는 남아 있지 않는데, 여기서는 이정조(李鼎祚)가 그의 저서 『周易集解』(北京市中國書店, 1990)에 인용한 것을 재인용한 것이다.

287) 창(鬯): 고대 종묘제사에 쓰는 향기나는 술. 검은 기장에 울금향(鬱金香)을 섞어 만든다.

288) 艮廟: 동북방에 위치한 사당.

289) [校閱] "三五艮"은 "二四艮"의 착오인 것으로 보인다. 二三四의 下互卦는 艮이 되기 때문이다.

은 곧 敬의 뜻이 되므로 ≪坤卦의 「文言」[290]에 보임≫ 공경(恭敬)함으로써 곧게 하는 것(敬以直)이다.

○案 歸藏易 震作釐 荀爽本 虩虩作愬愬 ≪或曰 本通字≫ 說文 虩虩愬愬 皆云 恐懼貌 其義通也

○[案] 귀장역(歸藏易)에서는 '震'을 '釐(리)'字로 쓰고 있고,[291] 순상(荀爽)[292]의 책에서는 '虩虩(혁혁)'을 '愬愬(색색)'으로 쓰고 있다. ≪或者가 말하기를, "본래 通하는 字"라고 하였다.≫ 『說文』에 따르면, "'혁혁(虩虩)'과 '색색(愬愬)'을 모두 두려워하는 모습을 뜻한다"고 하였으니, 그 뜻이 [서로] 통한다.

○又按 吳幼清 以震來笑言二句 爲初九爻詞之錯出者 其義謬矣

○[又按] 오유청(吳幼淸)[293]이 "震來"와 "笑言"의 二句를 震初九의 爻詞에서 뒤섞여 나온 것(錯出者)이라고 주장하였으나, 잘못된 주장이다.

○又按 匕者 朼[294]也 所以載鼎肉 而升之於俎也 ≪所以撓牲出鼎者≫ 詩云 有捄棘匕 是也 ≪或以匕爲柶 非也≫ 鬯者[295] 酒也 秬黍以釀之 鬱[296]金以和之曰 鬯 ≪或曰 鬯亦香草名≫

---

290) 『周易』「坤」「文言」, "君子 敬以直內 義以方外."

291) 釐 : 제사를 지낸 뒤에 먹는 음복을 말한다.

292) 순상(荀爽) : 後漢人. 字는 慈明, 일명 諝. 저서에 『禮』「易」「詩傳」·『尙書正經』·『春秋條例』·『漢語』·『公羊問』 등이 있다.

293) 오유청(吳幼淸) : 오징(吳澄). 字가 幼淸. 元 崇仁人. 시호는 文正. 관직은 翰林學士를 지냄. 泰定初 講官으로 나아가 『英宗實錄』 편찬을 총괄하여 資善大夫의 칭호를 받았다. 저서에는 『易』·『書』·『春秋』·『禮記』 등에 대한 纂言 외에 다수가 있다. 程鉅夫(元 京山人, 이름은 文海, 武宗의 諱를 피해 字로 행세함)가 그가 살던 초당을 초려(草廬)라고 題한 이후 세인들이 그를 草廬先生이라고 불렀다.

294) [校閱] "匕者, 朼也"의 "朼"가 新朝本에는 "匕"로 되어 있으나 誤記이다.

295) [校閱] 新朝本에는 "鬯香"으로 되어 있으나 奎章本에는 "鬯者"로 되어 있다. 여기서는 後者가 더 문맥에 적합한 것으로 보고, 後者를 따른다.

○"비(匕)"는 주걱[朼]을 뜻한다. 鼎肉을 얹어서 조(俎)에 올려놓는 것이다. ≪희생을 건져서 솥 밖으로 내는 것≫ 『詩經』에서 "유구극비(有捄棘匕)",297) 즉 "대추나무 주걱 길게 굽었네"라고 한 것이 이것이다. ≪或者는 '匕'를 숟가락[柶]이라고 하는데 옳지 않다.≫ "창(鬯)"은 술이다. 검은 기장으로 빚어서 울금초(鬱金草)로 조화시킨 것을 "鬯"이라고 한다. ≪或者는 말하기를 "창(鬯)도 역시 향초(香草)의 이름"이라고 하였다.≫

彖曰 : 震亨, 震來虩虩, 恐致福也, 笑言啞啞, 後有則也. 震驚百里, 驚遠而懼邇也, 出可以守宗廟社稷, 以爲祭主也.

「彖傳」: 震은 亨通함이니, "진래혁혁(震來虩虩)"은 [上帝를] 두려워함이 복(福)을 가져다 주는 것이요, "소언액액(笑言啞啞)"은 나중에 법도(法度)가 있음을 말한다. "진경백리(震驚百里)"는 멀리 있는 자를 놀라게 하고, 가까이 있는 자가 두려워하는 것을 말함이니, ["불상비창(不喪匕鬯)"이라고 하였으니] 나가면 종묘사직(宗廟社稷)을 지켜서 제주(祭主)가 될 것이다.

君子之義 對青天而懼 聞震雷而不驚 故小過之時 對越上帝 ≪震在上≫ 坎心憂懼 ≪兼畫坎≫ 移之爲震 則剛自外來 ≪三之一≫ 有隕成离 ≪下大离≫ 恐致福也

小過 → 震

君子의 義理는 푸른 하늘을 우러러보고 두려워할지언정, 천둥소리

296) [校閱] 奎章本에는 '鬱'字가 '鬰'字로 되어 있다. '鬰'字는 '울금초 鬱(울)'字의 異體字이다.

297) 유구극비(有捄棘匕) : 『詩經』 「谷風之什」 「大東」에 나온다.

를 듣고 놀라지는 않는다. 그러므로 小過卦의 때에 上帝를 對面하고[298] ≪震卦가 위에 있음≫ 坎의 마음으로 근심하고 두려워하지만 ≪[小過卦를] 兼畫하면 坎의 형태≫ [小過卦로부터] 推移하여 震卦가 되면, 剛이 밖으로부터 오니 ≪3이 1로 감≫ 떨어져서 离를 이루는 것이니 ≪아래 大离의 형태가 있음≫ [이것을 가리켜] "恐致福", 즉 "두려워함이 복(福)을 가져오는 것"이라고 한 것이다.

○坎則爲律 ≪三五互≫ 後有則也

○坎卦는 '律'을 상징하니, ≪3·4·5의 互卦≫ [이것을 가리켜] "後有則", 즉 "뒤에 법칙이 있다"라고 한 것이다.

○遠者 五六也 邇者 二三也 坎據其中 ≪三五互≫ 驚遠而懼邇也 ≪坎心病≫

○"遠"이라고 한 것은 5·6位를 가리키고, "邇"는 2·3位를 가리킨다. 坎卦가 그 가운데 있으니 ≪3·4·5의 互卦≫ [이것을 가리켜] "驚遠而懼邇", 즉 "먼 곳을 놀라게 하고 가까운 것을 두려워하게 한다"라고 한 것이다. ≪坎卦는 마음의 病을 상징함≫

○出者 震也 ≪說卦文≫ 艮廟之上 震爲先王 ≪雷山卦≫ 小過者 宗廟也 坤土之中 震爲禾稼 ≪臨互震≫ 臨者 社稷也 移之爲震 則艮以守之 ≪二四互≫ 坎以敬之 ≪三五互≫ 可守以祭也 廟社之祭 升鼎灌鬯 皆長子主之

臨 → 震 ← 小過

298) 對越上帝 : 誠과 敬의 마음가짐으로써 상제(上帝)를 대면하는 것. 『詩經』「周頌」「清廟之什」「清廟」에 "秉文之德. 對越在天"이라는 말이 있다.

○“出”은 震卦의 상징이다. ≪「說卦傳」의 글[299]≫ 艮廟의 위에 震卦가 先王이 된다. ≪雷山 小過卦임≫ 小過卦는 宗廟를 상징한다. 坤土[300]의 가운데에 震卦가 농사지음이 된다.[301] ≪臨卦의 互卦인 震卦≫ 臨卦는 사직(社稷)을 상징한다. [臨卦로부터] 推移하여 震卦가 되면, 艮으로써 지키고 ≪2·3·4의 互卦≫ 坎으로써 공경하니 ≪3·4·5의 互卦≫ 제사로써 [사직(社稷)을] 수호(守護)할 수 있는 것이다. 廟社의 제사에서 솥을 올리고 울창주를 붓는 일은 모두 長子가 주관한다.

○易例 剛自上隕 謂之福 ≪見說卦之箋≫ 又 离則爲福

○易例에 따르면, 剛이 위로부터 내려오는 것을 일컬어 ‘福’이라고 한다. ≪「說卦傳」의 주석을 참조할 것≫ 또 离는 곧 ‘福’이 된다.

䷲

初九: 震來虩虩, 後, 笑言啞啞, 吉. ○象曰: 震來虩虩, 恐致福也, 笑言啞啞, 後有則也.

初九: 천둥이 치니, [上帝를 공경하고] 두려워하고, 또 두려워하지만, 나중에는 [태연하게] 웃는 소리가 껄껄 울리니, 吉할 것이다. ○「象傳」: “진래혁혁(震來虩虩)”은 [上帝를 공경하고] 두려워함이 복(福)을 이르게 하는 것을 가리킨 것이요, “소언액액(笑言啞啞)”은 나중에 법도(法度)가 있음을 가리킨 것이다.

---

299) 「說卦傳」에 “帝出乎震”이라고 함.
300) 坤土: 坤卦는 오행 중에 土에 속한다.
301) 「說卦傳」에 “其於稼也, 爲反生”이라고 함.

此 震之豫也 詞與彖同者 自小過來 ≪三之一≫ 初爲卦主 爻象卽卦象也 ≪彖詞二句 本指初剛也≫ 至於 震驚百里 不喪匕鬯 則自臨來之象 ≪二之四≫ 非此爻之所得專也 故周公刪此二句

小過 →推移→ 震→初爻變→豫

이것은 震卦가 豫卦로 변하는 경우이다. [震卦 初九의] 爻詞가 彖詞와 더불어 동일한 것은 震卦가 小過卦로부터 왔으며 ≪3이 1로 감≫ 震初九가 卦主이고, 爻象이 바로 卦象이 되기 때문이다. ≪彖詞 가운데 [“진래혁혁(震來虩虩)”과 “소언액액(笑言啞啞)”의] 두 句節은 본래 初剛에 해당되는 文句이다.≫ [그러나 彖詞 중에서] “震驚百里, 不喪匕鬯”의 구절은 臨卦로부터 온 象이며 ≪臨卦의 2가 4로 감≫ 이 [震初九의] 爻의 경우에만 오로지 해당되는 것은 아니기 때문에, 周公이 이 두 句節을 여기 [震初九의 爻詞]에서는 뺀 것이다.

○後者 今也 小過之時 恐懼憂惕 ≪大坎象≫ 故當迅雷疊震之時 能言笑自若 不失法度也 ≪後有則≫

小過 →推移→ 震→初爻變→豫

○“後(나중에)”라고 말한 것은 지금(今)을 가리킨 것이니, 小過卦의 때에는 두려워해서, 근심하고 슬퍼하였으므로 ≪[小過卦의 형태는] 大坎卦의 象≫ 빠른 번개가 거듭 내리치는 때를 당해서, 웃으면서 태연자약(泰然自若)하면서 법도(法度)를 잃지 않을 수 있는 것이다. ≪‘後有則’이라 하였으니, “나중에 法度를 지키는 것”이다.≫

六二 : 震來, 厲. 億喪貝, 躋于九陵, 勿逐, 七日得. ○ 象曰 : 震來厲, 乘剛也.

六二 : 震이 오니,[302] 위태로움이 있을 것이다. [가난한 사람들을 구휼(救恤)하는] 공억(供億)에 사용할 재물(貝)을 잃었으나, [공억(供億)의 재물을 훔쳐간 도둑이] 아홉 개의 언덕(九陵)에 오르니, [잃은 재물을] 좇지 않더라도, 7일 만에 되찾을 것이다. ○「象傳」: "震來厲"라고 한 것은 剛을 [올라]타고 있기 때문이다.

此 震之歸妹也 歸妹自泰來 ≪三之四≫ 剛往爲震 ≪上本震≫ 來者乘剛 ≪下今兌≫ 震來 厲也 ≪以震之故 來者厲≫

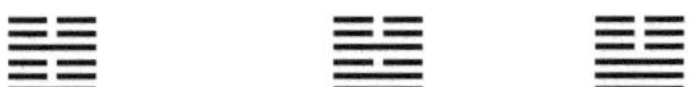

震→ 제2효변→ 歸妹 ←推移←泰

이것은 震卦가 歸妹卦로 변하는 경우이다. 歸妹卦는 泰卦로부터 왔으니 ≪3이 4로 감≫ [泰卦의 제3位에 있는] 剛이 가서, [歸妹卦에서] 震이 되고 ≪[歸妹卦의] 上卦는 본래 震≫ [泰卦의 제4位에 있는 柔가 제3位로 내려오게 되면] 온 자(來者)가 剛을 타고 있으니 ≪[歸妹卦의] 下卦는 지금 兌≫ 震이 온 것이 위태로운 것이다. ≪[泰卦의 제3位의 剛이 제4位로 올라감으로써, 震이 된 것이니, 震은 간 것이 되며] 震의 간 것 때문에, [그로 말미암아, 泰卦의 제4位의 柔는 제3位로 내려와서, 兌가 되었으니] 온 자가 위태롭게 된 것이다.≫

302) 震來 : 여기서는 '震'을 반드시 '우레', '천둥' 등으로 해석할 필요는 없다. 震은 君子를 상징할 수도 있으며, 그렇게 되면, "震來"는 "君子가 온 것"이 되어, 九陵에 오른 도적과 대비되는 존재가 된다.

○億者 供億也 損此儲蓄 供其匱乏 謂之億也 ≪見左傳 隱十一年 鄭莊公語≫

○'億'은 [가난한 사람들을 救恤하여 안심시키는] 공억(供億)의 뜻이니, 이 저축(儲蓄)한 것을 덜어내서, 저 궁핍한 자에게 이바지하는 것을 '億'이라고 한다. ≪『左傳』 '隱公 11年'의 '鄭莊公語'에 나온다.303)≫

臨移爲震 損其內剛 ≪二之四≫ 以實外虛 ≪臨上坤≫ 億有喪也 臨之二剛 本自离位 ≪一二三≫ 移亦爲离 ≪震大离≫ 离則爲龜 ≪說卦文≫ 其所失者 龜貝也 ≪六五 宜參看≫

䷒ ䷲

臨 → 震

臨卦로부터 推移하여 震卦가 되면 그 內卦의 剛을 덜어냄으로써 ≪2가 4로 감≫ 外卦의 빈 곳을 채우니 ≪臨卦의 上卦는 坤≫ [이것이] "億有喪", 즉 "공억(供億)에 쓸 재물(財物)을 잃은 것"이다. 臨卦의 2개의 剛은 본래 离의 위치에 있는 것인데 ≪1·2·3은 离位304)≫ [震卦로] 옮겨와서도 역시 离가 된다. ≪震卦의 1·2·3·4는 大离를 형성함≫ 离는 곧 거북이니 ≪「說卦傳」의 글≫ 그 잃어버린 물건은 [다름 아닌] 귀패(龜貝)305)인 것이다. ≪震卦 六五의 경우를 마땅히 참고할 것≫

○震有互艮 其象 陵也 ≪艮爲山≫ 坤之三陰 ≪臨上坤≫ 加以一陽 ≪二之四≫ 參天兩地 其數爲九 ≪三陰六也 一陽三≫ 是 九陵也 震

303) 『左傳』 '隱公 12年' '鄭莊公語' : "과인은 불과 하나 둘의 같은 姓의 신하까지도 편안하게 생활시키지 못하고 있습니다(寡人唯是一二父兄不能共億)."

304) 1·2·3 : 初位·二位·三位는 각각 陽位·陰位·陽位가 되어서 离位가 된다.

305) 귀패(龜貝) : 거북 껍질과 조개 껍질. 고대에 화폐로 쓰였다.

足乃升 ≪二之四≫ 躋于九陵也 云誰之躋 彼坎盜也 ≪震互坎≫ 遂以艮止 ≪震互艮≫ 是 勿逐也

臨 → 震

○震卦에는 互艮이 있으니, 그 象이 언덕(陵)의 모양이다. ≪艮이 山이 됨≫ 坤의 세 개의 陰에 ≪臨卦의 上卦는 坤≫ 한 개의 陽을 첨가하니 ≪2가 4로 감≫ '參天兩地'에 그 數가 九가 되니 ≪['參天兩地'이므로] 三陰은 [3×2이니] 6이 되며, [臨卦의 上坤에 一陽이 추가되었으므로] 6에다가 一陽의 3을 보탬≫ 이것이 "九陵"이다. 震의 다리[306]로 여기에 오르니 ≪2가 4로 감≫ [이것을 가리켜] "제우구릉(躋于九陵)", 즉 "아홉 개의 언덕에 오른다"고 말한 것이다. [그렇다면 언덕에] 오르는 사람은 과연 누구인가? [그것은] 저 坎의 도둑[307]이니 ≪震卦의 互坎≫ 마침내 艮으로써 멈춤을 당하니 ≪震卦의 互艮≫ 이것이 쫓지 않아도 되는 이유가 되는 것이다.

○二之旣變 兩剛如舊 ≪下今兌≫ 因亦爲离 ≪今下互≫ 所喪之貝今又得之也

震→2효변 → 歸妹 ←推移←泰

○[震卦의] 제2爻가 이미 변하면, [歸妹卦가 되는데, 震卦에 있던] 두 개의 剛은 以前과 마찬가지로 있는 반면에 ≪[震卦의] 下卦는 지금 兌≫ [六二의 爻變으로 말미암아 歸妹卦는] 离가 되니 ≪歸妹卦의 下互卦는 离≫

306) 震足 : 震卦는 인체에 있어서 足을 상징한다. 『周易』 「說卦傳」 참조.
307) 坎盜 : 坎卦는 도둑을 상징한다. 『周易』 「說卦傳」 참조.

잃어버렸던 패물(貝物)을 이제 다시 획득한 것이다.

據說卦方位 自坎至兌 ≪失於坎盜 故自坎數之≫ 恰爲七宮 ≪坎艮震巽离坤兌≫ 是 既失七日而得之也 既濟六二 宜參看 ≪彼亦七日得≫

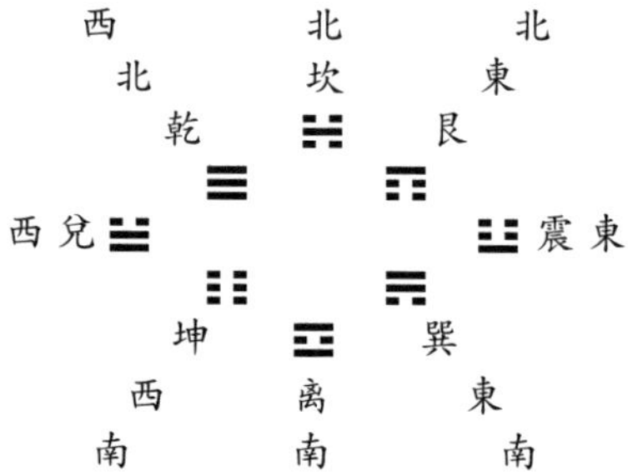

「說卦傳」의 方位에 입각해서 본다면, 坎에서 兌에 이르기까지 ≪[패물(貝物)을] 坎의 도둑에게 뺏긴 까닭에, 坎으로부터 [시작해서 숫자를] 헤아림≫ 흡사히 7宮을 경과(經過)한 것과 같으니 ≪坎・艮・震・巽・离・坤・兌의 7宮≫ 이것은 [패물(貝物)을] 이미 잃어버린 지 七日만에 [다시 찾아서] 획득한 것이다. 既濟卦 六二를 마땅히 참고해 보아야 한다. ≪그 경우에도 역시 "七日得"이라고 한다.[308]≫

○乘剛者 兌也 ≪下今兌≫

震→2효변→歸妹

308) 既濟卦 六二의 爻辭에 "婦喪其茀, 勿逐, 七日得(婦人이 그 [수레 뒤쪽에 있는] 遮陽을 잃었으니, [잃어버린 遮陽을 찾으러] 뒤좇아가지 않더라도, 七日만에 [다시] 찾을 것이다)"라고 함.

○[震卦 六二의 「象傳」에서] "乘剛"이라고 한 것은 [震卦 六二가 震之歸妹이므로, 歸妹卦의 下卦인] 兌를 지칭한 것이다. ≪下卦는 지금 兌이다.≫

○朱子曰 億未詳 ≪或曰 大也 多也≫ 吳幼淸曰 億賭錢 ≪以意猜度如射覆≫ 非也 須與六五 參看

○朱子가 말하기를, "'億'의 뜻을 상세히 알 수 없다"고 하였다. ≪或者가 말하기를, "'億'은 '크다', 혹은 '많다'를 뜻한다"라고 하였다.≫ 吳幼淸이 말하기를, "'億'은 노름에 쓰이는 돈(賭錢)이다"라고 하였다. ≪의심하고, 헤아리는 것이 석복(射覆)[309] 놀이의 경우와 같다.≫ [朱子와 오유청(吳幼淸)의 해석은 모두] 잘못된 해석이다. 반드시 震卦 六五의 句節과 함께 참조해서 보아야 한다.

○按 士喪禮注 貝水物也 漢志 大貝 壯貝 幺貝 小貝 皆以二枚相次

○[按] 『儀禮』 「사상례(士喪禮)」의 注[310]에 이르기를, "패(貝)는 水產物"이라고 하였다. 『漢志』[311]에서 '대패(大貝)', '장패(壯貝)', '요패(幺貝)', '소패(小貝)'를 언급하면서 모두 두 매(枚)씩을 한 단위(相次)로 삼았다.

---

309) 석복(射覆) : 고대의 일종의 시합놀이. 그릇을 엎어놓고 그 속에 물건을 두고 알아 맞추는 놀이. 射覆은 또 점치는 방법의 하나로 쓰였다. 왕충(王充)의 『논형(論衡)』에 언급되어 있다. '맞힐 射(석)'은 은폐한 것을 알아맞힌다는 뜻이다. 석복(射覆)을 석부(射覆)라고도 읽는다.

310) 士喪禮注 : 士喪禮는 『儀禮』의 편명. 『儀禮』의 注는 漢 鄭玄이 달았다. "貝三實于笄"의 注.

311) 『漢志』 : 『漢書』 「食貨志」를 가리킨다. 그러나 "大貝, 壯貝, 幺貝, 小貝, 皆以二枚相次"가 『漢書』 「食貨志」의 引用句인 것은 아니다. 『漢書』(卷24下)의 「食貨志」(第4下)에 "大貝四寸八分以上, 二枚爲一朋, 直二百一十六, 壯貝三寸六分以上, 二枚爲一朋, 直五十, 幺貝二寸四分以上, 二枚爲一朋, 直三十, 小貝寸二分以上, 二枚爲一朋, 直十, 不盈寸二分, 漏度不得爲朋, 率枚直錢三, 是爲貝貨五品"라고 하였다. 여기서 '大貝', '壯貝', '幺貝', '小貝'는 모두 왕망(王莽) 때의 화폐 이름이다.

六三 : 震蘇蘇, 震行, 无眚. ◯ 象曰 : 震蘇 蘇, 位不當也.

六三 : 천둥이 [사라졌다가] 되살아나고, 또 되살아남이니, 震의 [君子가] 行함에 허물이 없을 것이다. ◯「象傳」: 천둥이 [사라졌다가] 되살아나고, 또 되살아남은 그 지위가 합당하지 않기 때문이다.

此 震之豐也 虞仲翔曰 死而復生曰 蘇 ≪吳幼淸 亦云≫ 蘇者 絶而復續也

震→3효변→豐← 推移 ←泰

이것은 震卦가 豐卦로 변하는 경우이다. 우중상(虞仲翔)이 말하기를, "죽었다가 다시 살아나는 것을 가리켜 '蘇'라고 한다"라고 하였으니 ≪吳幼淸도 역시 그렇게 말함≫ '蘇'는 [목숨이] 끊어졌다가, 다시 이어지는 것을 가리킨다.

豐[312] 自泰來 ≪二之四≫ 三剛 皆震也 ≪震之積≫ 移之爲豐 剛乃中斷 ≪下今离≫ 雷聲之中絶也 乃中剛之出於外者 ≪二之四[313]≫ 又成一震 ≪上今震≫ 雷聲之復起也 ≪死而生≫ 兩剛遂連 ≪三[314]與四≫ 雷

---

312) [校閱] 奎章本에는 "豐"이 "豊"으로 되어 있는데, "豊"은 "豐"의 古字이다.

313) [校閱] 新朝本과 國中本에는 "二之四"로 되어 있으나 奎章本에는 "三之四"로 되어 있다. 前者가 옳다. 豐卦는 泰卦로부터 推移된 것이니, 泰卦의 2가 4로 이동하여, 豐卦가 형성된다.

314) [校閱] 新朝本과 國中本에는 "三與四"로 되어 있으나 奎章本에는 "二與四"로 되어 있다. 前者가 옳다. 豐卦에서 3·4位가 剛이다.

聲之連續也 震雷之聲 每其絶復生 ≪如死而復生≫ 初旣一鳴 ≪初本剛≫ 絶於二位 ≪二本柔≫ 离電爗然 ≪下今离≫ 至於三四 鳴而又鳴 ≪兩剛連≫ 震蘇蘇也 ≪兩剛故疊文≫

豊卦는 泰卦로부터 왔으니 ≪2가 4로 감≫ [泰卦의] 세 개의 剛은 모두 震에 해당되는데 ≪[泰卦의 3剛은 모두 復卦로부터 발전된 것이니, 復卦에는 震이 한 개 있는 것이며, 계속해서 臨卦와 泰卦로 전개되면서] 震이 축적된 것임≫ [泰卦로부터] 推移하여, 豊卦로 되면, 剛이 중간에 단절(斷絶)되어 버리니 ≪[豊卦의] 下卦는 지금 离≫ [이것은] 천둥소리(雷聲)가 중간에 끊어져 버린 것이다. 이에 [下卦의] 가운데 있던 剛이 밖으로 나온 것이 ≪2가 4로 감≫ 다시 또 한 개의 震을 형성하니 ≪[豊卦의] 上卦는 지금 震≫ [이것은] 천둥소리가 다시 일어난 것이다. ≪죽었다가 [다시] 살아남≫ 두 개의 剛이 연속되어 이르니 ≪3과 4≫ 천둥소리가 연속되는 것이다. 천둥소리가 매번 그 끊어졌다가 다시 생겨나는 것이 ≪마치 죽었다가 다시 살아나는 것과 같음≫ 처음에는 이미 한 번 울렸다가 ≪[豊卦의] 初는 본래 剛≫ [豊卦의] 제2位에 이르러 [다시] 끊어졌다가 ≪[豊卦의] 제2位는 본래 柔≫ 离의 번개(電[315])가 번쩍번쩍 빛나더니 ≪[豊卦의] 下卦는 离≫ [이윽고] 제3位와 제4位에 다다르게 되면 [천둥소리가] 울리고 또 다시 울리게 되니 ≪두 개의 剛이 연속됨≫ 이것을 가리켜 "震蘇蘇"라고 한 것이다. ≪두 개의 剛이 있는 까닭에 [글자를 겹쳐서 쓴] 첩문(疊文)을 사용한 것임≫

○豊自泰來 ≪二之四≫ 剛往爲震 ≪移爲震≫ 是 震行也 下乃成

315) 离電: 离卦는 '電'을 상징한다. 「說卦傳」을 참조할 것.

離 ≪下今離≫ 震无眚也 坎則多眚 ≪說卦文≫ 離與坎反 宜[316]无眚也 筮而遇是 則凡君子之行 得無眚咎也

震→3효변→豊←推移←泰

○豊卦는 泰卦로부터 왔으니 ≪2가 4로 감≫ 剛이 가서 震이 되었으니 ≪[泰卦의 2가 豊卦로] 옮겨가면 震이 됨≫ 이것이 "震行", 즉 "震이 나아감"이다. 下卦에서 離를 형성하니 ≪[豊卦의] 下卦는 지금 離≫ "震无眚", 즉 "震이 나아감에 허물이 없는 것"이다. 坎에는 허물(眚)이 많은 반면에 ≪「說卦傳」의 글≫ 離卦는 坎卦와는 그 성질이 반대되는 괘이므로, [豊卦의 下卦인 離에는] 허물이 없는 것이 당연하다. 점을 쳐서 이 爻를 만나게 되면, 무릇 君子가 행하는 일에 재앙이나 허물이 없을 것이다.

○位不當者 本象也 ≪陰居陽≫ 今三旣剛 所以无眚 ≪位得當≫

震→3효변→豊

○[震卦 六三의 爻詞에서] "位不當"이라고 한 것은 [震卦의] 本象을 가리키는데 ≪陰이 陽의 자리에 있음≫ 지금 [爻變하여 豊卦가 되면] 3이 이미 剛이 되니 [이것이] 재앙이 없어지는 까닭이다. ≪[제3位는 剛이 와야 합당한 위치인데, 豊卦에서 지금 剛이 머무르고 있으므로] 그 地位가 적당함을 얻은 것임≫

○案 馬融 陸績 俱以蘇蘇 爲恐懼貌 ≪或云 蘇愬通≫ 非矣

316) [校閱] 奎章本에는 "宜"가 誤記되어 있다.

○[案] 마융(馬融)[317]과 육적(陸績)[318]이 모두 "蘇蘇"가 두려워하는 모습을 뜻한다고 보았으나 ≪或者가 말하기를, "'소(蘇)'字와 '색(愬)'字는 서로 통한다"고 하였다.≫ 잘못된 것이다.

九四 : 震遂泥. ○象曰 : 震遂泥, 未光也.

九四 : 벼락이 진흙에 떨어짐이로다. ○「象傳」: 벼락이 진흙에 떨어졌으니, 아직 빛날 수가 없다.

此 震之復也 復者 豫之交易也 ≪雷地 今地雷≫ 豫之時 坤土之上爰有坎水 ≪三五坎≫ 其象 泥也  交之爲復 則震剛下墜 ≪上雷今下雷≫ 落於地底 ≪四之一≫ 震墜泥也 ≪遂墜通≫ 今 霹靂之地 或有墜物 其狀如石 雷火之所鍊也 軍旅之筮 遇是爻 則震師 陷於泥濘矣

震→ 4효변→ 復 豫

이것은 震卦가 復卦로 변하는 경우이다. 復卦는 豫卦로부터 交易된

317) 마융(馬融) : 東漢 扶風人. 字는 계장(季長). 鄭玄·盧植은 그의 제자이다. 저서에 『三傳異同說』이 있고, 『孝經』·『論語』·『詩經』·『易經』·『尙書』·『三禮』·『烈女傳』·『淮南子』·『離騷』를 주석하였다.

318) 육적(陸績) : 三國 吳人. 字는 公紀. 회귤(懷橘)의 故事로 유명하다. 『渾天圖』를 지었고, 『易經』을 주석하였다.

괘이니 ≪雷地 豫卦가 지금 地雷 復卦가 되었음≫ 豫卦의 때에 坤의 땅 위에 여기에 坎의 물이 있으니 ≪豫卦의 3·4·5는 互坎≫ 그 象이 진흙에 해당된다. [雷地 豫卦를 交易시켜] 復卦가 되면 震의 剛이 아래로 떨어져서 ≪上震이 지금 下震이 됨≫ 땅 바닥에 추락(墜落)하니 ≪[豫卦의] 4가 1로 감≫ 震이 진흙에 추락한 것이다. ≪'遂'와 '墜'는 [서로 그 의미가] 通한다.≫ 요즘 벼락친 땅에 간혹 [하늘에서] 물질이 떨어지는 일이 있는데, 그 [떨어진 물질의] 모양이 돌(石)과 같으니, [그것은] 번갯불로써 달구어진 것이다.[319] [만약] 군려(軍旅)에 관한 점을 쳐서 이 爻를 얻으면, 곧 震의 장수(將帥)가 진흙탕에 빠지는 일을 당할 것이다.

○未光者 中剛亡也 ≪今五陰≫ 今离亦滅 ≪大离亡≫ 何以光矣

震→ 4효변→ 復

○"未光"이라고 한 것은 [震卦의 제4位에 있던] 中剛이 없어지고, ≪[復卦에] 지금 5陰이 있음≫ 이제 [復卦에서] 离도 또한 사라져 버린 것을 가리키니 ≪[震卦의 1·2·3·4에 있던 大离의 형태가 震卦 九四에서는 없어짐≫ [이러한 상황에서] 어떻게 빛날 수 있겠는가?

○案 荀爽本 遂作隊 隊與墜通

○[案] 『荀爽本』에서는 '수(遂)'字를 '추(隊)'字로 썼으니[320], '추(隊)'字는 '추(墜)'字와 더불어 통한다.

---

319) 운석(隕石)을 지칭하는 것으로 보인다.

320) '수(遂)'는 '추(隊)'와 통하며, 또 '추(墜)'와 통한다. 즉 '수(遂)'에는 '떨어지다', '추락하다'의 뜻이 있다. '隊'는 군대의 편제단위, 행렬, 무리 등을 뜻할 때는 '대'로 읽지만, '떨어지다', '추락하다' 등을 뜻할 때에는 '추'로 읽는다.

六五 : 震往來, 厲. 億无喪, 有事. ○ 象曰 : 震往來厲, 危行也, 其事在中, 大无喪也.

六五 : 천둥소리가 [멀리] 갔다가 [다시 되돌아]오니, 위태롭다. [가난한 백성들의 구휼(救恤)을 위해] 공억(供億)으로 [창고의 물자(物資)를 방출하였으나, 그것은 단지 국가의 富를 백성들에게로 이전(移轉)한 것일 뿐이니] 잃은 것이 없을 것이다. [제사(祭祀)드릴] 일(事)이 있을 것이다. ○ 「象傳」 : "震往來厲"는 가면 위태롭다는 것을 말한 것이요, 그 [공억(供億)의] 사업(事業)이 [백성들] 가운데(中) 있으니, 크게 잃은 것이 없는 것이다.

此 震之隨也 隨自否來 ≪一之上≫ 否以泰交 ≪天地交≫ 三剛前往 ≪大往也≫ 震之往也 ≪三剛本皆震≫ 移之爲隨 ≪上之一≫ 則剛來爲震 ≪隨下震≫ 震復來也 ≪來于內≫ 昔往今來 震往來也 ≪雷聲本往來≫

이것은 震卦가 隨卦로 변하는 경우이다. 隨卦는 否卦로부터 왔으며 ≪1이 上으로 감≫ 否卦는 泰卦로부터 交易된 것이다. ≪天地 否卦가 地天泰卦로 됨≫ [否卦에서는] 세 개의 剛이 앞으로 나아가니 ≪[否卦에는 "大往小來"라는 말이 있는데, "三剛前往"은 그 중에서] '大往'에 해당됨≫ 震이 간 것(震之往)에 해당된다. ≪[否卦의] 세 개의 剛은 본래 [復卦로부터 시작하여 발전된 것이므로 모두 震이라고 할 수 있음≫ [否卦로부터] 推移하여 隨卦가 되면 ≪上이 初位로 감[321]≫ 곧 剛이 [아래로] 와서 震이 되니 ≪隨卦의 下

卦는 震≫ 震이 [갔다가] 다시 온 것이다. ≪안으로 온 것≫ 옛 적에 갔다가 지금 온 것(昔往今來)이니, [이것을 가리켜] "震往來"라고 한 것이다. ≪천둥소리는 본래 [한 쪽 방향으로] 갔다가 [다시] 되돌아오는 것≫

○柔起至卑 ≪坤之下≫ 升於至高 ≪一之上≫ 遂乘兩剛 ≪上今兌≫ 其象 厲也

䷲ ䷐ ䷋

震 → 隨 ← 否

○柔가 지극히 낮은 곳으로부터 일어나 ≪坤卦의 제일 밑≫ 지극히 높은 곳까지 올라가서 ≪[否卦의] 1이 上으로 감≫ 마침내 兩剛을 올라타니 ≪[隨卦의] 上卦는 지금 兌≫ 그 象이 위태로움이다.

○億者 供億也 ≪見六二≫ 隨自否來 ≪上之一≫ 否之時 上實下虛 ≪天地否≫ 移之爲隨 則剛來益下 ≪上之一≫ 億有喪也 然而謂之无喪者 震器本虛 ≪上本震≫ 今實其中 剛乃得位 ≪五今剛≫ 無所失也 ≪不失位≫ 先王之義 藏富於民也 ≪坤爲民≫ 損上益下 ≪上之一≫ 以給坤民 ≪否下坤≫ 何失於上 ≪藏於民≫ 億无喪也

䷲ ䷐ ䷋

震 → 隨 ← 否

○'億'은 공억(供億)[322]의 뜻이다. ≪震卦 六二의 뜻을 참조할 것≫ 隨卦는 否卦로부터 왔으니 ≪上이 1로 감≫ 否卦의 때에는 위는 가득 찬 데 반해

321) 上之一 : 실제는 '一之上'의 경우인데 陽爻의 측면에서 말한 것이다.
322) 공억(供億) : 가난한 사람들을 救恤하여 安心시킴.

서, 아래는 텅 비었는데 ≪天地 否卦≫ [否卦로부터 옮겨와서] 隨卦가 되면, 곧 剛이 와서 아래를 보태니 ≪上이 1로 감≫ 공억(供億)에 잃음이 있는 것이다. 그럼에도 불구하고 잃은 것이 없다고 한 것은 震의 祭器(器)가 본래 텅 비었는데 ≪[震卦의] 上卦는 본래 震≫ 지금 [爻變하여 隨卦가 되면] 그 가운데(中)를 채움으로써, 剛이 이에 [합당한] 자리를 얻게 되었으니 ≪제5位가 지금 剛≫ 잃은 바가 없는 것이다. ≪그 자리를 잃지 않음≫ 先王의 義理에 따른다면, 백성의 곳간을 부유하게 해야 하는 것(藏富於民)이니 ≪坤은 백성이 됨≫ 위를 덜어서 아래를 보탬으로써 ≪[否卦에서 隨卦로 推移하게 되면] 上이 1로 감≫ 坤의 백성을 넉넉하게 하니 ≪否卦의 下卦는 坤≫ 어찌 위에서 잃어버림이 있다고 할 것인가? ≪백성에게 저장(貯藏)함≫ [그러므로] 공억(供億)의 사업에 잃은 것이 없는 것(億无喪)이다.

○ 有事者 祭祀也 否之時 上乾王也 移之爲隨 則王乃射牲 ≪上之一≫ 艮廟之內 ≪二四艮≫ 巽以潔齊 ≪三五互≫ 祭祀之卦也 遂爲大坎 ≪三六夾≫ 是 有事也 ≪坎者 事之固≫

震 → 隨 ← 否

○ "有事", 즉 "일이 있다"라고 한 것은 제사(祭祀)가 있음을 말함이니, 否卦의 때에 上卦에 乾의 임금(王)이 있었는데, 推移하여 隨卦가 되면, 곧 王이 이에 희생(犧牲)[의 동물]을 쏘아서 ≪上이 1로 감≫ 艮의 사당 안에 ≪2·3·4는 互艮≫ 巽으로써 정결(淨潔)하게 갖춤이니 ≪3·4·5의 互卦≫ 祭祀의 卦이다. 마침내 大坎의 형상을 이루니 ≪3·4·5·6은 협감(夾坎)≫ 이것이 "有事"의 뜻이다. ≪坎은 '事之固', 즉 '일의 굳음'을 뜻함≫

○ 危者 厲也 柔往乘剛 ≪上今兌≫ 其行危也

震 → 隨 ← 否

○"危"는 '厲', 즉 '위태로움'의 뜻이니, [否卦에서 隨卦로 推移하게 되면] 柔가 가서 剛을 타게 되니 ≪[隨卦의] 上卦는 지금 兌≫ 그 가는 것이 위태로운 것이다.

○ 事在中者 於坎之位 ≪四五六≫ 今乃中剛也 ≪五今剛≫ 坎則爲事

震 → 隨 ← 否

○"事在中"이라고 한 것은 坎의 자리에 ≪4·5·6은 坎位[323]≫ 지금 中剛이 이에 있다는 것을 뜻한다. ≪제5位에 지금 剛이 있음≫ 坎은 곧 일(事)에 해당된다.

○ 大无喪者 陽不失位也 ≪陽曰 大≫ 歸妹之厲 ≪六二[324]爻≫ 剛失其位 ≪三之四≫ 雖得一剛 億有喪也 隨卦之厲 ≪卽此爻≫ 剛乃得位 ≪五本柔≫ 雖失一剛 ≪上之一≫ 億无喪也

震 → 隨 ← 否

○"大无喪", 즉 "크게 잃은 것이 없는 것"이라고 한 것은 陽이 그 [합

323) 4·5·6의 각 位는 陰位·陽位·陰位가 되어 坎卦가 된다.
324) [校閱] "六二爻"의 "二"가 新朝本에는 "今"으로 되어 있으나 誤記이다.

당한] 지위를 잃지 않았음을 가리킴이다. ≪陽을 가리켜 '大'라고 함≫ [震卦 六二(震之歸妹)에서 "震來厲"라고 하였으니, 震卦 六二의] 歸妹의 위태로움(厲)의 경우에는 ≪震卦의 六二爻≫ 剛이 그 지위를 잃었기 때문이니 ≪3이 4로 감≫ 비록 한 개의 剛을 얻기는 하였으나, 공억(供億)의 事業에 있어서는 잃음이 있는 것이다. [그러나] 隨卦의 위태로움(厲)의 경우에는 ≪즉 이 震卦 六五爻를 말함≫ 剛이 이에 그 자리를 얻었으니 ≪震卦 六五는 본래 柔였으나, 지금 [隨卦로 변하면] 剛이 됨≫ 비록 한 개의 剛을 얻은 것이기는 하지만 ≪上이 1로 감≫ 공억(供億)의 사업에 있어서는 잃음이 없는 것(億无喪)이다.

隨與歸妹 本爲交易 ≪澤雷爲雷澤≫ 故其占相反

隨　　歸妹

[震卦 六五는 '震之隨'가 되고, 震卦 六二는 '震之歸妹'가 되는데] 隨卦와 歸妹卦가 본래 [서로] 交易의 관계에 있는 까닭에 ≪澤雷 隨卦를 交易시키면, 雷澤 歸妹卦가 됨≫ 그 占이 [震卦 六二에서는 "億喪貝"의 占이 되고, 震六五에서는 "億無喪"의 占이 되는 까닭에] 서로 相反된다.

○案 春秋傳 凡祭祀 皆云 有事 ≪如云 有事于新宮≫

○[案] 『春秋傳』에 따르면 무릇 祭祀에는 모두 "有事"라는 표현을 사용하였다. ≪예컨대 "有事于新宮", 즉 "新宮에 [제사(祭祀)의] 일이 있었다"와 같은 用例가 그것이다.[325]≫

325) 『春秋左氏傳』 '宣公 8年'에 "有事于大廟"라는 표현이 있다. 또 『春秋公羊傳』과 『春秋穀梁傳』 '昭公 15年 二月 癸酉'條에 "有事于武宮"이라는 표현이 있다. 그러나 『春秋左氏傳』에는 "有事于新宮"이라는 표현은 나오지 않는다.

上六 : 震索索, 視矍矍, 征凶, 震不于其躬, 于其鄰, 无咎. 婚媾有言. ○ 象曰 : 震索索, 中未得也, 雖凶无咎, 畏鄰戒也.

上六 : 천둥이 내리쳤다가 사라지고, [또다시] 내리쳤다가 사라지니 눈이 [놀라서] 휘둥그래진다. 정벌에 나서면 흉할 것이다. 천둥[벼락]이 자신의 몸에는 내려치지 않고 그 이웃에게만 내리치니, [하늘을 공경하며 두려워하는 나에게는] 허물이 없다. 혼사(婚事)에 [험담하는] 말이 있을 것이다. ○「象傳」: "震索索"이라고 한 것은 中을 얻지 못함을 가리킨 것이요, "雖凶, 無咎"라고 한 것은 [天이] 이웃을 [벼락을 내리쳐] 징계함을 [내가] 두려워하기 때문에 [근신(謹愼)하는 나에게는 허물이 없다고] 그렇게 말한 것이다.

此 震之噬嗑也 索 繩也 盡也 續而復絶曰 索也 噬嗑自否來 ≪五之一≫ 否之三剛 巽繩相續 ≪上互巽≫ 移之噬嗑 則續者復絶 ≪上今离≫ 震之索也 剛來爲震 ≪五之一≫ 亦不相續 ≪隔二三≫ 震索索也 曷云哉 上离下离 電光焂忽也 ≪离爲電≫

이것은 震卦가 噬嗑卦로 변하는 경우이다. '索'은 줄(繩)을 뜻하며, 다함(盡)을 뜻하니, 계속해서 이어지다가, 다시 끊어지는 것을 가리켜 '索'이라고 한다. 噬嗑卦는 否卦로부터 왔으니 ≪5가 1로 감326)≫ 否卦의 세 개의 剛이 巽의 줄(繩)로써 서로 이어지더니 ≪[否卦의] 上互卦는 巽≫ 推移

326) 五之一 : 실제는 '一之五'의 경우인데 陽爻의 측면에서 말한 것이다.

하여 噬嗑卦로 가면, 이어지던 것이 다시 끊어지게 되니 ≪[噬嗑卦의] 上卦는 지금 离≫ [이것을 가리켜] 震의 '색(索)'이라고 한다. [否卦로부터 推移하여 噬嗑卦로 되면] 剛이 [내려]와서 震이 되니 ≪5가 1로 감≫ [噬嗑卦의 初位의 剛과 제4位의 剛의 사이가] 또한 서로 이어지지 않는 까닭에 ≪그 사이에 2·3을 두고 있음≫ 이것을 가리켜 "震索索", 즉 "천둥이 내리쳤다가 사라지고, [또다시] 내리쳤다가 사라진다"라고 말한 것이다. 그것은 왜 그러한가? [噬嗑卦가 되면] 上卦는 离가 되고, 아래로 [1·2·3·4의 互卦도 역시] 离가 되니, 번개의 빛이 잠깐 사이에 번쩍 빛나다가 사라진 것이다. ≪离는 번개가 된다.≫

○雷之方出 ≪五之一≫ 离目瞠然 ≪上今离≫ 其視矍也 遂爲兩离 ≪下大离≫ 視矍矍也 ≪兩离故疊文≫ 矍矍者 驚視也 ≪字從瞿 象兩目驚≫ 坎懼在中 ≪三五互≫ 所以驚也

震 → 噬嗑 ← 否

○바야흐로 우레가 내리치려고 함에 ≪[否卦에서 噬嗑卦로 推移하게 되면] 5가 1로 감≫ 离의 눈[327]이 휘둥그레지니 ≪噬嗑卦의 上卦는 지금 离≫ 그 보는 것이 휘둥그래진 모습(矍)이다. 마침내 두 개의 离가 형성된 까닭에 ≪噬嗑卦의 아래에 大离가 있음≫ "시확확(視矍矍)"이라고 표현한 것이다. ≪두 개의 离가 있는 까닭에 [글자를 겹쳐서] 첩문(疊文)을 사용한 것임≫ "확확(矍矍)"이라고 한 것은 놀라서 바라보는 모양을 가리키니 ≪'矍(확)'字는 '瞿(구)'字를 따르니, ['瞿(구)'字의 윗부분은] 두 눈(目)이 놀란 모습을 象形한 글자인 것이다.≫ 坎의 두려워함이 가운데 있기 때문에 ≪[噬嗑卦의] 3·4·5는 互

327) 离目 : 离는 신체의 '눈(目)'을 상징한다.

坎≫ 놀라는 것이다.

○征凶者 南征之凶也 北君南征 ≪否之移≫ 遂以艮死 ≪自上視之 震爲艮≫ 載之坎輿 ≪中互坎≫ 輿尸之凶也 ≪卦倒看如賁≫ 自外而來 本取倒象 ≪見謙之上六≫

震 → 噬嗑 ← 否

○"征凶"이란 南方으로 정벌을 가서 凶함을 당한 것을 가리킨다. 北方의 君主가 南方으로 정벌에 나섰다가 ≪否卦로부터 推移≫ 마침내 艮의 죽음을 당하게 됨에 ≪[噬嗑卦를] 위로부터 [내려다] 보면, [噬嗑卦의 下卦인] 震은 艮이 됨≫ 坎의 수레[328]에 실어서 운반하니 ≪[噬嗑卦의] 가운데에 互坎이 있음≫ [이것은 곧] 주검을 시체에 싣는 흉한 일이다. ≪噬嗑卦를 거꾸로 보면 賁卦와 같음≫ [噬嗑卦의 1은 否卦의 5로부터 온 것이니] 밖으로부터 온 것이므로 본래 뒤집어진 象을 취하여 관찰하는 것이다. ≪[예를 들어] 謙卦 上六의 경우≫

○否上乾也 天降威罰 ≪五之一[329]≫ 遂以電擊 ≪下今震≫ 震可畏也 震自此發 ≪外卦 上爲我≫ 擊之在彼 ≪五之一≫ 不于其躬 ≪不在上≫ 于其鄰也 ≪在南鄰≫ 离以自修 ≪外卦 上爲我≫ 坎以恐懼 ≪上互坎≫ 又何咎焉

328) 坎輿 : 「說卦傳」에서는 坤이 큰 수레(大輿)가 된다고 했으며, 坎이 수레(輿)가 된다고 말하지는 않았다. 다만, 坎은 수레에 고장이 많은 것(其於輿也 爲多眚)이 된다고 했을 뿐이다.

329) [校閱] 新朝本과 國中本에는 "五之二"로 되어 있으나 奎章本에는 "五之一"로 되어 있다. 後者가 옳다.

䷲ ䷔ ䷋

震 → 噬嗑 ← 否

○否卦의 上卦는 乾이니, 하늘이 위엄과 벌(罰)을 내림에 ≪[否卦로부터 噬嗑卦로 推移하게 되면] 5가 1로 감≫ 마침내 번개로서 내리치니 ≪[噬嗑卦의] 下卦는 지금 震≫ 그 벼락(震)은 가히 두려워할 만 하다. 벼락은 이 쪽에서 발생하지만 ≪外卦를 기준으로 보면, 上卦가 我가 됨≫ 내려치는 곳은 저 쪽에 있는 까닭에 ≪5가 1로 감≫ "震不于其躬", 즉 "[벼락이] 그 [자신의] 몸(躬)에는 다다르지 아니하고", ≪上卦에 있는 것이 아님≫ "于其鄰", 즉 "그 이웃에게 다다른다"라고 말한 것이다. ≪[벼락이] 남쪽의 이웃에게 다다름≫ [噬嗑卦의 上卦에 있는] 离로써 스스로 修身하고 ≪外卦를 기준으로 보면 上卦가 我가 됨≫ 坎으로써 두려워하니 ≪[噬嗑卦의] 上互卦는 坎≫ 다시 무슨 허물이 있겠는가?

○否塞之時 剛降得位 ≪否之時 初未當位≫ 是 无咎也

䷲ ䷔ ䷋

震 → 噬嗑 ← 否

○비색(否塞)한 때에, 剛이 내려와서 [서합괘(噬嗑卦)가 되면] 그 지위를 얻으니 ≪否卦의 때에는, 初가 [剛이 있어야 합당한 위치에, 柔가 있으므로] 아직 [적당한] 위치를 차지하지 못함≫ 이것이 "无咎"가 되는 이유이다.

○否之時 卦有艮男 ≪二四互≫ 亦有顚兌 ≪三五互≫ 可以婚也 移之噬嗑 則兌女忽亡 ≪顚兌亡≫ 是 何故也 成言乎艮 ≪二四互≫ 其言乃險 ≪三五坎≫ 險言間之 何以成婚 ≪兌女亡≫ 婚媾有言也

䷲ ䷔ ䷋

震 → 噬嗑 ← 否

○否卦의 때에는 卦에 艮의 男子가 있고 ≪2·3·4의 互艮≫ 또 뒤집어진 兌도 있으니 ≪3·4·5의 互巽을 뒤집어보면 互兌가 됨≫ 혼인이 성립될 수 있는 상황이다. [否卦로부터] 推移하여 噬嗑卦가 되면 곧 兌의 여자가 갑자기 사라지니 ≪뒤집어진 兌가 없어짐≫ 이것은 무슨 까닭인가? ["成言乎艮"이라고 하였으니] 艮에서 말소리가 나니 ≪2·3·4의 互艮≫ 그 말소리는 바로 험한 말인지라 ≪[噬嗑卦의] 3·4·5는 互坎인데, 坎은 험함이 됨≫ 험담(險談)으로 사이를 벌려 놓는다면 어떻게 혼사(婚事)를 성사(成事)시킬 수 있을 것인가? ≪兌女가 없어짐≫ [그러므로] "婚媾有言"이라고 한 것이다.

○中未得者 上离也 ≪离虛中≫

䷲ ䷔ ䷋

震 → 噬嗑 ← 否

○"中未得", 즉 "中을 얻지 못한 것"이라고 한 것은 [噬嗑卦의] 上卦가 离이기 때문이다. ≪离의 中은 [柔가 자리잡고 있으니] 虛하다. [剛이 있어야 합당한 제5位에 柔가 있으므로, 中을 얻지 못했다고 한 것]≫

○雖凶无咎者 明征凶无咎 皆以外卦爲主也

䷲ ䷔ ䷋

震 → 噬嗑 ← 否

○"雖凶无咎"라고 한 것은 정벌에 나서면 흉하기는 하지만, 허물은 없을 것임을 밝힌 것이다. 모두 外卦를 기준으로 삼았기 때문에, [정벌

을 당하는 쪽인 內卦의 상대방에게는 흉함이 있겠지만, 하늘을 공경하며 두려워하는 外卦의 쪽에는 허물이 없게 될 것이므로] 그렇게 말한 것이다.

○離爲修省 ≪自治也≫ 坎爲恐懼 ≪上互坎≫ 北國之敬天也 震擊在南 ≪五之一≫ 北乃畏之 ≪上無雷≫ 畏鄰戒也 艮則爲戒 ≪成言以 止之≫

震 → 噬嗑 ← 否

○離는 修身하여 內省함을 상징하고 ≪스스로 다스림≫ 坎은 두려워함을 상징하니 ≪[噬嗑卦의] 上互卦는 坎≫ [坎의] 북쪽나라에서 하늘을 공경함을 가리킨 것이요, 벼락이 남쪽을 때림에 ≪[否卦로부터 噬嗑卦로 推移할 때] 5가 1로 감≫ 북쪽 나라에서 이에 두려워하니 ≪上卦에는 우레가 없음≫ [이것이] "畏鄰戒", 즉 "[天이] 이웃을 징계하는 것을 두려워함"의 뜻이다. 艮은 곧 경계(警戒)함을 상징한다. ≪["成言乎艮"이라고 하였으니, 경계하는] 말로써 [天이 내리는 벼락의 징계가 우리 쪽에 떨어지는 것을] 멈추게 함≫

【52. 중산 간(重山 艮)】

艮下艮上 ○第二十九卦之反 ≪觀五之三 小過四之上≫

艮이 下卦이고, 艮이 上卦이다. ○第29卦의 反卦이다. ≪觀卦의 5가 3으로 가고, 小過卦의 4가 上으로 간다.≫

序卦傳曰 艮者 止也

『序卦傳』에서 [다음과 같이] 말하였다. “艮卦는 멈춤이다.”

○雜卦傳曰 艮 止也

○『雜卦傳』에서 말하였다. “艮은 멈춤이다.”

○鏞按 混沌旣闢 坤圉坎爲澤 坎剡坤爲山 山隆於地 故坤之上隆者 爲艮也 君子之道 下學而上達 止於其所不得不止也 陽起於震 中於坎 至於艮 則無可復進 故止也 若以消長之勢 則陰始於巽 盛於艮 純於坤 八卦之有艮 猶重卦之有剝也 故曰 艮者 小人之道也

○[鏞按] 태초의 혼돈(混沌)이 이미 개벽(開闢)함에, 坤의 흙으로 坎의 물을 에워싸면 못(澤)이 되고, 坎의 물로 坤의 땅을 깎아내면 山이 된다. 山은 땅 위에 솟은 것이므로 坤의 위에 [한 개의 陽이] 솟아오른 형태가 艮이 된다. 君子의 道는 아래로부터 배워서 위로 도달함을 목표로 삼아서 멈추지 않을 수 없는 데[까지 나아간 뒤에야] 멈추게 된다.[330] 陽은

震에서 발생하여, 중간에 坎을 거쳐서 艮에 이르면 더 이상 나아갈 수 없는 까닭에 멈추게 된다. 만약 [감소하거나 증가하는] 소장(消長)의 기세(氣勢)로써 말한다면, 陰은 巽에서 시작하여 艮에서 성대(盛大)해지고 坤에서 순일(純一)하게 되니, 8卦에 艮이 있는 것은 마치 重卦에서 剝卦가 있는 것과 같다. 그러한 까닭에 艮은 小人의 道라고 하였다.

夏易 以艮爲首 《連山易》 終則有始 天行也 《始之所始 曰終》 前路旣窮 有退無進 《說卦云 艮爲徑路》 艮者 退也 《字從艮》 枝條向下 反於蕃鮮 《震向上[331]》 艮者 根也 《字從艮》 坤土無疆 界以域之 《止於外》 艮者 限也 《限 垠也》 柔之旣長 剛乃截之 艮者 節也 《字從艮》 止而不行 艮者 很[332]也 塞而不通 艮者 恨也

夏나라 易은 艮卦를 제일 앞에 내세웠다. 《즉 연산역(連山易)을 가리킨다.》 종결되면 [곧바로 다시] 시작하는 것(終則有始)은 하늘의 운행[의 법칙]이다.[333] 《시작함에 있어 그 시작하는 곳은 끝난 곳이 된다.[334]》 앞으로 난 길이 이미 막혀 있으니, [뒤로] 물러날 수는 있으나, [앞으로] 나아갈 수는 없으니 《「說卦傳」에서, "艮은 경로(徑路)가 된다"고 하였음》 艮은 물러감(退)이 된다. 《'退(퇴)'字는 '艮(간)'字로부터 나옴》 나뭇가지가 아래로 향하여 [뻗다가], 무성하게 우거지게 되면 [다시 위를 향하여] 되돌아오니

---

330) 下學而上達: 『論語』「憲問」에 나오는 말. "不怨天, 不尤人; 下學而上達, 知我者, 其天乎!"이라고 함.

331) [校閱] "震向上"의 "上"이 奎章本에는 "下"로 나오는데, 誤記이다.

332) [校閱] "很"이 奎章本에는 "狠"으로 되어 있다. "很"과 "狠"은 서로 통용되는 글자로서, 일종의 異體字이다. 여기서는 新朝本과 國中本을 따르기로 한다.

333) "終則有始, 天行也." 이는 蠱卦, 「彖傳」에 나오는 말이다.

334) 夏나라의 易(즉 '連山易')은 '끝마침(終止)'을 뜻하는 이 艮卦로 오히려 그 序卦의 첫머리로 삼았다는 말인데, 이는 艮이 뜻하는 "終止"의 양면성을 지적한 말로, 艮이 '終'·'止'가 되면서 동시에 '始'·'首'의 의미를 가짐을 밝힌 것이다. 이는 서양의 "야누스(Janus : 고대 로마의 神. 門이나 어귀, 입구의 수호신으로, 사물의 처음과 끝을 맡음. 머리의 앞뒤에 얼굴이 있다. 兩面神)"나 "제뉴어리(January : 1월, 'Janus 神의 달'이라는 뜻)"라는 말의 뜻과 통한다.

≪[3·4·5는 互震인데] 震이 위로 向함≫ 艮은 뿌리를 뜻한다. ≪'뿌리 根(근)'字는 '艮(간)'字를 좇음≫ 坤의 땅에 한계가 없는데, 경계를 쳐서 영역을 정하니 ≪밖에서 그침≫ 艮은 한계가 된다. ≪땅의 한계를 정하는 것이다.≫ 柔가 이미 커지는 것을 剛으로서 이에 [陰의 세력이 지나치게 왕성(旺盛)하게 되는 것을] 끊으니, 艮은 절제(節制)를 뜻한다. ≪'節(절)'字는 '艮(간)'字를 좇음≫ 멈춰서 가지 않으니, 艮은 거스르는 것(很)이 되며, 막혀서 通하지 않으니, 艮은 원통함(恨)이 된다.

以重卦 則卦自觀來 觀者 大艮也 ≪兼畫三≫ 虞翻云 艮爲觀五之三

觀 → 艮

重卦로써 보면, 艮卦는 觀卦로부터 오니, 觀은 大艮의 형태이다. ≪겸획(兼畫)하여 삼획(三畫)으로 하면 觀卦는 艮의 형태가 됨≫ 우번(虞翻)이 말하였다. "艮卦는 觀卦의 5가 제3位로 간 것이다."

艮其背, 不獲其身, 行其庭, 不見其人, 无咎.

그 [집의 북쪽인] 뒤쪽(背)에 멈추어 있으니, 그 몸을 [찾으려고 해도] 얻지 못할 것이며, 그 뜰에 지나가도 사람을 보지 못할 것이니, [이처럼 은둔함으로써 처세한다면 아무런] 허물이 없을 것이다.

此 艮之不變者也 堂北曰 背 ≪最上位≫ 國風曰 言樹之背 ≪字從北≫ 門內曰庭 ≪中門之外 大門之內也≫ 爾雅曰 堂下至門 謂之庭 ≪此內庭≫

䷳
艮

이것은 艮卦가 변하지 않는 경우이다. 집의 북쪽(堂北)을 가리켜 '배(背)'라고 하니 ≪괘획으로도 제일 윗자리에 해당됨≫ 『詩經』「國風」에서 "言樹之背",[335] "이것을 北堂에 심을꼬"라고 하였다.[336] ≪'背'字는 '北'字로부터 나왔다.≫ 門의 안쪽을 가리켜 '庭'이라고 하니 ≪'庭'은 中門의 바깥쪽이며, 大門의 안쪽을 가리킴[337]≫ 『爾雅』에서 말하기를, 집(堂)의 아래에서 門에 이르기까지의 구역을 '정(庭)'이라고 한다고 하였다.[338] ≪이것은 內庭에 해당된다.≫

卦有坎堂 ≪二四互≫ 亦有艮門 取象在是也

䷳
艮

艮卦를 보면 坎의 집(堂)이 있고 ≪2·3·4의 互坎≫ 또 [거기에는] 艮의

335) '言'은 특별한 뜻이 없는 虛辭이다.

336) 言樹之背:『詩經』의 「국풍(國風)」, 「위풍(衛風)」, 「백혜(伯兮)」에 나온다.

337) 즉 中門과 大門 사이를 가리킨다.

338) 현행 『爾雅』에는 이런 말이 확인되지 않는다. 그 原文에 이런 말이 나오지 않으며, 다만 『爾雅』「釋宮」에 "室中謂之時, 堂上謂之行, 堂下謂之步, 門外謂之趨, 中庭謂之走, 大路謂之奔"이라는 말이 있다. "堂下至門, 謂之庭"이라는 말이 『爾雅』의 注疏에 나오는 말일 가능성은 있다. 따라서 이를 茶山 자신이 '『爾雅』에 보면 정(庭)이 이런 뜻으로 설명된다'는 식으로 풀이한 말로 보았다.

門이 있으므로, 象을 취하는 것이 여기에 있다.

○卦自小過來 《四之上》 小過之時 坎則爲堂 《二五夾》 震之君子 《本上震》 自堂而起 《自四起》 向于堂北 《上位坎》 至于最北而止 《四之上》 艮其背也 震形遂變 《今爲艮》 不獲其身也

觀 → 艮 ← 小過

○艮卦는 小過卦로부터 왔으니 《[小過卦에서] 4가 上으로 감》 小過卦의 때에 坎은 곧 집(堂)이 되니 《2·3·4·5의 夾卦》 震의 君子가 《[小過卦의] 上卦는 본래 震》 집(堂)으로부터 일어나서 《[小過卦의] 제4位로부터 일어남》 집의 북쪽을 향해서 가다가 《上卦는 坎位》 가장 북쪽에 이르러 멈추는 까닭에 《[小過卦의] 4가 上으로 감》 "艮其背", 즉 "그 [북쪽인] 뒤에서 멈춘다"고 말한 것이요, 震의 형태(形)가 드디어 변하니 《이제 [艮卦에서 上卦는] 艮이 됨》 "不獲其身", 즉 "그 몸을 얻지 못한다"라고 말한 것이다.

○又自觀來 《五之三》 觀之時 艮其門也 《大艮亦互艮》 巽之隱者 《本上巽》 自門而入 《自五入》 向于門內 《卦以下爲內》 行于坤地之上 《五之三》 行其庭也 《互震行》 巽形遂滅 《今爲艮》 不見其人也 本有巽眼 《觀上巽》 今巽旣滅 《上今艮》 不可見也

觀 → 艮

○또 [艮卦는] 觀卦로부터 오니 《5가 3으로 옴》 觀卦의 때에 그 門에

서 그치니, ≪[觀卦에는] 大艮의 형태와 互艮이 함께 있음≫ 巽의 은자(隱者)가 ≪본래 [觀卦의] 上卦는 巽으로서 은자(隱者)를 상징함≫ 門으로부터 들어와서 ≪제5位로부터 들어옴≫ 門 안쪽을 향해 가다가 ≪卦의 아래쪽은 內가 됨≫ 坤의 땅 위에 지나가니 ≪5가 3으로 감≫ "行其庭", 즉 "그 뜰을 지나가는 것"이라고 한 것이다. ≪艮卦의 [3·4·5의 互卦인] 互震은 '行'의 뜻이 됨≫ [觀卦로부터 推移하여 艮卦로 되면] 巽의 형태가 드디어 소멸되니 ≪이제 艮이 됨≫ "不見其人", 즉 "그 사람을 볼 수 없는 것"이다. 본래 [觀卦의 上卦에서는] 巽의 눈이 있었는데 ≪觀卦의 上卦는 巽인데 눈[眼]을 뜻함≫ 이제 巽이 이미 소멸(消滅)되었으므로 ≪[艮卦의] 上卦는 이제 艮≫ "不可見", 즉 "볼 수 없다"라고 말한 것이다.

○震之君子 ≪小過之上震≫ 本身雖變 亦有他人 ≪今互震≫ 失其身也 巽之隱者 ≪觀上巽≫ 本身旣變 更無他人 ≪卦無巽≫ 失其人也 ≪永失之≫ 此 何象也 艮之德 止也 止則不行 利於隱也 小過者 大坎也 ≪兼畫三≫ 坎則爲隱 ≪說卦文≫ 觀者 上巽也 巽亦爲隱 ≪大傳文≫ 本以隱德之人 移之爲艮 又以坎隱 ≪二四互≫ 如之何其使人 獲而見之也 如其隱矣 雖[339]家庭之間 不可使見而知之 此 聖人 晦匿之微意[340]也 身旣隱矣 又何咎焉

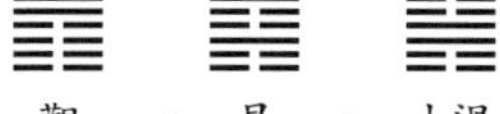

觀 → 艮 ← 小過

○[小過卦로부터 艮卦로 推移하게 되면] 震의 君子가 ≪小過卦의 上

339) [校閱] "雖家庭之間"의 "雖"가 奎章本과 國中本에는 있으나, 新朝本에는 생략되어 있다. 여기서는 前者를 따른다.

340) [校閱] "微意"의 "意"가 新朝本과 國中本에는 "義"로 되어 있다. 여기서는 奎章本을 따른다.

卦는 震≫ [자신의] 본래의 신체가 변하였으나 [艮卦에는 3・4・5의 互震의] 타인(他人)이 있으니[341] ≪이제 [艮卦의] 上互卦는 震≫ 그 [자신의] 몸을 잃어버린 것이 된다. 巽의 은자(隱者)가 ≪觀卦의 上卦는 巽≫ [자신의] 본래의 신체가 이미 변하였는데, 다시 타인(他人)도 없으니 ≪艮卦에는 巽의 은자(隱者)가 없음≫ 그 사람을 잃어버린 것이 된다. ≪영원히 잃어버림≫ 이것은 무슨 象인가? 艮卦의 성격은 멈춤(止)인데, 멈춘다면 가지 못할 것이니, 은둔(隱遁)하기에 이로운 것이다. 小過卦는 大坎의 형태인데 ≪小過卦를 겸획(兼畫)하여 삼획괘(三畫卦)로 만들면 坎이 됨≫ 坎은 곧 숨음의 뜻이다. ≪「說卦傳」의 글≫ 觀卦의 上卦는 巽인데, 巽에도 또한 숨음의 뜻이 있다. ≪「繫辭傳」의 글≫ 본래 德을 숨기는 사람이었는데, [觀卦로부터] 推移하여 艮卦로 변한다고 하더라도, 다시 坎으로써 숨으니 ≪艮卦의 2・3・4의 互坎≫ 어찌 사람들이 볼 수 있겠는가? 만일 그 몸을 숨긴다면, [비록] 집안의 뜰 사이에 [있더라도] 보아서 알 수 없을 것이다. 이것은 聖人이 [자신의 德을] 숨기고자 하는 은밀한 뜻이 있는 것이니, 몸을 이미 숨겼는데, 또 다시 무슨 허물이 있겠는가?

○觀之大艮 以剝陽也 今也 剛自外來 ≪五之三≫ 遂亦得位 ≪三本柔≫ 是 无咎也

觀 → 剝

觀 → 艮

○[觀卦는 大艮의 형태인데] 觀卦의 大艮이 剝卦의 陽이 되려고 하더니, 지금에 와서는 剛이 밖으로부터 와서 ≪5가 3으로 감≫ 마침내 또 그

341) 4가 上으로 가면서, 小過卦의 上卦는 震이었으나, 艮卦에서는 上卦가 艮이다. 따라서 小過卦에서 艮卦로 변하게 되면, 上卦인 震의 君子는 艮의 小人으로 변하게 되지만, 上互卦는 여전히 震이기 때문에 震의 君子가 또 한 사람 있게 되므로, 他人이 있다고 말한 것이다.

지위를 얻으니 ≪제3位는 본래 柔≫ 이것이 허물이 없는 까닭이다.

○案 虞仲翔云 艮爲背 ≪或曰 人身唯背不動 如艮山≫ 然 旣以艮而爲背 又何以艮其背乎 ≪一句之內 象不可兩用≫ 文與庭對 當是堂北之背也 又仲翔云 坎爲隱伏 故不見其人

○[案] 우중상(虞仲翔)이 말하였다. "艮卦가 背(등)의 뜻이 된다." ≪或者가 말하였다. "사람의 신체 중에서 오직 등[背]만이 움직이지 않으니, 마치 艮의 山과도 같다."≫ 그러나 이미 艮으로써 등(背)의 뜻을 삼았는데, 또 어찌 "艮其背"란 말이 성립하겠는가? ≪한 구절의 안에서 [동일한] 象을 두 번 쓸 수는 없음≫ [彖詞의 "艮其背, 不獲其身, 行其庭, 不見其人"의 문장 중에서 "艮其背"의] 文句가 ["行其庭"의 文句와] 서로 대응되니, 이것은 집의 북쪽의 뒤(堂北之背)를 가리키는 것이다.[342] 또 우중상(虞仲翔)이 말하였다. "坎은 숨음(隱伏)의 뜻이 되므로, '不見其人'이라고 한 것이다."

彖曰 : 艮, 止也, 時止則止, 時行則行, 動靜不失其時, 其道光明, 艮其止, 止其所也. 上下敵應, 不相與也, 是以, 不獲其身, 行其庭, 不見其人, 无咎也.

「彖傳」: 艮은 멈춤이니, 멈추어야 할 때 멈추고, 행해야 할 때 행하여, 움직이거나 고요하거나 그 때를 잃지 아니함에, 그 道가 밝게 빛나는 것이다. 그 멈추어야 할 데 멈춘다는 것(艮其止)은 [멈추지 않으면 안 될 바의] 그 곳에 멈추는 것을 말함이다. 상하(上下)가 적대(敵對)함으로써 맞서서, 서로 돕지 않으니, 이런 까닭에 그 몸을 얻지 못하며, 그 뜰에 행하여도 그 사람을 보지 못하니, 허물이 없을 것이다.

342) "艮其背"와 "行其庭"은 서로 대응되는 文句이므로, 정원에 대해서 '堂北之背(집의 북쪽의 뒤쪽)'가 대응된다고 본 것이다.

晁氏曰 艮其止 當依卦辭 作背 ≪見本義≫

조열지(晁說之)[343]가 말하였다. "'艮其止'는 卦辭에 의거하여 '艮其背'라고 써야 한다." ≪『周易本義』에 나온다.[344]≫

○卦以艮止 今雖時止 亦有互震 ≪三五互≫ 可以時行也 遂爲大离 其道光明也 ≪震爲道≫

○艮卦에서는 艮의 그침의 뜻이 있기 때문에, 지금 비록 "時止", 즉 "때로 멈춘다"라고 한 것이지만, 또한 [艮卦에는 艮만 있는 것이 아니라] 互卦의 震이 있기 때문에 ≪3·4·5의 互震≫ "時行", 즉 "때로 간다(時行)"고 말한 것이요, [또 艮卦에는] 마침내 [3·4·5·6이] 大离의 형태를 이루므로, "其道光明", 즉 "그 道가 밝게 빛난다"라고 말한 것이다. ≪震은 道가 된다.≫

○止其所者 止於其所不得不止也 ≪上位極≫ 大學之止於至善是也 所者 居也 ≪艮爲居≫

○"止其所"라고 한 것은 그 멈추지 않으면 안 될 곳에 멈추는 것을 말함이니 ≪[艮卦의] 上位가 極에 달함≫ 『大學』에서 "止於至善",[345] 즉 "지

343) 조열지(晁說之, 1059~1129) : 北宋의 경학가, 字는 以道, 司馬光에게 『太玄經』을 전수 받았으며, 邵雍의 제자 楊賢寶에게 易學을 배웠다. 六經에 佛家, 道家, 法家의 설이 섞여 있으므로, 六經을 연구할 때는 문헌비평적 관점이 필요하다고 주장하였다. 北宋의 사대부(士大夫) 사회에서 일찍이 儒學 부흥운동에 앞장섰으며, 뛰어난 文筆로 일대를 풍미하였다. 그러나 만년에는 불교에 심취하였으며, 특히 천태종의 山家派의 철학에 경도되었다. 저서로는 『錄古周易』(8卷), 『太極傳』(5卷), 『因說』(1卷), 『太極外傳』(1卷), 『講義』(5卷), 『易玄星紀譜』(2卷), 『晁氏客語』(1卷), 『晁說之集』(20卷) 등이 있다(최석기, 『中國經學家事典』, 경인문화사, 2002, 207면).

344) 朱子 原著, 白殷基 譯註, 『譯註 周易本義』, 여강출판사, 1999, 437면. "晁氏曰, 艮其止, 當依卦辭, 作背."

345) "大學之道, 在明明德, 在親民, 在止於至善(『大學』의 道는 明德을 밝힘에 있으며, 백성과 친함에 있으며, 至善에 머무름에 있다)."(『大學』)

극한 善에 머무른다"라고 말한 것이 이것이니, '所'는 '居(머문다)'는 것을 뜻한다. ≪艮은 머무름의 뜻이 된다.≫

○六位相敵 ≪上下同≫ 剛柔不應 ≪同故不相應≫ 不相與也 ≪與 交也 助也≫ 當此之時 唯有隱身匿跡 止而[346]不行 方可謂 時止之君子也

䷳
艮

○[艮卦의] 여섯 位가 서로 敵이 되어서 ≪[艮卦의] 上卦와 下卦가 동일함≫ 剛과 柔가 [서로] 상응하지 않기 때문에 ≪[剛과 剛, 혹은 柔와 柔는] 동일하기 때문에, [서로] 상응하지 않음≫ "不相與也", 즉 "서로 돕지 않는다"라고 말한 것이다. ≪'與'는 '주고받음'이며, 돕는 것이다.≫ 이러한 때를 맞아서 오직 몸을 숨기고, 그 자취를 은닉(隱匿)하여서, 멈추고 가지 않아야 비로소 "時止之君子", 즉 "멈춰야 할 때를 아는 君子"라고 할 수 있다.

雖然 震之君子 止于幽深之處 ≪堂之北≫ 而僅能韜形 ≪不獲身≫ 巽之隱者 行于光顯之處 ≪行于庭≫ 而曠然逃世 ≪不見人≫ 是 大隱也 ≪如衛伶≫

䷓ ䷳ ䷽
觀 → 艮 ← 小過

그러나 震의 君子는 유현(幽玄)하고 깊은 곳에 머무르면서 ≪집의 북 쪽에 머무름≫ 간신히 몸을 감추는 반면에 ≪"不獲其身"이라고 하였음≫ 巽의

346) [校閱] "止而不行"의 "而"가 新朝本과 國中本에는 "之"로 되어 있다. 여기서는 奎章本을 따른다.

은자(隱者)는 밝게 드러난 곳을 다니지만 ≪"行于庭"이라고 하였음≫ 세상을 횡하니 도망가니 ≪"不見其人"이라고 하였음≫ 이것은 크게 숨는 것(大隱)이라고 할 수 있다. ≪위령(衛伶)[347]의 경우와 같음≫

䷳

初六 : 艮其趾. 无咎, 利永貞. ○ 象曰 : 艮其趾, 未失正也.

初六 : 그 [계속 나아가는] 발꿈치를 멈추니, 허물이 없을 것이다. 長久한 사업(事業)에 이로울 것이다. ○「象傳」: "그 [계속 나아가는] 발꿈치를 멈추니(艮其趾)", 아직 올바름을 잃지 않은 것이다.

此 艮之賁也 賁自泰來 ≪二之上≫ 泰之時 震足前行 ≪震足 凡三進≫ 知進而不知止 ≪將爲夬爲乾≫ 移之爲賁 則剛往爲艮 ≪二之上≫ 以遏震足 ≪艮止之≫ 艮其趾也 ≪止其足≫

䷳ ䷕ ䷊ ䷡ ䷪ ䷀

艮 → 賁 ← 泰 → 大壯 → 夬 → 乾

이것은 艮卦가 賁卦로 변하는 경우이다. 賁卦는 泰卦로부터 왔으니 ≪2가 上으로 감≫ 泰卦의 때에 震의 발로 앞으로 [걸어] 갈 때 ≪[泰卦에서] 震의 발로 모두 세 번 前進한 것≫ 나아갈 줄만 알고, 그칠 줄 모르더니 ≪[泰

347) 위령(衛伶) : 衛나라의 樂官으로, 등용되지 못한 賢人을 가리킨다.『詩經』「邶風」「簡兮」의「毛氏 序」에 "간혜(簡兮)는 賢人을 등용하지 않음을 풍자한 詩이다. 衛의 賢者가 樂官으로 벼슬하니, 그의 德은 모두 王子를 받들어 섬길 수 있다(簡兮刺不用賢也, 衛之賢者, 仕於伶官, 皆可以承事王者也)"라고 하였다.

卦로부터 계속 전개되면] 장차 夬卦가 되고, 乾卦가 됨≫ 推移하여 賁卦가 되면, 곧 剛이 가서 艮이 되어서 ≪2가 上으로 감≫ 震의 발[이 나아감]을 막으니 ≪[賁卦의 上卦인] 艮으로써 [震足의 行進을] 멈추게 함≫ "艮其趾", 즉 "그 발꿈치를 그치게 한다"라고 한 것이다. ≪그 발을 그치게 한다.≫

易例 初爲趾 ≪噬嗑 賁 大壯 夬 鼎≫ 然 其取象 皆以震足 ≪見各卦≫ 又未必震足 在初也 讀者詳之

易例에 따르면, [일반적으로] 初爻의 위치에서 발(趾)을 언급하고 있다. ≪噬嗑卦, 賁卦, 大壯卦, 夬卦, 鼎卦의 경우≫ 그러나 [이처럼 初爻에서 '趾'를 언급한 경우들에 있어서] 그 象을 취할 때 모두 震의 발이 있기 때문에 그렇게 한 것이지 ≪각 卦의 경우를 참조할 것≫ 震의 발이 반드시 初爻의 위치에 있어야 하는 것은 아니다. 讀者들이 [이 점을] 잘 알아야 한다.

○剛之旣升 ≪泰之移≫ 柔來得位 ≪上之二≫ 是 无咎也 ≪二本剛≫

艮 → 賁 ← 泰

○剛이 이미 올라감에 ≪泰卦로부터 [賁卦로] 推移함≫ 柔가 와서 그 [합당한] 위치를 얻으니 ≪上이 2로 감≫ 이것이 "无咎"라고 말한 까닭이다. ≪[泰卦의] 제2位에는 본래 剛이 있었다.≫

○永貞者 久長之事 ≪周禮 大祝求永貞≫ 化民成俗之謂也 觀之時 雖有巽教 ≪命自上≫ 民俗不變 ≪坤爲民≫ 艮以節之 ≪五之三≫ 民猶迷方 變而爲賁則 离以自修 ≪下今离≫ 艮以防民 ≪上今艮≫ 禮俗旣成 ≪离爲禮≫ 上下彬賁 ≪上下离≫ 利永貞也 坤德無疆 ≪泰上

坤≫ 所以永也 賁九三 宜參看

觀 → 艮 ← 賁

○“영정(永貞)”은 오랜 기간이 걸리는 일을 뜻하니 ≪『周禮』에 “대축(大祝)은 ‘영정(永貞)’에 대해 빈다”라고 하였음[348]≫ 백성을 교화하여 풍속을 순화시키는 것을 말한다. 觀卦의 때에 비록 巽의 敎化가 있었으나 ≪命令이 위로부터 내려 옴≫ 백성의 風俗이 변하지 아니하고, ≪坤은 백성이 됨≫ 艮으로써 절도에 맞게 하여도 ≪5가 3으로 감≫ 백성이 여전히 미혹된 상황이었다. [그런데 艮卦 初六이] 변하여 賁卦가 되면 离로써 스스로 修身하고 ≪[賁卦의] 下卦는 지금 离≫ 艮으로써 백성을 방호(防護)하여 ≪[賁卦의] 上卦는 지금 艮≫ 禮俗이 이미 이루어짐에 ≪离는 禮가 됨≫ 上下가 [文과 質을 잘 갖추어] 빛나고 아름다우니 ≪[賁卦의] 3·4·5·6은 大离가 되고, 下卦도 离가 됨≫ 사업을 오래하기에 이로운 것이다. 坤의 德이 끝없이 넓은 것도 ≪泰卦의 上卦는 坤≫ 영속(永續)될 수 있는 까닭이 된다. 賁卦 九三의 경우를 참고해 보아야 한다.[349]

○乾坤坎离 是謂四正 ≪卦形正≫ 以乾爲离 ≪泰下乾≫ 未失正也 离居离位 ≪一二三≫ 其位正也

---

348)『周禮』「春官宗伯下」에 “大祝 掌六祝之辭, 以事鬼神示, 祈福祥, 求永貞”이라고 함.

349) 賁卦 九三의 爻辭에 “賁如濡如, 永貞, 吉”이라고 하고, 「小象傳」에 “永貞之吉, 終莫之陵也”이라고 함. 여기서 “永貞, 吉”이라고 함은 “오랜 시일이 걸리는 일은 吉할 것”이라는 뜻이다. 다산은 注에서 “永貞者, 永久之事也, 化民成俗, 非一朝一夕之所能, 故曰, 聖人, 久於其道, 天下化成, 禮樂, 必百年而後興 非過語也(永貞이란 오래도록 지속되는 일을 가리킨다. 백성들을 교화하고, 풍속(風俗)을 이루는 일은 결코 하루아침 하루 저녁에 가능한 일이 아니다. 그러므로 聖人이 그 道를 오래도록 지속하여, 天下가 교화되고, 성숙되도록 한다라고 말하는 것이니, 예악(禮樂)이란 반드시 [시행한지] 백년이 지난 다음에야, [제대로 효과가 나타나서] 융성(隆盛)한다는 말은 [결코] 지나친 말이 아니다)”라고 함.

䷳ ䷕ ䷊

艮 → 賁 ← 泰

○乾·坤·坎·离를 4正卦라고 일컬으니 ≪卦의 형태가 바름≫ [下卦가] 乾이었다가 离로 되었으니 ≪泰卦의 下卦는 乾≫ [아직 正卦의 형태를 잃은 것이 아니기 때문에] "未失正", 즉 "아직 올바름을 잃지 않았다"라고 말한 것이다. 离가 离의 위치에 머무르고 있기 때문에 ≪1·2·3은 离位≫ 그 위치가 올바른 것이다.

○案 荀爽本 趾作止 古字 通也 ≪足宜止故 字從止≫

○[案] 순상본(荀爽本)에서는 '趾'를 '止'라고 썼으니, 옛글자로는 ['趾'字와 '止'字가] 相通하였다. ≪발이 멈추는 것이 마땅하기 때문에, 글자가 '止'字를 따른다.≫

䷳

六二: 艮其腓,[350] 不拯其隨.[351] 其心不快. ○象曰 不拯其隨, 未退聽也.

六二: 그 장딴지를 멈추니, [더 이상 갈 수가 없어서] 그 [물 속에] 떨어진 자를 건져주지 못하므로, 그 마음이 [매우] 안타깝다. ○「象傳」: 그 [물에] 떨어진 자를 건져주지 못하는 것은 물러가서 [물가로부터 멀리 떨어져] 있으라고 하는 말을 듣지 않았기 때문이다.

---

350) 艮其腓: "간기비(艮其腓)"로 읽는다.
351) 不拯其隨: "부증기수(不拯其隨)"로 읽는다.

此 艮之蠱也 腓者 脚腨腸也 《在足上股下》 蠱自泰來 《一之上》 泰之時 乾行甚健 《泰下乾》 移之爲蠱 則巽股之前 《巽在下》 艮以止之 《一之上》 艮其腓也 股以腓行 艮其腓 則不行也

艮 → 蠱 ← 泰

이것은 艮卦가 蠱卦로 변하는 경우이다. '腓'는 다리의 장딴지(腨腸)에 해당된다. 《비(腓)는 발의 정강이 아래 부분과 다리의 윗부분의 사이를 가리킴》 蠱卦는 泰卦로부터 왔다. 《1이 上으로 감》 泰卦의 때에 乾의 行進이 매우 건장(健壯)하더니 《泰卦의 下卦는 乾》 推移하여 蠱卦가 되면 곧 巽의 다리의 앞을 《[蠱卦에서] 巽卦가 下卦에 있음》 艮으로써 [막아서] 멈추게 하니 《1이 上으로 감》 "艮其腓", 즉 "그 장딴지를 멈추게 하는 것"이다. 다리는 장딴지로써 가는데, 만일 그 장딴지를 멈추게 하면 [당연히] 갈 수 없게 된다.

○隨者 墮也 《字相近》 泰之時 坤朋同行 《上三陰》 其最先行者 落而在後 《上之一》 此 其隨者也 《隨咸 宜參看》 大坎之川 《初四夾》 水沒其腓 《下巽股》 二朋先涉 《四與五》 旣登震道 《上互震》 一朋落後 《上之一》 入于水底 《巽爲入》 雖有艮手 《上今艮》 何以援溺 《手不及》 不拯其隨也

泰 → 蠱

○"隨"란 떨어짐이니 《隨字와 墮字는 서로 가까움》 泰卦의 때에 坤의 친구들이 同行하였더니 《[泰卦의] 上卦의 세 개의 陰》 그 가장 앞서 가던

자가 낙오(落伍)하여 뒤로 처지니 ≪[泰卦의] 上이 1로 감≫ 이것이 그 따르는 자이다. ≪隨卦와 咸卦를 참고해 보아야 함≫ 大坎의 냇물에서 ≪蠱卦에서 1·2·3·4의 夾卦는 坎≫ 그 장딴지가 물에 빠지거늘 ≪[蠱卦의] 下卦인 巽은 넓적다리를 상징함≫ 두 명의 친구들이 앞서 건너가서 ≪[蠱卦의] 4와 5는 두 명의 친구를 상징함≫ 이미 震의 길 위에 올랐는데 ≪[蠱卦의 上互卦는 震≫ 한 친구는 뒤에 낙오되어 ≪上이 1로 감≫ 물밑에 빠지니 ≪巽은 들어감이 됨≫ 비록 艮의 손(手)이 있더라도 ≪[蠱卦의] 上卦는 지금 艮≫ 어떻게 물에 빠진 자를 구원할 것인가? ≪손이 [물에 빠진 사람에게] 미치지 못함≫ [그러므로] "不拯其隨", 즉 "그 [물에] 떨어진 자를 건지지 못한다"라고 말한 것이다.

○ 兌則爲快 ≪心之夬≫ 巽與[352] 兌反 ≪陰在下≫ 其心不快也 ≪旅之九四 宜參看≫ 坎爲心痛 ≪下大坎≫ 何以爲悅

艮 → 蠱 ← 泰

○ 兌는 유쾌함이 되는데 ≪마음이 통쾌함≫ 巽은 兌와는 [그 성격이] 반대되니 ≪[兌에서는 陰이 위에 있으나] 巽에서는 陰이 아래에 있음≫ 그 마음이 불쾌한 것이 된다. ≪旅卦 九四를 참고할 것≫ 坎은 마음의 고통을 뜻하니 ≪[蠱卦의] 아래에 [1·2·3·4는] 大坎의 형태가 됨≫ 어떻게 기쁠 수 있겠는가?

○退者 艮止也 ≪字從艮≫ 泰之時 君子道長 ≪三陽進≫ 小人宜退 ≪上三陰≫ 今此一陰 却自外入 ≪上之一≫ 未退聽也 安得不溺 ≪入於水≫ 巽則爲命 ≪下今巽≫ 不聽命也 虞翻曰 坎爲耳 故云 未退聽

352) [校閱] "巽與兌反"의 "與"가 新朝本에는 "爲"로 되어 있다. 뜻에는 차이가 없다.

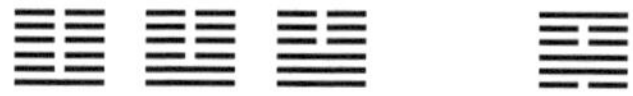

復 → 臨 → 泰 → 推移 → 蠱

○"退"는 艮으로써 멈춤(止)을 말함이다. ≪'退'字는 '艮'字에서 옴≫ 泰卦의 때에 君子의 道가 자라나니 ≪세 개의 陽이 나아감≫ 小人은 물러가야 마땅하다. ≪泰卦의 上卦에 있는 세 개의 陰은 小人을 상징함≫ [그런데도 불구하고, 泰卦에서 蠱卦로 推移하게 되면] 이제 이 한 개의 陰이 갑자기 밖으로부터 들어오니 ≪上이 1로 감≫ [이것은] "未退聽", 즉 "물러가라는 命令을 아직 듣지 않은 것"이니, 어찌 물에 빠지지 않을 수 있겠는가? ≪물에 들어감≫ 巽은 곧 명령이니 ≪[蠱卦의] 下卦는 지금 巽≫ "不聽命", 즉 "명령을 듣지 않음"이다. 우번(虞翻)이 말하였다. "坎이 귀를 뜻하는 까닭에 '未退聽'이라고 한 것이다."

○案 詩註云 腓隨足動 ≪此 以腓爲隨≫ 諸家 以此解易 疏矣 又按 陸德明本 拯作承 非也 ≪㧍之誤≫ 拯㧍抍 本相通

○[案] 『詩經』의 註에서, "腓隨足動", 즉 "장딴지는 발의 움직임에 따른다"라고 하였다.[353] ≪이것은 장딴지로써 따르는 자를 삼은 것이다.≫ 여러 주석가들이 이처럼 易을 해석하니, 그 해석이 소략(疏略)한 것이다. 또 생각컨대 육덕명(陸德明)의 책에서는 '拯(증)'字를 '承(승)'字로 썼으니 잘못된 것이다. ≪'도울 㧍(승)'字의 錯誤≫ '건질 拯(증)'字와 '도울 㧍(승)'字와 '건져올릴 抍(승)'字가 본래 서로 통한다.

353) 여기서, "詩註云"이라고 말한 것은 『詩經』「小雅」「鹿鳴之什」「采薇」에 나오는 程子의 說을 가리키는 것으로 보인다. 즉, "駕彼四牡, 四牡騤騤. 君子所依, 小人所腓(저 사모(四牡)를 멍에하니, 四牡가 굳세고 굳세도다. 君子가 타는 바요, 小人이 비호받는 바로다)"라는 詩句 가운데, "小人所腓"의 '腓'字에 대한 주석을 말한 것이다. 程子는 그 注에서 "腓, 隨動也, 如足之腓, 足動則隨而動也(腓는 따라서 움직임이니, 발의 장딴지와 같아서, 발이 움직이면, 따라 움직이는 것이다)"라고 말하였다(成百曉 譯註, 『詩經集傳』 上, 전통문화연구회, 1999, 375~376면).

○ 學稼云 蠱者 隨之反對也 故其象相通

隨 ← 反易 → 蠱

○ 학가(學稼)가 말하였다. "蠱卦는 隨卦의 反對되는 卦이므로, 그 象이 서로 통한다."

九三 : 艮其限, 列其夤,[354] 厲薰心. ○ 象曰 : 艮其限, 危薰心也.

九三 : 그 [영토(領土)의] 경계(境界)를 분명히 한정(限定)함이로다.[355] 그 [영토(領土)를 지탱하는] 그물의 한 가운데 벼리가 찢어져 있으니, 위태로운 상황에 마음을 태운다. ○「象傳」: 그 [영토(領土)의] 경계를 분명히 한정(限定)하니, 위태로운 상황에 마음을 태운다.

此 艮之剝也 艮其限 本象也 觀之時 坤之疆土 ≪下本坤≫ 漫無

354) [校閱] '인(夤)'字의 상부의 '夕'이 奎章本에는 '月'字를 누인 모양으로 나오는데, 이는 '歹'이 그렇게 나타난 것으로 보인다. 일반적으로 '歹'이 왼편에 자리하는데, 즉 위의 『淮南子』의 인용구도 판본에 따라 "夤"이 "殥"으로 나오는데, 같은 글자이다.

355) 다산의 註釋을 참고한다고 하더라도, "艮其限, 列其夤, 厲薰心"의 전체문장을 의미 연관된 것으로 보아야 하는지가 분명치 않다. 그러나 「象傳」의 "艮其限, 危薰心也"에서는 "艮其限"과 "危薰心也"를 의미상으로 연결된 것으로 보는 것이 자연스러울 것이다. 그렇다면 "艮其限, 列其夤, 厲薰心"에서도 당연히 "艮其限"과 "列其夤, 厲薰心"의 의미도 연결된 것으로 보아야 할 것이다. 문제는 "艮其限"과 "列其夤, 厲薰心"의 두 句를 문맥상 자연스럽게 연결시키기가 어렵다는 데 있다고 하겠다.

界限 移之爲艮 ≪五之三≫ 限域分明 ≪各二陰≫ 艮其限也

觀 → 艮 → 剝

이것은 艮卦가 剝卦로 변하는 경우이다. "艮其限"은 [艮卦의] 本象이다. 觀卦의 때에는 坤의 강토(疆土)가 ≪[剝卦의 下卦는 본래 坤≫ 산만(散漫)해서 아무런 경계가 없더니, 推移하여 艮卦가 되면 ≪5가 3으로 감≫ 지역(地域)의 한계(限界)가 분명해지므로 ≪[上卦와 下卦에] 각각 陰이 두 개씩 있음≫ "艮其限"이라고 한 것이다.

○ 夤者 網之中綱[356]也 ≪義見下≫

○ '인(夤)'이라고 한 것은 그물 가운데 있는 벼리를 가리킨다. ≪뜻이 아래에 나타난다.≫

卦自觀來 巽繩在上 以統群陰 已有綱維之象 移之爲艮 則大离之網 ≪上大离≫ 大紘在上 ≪上之剛≫ 中綱[357]在下 ≪三之剛≫ 其象夤也 三之旣變 中綱[358]毁裂 ≪三今坼≫ 离目不張 ≪大离滅≫ 列其夤也 ≪列裂通≫

356) [校閱] 新朝本에는 "網之中綱"으로 되어 있으나 奎章本에는 "網之中網"으로 되어 있다. 그러나, 國中本에는 "綱之中綱"으로 되어 있다. 新朝本처럼 "網之中綱"이 되어야 "그물의 벼리"란 뜻이 되어 뜻이 통한다.

357) [校閱] 新朝本과 國中本에는 "綱"으로 되어 있으나 奎章本에는 "剛"으로 되어 있다. 여기서는 前者를 따른다.

358) [校閱] 新朝本과 國中本에는 "綱"으로 되어 있으나 奎章本에는 "剛"으로 되어 있다. 여기서는 前者를 따른다.

䷓ → ䷳ → ䷖

觀 → 艮 → 剝

艮卦는 觀卦로부터 왔으니, [觀卦에서] 巽의 줄(繩)이 上卦에 있으면서, 陰의 무리를 통제(統制)하고 있으니, [거기에는] 이미 그물을 지탱하는 줄(綱維)의 형상이 있다. [그런데 觀卦로부터] 推移하여 艮卦가 되면, 大离의 그물이 [펼쳐져] 있는데 ≪艮卦의 위로 3·4·5·6은 大离의 형태≫ [그 중에서] 큰 밧줄(大紘)은 위에 있고 ≪[艮卦의] 上爻의 剛≫ 가운데 그물을 버티는 줄(中綱)은 아래에 있으니 ≪[艮卦의] 제3位의 剛≫ 그 모양이 [연결되어 엮어져 있는] 그물줄(夤)의 형상이다. [그런데 艮卦의] 九三爻가 [효변하여 剝卦로] 이미 변하게 되면, 가운데 벼리(中綱)는 훼손되고 찢어져서 ≪[艮卦의] 九三의 剛이 지금 갈라져서 터짐≫ 离의 눈(目)이 넓혀지지 않으니 ≪大离가 사라짐≫ "列其夤", 즉 "그 그물을 찢어버린다"라고 말한 것이다. ≪'列'字와 '찢을 裂(렬)'字는 [서로] 통한다.≫

○ 坤國之內 王綱委地 ≪本自君位來≫ 一剛孤升 ≪剝上剛≫ 高而無位 ≪陽居六≫ 厲孰甚焉 ≪如陰之居三≫ 震之君子 ≪本互震≫ 憂心如惔 ≪坎心而离火≫ 熏爍毀滅 ≪坎今亡≫ 厲薰心也 震艸离火 其象薰也 ≪燒艸取煙曰 薰≫

䷓ → ䷳ → ䷖

觀 → 艮 → 剝

○[艮卦에서] 坤國의 내부에 王의 벼리(綱)가 위탁(委託)되어 있었는데 ≪[艮卦의 제3位에 있는 剛은] 본래 [觀卦의 제5位로부터 온 것이므로] 君位로부터 온 것임≫ [艮卦 九三이 효변하여 剝卦로 변하게 되면] 한 개의 剛이 홀로 올라가 ≪剝卦의 上剛≫ 높기만 하지 그 [합당한] 지위가 없으니 ≪陽이

[陰이 머물러야 합당한] 제6位에 머무르고 있음≫ 위태로움이 이보다 심할 수가 있겠는가? ≪[그 위태로운 정도가] 陰이 제3位에 머무르고 있는 것과 같다.≫ 震의 君子가 ≪[艮卦의 3·4·5는] 본래 互震≫ 근심하는 마음이 마치 불타는 것과 같아서 ≪坎의 마음[心]과 离의 불[火]이 있음≫ 뜨겁게 그을려서, 허물어지고, 소멸되어가니 ≪坎이 이제 [剝卦가 되면] 없어짐≫ "厲薰心", "위태로움에 마음을 [태워서] 그을린다"라고 말한 것이다. 震의 풀과 离의 불이 있으니, 그 象이 [불에] 그을리는 象이다. ≪풀을 태워서 연기를 내는 것을 '薰'이라고 한다.≫

○危者 厲也

○'危'는 위태로움(厲)을 뜻한다.

○案 夤[359]者 維也 淮南子曰 九州之外 有八夤 八夤之外 有八紘 ≪夤音寅≫ 紘者 大綱也 夤者 中綱也 ≪在紘之內≫ 又夤緣也 ≪皆邊飾之名≫ 乃馬融曰 夤 夾脊肉[360] ≪馬云 分列其夤則 百體無以相屬≫ 舊本 或作臏 ≪鄭玄本[361]≫ 或作腎 ≪荀爽本≫ 或作胂[362] ≪說文引易詞≫ 夤臏相近 故轉輾致誤也 脊膂既裂 死已久矣 暇薰心哉

○[案] 여기 '인(夤)'은 밧줄을 가리킨다. 『淮南子』「墬形訓」에 "九州의 바깥에 팔인(八夤)이 있고, 팔인(八夤)의 바깥에 팔굉(八紘)이 있다"고 하였는데[363] ≪夤의 音은 '인'이다.[364]≫ '굉(紘)'은 큰 벼리(大綱)를 뜻하며,

359) [校閱] '인(夤)'字의 상부의 '夕'이 奎章本에는 '月'字를 누인 모양으로 나오는데, 이는 '歹'이 그렇게 나타난 것으로 보인다. 일반적으로 '歹'이 왼편에 자리하는데, 즉 위의 『淮南子』의 인용구도 판본에 따라 "夤"이 "殥"으로 나오는데, 같은 글자이다.

360) [校閱] "夤夾脊肉"의 "肉"이 奎章本에는 "骨"로 되어 있는데, 誤記이다.

361) [校閱] 新朝本과 國中本에는 "鄭玄本"으로 되어 있으나 奎章本에는 "鄭玄云"으로 되어 있다. 여기서는 前者를 따른다.

362) [校閱] 奎章本에는 "或作胂"라고 나오며, 新朝本과 國中本에는 "或作胂"이라 나온다. 『康熙字典』에도 "胂"으로 나온다.

'인(夤)'은 중간 벼리(中綱)를 뜻한다. ≪인(夤)은 굉(紘)의 안에 있음≫ 또 '夤'은 [가장자리를 꾸민다는 뜻의] 연(緣)을 뜻한다. ≪모두 가장자리를 꾸미는 것[邊飾]에 대한 명칭이다.≫ 그런데 馬融이 말하였다. "'夤'은 등뼈를 끼고 있는 고기(夾脊肉)[365])를 뜻한다." ≪馬融이 말하였다. "그 등심을 나누어 찢으면, 백가지 몸이 서로 붙어 있을 수 없다"≫ 舊本에서는 혹 '膑'이라고 쓰여져 있는 경우도 있고 ≪鄭玄의 本≫ 혹은 '腎'으로 쓰여져 있는 경우도 있으며 ≪순상본(荀爽本)≫ 혹 '腎'으로 쓰여져 있는 경우도 있으니 ≪『說文』에서 易詞를 인용한 부분≫ '夤'字와 '胂'字가 서로 가깝기 때문에 몇 번 옮기다 보니 오류(誤謬)에 이른 것이다. [등뼈인] 등골(脊膂)이 이미 갈라졌다면 죽은 지 이미 오래된 것이니 어느 겨를에 마음을 태울 것인가?

○又案 漢儒 以限爲腰胯[366]) ≪限身之上下≫ 後儒 謂之腰眼 ≪卽束帶之處≫ 蓋以諸爻 多近取諸身 故牽强如此 然 上下四陰 中橫一剛 正有疆域之象 不必曲解

○[又案] 漢儒들은 '한(限)'을 '요과(腰胯)'의 뜻으로 보았는데 ≪['요과(腰胯)'는] 신체의 上体와 下体의 경계[즉, 허리와 사타구니에 해당됨]≫ 後儒들이 '요한(腰眼)'의 뜻으로 삼았으니 ≪['요한(腰眼)'은] 곧 허리띠를 두르는 곳≫ 대개 諸爻가 가까이 身體로부터 象을 취하는 경우가 많기 때문에, 이와 같이 견강부회한 것이다. 그러나 [艮卦에서 보면] 上卦와 下卦에 네 개의 陰이 있고, 가운데 한 개의 剛이 가로지르고 있으니, [이것이] 바

---

363) 『淮南子』「墜形訓」, "九州之外, '乃'有八'殯'; 亦方千里, ……八'殯'之外, 迺有八紘; 亦方千里, ……."

364) 『淮南子』의 인용구에 나오는 인(夤)이나 굉(紘)은 물론 밧줄(維)의 뜻이 아니다. '줄' 또는 '띠'라는 의미에서 '지대(地帶)'라는 뜻으로 된 것이다. 『說文解字』「'夤'字」條의 段玉裁 注에 "云八夤者, 卽八埏, 皆雙聲叚借也"라고 함.

365) "협척육(夾脊肉)"이란 등심살을 가리킨다.

366) [校閱] "以限爲腰胯"의 "과(胯)"가 新朝本에는 "夸"라고만 보인다. 즉 그 왼편이 무슨 글자인지 보이지 않는다. 奎章本과 國中本을 따른다.

로 강토(疆土)의 境界에 해당되는 象이니, 구태여 곡해(曲解)할 필요가 없다.

六四 : 艮其身, 无咎. ◯ 象曰 : 艮其身, 止諸躬也.

六四 : 그 몸을 멈추니, 허물이 없을 것이다. ◯「象傳」: "艮其身"이라고 한 것은 [자기 자신에게 있는] 몸[의 탐욕]을 그친다는 뜻이다.

此 艮之旅也 身者 內卦也 ≪內爲我≫

艮 → 旅

이것은 艮卦가 旅卦로 변하는 경우이다. "身"은 內卦를 지칭한다. ≪內卦는 我가 됨≫

旅自否來 ≪五之三≫ 否之時 坤陰浸長 ≪下三陰≫ 其勢莫遏 ≪將爲剝爲坤≫ 移之爲旅 則內自止躬 ≪五之三≫ 貪慾有節 ≪坤爲貪≫ 艮其身也 我旣艮止 ≪下今艮≫ 彼亦离化 ≪上今离≫ 反求諸己 而民莫不化也

艮 → 旅 ← 否 → 觀 → 剝 → 坤

旅卦는 否卦로부터 왔다. ≪5가 3으로 감≫ 否卦의 때에 坤의 陰이 점차 성장해서 ≪[否卦의] 下卦의 세 陰≫ 그 기세를 막을 수 없더니 ≪[否卦가 발전하면] 장차 剝卦가 되고, 坤卦가 됨≫ 推移하여 旅卦로 되면 [內卦에서는] 안으로는 스스로 몸을 멈추어서 ≪[否卦에서] 5가 3으로 감≫ 탐욕(貪慾)을 절제(節制)함이 있는 까닭에 ≪坤은 貪이 됨≫ "艮其身", 즉 "그 몸을 멈춘다"라고 한 것이다. 내가 이미 艮으로써 [탐욕을] 멈춤에 ≪[旅卦의] 下卦는 이제 艮≫ 저 쪽에서도 역시 离로 변화되니 ≪[旅卦의] 上卦는 지금 离≫ [일의 잘못된 원인을 다른 사람에게 돌리지 않고] 스스로 自身에게 求한다면[367] 백성들이 교화되지 않음이 없을 것이다.

○坤慾旣窒 ≪下今艮≫ 三乃得位 ≪否之時 三柔≫ 是 无咎也

艮 → 旅 ← 否

○坤의 탐욕을 이미 [억제하여] 막고 ≪[旅卦의] 下卦는 이제 艮≫ [旅卦에서] 3이 이에 그 지위를 얻었으니 ≪否卦의 때에 제3획은 柔≫ 이것이 "无咎"라고 말한 까닭이다.

○止諸躬者 艮于內也 ≪五之三≫

艮 → 旅 ← 否

---

367) 反求諸己 : 『孟子』 「公孫丑上」에 "仁者如射, 射者正己而後發, 發而不中, 不怨勝己者, 反求諸己而已矣", 또 『孟子』 「離婁上」에 "行有不得者, 皆反求諸己, 其身正而天下歸之"라고 함. 또 『명심보감』에도, "行有不得 反求諸己"이라는 말이 있음. "反求諸己"란 일이 잘못된 원인을 다른 사람의 탓으로 돌리기보다는 도리어 자신에게서 찾는다"는 뜻이다. 諸는 虛辭로서 '之於'의 축약형이다.

○“止諸躬”은 [卦象으로 보면] 內卦에서 멈추는 것(艮)이다. ≪5가 3으로 간 것이다.≫

○ 或曰 自趾而腓 至于三四 則爲腰腹 故謂之身也 ≪曲解也≫

○或者가 말하였다. “[初六과 六二의] 발(趾)과 장딴지(腓)에서, 九三과 六四에 이르게 되면, 허리(腰)가 되고 배(腹)가 되므로, ‘身’이라고 말한 것이다.” ≪잘못된 이해이다.≫

六五 : 艮其輔, 言有序, 悔亡. ○ 象曰 : 艮其輔, 以中正[368]也.

六五 : [말할 때 턱과 함께 움직이는] 그 광대뼈를 멈추게 하니, 말에 질서가 있는지라, 후회(後悔)함이 없을 것이다. ○「象傳」: “그 광대뼈를 멈추게 하는 것(艮其輔)”은 [언어(言語)를 절제(節制)하여 사용함으로써] 알맞고 올바름(中正)을 지키기 위함이다.

此 艮之漸也 漸自否[369]來 ≪四之三≫ 兌女艮男 ≪上顚兌≫ 牉合之卦也 兌女利口 ≪兌口向其夫≫ 言出輔頰 ≪荀九家 兌爲輔頰≫ 艮男止之 ≪三爲艮≫ 艮其輔也

368) [校閱] 다산은 注에서 “中正”이라고 쓰지 말고, “正中”으로 써야 한다고 주장하였으나, 여기서는 일단 “中正”으로 그대로 두기로 한다.

369) [校閱] 新朝本과 國中本에는 “漸自泰來”로 되어 있으나 奎章本에는 “漸自否來”로 되어 있다. 後者가 옳다.

이것은 艮卦가 漸卦로 변하는 경우이다. 漸卦는 否卦로부터 오니 ≪[否卦의] 4가 3으로 감≫ [漸卦에는] 兌女와 艮男이 있으니 ≪[漸卦의] 上卦는 뒤집어진 兌[이니 少女에 해당되며, 下卦는 艮이니, 少男에 해당됨]≫ [절반씩 나누어 합치는] 반합(牉合)의 卦에 해당된다. 兌의 女子가 말을 교묘하게 잘 하여[370] ≪兌의 입이 그 지아비에게로 향함≫ 말이 [얼굴 양쪽의] 광대뼈와 뺨(輔頰)으로부터 나오는데 ≪荀九家는 兌로써 보협(輔頰)의 뜻을 삼았음≫ 艮의 남자가 이것을 [제지하여] 멈추게 하니 ≪1·2·3은 艮이 됨≫ "艮其輔", 즉 "그 광대뼈를 멈춘다"라고 말한 것이다.

○[371] 有序者 順八卦之序也 始告于巽 ≪東南卦≫ 說言乎兌 ≪上顚兌≫ 成言乎艮[372] ≪東北卦≫ 言有序也 ≪卦中具此三≫ 言旣有倫 又何悔焉

370) 이구(利口): 말을 교묘하게 잘함, 말이 많으나, 알맹이가 없음. 利舌과 같은 뜻이다.
371) [校閱] "○"의 표시가 新朝本과 國中本에는 있으나, 奎章本에는 없다.
372) [校閱] "成言乎艮"의 "艮"이 新朝本에는 "東"으로 되어 있으나 "東"은 "艮"의 誤記이다.

○"有序"란 八卦의 順序를 따른다는 뜻이다.[373] 巽에서 告함으로써 [말씀을] 시작하여 ≪巽은 東南卦≫ 兌에서 말씀을 즐거워하고 ≪[漸卦의] 上卦는 뒤집어진 兌[이니, 正西卦]≫ [다시] 艮에서 말씀을 이루니 ≪[漸卦의 下卦인 艮은] 東北卦≫ [이것을 가리켜] "言有序", 즉 "말에 질서가 있다"라고 한 것이다. ≪漸卦 가운데는 [말씀을 告하고, 즐거워하고, 이루는] 이 세 가지를 다 갖추고 있음≫ 말에 이미 질서가 있으니, 또 무엇을 뉘우칠 것인가?

○卦自觀來 ≪五之三≫ 中失其巽 ≪移爲艮≫ 今巽如舊 其悔者亡也 ≪變者 亡≫

觀 → 艮 → 漸 ← 否

○艮卦는 觀卦로부터 왔으니 ≪5가 3으로 감≫ 가운데서 그 巽을 잃어버렸더니 ≪觀卦의 上巽은 艮卦로 옮기면 艮이 됨≫ 이제 [漸卦가 되면] 巽이 옛날과 마찬가지로 있으므로, 그 뉘우침이 없어지는 것이다. ≪["悔亡"이란 뜻은] 변한 것이 없어진다는 뜻이다.≫

○中正 當作正中 以叶韻也 ≪躬終中 叶韻≫ 以正中者 否之時三柔四剛 ≪三四爲卦中≫ 皆不正位 移之爲漸 ≪三之四≫ 兩位皆正以正中也 五今得位 ≪本失位≫ 亦正中也 ≪上之中≫

373) 八卦의 순서를 따른다는 것은 '巽에서 말씀을 告하고(始告于巽), 兌에서 말씀을 즐거워하고(說言乎兌), 艮에서 말씀을 이루는 것이(成言乎艮)' 說卦方位圖의 순서에 따른다는 것이다. 巽은 東南卦이며, 兌는 正西卦이고, 艮은 東北卦이니, 巽→兌→艮의 방향은 說卦方位圖에서 보면, 東南→正西→東北의 시계 방향의 순서로 진행된 것이다.

艮 → 漸 ← 否

○“中正”을 마땅히 “正中”으로 써야 하니, [그것은 음운(音韻)을 맞추어야 하는] 협운(叶韻)의 원칙을 따라야 하기 때문이다. ≪[艮卦 六四의 “止諸躬也”의 句節에서] ‘躬’字와 [艮卦 上六의 “以厚終也”의 句節에서] ‘終’字와 [艮卦 六五의 “以正中也”의 句節에서] ‘中’字가 [서로] 叶韻의 관계에 놓여 있음≫ “正中”이라고 한 것은 否卦의 때에 제3位의 柔와 제4位의 剛이 ≪3·4는 卦의 가운데에 있음≫ 모두 正位를 얻지 못하였는데, 추이하여 漸卦가 되면 ≪3이 4로 감≫ 두 위치가 모두 正當한 위치를 얻게 되니, [이것은] 正으로써 中의 위치에 온 것이라고 말할 수 있으며, [漸卦에서] 5가 지금 [正當한] 지위를 얻었으니 ≪[艮卦 六五에서는] 본래 [正當한] 지위를 잃어버림≫ [이것도 역시] “正中”이라고 말할 수 있다. ≪제5位는 上卦의 中位에 해당된다.≫

○案 張淸子云 輔 頰 言之所由出也 故曰 言有序 ≪程傳云≫ 咸上六 宜參看

○[案] 張淸子[374]가 말하였다. “보(輔)는 ‘협거(頰車)’,[375] 즉 턱을 말하는데, 말이 그로부터 나오는 곳인 까닭에 ‘言有序’라고 한 것이다.”[376] ≪「程傳」에서도 그렇게 말함[377]≫ 咸卦 上六의 경우를 참고해 보아야 한다.

---

374) 張淸子는 元代人으로 號는 中溪, 字는 希獻으로, 『周易本義附錄集注』라는 저술이 있다.

375) 협거(頰車) : 턱의 다른 이름. ‘이(齒)’를 얹어 받치고 있기 때문에 이르는 말.

376) 『備旨本 周易』에 인용되어 있는 張淸子의 말을 축약한 것인데, 原文과는 다소 차이가 있다. 즉, 『備旨本 周易』에서는 “中溪張氏曰 輔者, 頰車也, 言之所由出也”라고 하였는데, 그 원문에는 “輔頰”이 아니라, “輔者, 頰車也”라고 되어 있으며, 또한 “故曰, 言有序”라고 말한 것은 발견되지 않는다. 따라서 엄밀히 말한다면, “故曰, 言有序”의 부분은 張淸子가 말한 부분은 아니다. 그러나 이어지는 後句에서 말한 취지는 내용적으로 일치하기 때문에, 결국 “故曰, 言有序”라고 말한 것이라고도 볼 수도 있다.

377) 本注에서 “張淸子云, 輔, 頰, 言之所由出也, 故曰, 言有序”라고 말하고 나서, 또 다시 細註에서 “程傳云”이라고 하였기 때문에, 어디까지가 張淸子의 발언이고, 어느 것이 『程

○虞翻本 序作孚 ≪李鼎祚本同≫ 形誤也 ≪韻不叶≫

○ 우번본(虞翻本)에서는 '서(序)'를 '부(孚)'라고 썼으니 ≪이정조본(李鼎祚本)과 동일함≫ [이것은 형태적 유사성 때문에 일어난 착오로서] 형오(形誤)를 범한 것이다. ≪['序'를 '孚'로 쓸 경우에는] 韻이 맞지 않는다.≫

上九[378]: 敦艮, 吉. ○象曰: 敦艮之吉, 以厚終也.

上九: 두텁게 艮[의 山]을 쌓으니, 吉하다. ○「象傳」: 두텁게 艮[의 山]을 쌓으니 吉한 것은 독실(篤實)하게 마무리하기 때문이다.

此 艮之謙也 爾雅 丘再成曰 敦 ≪卽敦丘 敦阜≫ 兼山之艮 非卽爲敦乎 ≪出何氏訂詁≫ 敦艮吉也

艮 → 謙

이것은 艮卦가 謙卦로 변하는 경우이다. 『이아(爾雅)』에서 언덕(丘)이 다시 이루어지는 것을 가리켜 '돈(敦)'이라고 하였으니[379] ≪곧 "돈구(敦

傳』의 발언인지 혼란스러운 것이 사실이다. 兩者의 발언을 원문을 통해 확인해 보면, 張淸子는 "輔者, 頰車也, 言之所由出也"라고 말하였고, 『程傳』에서는 "輔, 言之所由出也, 艮於輔則, 不妄出而有序也"라고 하였으니, 결국 兩者의 발언 내용은 대동소이(大同小異)한 것이 된다(성백효 역주, 『周易傳義』 下, 전통문화연구회, 1998, 353면).

378) [校閱] 新朝本과 奎章本과 國中本에 모두 "上六"으로 되어 있으나, 誤記이다.

379) 『爾雅』「釋丘」에는 "丘一'成'爲敦丘"([注]成, 猶重也. [疏]成, 重也. 言丘上更有一丘相重累者, 名敦丘)라고 하였다. 한편, "成"이 이미 "重"이니, 위에서 茶山의 인용처럼

丘)", 즉 "언덕을 두텁게 한다"라고 한 것과 "돈부(敦阜)", 즉 "구릉을 두텁게 한다"라고 한 것이 그것이다.≫ 山이 겹쳐져서 艮이 된 것이 [어찌] 도탑지 않겠는가? ≪『何氏訂詁』[380]에서 나옴≫ [그러므로] "敦艮吉"이라고 한 것이다.

○物終乎艮 ≪卦亦終≫ 艮爲篤實 ≪見大畜≫ 以厚終也

○萬物은 艮에서 끝나며 ≪[上六에 이르러] 卦도 역시 끝남≫ 艮은 독실(篤實)함이 되니 ≪大畜卦를 참조.[381]≫ "以厚終也"라고 말한 것이다.

○敦復敦臨 宜參看

復→5爻變→屯　　　　臨→上爻變→損

○[復卦 六五에서 "敦復, 无悔"라고 하였을 때의] "敦復"의 경우와 [臨卦 上六에서 "敦臨, 吉無咎"라고 하였을 때의] "敦臨"의 경우를 참고해 보아야 한다.

"再成"이라 하면 다소 이상한 점이 있다. 그러나 何楷의 『訂詁』에서도 "變坤爲謙, 敦厚也. 『爾雅』, 丘'再成'爲敦, 兼山之象也. 變坤可土山上, 亦敦象"이라 하였으니, 『爾雅』의 원문맥은 무시하고 여기의 문맥에 따라 풀이한다.

380) 『何氏訂詁』: 明末清初의 經學家인 하해(何楷)가 지은 『고주역정고(古周易訂詁)』(16권)를 가리킨다. 『四庫全書總目提要』에 『古周易訂詁』의 提要가 나온다.

381) 大畜卦의 「彖傳」에 "大畜, 剛健篤實"이라고 함. 또 茶山은 그 주석에서 "篤實者, 艮也(艮爲山爲果)"라고 함(『四箋』 卷3, 37나).

周易四箋 戊辰本 卷之十七

【53. 풍산 점(風山 漸)】

䷴

艮下巽上 ○ 第三十卦之正 ≪否三之四≫

正卦　　反卦

䷋ → ䷴　　　䷴ ↷ ䷵

否 → 漸　　　漸 ←反易→ 歸妹

艮이 下卦이고, 巽이 上卦이다. ○ 第30卦의 正卦이다. ≪否卦의 3이 4로 간다.≫

序卦傳曰 漸者 進也

「序卦傳」에서 말하였다. “漸은 나아감이다.”

○雜卦傳曰 漸 女歸待男行也 《義見彖》

○「雜卦傳」에서 말하였다. “漸은 여자가 시집감이니, 남자를 기다려서 가는 것이다.” 《뜻이 彖詞에 나타난다.》

○朱子曰 止於下而巽於上 爲不遽進之義 有女歸之象

○朱子가 말하였다. “아래에 그치고, 위에 공손하니, 급격하게 나아가지 않는다는 뜻이 되고, 여자가 시집가는 象이 있다.”[1]

○鏞案 卦自否來 否之時 君子道消 《陽外遯》 乾王之德 坤民不霑 《上下不相交》 移之爲漸 則剛反乎內 《四之三》 而文治賁然 《三五离》 如水漸漬 《二四坎》 坤民歸化 《坎歸而离化》 此之謂 漸也 《大象傳 發之》

否 → 漸

○[鏞案] 漸卦는 否卦로부터 왔다. 否卦의 때에, 君子의 道가 소멸되어서 《陽이 밖으로 물러남》 乾王의 德을 坤의 백성이 두루 미치지 못하더니 《上下가 서로 사귀지 아니함》 否卦로부터 推移하여 漸卦가 되면, 剛이 안으로 들어옴에 《4가 3으로 감》 문명(文明)으로 다스림이 밝게 빛나서 《3·4·5는 离》 마치 물(水)이 점점 스며드는 것처럼 《2·3·4는 坎》 坤의 백성이 귀화(歸化)하니 《坎으로써 歸化하고, 离로써 敎化함》 이것을 일

1) 朱子의 『周易本義』에 나오는 말이다.

러 '漸'이라고 한다. ≪「大象傳」에서 [이 教化의 뜻을] 드러내었다.[2]≫

又漸潛通 ≪左傳 文五年 沈漸剛克≫ 否之時 君子隱潛 ≪姤遯否皆巽≫ 今一剛先歸 ≪四之三≫ 二剛在外 ≪五與六≫ 巽讓而不肯進 ≪此卦 以反內爲進≫ 此 漸進之義也

姤 → 遯 → 否 → 漸

또 '漸'은 '潛'과 通한다. ≪『左傳』 '文公 5年'에 "沈漸剛克", 즉 "성격이 소극적이고 우울한 사람은 剛氣에 의해서 고쳐야 한다"라고 함[3]≫ 否卦의 때에 君子가 은둔(隱遁)하면서 침잠(沈潛)해 있었는데 ≪[辟卦의 推移의 순서에 따르면] 姤卦에서 遯卦를 거쳐, 否卦로 변하는 과정에 세 괘에 모두 巽이 있는데, 巽은 숨음의 뜻이 됨≫ 이제 한 개의 剛은 먼저 돌아왔는데 ≪[否卦에서 漸卦로 推移하게 되면] 4가 3으로 감≫ 두 개의 剛이 밖에 있어서 ≪[漸卦의] 5와 6≫ 巽으로써 사양(辭讓)하고, [앞으로 선뜻] 나아가려고 하지 아니하니 ≪이 漸卦는 안쪽으로 되돌아오는 것을 '進'의 뜻으로 삼았다.≫ 이것이 漸次的으로 나아가는 뜻이다.

---

2) 漸卦의 「大象傳」에 "山上有木, 漸, 君子以居賢德善俗(山 위에 나무가 있는 것이 漸卦의 象이다. 君子는 이 卦象을 관찰함으로써, 현명한 德에 머무르며, 백성의 풍속을 착하게 한다)"라고 함.

3) 『春秋左氏傳』 '文公 五年'에는 "商書曰 : 沈漸剛克, 高明柔克"으로 되어 있고, 『古文尙書』 「周書」 「洪範」에는 "沈潛剛克. 高明柔克"으로 되어 있다. '漸'이 '潛'과 통한다는 것은 이것을 근거로 말한 것이다.

䷴

漸, 女歸吉, 利貞.

漸卦는 女子가 시집감에 吉한 괘이니, 일을 맡아 처리함에 이로울 것이다.

此 漸之不變者也 歸妹 兌女在內 ≪上倒艮≫ 女家爲主也 ≪內爲我≫ 漸艮男在內 壻家爲主也 艮男在內 兌女外至 ≪胖合取倒象≫ 坎以于歸 ≪二四互≫ 女歸吉也 ≪非歸妹之象≫

䷵ ䷴

歸妹 ↔ 漸

이것은 漸卦가 변하지 않는 경우이다. [雷澤] 歸妹卦에서는 兌의 여자가 안쪽에 있으니 ≪[風山 漸卦의] 上卦는 [巽인데] 뒤집어진 艮의 형태≫ [결혼함에 있어] 女子의 집을 위주로 하는 것이며 ≪內가 我가 됨≫ [風山] 漸卦에서는 艮의 남자가 안쪽에 있으니, 사위(壻)의 집을 위주로 하는 것이다. [風山 漸卦에서는] 艮의 남자가 안쪽에 있거늘, 兌의 여자가 밖으로부터 이르러서 ≪[上卦와 下卦를 반쪽씩 합쳐서 관찰하는] 반합(胖合)의 경우에는 뒤집어진 象을 취함, 즉 [漸卦의 上卦인 巽은 倒象을 취하여, 兌로 간주함]≫ 시집감에 坎으로써 하니 ≪[漸卦의] 2·3·4는 互坎≫ 이것을 가리켜 "女歸吉", "女子의 시집감이 吉하다"라고 말한 것이다. ≪歸妹의 象이 아니다.≫

○剛來得位 ≪陽居三≫ 遂成坎貞 ≪二四互≫ 利於事也

䷋ ䷴

否 → 漸

○[否卦에서 漸卦로 推移하게 되면] 剛이 와서 그 [합당한] 地位를 얻어서 ≪陽이 제3位에 머무름≫ 마침내 坎의 貞을 이루니 ≪[漸卦의] 2·3·4의 互坎≫ 일[을 맡아 처리함]에 이롭다(利於事)라고 한 것이다.[4)]

䷴

彖曰 : 漸之進也, 女歸吉也. 進得位, 往有功也, 進以正, 可以正邦也, 其位, 剛得中也. 止而巽, 動不窮也.

「彖傳」: 漸卦에서 나아간다(進)라고 하는 것은 여자가 시집감에 吉한 것을 가리킨다. 나아가 지위를 얻으니, 가서 功[을 세움]이 있는 것이요, 正道로 나아감으로써, 나라를 바로잡을 수 있으니, 그 자리에 있어 剛이 中을 얻었기 때문이다. 멈추어 있으면서도 공손하기 때문에, 움직임이 곤궁(困窮)하지 않은 것이다.

漸之進也 異於他卦 他卦 以升爲進 ≪進乎上≫ 此卦 以來爲進 ≪進乎內≫ 女歸之象也 ≪兌女自外至≫ 曷然哉

漸卦에서 '進'字를 쓴 用例(漸之進)는 다른 卦의 경우와는 다르니, 다른 괘에 있어서는 위로 올라가는 것으로써 나아감(進)의 경우를 삼지만 ≪위로 나아감≫ 이 漸卦에 있어서는 오는 것으로써 나아감을 삼으니 ≪안

---

4) 「乾卦」「文言」에 "貞은 事物의 근간이다(貞者, 事之幹也)"라고 하였음.

쪽으로 나아감≫ 여자가 시집가는 象이다. ≪兌의 여자가 밖으로부터 다다름≫ [그것은] 왜 그러한가?

否之時 三陽外遯 ≪君子隱≫ 今一剛先歸 ≪坎爲歸≫ 進乎內也 視彼兌女 亦低首向內 ≪上顚兌≫ 以內爲進 ≪自外至≫ 遯者之進 ≪反乎內≫ 亦猶是也 故曰 漸之進也 女歸吉也 ≪謂異於他卦≫

否 → 漸

否卦의 때에 세 개의 陽이 밖으로 물러나더니 ≪君子가 숨음≫ 이제 한 개의 剛이 먼저 귀환(歸還)함에 ≪坎은 돌아옴이 됨≫ 안 쪽으로 나아옴이 된다. 저 兌의 女子를 보더라도 역시 머리를 안 쪽으로 낮추어서 ≪[風山漸卦의] 上卦는 [巽이니] 뒤집어진 兌≫ 안 쪽으로 나아가니 ≪바깥쪽으로부터 다다름≫ 遯者의 나아감도 ≪안쪽으로 돌아옴≫ 역시 이와 같으므로 "漸之進也, 女歸吉"이라고 한 것이다. ≪다른 卦의 경우와는 다르다.≫

○進得位者 三也 ≪陽居三≫ 往有功者 四也 ≪本自內而往≫ 因其往而爲坎 ≪下互坎≫ 往有功也 ≪坎爲功≫

否 → 漸

○"進得位"라고 한 것은 제3位를 [얻은 것을] 지칭함이요 ≪陽이 제3位에 머무름≫ "往有功"이라고 한 것은 제4位를 [얻은 것을] 지칭하는 것이니 ≪본래 안쪽으로부터 간 것≫ 그 간 것으로 말미암아 坎이 된 것이므로 ≪[漸卦의] 下互卦는 坎≫ "往有功"이라고 한 것이다. ≪坎은 功이 된다.≫

○旣自外來 ≪三之剛≫ 宜取倒象 ≪頭向內≫ 下震 君子也 ≪下倒震≫ 內自坤國 ≪否下坤≫ 招以离禮 ≪艮手招≫ 旣讓而歸 ≪上巽讓≫ 進居陽位 ≪陽居三≫ 進以正也 坎以律己 ≪坎爲法≫ 其身旣正 坤國可正也

否 → 漸

○[漸卦의 제3位에 있는 剛은 否卦의 제4位로부터 간 것이므로] 이미 밖으로부터 온 것이니 ≪제3位의 剛≫ 당연히 뒤집어진 象을 취하여야 한다. ≪머리가 안으로 向함≫ 下卦의 震은 君子이니 ≪[漸卦의 下卦는 艮인데, 그것을 뒤집어 象을 취하게 되면] 下卦는 顚倒된 震의 형태가 됨≫ 坤의 나라의 內部에서 ≪否卦의 下卦는 坤≫ 离의 禮로써 [震의 君子를] 초청하였지만 ≪[漸卦의 下卦는 艮이니] 艮의 손[手]으로 부름≫ 이미 사양(辭讓)하고 돌아와서 ≪[漸卦의] 上卦는 巽인데 辭讓함을 뜻함≫ 陽의 위치에 나아가서 머무르니 ≪陽이 제3位에 머무름≫ [이것을 가리켜] "進以正", 즉 "正道로써 나아간다"라고 한 것이요, 坎으로써 自己를 다스려서 ≪坎은 法이 됨≫ 그 몸이 이미 올바르니, 坤의 나라를 올바르게 할 수 있는 것이다.

○中者 全卦之中 ≪文言 以三四 爲中≫ 亦坎體之中也 ≪二四互≫ 孔子言之者 明剛自外來也

○"中"이라고 한 것은 전체 괘의 중간(中間)을 가리키는 것이요 ≪「文言」에서 3·4로써 中을 삼음≫ 또한 [漸卦의 互卦인] 坎의 形體의 중간(中間)을 가리킨 것이니 ≪[漸卦의 2·3·4는 互坎≫ 孔子가 [「彖傳」에서] 말씀하신 것은 剛이 밖으로부터 온 것임을 밝힌 것이다.[5)]

---

5) 孔子言之者 : 茶山은 「彖傳」을 孔子가 지었다고 생각하였으므로, 「彖傳」의 내용을

○動者 倒震也 不窮者 坎通也 卦雖艮巽 ≪止而巽≫ 其實震動而坎通也 ≪此卦取倒象≫

○"動"이라고 함은 顚倒된 震을 가리키며, "不窮"은 坎으로써 通함을 가리킨다. 卦에 비록 艮과 巽이 있으나 ≪[艮과 巽이 있으므로] "止而巽"이라고 했음≫ 사실은 震으로써 움직이며, 坎으로써 通함이다. ≪이 卦는 뒤집힌 象을 취함≫

○案 虞翻曰 五在外體之中 ≪剛得中≫ 謬矣

○[案] 우번(虞翻)이 "제5位는 外體의 中"이라고 하였으나 ≪剛이 中을 얻음≫ 잘못된 주장이다.[6)]

○朱子曰 之字 疑衍 或是漸字 ≪毛氏曰[7)] 艸書 連文二點如之字≫ 今案經文 之字 有味

○朱子가 말하기를, "'之'字는 필요 없는 글자가 아닌가 의심되니, 或 '漸'字를 쓴 것이 아닌가 한다"라고 하였으나 ≪毛氏[8)]가 말하기를, "초서(艸書)에서는 글을 연속해서 [반복해서] 쓸 때, 두 개의 點을 마치 '之'字처럼 쓴다"고 하였다.≫ 이제 經文을 생각건대 '之'字를 쓴 것에는 意味가 있는 것으로 보인다.

가리켜 공자가 말한 것이라고 하였다.

6) 「彖傳」에서 '剛得中'이라고 한 것은 '剛來得中'의 뜻이므로, 否卦에서 漸卦로 推移하면서, 否卦의 4가 3으로 이동하면서 中을 얻은 것이다. 따라서 茶山은 '剛得中'은 漸卦의 五의 剛과는 관련이 없고, 제3位의 剛과 관련 있는 것으로 본 것이다. 그러므로 '剛得中'을 漸卦의 五剛과 연관시킨 虞翻의 설을 반박한 것이다.

7) [校閱] 新朝本과 國中本에는 "云"(운)으로 되어 있으나, 奎章本에는 "曰"(왈)로 되어 있다.

8) 毛氏 : 毛奇齡(1623~1713). 淸初 浙東學派의 한 사람. 그는 程朱理學을 철저히 부정하고 청조의 고증적 학풍을 연 인물 가운데 한 사람이다. 字가 大可·齊于 등이고 浙江 蕭山人인데, 郡望을 따라 西河라고 자호하였다. 저서에 『西河詩話』·『詞話』·『西河全集』·『四書索解』·『四書賸言』·『四書正事』·『四書改錯』 등이 있다.

初六 : 鴻漸于干, 小子, 厲, 有言, 无咎. ○ 象曰 : 小子之厲, 義无咎也.

初六 : 기러기가 점점(漸漸) 제방(隄防)을 향하여 날아간다. 小子에게 위태로워, [험담하는] 말이 있으나, 허물이 없을 것이다. ○「象傳」: 小子에게 위태로우나, 義로움에 있어 허물이 없을 것이다.

此 漸之家人也 坎水之上 ≪二四坎≫ 曰有飛鳥 ≪三五离≫ 艮雄兌雌 ≪上顚兌≫ 飛必成雙 ≪以其匹≫ 天寒 ≪否上乾≫ 則南歸 ≪四之三 爲坎≫ 地溫 ≪否下坤 爲溫≫ 則北飛 ≪三之四 爲离≫

否 → 漸 → 家人

이것은 漸卦가 家人卦로 변하는 경우이다. 坎의 물 위에 ≪[漸卦의] 2・3・4[의 互卦]는 坎≫ 날아가는 새가 있으니 ≪[漸卦의] 3・4・5는 离≫ 艮의 수컷과 兌의 암컷이 [바로 그것이]다. ≪[漸卦의 下卦는 艮이며] 上卦[인 兌]는 뒤집어진 兌≫ [하늘을] 날 때 반드시 쌍쌍(雙雙)이 나르니 ≪짝을 지어 나름≫ 天氣가 한냉(寒冷)해지면 ≪[漸卦는 否卦로부터 오는데] 否卦의 上卦는 乾≫ [철새가] 남쪽으로 귀환(歸還)하고 ≪[否卦에서 漸卦로 推移할 때] 4가 3으로 가면 坎이 됨≫ 地氣가 따뜻해지면 ≪否卦의 下卦는 坤이니, 따뜻함을 상징함≫ [철새가] 북쪽으로 날아간다. ≪[否卦에서 漸卦로 推移할 때] 3이 4로 가면 离가 됨≫

其進有序 ≪二剛猶在外≫ 必以其漸 ≪不齊飛≫ 其名爲鴻 ≪江鳥也≫

亦名陽鳥 ≪上三陽≫ 卦有此象 故六爻之詞 皆云 鴻漸也 否塞之餘 君子之反乎國 當如鴻漸 ≪二剛猶在外≫

그 진행(進行)에 질서(序)가 있어 ≪[漸卦에서] 두 개의 剛이 밖에 있는 것과 같음≫ 반드시 그 점차적 순서에 따라서 한다. ≪[한꺼번에] 일제(一齊)히 날지 않음≫ 그 이름이 큰기러기(鴻)이니 ≪鴻은 江에 사는 새[9]≫ 또한 '陽鳥'라고도 불린다. ≪[否卦 혹은 漸卦의] 위의 세 개의 陽≫ 漸卦에 이러한 象이 있는 까닭에, 六爻의 卦詞에서 모두 "鴻漸"이라고 말하였으니, [세상이] 비색(否塞)한 뒤에 君子가 [外國으로 出國하였다가] 나라로 [다시] 되돌아오는 것을 마치 큰기러기가 점차적으로 귀환하는 듯이 해야 하는 것이다. ≪[君子가 밖에 나가 있는 것은 마치 漸卦에서] 두 개의 剛이 밖에 있는 것과 같다.≫

○ 初之變爲离 ≪下今离≫ 离則爲防 ≪以禦外≫ 坎水之側 ≪二四坎≫ 有此隄防 此 捍水之干也 ≪隄之捍水如干盾≫ 鴻來至此 ≪卦本鴻≫ 鴻漸于干也

否 → 漸 → 家人

○[漸卦에서] 初爻가 爻變하면 离가 되니 ≪[漸卦 初六이 爻變하게 되면, 家人卦가 되니, 家人卦의] 下卦는 지금 离≫ 离는 곧 제방(隄防)을 뜻한다. ≪[둑을 쌓아] 밖을 막음≫ 坎의 물가의 측면(側面)에 ≪[家人卦의] 2·3·4는 坎≫ 이 제방이 있으니, 이것은 물을 막는 방패(捍水之干)이다. ≪제방으로 물을 막는 것이 마치 방패로서 막는 것과 같음≫ 큰 기러기가 여기에 [제방까지] 이르니 ≪漸卦에 본래 큰기러기가 있음≫ "鴻漸于干", 즉 "기러기가 제방(隄防)에 점차적으로 나아간다"라고 말한 것이다.

---

9) '鴻'字는 그 글자의 형태를 분석해보면, '江鳥'가 됨.

○家人自遯來 ≪一之四≫ 下艮小子也 ≪天山卦≫ 又自中孚來 ≪三之二≫ 下兌有言也 ≪風澤卦≫ 一陰乘剛 ≪兌之德≫ 厲有言也 ≪例見乾九三≫ 移之家人 ≪法見表≫ 艮兌俱滅 ≪下今离≫ 离辨乃明 ≪辨小人之言≫ 是 无咎也

中孚 → 家人 ← 遯

○家人卦는 遯卦로부터 왔으니 ≪1이 4로 감≫ [遯卦의] 下卦의 艮은 小子에 해당하고 ≪天山 遯卦≫ 또 [家人卦는] 中孚卦로부터 왔으니 ≪[中孚卦에서 家人卦로 推移할 때, 中孚卦의] 3이 2로 감≫ 下卦의 兌는 "말이 있음(有言)"을 상징한다. ≪風澤 中孚卦≫ [中孚卦에서] 한 개의 陰이 剛을 타고 있는 까닭에 ≪[한 개의 陰이 두 개의 陽을 타고 있는 것은] 兌의 특성≫ "厲, 有言", 즉 "위태로워 말이 있다"라고 하였는데 ≪乾卦 九三에 그러한 例가 보임≫ 推移하여 家人卦로 가면 ≪그 규칙은 推移表에 나타남≫ [본래 中孚卦에 있던] 艮과 兌는 모두 소멸하고 ≪[家人卦의] 下卦는 지금 离≫ 离로써 분별함이 이에 분명하니 ≪小人의 말을 분별함≫ 이것이 "无咎"라고 말한 까닭이다.

自姤以來 ≪至遯否≫ 陰居陽位 ≪初皆柔≫ 今乃得位 ≪初今剛≫ 亦无咎也

姤 → 遯 → 否 → 漸 → 家人

姤卦 以來로 ≪姤卦는 遯卦가 되고, 否卦가 됨≫ 陰이 陽位에 머무르고 있었는데 ≪[姤卦 · 遯卦 · 否卦에서] 初가 모두 柔≫ 이제 그 [합당한] 지위를

이에 얻으니 ≪[漸卦 初六의] 初位가 이제 剛≫ 또한 허물이 없게 되는 것이다.

○ 兌亦爲義 ≪西方卦≫ 義无咎也

○ 兌는 또한 '義(의로움)'의 뜻이 되니 ≪兌는 西方卦≫ "義无咎(義로움에 있어 허물이 없다)"라고 한 것이다.

○案 諸家 皆訓干爲水畔 ≪程子曰 水湄≫ 然 离爲甲胄 本有隄防之德 ≪干盾也≫ 干者 岸也 ≪岸從干≫ 岸亦堤也 ≪詩云 秩秩斯干 亦岸也≫

○[案] 諸家가 모두 '간(干)'字를 [물과 육지의 경계를 가리키는] 물가(水畔)의 뜻으로 해석하고 있다. ≪程子가 말하기를 '수미(水湄)', 즉 '물가'라고 하였다.≫ 그러나 离는 갑주(甲胄)이니, [거기에는] 본래 제방(隄防)의 성질이 있다. ≪방패를 뜻한다.≫ '干'은 언덕을 뜻하니 ≪기슭 '안(岸)'字는 방패 '간(干)'字를 좇는다.≫ '岸'도 역시 제방을 뜻하는 것이다. ≪『詩經』「小雅」「사간(斯干)」에서, "질질사간(秩秩斯干)", 즉, "졸졸 시냇물이 흘러내리네"이라고 한 것도 또한 언덕[岸]을 가리킨 것이다.≫

○ 或曰 兌移爲坎 ≪中孚來≫ 險言爲讒

○或者가 말하기를, "兌가 옮겨와서 坎이 되니 ≪中孚卦로부터 옴[10]≫ 험한 말이 [남을 해치는] 참언(讒言)이 된다"라고 하였다.

---

10) 或者가 누구를 말하는지, 그리고 或者가 茶山과 마찬가지로 推移說을 주장하고 있는 것인지 확실하지 않다.

六二 : 鴻漸于磐. 飮食衎衎, 吉. ◯ 象曰 : 飮食衎衎, 不素飽也.

六二 : 기러기가 점점(漸漸) 반석(磐石)에 나아간다. 마시고 먹으니 즐겁고 또 즐거우니, 吉하다. ◯「象傳」: 마시고 먹으니 즐겁고 또 즐거우나, [그것은 어디까지나 일한 뒤에 즐기는 것일 뿐이지, 결코 무위도식(無爲徒食)하고 포식(飽食)함으로써] 헛되이 배만 불리는 것은 아니다.

此 漸之巽也 巽自遯來 ≪二之四≫ 下艮石也 ≪說卦文≫ 移之爲巽 ≪四之二≫ 坎石彌大 ≪初四夾≫ 大石曰 磐[11] ≪說文云≫ 鴻漸于磐[12]也

漸 → 巽 ← 遯

이것은 漸卦가 巽卦로 변하는 경우이다. 巽卦는 遯卦로부터 왔으니 ≪[遯卦의] 2가 4로 감≫ [遯卦의] 下卦인 艮은 돌을 상징하는데 ≪「說卦傳」의 글≫ [遯卦로부터] 巽卦로 推移하게 되면 ≪[遯卦의] 4가 2로 감≫ 坎의 돌이 더욱 커지니 ≪[巽卦의] 初·2·3·4는 夾坎卦≫ 큰 돌을 가리켜 '반(磐)'이라고 하니 ≪『說文』에서 그렇게 말함≫ 기러기가 반석(磐石)에 나아간 것이다.

---

11) [校閱] 新朝本과 國中本에는 "磐"으로 되어 있으나 奎章本에는 "盤"으로 되어 있다. "磐"과 "盤"은 서로 통용되는 글자이다. 그러나 經文에 "磐"으로 되어 있으므로, 前者를 따른다.

12) [校閱] 新朝本과 國中本에는 "磐"으로 되어 있으나 奎章本에는 "盤"으로 되어 있다. "磐"과 "盤"은 서로 통용되는 글자이지만, "鴻漸于磐"은 引用句이므로, "磐"으로 쓰는 것이 옳다. 前者를 따른다.

○遯之爲卦 巽主在內 《下互巽》 乾賓在外 《本上乾》 移之爲巽 《二之四》 則巽主乾賓 《上二陽本乾》 相見乎离 《今互离》 坎酒旣盈 《下大坎》 兌饋具陳 《下互兌》 飮食之會也 兌和离樂 《兩互象》 賓主胥悅 《上顚兌 亦悅》 衎衎之象也 《兩兌 故疊文》

漸 → 巽 ← 遯

○遯卦에서는 巽의 주인이 안쪽에 있고 《[遯卦의] 下互卦는 巽》 乾의 손님이 밖에 있다. 《본래 [遯卦의] 上卦는 乾》 [그런데 遯卦가] 推移하여 巽卦로 되면 《[遯卦의] 2가 4로 감》 곧 巽의 주인과 乾의 손님이 《[巽卦의] 上卦의 두 개의 陽은 본래 乾》 离에서 상견례(相見禮)를 가지게 된다. 《지금 [巽卦의] 上互卦는 离》 坎의 술이 이미 흘러넘치고 《[巽卦의] 아래 1·2·3·4는 大坎》 兌의 음식이 갖추어져 진열되어 있으니 《[巽卦의] 下互卦는 兌》 [음식(飮食)을] 마시고 먹는 모임이다. 兌로써 和合하고 离로써 즐거워함에 《[巽卦의] 兩互卦의 象》 손님과 주인이 함께 기뻐하니 《[巽卦의 上卦는 巽인데] 뒤집으면 兌가 되니, 역시 기뻐하는 象이 됨》 기뻐하면서 즐기는 形象이다. 《[巽卦의 上卦인 巽의 뒤집힌 象을 취하면 兌가 되고, 또 下互卦도 역시 兌가 되니] 두 개의 兌가 있는 까닭에 ['간간(衎衎)'이라는] 첩문(疊文)을 사용한 것이다.》

巽之所來 又自中孚 《三之一》 誠意相孚 《大离誠》 上下胥悅 《中孚上顚兌》 移之爲巽 其象不變 《如中孚》 此其所以衎衎也 《兩兌 故疊文》 衎衎 和樂貌

漸 → 巽 ← 中孚

巽은 또 中孚卦로부터 온 것이니 ≪中孚卦의 3이 1로 감≫ [中孚卦에서는] 성의(誠意)를 갖고 서로 신뢰하고 ≪[中孚卦는 大离인데] 大离는 誠을 상징함≫ 上下가 함께 기뻐하였는데 ≪中孚卦의 上卦는 뒤집힌 兌≫ 推移하여 巽卦로 가더라도 그 象이 변하지 아니하였으니 ≪[巽卦에 兌와 离의 象이 있었는데, 中孚卦에도 兌와 离의 象이 있음≫ 이것이 그 즐거워하고 또 즐거워하는 모습이다. ≪두 개의 兌가 있는 까닭에 ["간간(衎衎)"이라는] 첩문(疊文)을 사용한 것이다.≫ "간간(衎衎)"은 화합하고 즐거워하는 모습을 뜻한다.

○飮食旣享 ≪坎與兌≫ 离腹乃大 ≪說卦 离大腹≫ 飽之象也 雖則然矣 大坎之勞 ≪本下坎≫ 坤民旣治 ≪否之下坤 移爲离≫ 乃成此樂 ≪兌爲悅≫ 不素飽也

否 → 漸 → 巽

○[제사에] 음식(飮食)을 이미 드리고 나서 ≪[巽卦에는] 坎과 兌가 있음≫ 离의 배가 이에 커졌으니 ≪「說卦傳」에서 离는 큰 배가 된다고 하였음≫ 배가 부른 形象이다. 비록 그처럼 배가 부른 것은 사실이지만, 大坎의 노력(勞力)함으로써 ≪[巽卦의] 아래 [1·2·3·4의 夾卦는] 大坎≫ 坤의 백성이 이미 다스려진 것이며 ≪否卦의 下卦는 坤이지만, [漸卦로] 옮기면 离가 됨≫ [그처럼 노력(勞力)함을 통해] 이에 이 즐거움을 이룬 것이니 ≪兌는 기뻐함이 됨≫ [하는 일 없이 먹기만 하는] 소식(素食)을 함으로써, 배가 부른 것은 아니다.

○案 漢書 ≪武帝紀≫ 引易詞 磐[13] 作般 裵駰 ≪字龍駒≫ 註云 般

13) [校閱] 新朝本과 國中本에는 "磐"으로 되어 있으나 奎章本에는 "盤"으로 되어 있다. "磐"과 "盤"은 서로 통용되는 글자이다. 그러나 經文에 "磐"으로 되어 있으므로, 前者

水涯堆 ≪楊用修 亦從此義≫ 然 古無是訓也

○[案]『漢書』에서 ≪[구체적으로는『漢書』의]「武帝紀」[14]≫ 易詞를 인용하여 ["鴻漸于磐"의] '반(盤)'字를 [돌] '반(般)'字로 적었는데,[15] 배인(裴駰)[16]의 ≪배인(裴駰)의 字는 용구(龍駒)≫ 註에서도, '반(般)'을 물가(水涯)의 언덕(堆)이라고 풀이하였다.[17] ≪양용수(楊用修)[18]도 역시 이 뜻을 따랐다.≫ 그러나 옛날에 이처럼 뜻을 풀이한 경우가 없었다.

○學圃云 中孚之時 不勞而食 ≪兩兌口≫ 大腹徒飽 ≪兼畫离≫ 是 素飽也

를 따른다.

14) 여기서『漢書』「武帝紀」에 나온다고 하였으나, "鴻漸于般"은 실제로는『漢書』(卷25上)의「郊祀志」(第5上)에 "乾稱飛龍, 鴻漸于般"이라고 한 句에서 언급되고 있다. 茶山이 이를『漢書』「武帝紀」에 나오는 것처럼 말한 것은「郊祀志」에서 "乾稱飛龍, 鴻漸于般"를 언급하면서, 그 윗부분에서 "語在武紀"라고 말하였기 때문인 것으로 생각된다.

15)『漢書』(卷25上)의「郊祀志」(第5上)에 "乾稱飛龍, 鴻漸于般, 朕意庶幾與焉"이라는 句가 있음, 또『史記』「孝武本紀」(第12)에서도 "朕臨天下二十有八年, 天若遺朕士而大通焉, 乾稱蜚龍, 鴻漸于般, 意庶幾與焉"이라고 함. 여기서는 "乾稱飛龍"의 "飛龍"이『漢書』(卷25上)의「郊祀志」(第5上)와는 달리 "蜚龍"으로 되어 있다.

16) 배인(裴駰, 372~451) : 南朝 宋나라의 사학자인 배송지(裴松之)를 가리킴. 字는 世期, 聞喜(지금의 山西) 사람. 일찍이 國子博士, 永嘉太守의 직위에 올랐다. 元嘉 원년(429) 宋文帝의 명으로 陳壽의『三國志』에 註를 달았는데, 그의 註에서는 漢末과 三國 이래의 140여 종의 책을 망라한 대량의 역사적 자료를 인용하였고, 이러한 역사적 자료는 후에 삼국고사의 창작에 풍부한 소재를 제공하였다. 저서에『文論』·『晉紀』·『史記集解』등이 있음.

17) "般水涯堆" : 배인(裴駰)의 이 註는 본래『漢書音義』에 있던 것이라고 하는데,『史記』「孝武本紀」(第12)의 "乾稱蜚龍, 鴻漸于般"의 句에 대한 주석에 나온다. 여기서는 "乾稱飛龍"의 "飛龍"이『漢書』(卷25上)「郊祀志」(第5上)와는 달리 "蜚龍"으로 되어 있다.

18) 양용수(楊用修, 1488~1559) : 明나라 중기의 학자이며, 문학자였던 양신(楊愼)을 가리킨다. 양신(楊愼)의 字는 용수(用修)이며, 號는 승암(升菴)이다. 經學과 시문이 탁월하였으며, 박학하기로 이름이 높았다. 저서에『丹鉛總錄』·『升菴集』·『檀弓叢訓』·『奇字韻』·『古音駢字』·『古音叢目』·『古音獵要』·『古音餘』·『古音附錄』·『古音略例』·『轉注古音略』·『石鼓文音釋』·『六書索隱』·『經子難字』등이 있다.

中孚

○學圃가 말하였다. "中孚卦의 때에 노동하지 않고 먹기만 함으로써 ≪[中孚卦에는] 兩兌의 입이 있음≫ 큰 배가 헛되이 부르기만 하니 ≪[中孚卦를] 兼畫하면 离가 됨≫ 이것은 [무위도식(無爲徒食)의] 소식(素食)으로써, 배가 부른 것, 즉 '素飽'인 것이다."

九三 : 鴻漸于陸, 夫征不復, 婦孕不育, 凶, 利禦寇. ○ 象曰 : 夫征不復, 離羣醜也, 婦孕不育, 失其道也, 利用禦寇, 順相保也.

九三 : 기러기가 점점(漸漸) 육지(陸地)로 나아감이니, 지아비가 정벌에 나섰으나 돌아오지 못하고, 婦人이 아이를 배어도 기르지 못하니, 凶할 것이다. 도둑을 방어(防禦)함에 이로울 것이다. ○「象傳」: "지아비가 정벌에 나섰으나 돌아오지 못하는 것(夫征不復)"은 무리를 떠났기 때문이요, "婦人이 아이를 배어도 기르지 못하는 것(婦孕不育)"은 그 道를 잃은 것이요, "도둑을 방어(防禦)함에 이로운 것(利用禦寇)"은 [명령에] 순종하고, 서로 보호(保護)해야 함을 말한 것이다.

此 漸之觀也 三之旣變 坎水遂落 ≪互坎亡≫ 坤土乃見 ≪下今坤 此 否之舊坤≫ 水殺[19]土現曰 陸 ≪復成陸≫ 又以艮山 ≪下本艮≫ 今爲

19) 쇄(殺) : 덜다, 줄어들다. 마르다, 물기가 없어지다.

平地 ≪下今坤≫ 高平曰 陸 ≪爾雅文≫ 鴻漸于陸也

漸 → 觀

이것은 漸卦가 觀卦로 변하는 경우이다. 제3爻가 이미 변하여 [漸卦가 觀卦로 되면] 坎의 물이 드디어 빠져 버리고 ≪[漸卦의] 下互卦인 坎이 없어짐≫ 坤의 흙이 이에 드러나니 ≪[觀卦의] 下卦는 이제 坤인데, 이것은 否卦에 있던 以前의 坤임≫ 물이 줄어들고, 흙이 드러나면, 그것을 '陸'이라고 부르는 것이다. ≪다시 육지(陸地)를 이룸≫ 또 [漸卦에서는 下卦가] 艮의 山이었는데 ≪[漸卦의] 下卦는 본래 艮≫ 지금 [觀卦에서는] 平地가 되었으니 ≪[觀卦의] 下卦는 이제 坤≫ 높고 평평한 땅을 '陸'이라고 부르는 것이니 ≪『爾雅』의 글≫ "鴻漸于陸", 즉 "기러기가 漸次的으로 陸地로 나아간다"라고 말한 것이다.

○夫者 艮男也 否之時 亦艮也 ≪二四互≫ 移之南征 ≪四之三≫ 是 從征也 ≪易例 下爲南≫ 三之既變 艮男遂滅 ≪下今坤≫ 夫征不復也 坎則爲歸 ≪二四互≫ 今坎亦滅 曷其能歸

否 → 漸 → 觀

○[漸卦 九三의 爻詞 중에서 "夫征不復"의] '夫'는 艮의 남자를 가리키니, 否卦의 때에도 역시 艮이 있었는데 ≪2·3·4의 互艮≫ 推移하여 [漸卦가 되면] 남쪽으로 정벌에 나서니 ≪[否卦로부터 推移하여 漸卦가 되면] 4가 3으로 감≫ 이것은 정벌하러 나선 것이다. ≪易例에 따르면 아래쪽이 남쪽이 됨≫ [漸卦의] 九三爻가 이미 변함에, [漸卦의 下卦에 있던] 艮의 남

자가 마침내 없어지니 ≪[觀卦에서] 下卦는 이제 坤이 됨≫ [이것은] "夫征不復", 즉 "지아비가 정벌에 나섰으나, 돌아오지 못함"이요, 坎은 곧 돌아옴이 되거늘 ≪[漸卦의] 2·3·4의 互卦는 坎≫ 이제 [觀卦가 되면] 坎도 또한 사라지니, 어찌 돌아올 수 있을 것인가?

○婦者 兌女也 ≪上顚兌≫ 否之時 亦兌也 ≪否三五顚兌≫ 移之爲漸 ≪四之三≫ 离腹乃大 ≪見說卦≫ 是 有孕也 ≪离爲孕≫ 三之旣變 离腹乃滅 ≪腹帖平≫ 婦孕不育也 震則爲生 ≪下倒震≫ 今震亦滅 曷其能育 ≪生養也≫ 兌女本倒 故取倒震也

否 → 漸 → 觀

○'婦'는 兌의 여자인데 ≪[漸卦의] 上卦는 [巽인데, 그것은] 뒤집어진 兌≫ 否卦의 때에도 역시 兌가 있다. ≪否卦의 3·4·5는 巽인데, 이것을 뒤집으면 兌가 됨≫ [否卦로부터] 推移하여 漸卦가 되면 ≪4가 3으로 감≫ 离의 배가 이에 커지니 ≪「說卦傳」에서 离는 '큰 배(大腹)'가 된다고 하였음≫ 이것은 아이를 밴 형상이다. ≪离는 아이를 잉태한 형상임≫ 제3爻가 이미 변함에 离의 배가 이에 소멸되니 ≪배가 편안해지고, 평정(平靜)을 얻음[20]≫ 婦人이 아이를 배었으나, 기르지 못하는 것이다. 震은 곧 태어남이 되거늘 ≪[漸卦의] 下卦는 [艮인데, 그것은] 뒤집어진 震이 됨≫ 이제 [漸卦의 九三이 爻變하여, 觀卦로 되면] 震도 또한 소멸하니, 어찌 기를 수 있을 것인가? ≪育은 낳아서, 기른다는 뜻≫ 兌의 여자는 본래 [漸卦의 上卦인 巽을] 뒤집어서 象을 취한 것이므로, 震의 경우에도 역시 [漸卦의 下卦인 艮을] 뒤집어서 象을 취한 것이다.

20) 첩평(帖平) : [배가] 편안해지고, 平靜을 얻음.

○ 坤國之內 ≪否下坤≫ 坎盜猝至 ≪四之三≫ 离兵難破 ≪三五互≫ 三之旣變 坎剛遂破 ≪三今坼≫ 坤疆外拓 ≪四陰連≫ 大艮之城 ≪兼畫三≫ 捍禦其外 ≪上二剛≫ 利禦寇也

否 → 漸 → 觀

○ 坤의 國家의 內部에 ≪否卦의 下卦는 坤≫ 坎의 도둑이 갑자기 나타나서 ≪[否卦에서 漸卦로 推移하게 되면] 4가 3으로 감≫ 离의 兵士들이 [도둑을] 쫓아내기가 어렵더니 ≪[漸卦의] 3·4·5의 互卦는 离≫ [漸卦의] 제3爻가 [爻變하여] 이미 [觀卦로] 변하게 되면, 坎의 剛을 마침내 격파하고 ≪[漸卦의] 제3位의 剛이 이제 [觀卦가 되면] 터져 버림≫ [더 나아가] 坤의 강토(疆土)를 밖으로 개척(開拓)하고 ≪[否卦에서는 세 개의 陰이 연결되었으나, 觀卦에서는] 네 개의 陰이 연결됨≫ [마침내] 大艮의 城을 건축함으로써 ≪觀卦를 兼畫하여 三畫卦로 보면 艮≫ 그 外部를 방어하는 까닭에 ≪[觀卦의] 上卦의 두 개의 剛은 城을 쌓아 외부를 방어하는 것을 상징함≫ "利禦寇", 즉 "도둑을 막음에 이롭다"라고 한 것이다.

○ 三陽成羣 ≪否上乾≫ 一剛內移 ≪四之三[21]≫ 離其類也 ≪醜 爾雅云 類也≫ 离則爲離 ≪三五互≫ 離其類而孤征 ≪爲坎寇≫ 何以善歸

否 → 漸

○ [否卦에서는] 세 개의 陽이 무리를 이루었는데 ≪否卦의 上卦는 乾≫

21) [校閱] 奎章本과 國中本에는 "四之三"으로 되어 있으나 新朝本에는 "四之之"로 되어 있다. 前者가 옳다.

한 개의 剛이 안으로 옮기니 ≪4가 3으로 감≫ 그 무리(類)를 떠난 것이다. ≪‘추(醜)’는 『爾雅』에서 ‘類(무리)’를 뜻한다고 하였다.≫ 离는 곧 이별(離別)함을 뜻하니 ≪[漸卦의] 3·4·5의 互卦는 离≫ 그 무리를 떠나서 홀로 정벌에 나섰으니 ≪坎은 도둑이 됨≫ 어떻게 잘 귀환(歸還)할 수 있을 것인가?

○震者 生物之卦 ≪萬物出乎震≫ 旣失其震 ≪失倒震≫ 何以産育 ≪不能生≫ 失道者 失震也 ≪震爲道≫

䷋ ䷴ ䷓

否 → 漸 → 觀

○震卦는 만물을 生成하는 卦이어늘 ≪萬物이 震에서 나온다고 함≫ 이미 그 震을 잃었으니 ≪[漸卦 九三이 爻變하여 觀卦로 되면, 漸卦의 下卦인 艮은 소멸되는 까닭에] 전도(顚倒)된 震을 잃게 된 것≫ 어떻게 낳고, 기를 수 있겠는가? ≪낳을 수 없음≫ [象傳에서] “失其道”라고 한 것은 震을 잃은 것을 가리킨다. ≪震은 道가 된다.≫

○坎寇旣滅 坤民順命 ≪從上巽≫ 艮以守之 ≪兼畫之大艮≫ 順相保也 ≪保守也≫

䷋ ䷴ ䷓

否 → 漸 → 觀

○[漸卦 九三이 효변하여 觀卦로 되면] 坎의 도둑이 이미 사라지니, 坤의 백성은 명령에 순종하고 ≪[觀卦에서, 坤의 백성이] 上卦인 巽의 명령을 따름≫ 艮으로써 지키는 까닭에 ≪[觀卦를] 겸획(兼畫)하여 삼획괘(三畫卦)로 만들면 大艮이 됨≫ “順相保”, 즉 “[명령에] 순종하고, 서로 지켜야 한다”라

고 말한 것이다. ≪保는 '지킨다'는 뜻이다.≫

○ 學稼云 鴻今失水 故其占 不吉

䷋ ䷴ ䷓

否 → 漸 → 觀

○ 學稼가 말하였다. "[漸卦 九三爻가 爻變하여 觀卦로 되면, 互坎卦가 없어지므로] 기러기가 지금 물을 잃었으니, 그 占이 불길한 것이다."

䷴

六四 : 鴻漸于木, 或得其桷, 无咎. ○ 象曰 : 或得其桷, 順以巽也.

六四 : 기러기가 점점(漸漸) 나무에 나아가니, 만일 그 [옆으로 뻗은] 평평한 나뭇가지에 앉을 수 있다면, 허물이 없을 것이다. ○「象傳」: "或得其桷"은 [기러기가 위태로운 상황에서 스스로 안정을 취하고 있는 모습이니, 君子는 이 卦象을 본받아] 공손함으로써 순종하는 것이다.

此 漸之遯也 遯爲大巽 ≪兼畫三≫ 巽則爲木 ≪說卦文≫ 鴻漸于木也 鳧鴈醜 其趾也 蹼 ≪爾雅文≫ 安能棲木 ≪程子曰 鴻趾連 故不能握枝≫ 桷 方木也 ≪木四角曰 桷≫ 坎以堅木 ≪二四互≫ 其德方外 ≪坤文言≫ 盖得桷也 ≪程子曰 横平之柯≫ 鴻飛水邊 或遇臥樹 ≪上平正≫ 可坐則止 此其象也

䷋ ䷴ ䷠

否 → 漸 → 遯

이것은 漸卦가 遯卦로 변하는 경우이다. 遯卦는 大巽이 되며 ≪[遯卦를] 겸획(兼畫)하여 삼획괘(三畫卦)[로 만들면 巽이 됨]≫ 巽은 곧 나무이니 ≪「說卦傳」의 글≫ "鴻漸于木", 즉 "기러기가 나무에 나아가는 것"이 된다. 물오리와 기러기가 그 무리를 이룰 때, 그 발이 마치 보자기 모양이니 ≪『爾雅』의 글22)≫ 어찌 나무에 깃들여 보금자리를 정하겠는가? ≪程子가 말하였다. "기러기의 발은 잇달아 연결되어 있기 때문에, 나뭇가지를 [발로] 잡을 수 없다."≫ '각(桷)'은 角을 지닌 나무이니 ≪나무에 사방으로 角이 난 것을 桷이라고 함≫ 坎의 견고한 나무는 ≪[漸卦의] 2·3·4는 *互坎*≫ 그 성질이 밖으로 角이 졌으니 ≪坤卦 「文言」의 ["敬以直內, 義以方外"라는] 말을 참조할 것≫ 이런 경우에 "得桷"이라고 하는 것이다. ≪程子가 말하였다. "가로질러 놓이고 평평한 나뭇가지, 즉 횡평지가(橫平之柯)이다."≫ 기러기가 물가를 날다가 或 [물 위에 가로로] 누운 나무를 만나서 ≪위가 평평하고 반듯한 나무를 가리킴≫ 앉을 만하면 멈추어 쉬니, 이것이 그 象이다.

其位可疑 ≪見乾卦≫ 或之者 疑之也 四本多懼 ≪大傳文≫ 君子處大臣之位 ≪四近君≫ 危不自安 如集于木 有是象也 旣能如是 又何咎焉

그 [第4位의] 위치는 의심할 만한 위치이니 ≪乾卦에 나타남≫ "或"이라고 한 것은 [그것을] 의심한다는 뜻이다. [한 卦 중에서] 제4位에는 본래 두려움에 관한 언급이 많으니 ≪『大傳』, 즉 「繫辭傳」의 글≫ 君子가 大臣의 地位에 處하여 ≪제4位는 君主의 地位[인 제5位]에 가까움≫ 위태로워서 스스

22) 『爾雅』 「釋鳥」 第十七, "鳧鴈醜, 其足蹼, 其踵企", 즉 "부안(鳧鴈)의 종류는 그 발은 복(蹼 : 물갈퀴)이고 그 발뒤꿈치는 기(企 : 곧게 뻗음)이다."라고 하였다(이충구 등 역주, 『이아주소 5』, 소명출판, 2004, 377~378면).

로 安定을 취하지 못하고 있는 모습이 마치 [기러기가] 나무에 모여 [앉아] 있는 것처럼 하는 것이 이 象이다. 이미 이와 같이 [스스로 근신(謹愼)함으로써 조심]한다면, 또 무슨 허물이 있겠는가?.

○卦自否來 陰升陽降 《三之四》 失其正矣 今卦巽順 《陰在下》 是 无咎也

否 → 漸 → 遯

○漸卦는 否卦로부터 왔으니, [漸卦에서는] 陰이 올라가고, 陽은 내려가서 《3이 4로 감》 그 올바름을 잃어버리더니,[23] 이제 遯卦가 되면, [遯卦는 大巽이 되므로] 巽으로써 순종함이니 《巽은 陰이 [두 개의 陽의] 아래에 있는 형태》 이것이 "无咎"라고 말한 까닭이다.

○今卦爲巽 《兼畫三》 順以巽也 《順天命》

漸 → 遯

○이제 遯卦는 巽이 되니 《遯卦를 겸획(兼畫)하여 삼획괘(三畫卦)로 만들면 巽이 됨》 巽으로써 순종함이다. 《天命에 순종함》

○案 春秋傳 刻桓宮桷 《莊二十四年》 疏曰 椽方曰 桷 《木有角》 卦有坎宮 《二四五》 四與二 其桷也 《桷在於屋翼》 然 鴻非登屋之物 當是平正不圓之木也 《木圓則鴻不能握》

---

23) 陰升陽降 : 陰이 올라가고, 陽이 내려온 것을 옳지 않은 것으로 본 것.

䷴

漸

○[案]『春秋傳』에 "각환궁각(刻桓宮桷)", 즉 "桓公의 사당의 서까래에 조각을 했다"라고 하였으니 ≪『春秋傳』의 '莊公 24年'[24]≫ [『春秋傳』의] 疏에서 말하기를, "서까래의 모가 난 角을 '각(桷)'이라고 한다"고 하였다. ≪나무에 角이 있는 것≫ 漸卦에 坎의 집이 있으니 ≪[漸卦의] 2·3·4의 互坎≫ 4와 2가 그 서까래(桷)에 해당하는 것이다. ≪서까래는 집의 추녀 부분에 있음≫ 그러나 기러기는 [집의] 지붕에 오르는 동물이 아니니, 이 '桷'字의 뜻은 마땅히 '평평하고 반듯해서 둥글지 않은 나무'의 뜻으로 해석해야 한다. ≪나무가 둥글면, 기러기가 [그 가지를] 붙잡을 수 없다.≫

䷳

九五: 鴻漸于陵, 婦三歲, 不孕, 終莫之勝, 吉. ○ 象曰: 終莫之勝吉, 得所願也.

九五: 기러기가 점점(漸漸) 언덕에 나아간다. 婦人이 3年 동안 아이를 배지 못하나, [妻가 지아비를] 마침내 이기지 못하니, 길할 것이다. ○「象傳」: "終莫之勝吉"이라고 한 것은 [자식을 낳고 싶은] 소원(所願)을 성취한 것을 말한 것이다.

此 漸之艮也 艮阜之上 又有艮阜 ≪上下艮≫ 大阜曰 陵 ≪說文

24) 桓公의 사당의 서까래에 조각을 한 것은 禮에 어긋난 행동이라고 함(남기현 역해『春秋左傳』上, 자유문고, 2003, 209면).

云》 鴻漸于陵也

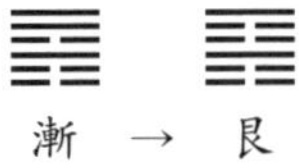

이것은 漸卦가 艮卦로 변하는 경우이다. 艮의 언덕(阜) 위에 또 艮의 언덕(阜)이 있고, 《[艮卦의] 上卦와 下卦는 [모두] 艮》 큰 언덕을 '陵'이라고 하니 《『說文』에서 그렇게 말함》 기러기가 언덕에 나아간 것이다.

○艮自觀來 《五之三》 觀有艮男 《有互艮》 亦有顚兌 《上巽倒》 仍是 漸卦之夫婦也 《艮兌合》 自遯以來 《遯而否而觀》 有此夫婦 《皆有正艮及顚兌》 ䷠ 其奈夫婦之間 不成嘉會 《中无离》 艮就其匹 《艮漸向上去》 兌輒退縮 《顚兌 亦漸向上去》 爲遯爲否 以至於觀 《自二而退至于四》 ䷓ 卦凡三變 《遯否觀》 猶不受孕 《三卦 皆無离》 此三歲不孕之象也 《一卦爲一歲》

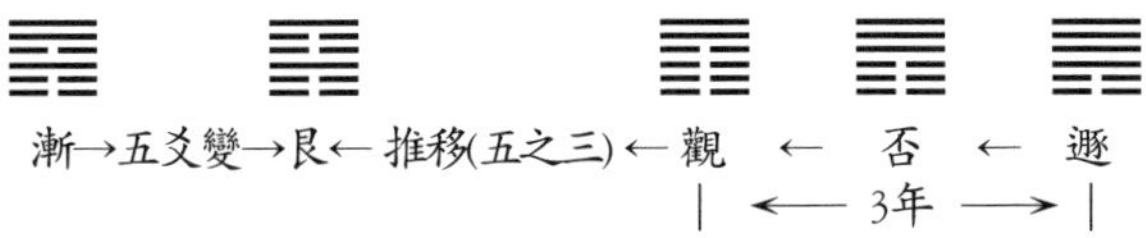

○艮卦는 觀卦로부터 왔으니 《5가 3으로 감》 觀卦에는 艮의 男子가 있고 《互艮이 있음》 또 뒤집어진 兌가 있으니 《[觀卦의] 上卦인 巽은 顚倒된 兌》 이것은 漸卦에 있던 夫婦에 해당한다. 《[漸卦에서도 正艮과 顚兌가 서로 夫婦로서 짝을 이루었는데, 觀卦에서도] 艮과 兌가 [짝을 이루어] 合함》 遯卦 以後로 《遯卦가 否卦가 되고, 觀卦가 됨》 이 夫婦가 있었는데도 《모두 正艮과 顚兌가 있음》 夫婦 사이에 기쁘게 會合을 갖지 못하는 것은 어찌 된 일인가? 《[遯卦, 否卦, 觀卦의] 가운데 离가 없음》 艮이 그 배필에게 나아갈

때 ≪[遯卦에서 否卦를 거쳐, 觀卦로 변해갈 때] 艮은 점차적으로 위를 향하여 감≫ 兌가 [艮이 앞으로 나아갈 때마다] 번번이 뒤로 물러나 움츠려서 ≪顚倒된 兌도 역시 점차적으로 위를 향하여 감≫ 遯卦가 되고, 否卦가 되어서 觀卦에까지 이르니 ≪제2位로부터 물러나서, 제4位까지 다다름≫ 卦가 무릇 세 번 변하였으나 ≪遯卦에서 否卦를 거쳐 觀卦로 변함≫ 여전히 잉태(孕胎)함을 얻지 못한 것이다. ≪遯卦・否卦・觀卦의 세 卦에는 모두 离가 없음≫ 이것은 삼년(三歲)을 잉태하지 못하는 象에 해당된다. ≪한 卦는 한 해가 된다.≫

移之爲艮 ≪觀五之三 爲重艮≫ 則顚兌之婦 ≪觀上巽≫ 离腹忽大 ≪上大离≫ 艮夫之前 ≪本下艮≫ 生一艮童 ≪上下艮≫ 斯 何象也 旣孕而產 ≪倒震以生之≫ 有此孩也 陰不敵陽 妻不克夫 ≪此常理≫ 莫之勝也 觀者 大艮也 ≪兼畫三≫ 艮則爲終 ≪說卦文≫ 終莫之勝也 漸之爲卦 本有艮兌 ≪爲夫婦牉合≫ 亦以离孕 ≪上互离≫ 故其占如此

漸→ 5爻變→ 艮 ←推移 ←觀

[觀卦로부터] 推移하여 艮卦가 되면 ≪觀卦의 5가 3으로 가면, 重艮卦가 됨≫ 곧 [觀卦에 있던] 顚兌의 婦人이 ≪觀卦의 上卦는 巽≫ 离의 배(腹)가 갑자기 커져서 ≪上卦는 大离≫ 艮의 지아비의 앞에 ≪[艮卦의] 下卦는 본래 艮≫ 한 명의 艮의 童子를 낳으니 ≪上卦와 下卦는 [모두] 艮≫ 이것은 무슨 象인가? 이미 잉태하였고, 또 [아기를] 生產하였으므로 ≪전도(顚倒)된 震으로써 낳음≫ 이 어린아이가 있게 된 것이다. 陰은 陽의 敵이 되지 못하고, 처(妻)는 지아비를 이기지 못하는 까닭에 ≪이것은 언제나 변함 없는 이치이다.≫ "莫之勝", 즉 "이기지 못한다"라고 말한 것이다. 觀卦는 大艮이요 ≪겸획(兼畫)하면 삼획괘(三畫卦)가 됨≫ 艮은 곧 終(끝)의 뜻이 되므로

≪「說卦傳」의 글≫ "終莫之勝(마침내 이기지 못할 것)"이라고 한 것이다. 漸卦에 본래 艮과 兌가 있고 ≪夫婦가 [절반씩 나누어 합치는] 반합(牉合)을 함≫ 또 离로써 [아이를] 잉태하였기 때문에 ≪위에 互离가 있음≫ 그 占이 이와 같다.

○妻子好合 生民之至願也 旣與妻合 ≪离以會≫ 又生男子 ≪艮生男≫ 得所願也 互坎爲志 ≪二四互≫ 願者 志也

○부부간에 금슬(琴瑟) 좋게 지내는 것은[25] 백성들의 간절한 소원인데, 이미 妻와 더불어 합치고 ≪离로써 만남≫ 또 男子 아기까지 낳았으니 ≪艮이 男子를 낳음≫ 소원을 성취한 것이다. 互坎은 志(뜻)가 되니 ≪2·3·4의 互坎≫ '願'은 '志(뜻)'를 가리킨다.

○學圃云 據說卦方位 艮在東北 須歷三宮 ≪艮震巽≫ 始逢离孕 ≪說卦离大腹≫ 亦三歲不孕之象也

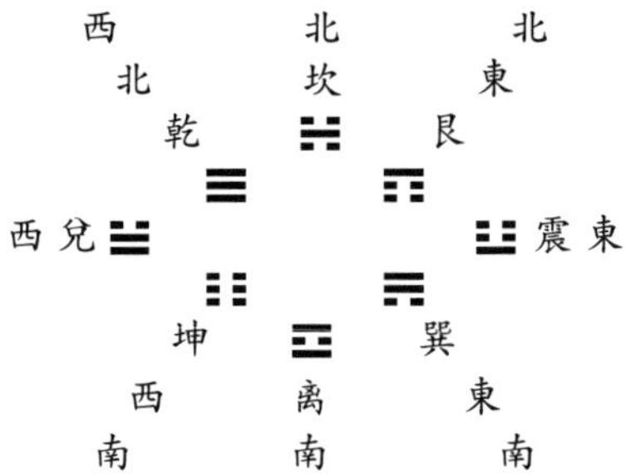

25) 妻子好合 : 『詩經』「小雅」「녹명지습(鹿鳴之什)」「상체(常棣)」편에 "妻子好合, 如鼓瑟琴. 兄弟旣翕, 和樂且湛(처자의 좋게 합하는 것이 거문고를 치는 것과 같고, 형제가 이미 합하여 和樂하고 또 즐겁다)"라는 말이 있다. 거문고와 비파를 타면 음률이 어울려 양자의 울림이 서로 화합해서 즐거운 분위기를 자아내듯 아내와 뜻이 잘 맞음을 뜻한다. 여기서 부부간의 情을 금슬(琴瑟)이라는 말로 표현하게 되었고, 부부 사이가 좋은 것을 「琴瑟友之」 또는 「琴瑟相和」라고 말한다.

○ 학포(學圃)가 말하였다. "「說卦傳」의 方位에 의하면, 艮은 東北方에 해당되니, 마땅히 세 宮을 거쳐야만 ≪艮 · 震 · 巽의 3宮≫ 비로소 离의 잉태함을 만나게 되는 것도 ≪「說卦傳」에서 离는 大腹이라고 하였음≫ 역시 [3年 동안 아이를 배지 못하는] '三歲不孕'의 象이다."

上九 : 鴻漸于陸, ≪讀作逵≫ 其羽可用爲儀, 吉. ○ 象曰 : 其羽可用爲儀, 吉, 不可亂也.

上九 : 기러기가 점점(漸漸) 대로(大路)위로 날아감에 ≪'陸'字를 '逵(규)'字로 읽음≫ [大路의 군중(群衆)들로부터 멀리 떨어져서, 초연(超然)하게 날개짓하는 기러기의] 그 깃을 의칙(儀則)으로 삼아 본받을 만 하니, 吉하다. ○「象傳」: "其羽, 可用爲儀, 吉"이라고 한 것은 [君子가 은둔(隱遁)에 뜻을 두었다면 세속으로부터 거리를 두어야지 세속에 물들어] 어지럽혀져서는 안 된다는 것을 말한 것이다.

此 漸之蹇也 程子曰 陸當作逵 ≪朱子曰 以韻讀之≫ 逵者 九達道也 ≪爾[26]雅云≫

漸 → 蹇

26) [校閱] "이아(爾雅)"의 "이(爾)"가 奎章本에는 "이(尒)"로 되어 있다. "이(尒)"는 "爾"와 同字이며, "爾"의 생략체로 쓰인다.

이것은 漸卦가 蹇卦로 변하는 경우이다. 程子가 말하였다. "'陸(륙)'字를 마땅히 '逵(규)'字로 써야 한다" ≪朱子가 말하였다. "音韻으로써 읽는다."≫ '규(逵)'는 '九達'의 道, 즉 '아홉 방면으로 통하는 큰 길'을 뜻한다. ≪『爾雅』에서 그렇게 말하였다.[27]≫

漸自否來 ≪四之三≫ 陽積至三 乾道[28]乃終 ≪本乾之上剛≫ 其數九也 ≪參天故三陽爲九≫ 蹇自小過 ≪四之五≫ 震之大途 ≪本上震≫ 坎以通之 ≪上今坎≫ 九達之逵也 鴻飛在是 ≪离爲飛≫ 鴻漸于逵也

否 → 漸 → 蹇 ← 小過

漸卦는 否卦로부터 왔으니 ≪[否卦의] 4가 3으로 감≫ 陽이 누적(累積)되어 제3位에 이르렀다가, 乾의 道가 이에 끝나니 ≪본래 乾의 上剛≫ 그 數가 9가 된다. ≪["參天兩地"라고 하였으니] 3陽은 [3×3=9로 계산하면] 9가 됨≫ 蹇卦는 小過卦로부터 오니 ≪4가 5로 감≫ 震의 큰 길을 ≪본래 [小過卦의] 上卦는 震≫ 坎으로써 통하게 하니 ≪[蹇卦의] 上卦는 지금 坎≫ 아홉 방향으로 통하는 큰 길이니, 기러기가 날아와서 여기에 있으므로 ≪离는 날아가는 것이 됨≫ "鴻漸于逵"라고 한 것이다.

○儀者 法也 蹇自小過來 ≪四之五≫ 小過者 飛鳥之象也 ≪見彖傳≫ 小過之時 其飛不高 ≪剛在中≫ 兩翼張大 ≪上下四陰 爲兩翼≫ 移之爲蹇 ≪四之五≫ 飛乃沖霄 ≪上互离≫ 其羽甚小 ≪大坎爲小坎≫ 斯

27) 『爾雅』「釋宮第五」, "一達謂之道路, 二達謂之歧旁, 三達謂之劇旁, 四達謂之衢, 五達謂之康, 六達謂之莊, 七達謂之劇驂, 八達謂之崇期, 九達謂之逵."

28) [校閱] 奎章本과 國中本에는 "乾道乃終"으로 되어 있으나, 新朝本에는 "乾乃終"으로 되어 있다. 前者가 더 자연스럽고, 문맥상 문제가 없는 것으로 보인다.

何故也 逵者 九達之道也 鴻飛在逵 ≪人[29]衆最多處≫ 其飛必高 ≪以避人≫ 上薄廖廓 ≪五六爲天位≫ 羽其不小乎 ≪今小坎≫ 雖復矰矢在後 ≪互坎矢≫ 邈不相及 ≪不及於上坎≫ 君子之高擧遠引者 宜以爲法 此之謂 其羽可儀也 坎則爲法

漸 → 蹇 ← 小過

○“儀”는 法을 가리킨다. 蹇卦는 小過卦로부터 왔으니 ≪4가 5로 감≫ 小過는 날아가는 새의 象이다. ≪『象傳』에 [그러한 用例가] 보임≫ 小過卦의 때에는, 그 나는 것이 높지 않아서 ≪剛이 가운데 있음≫ 두 날개가 넓게 펼쳐져 있더니 ≪[小過卦의] 上下의 4陰은 兩翼이 됨≫ [小過卦로부터] 推移하여 蹇卦가 되면 ≪4가 5로 감≫ 하늘(霄)에까지 날아 오르지만 ≪[蹇卦의] 上互卦는 离≫ 그 날개가 지극히 작으니 ≪[小過卦에서는] 大坎이었으나, [蹇卦에서는] 小坎이 됨≫ 이것은 무슨 까닭인가? “규(逵)”는 ‘九達’의 길, 즉 ‘아홉 방향으로 통하는 큰 길’을 뜻한다. 기러기가 날아가서 넓은 길(逵)에 도달하니 ≪[逵는] 群衆이 가장 많은 곳≫ 그 날아갈 때, 반드시 높이 날 수 밖에 없는 것이다. ≪그렇게 높이 날아감으로써 사람들을 피하는 것이다.≫ 위로 둘레가 엷고 공허하니 ≪제5·6位는 天位가 됨≫ 날개가 작아 보이지 않겠는가? ≪[小過卦에서는 大坎이었으나] 지금 蹇卦에서는 小坎이 됨≫ 비록 다시 화살이 뒤에 쫓아오더라도 ≪[蹇卦의] 下互卦인 坎은 화살이 됨≫ 멀어서 미치지 못하니 ≪[蹇卦의] 上卦인 坎에까지는 미치지 못함≫ 君子가 세속을 일탈하여 隱居함(高擧)과 遠引[30]에 있어서, 마땅히 이것으로써 法을 삼아야 할 것이

---

29) [校閱] 新朝本과 國中本에는 “人”으로 되어 있으나, 奎章本에는 “入”으로 되어 있다. 여기서는 前者를 따른다.

30) 遠引 : 혼탁한 세상 혹은 暗君이 在位하였을 때, 현인이 때를 기다려 깊이 은둔함을 말한다. 『文選』에 漢나라 孔融의 ‘盛孝章을 논하는 글(論盛孝章書)’에 보면 다음과 같은 글이 있다. “昭王이 臺를 쌓아서 郭隗를 존숭하니, 郭隗가 비록 볼품 없는 사람이

니, 이것을 일컬어, "其羽可[用爲]儀", 즉 "그 깃을 의칙(儀則)으로 삼을 만 하다"라고 말한 것이다. 坎은 곧 法을 상징한다.

≪朱子曰 儀羽旄旌纛之飾也 ○鄭剛中云 鳥羽 皆有用 而各有所取 雉取其綵 鷺取其白 鴻取其知 時取其羽 以爲儀則≫

≪朱子가 말하였다. "儀는 깃발[羽旄旌纛]의 꾸밈(飾)이다." ○정강중(鄭剛中)[31]이 말하였다. "새의 날개깃은 모두 유용(有用)하게 쓰이니, 각각 取할 것이 있다. 꿩[의 날개깃]에서는 그 채색[綵]을 취하고 해오라기[의 날개깃]에서는 그 흰 것[白]을 취하고, 기러기[의 날개깃]에서는 그 지혜로움[知]을 취하는 것이니, 때에 따라 그 날개를 취하여 의칙(儀則)으로 삼는다."≫

○互坎之矰 ≪下互坎≫ 邈不相及 不可亂也 ≪坎爲亂≫

漸 → 蹇 ← 小過

○[蹇卦의] 互坎의 화살이 ≪[蹇卦의] 下互卦는 坎≫ 멀리까지 미치지

나 큰 대우를 받음에 마침내 明主의 지극한 마음을 일으켜 낼 수 있었습니다. 그러므로 樂毅가 魏에서 왔고, 劇辛이 趙에서 왔고, 鄒衍이 齊에서 왔습니다. 지난날 郭隗가 거꾸로 매달리는 곤경에 처했을 때 昭王이 풀어주지 않고, 수렁에 빠지게 되었을 때 昭王이 건져주지 않았다면, 선비들은 또한 장차 높이 날아 멀리 가버렸을 것이고, 북쪽 연나라로 갈 사람이 없었을 것입니다(昭王築臺以尊郭隗, 隗雖小才, 而逢大遇, 竟能發明主之至心. 故樂毅自魏往, 劇辛自趙往, 鄒衍自齊往. 嚮使郭隗, 倒懸而王不解, 臨溺而王不拯, 則士亦將高翔遠引, 莫有北首燕路者矣)." 또 『朱子語類』「論語」「微子去之章」에 보면, '高擧遠引'이라는 말이 나온다. "問:'三仁, 不知易地而施, 皆能遂其本心否?' 曰:'都自各就他分上做. 自今觀之, 微子去之, 尙在活地上; 如箕子之囚, 比干之死, 便是在死地上了, 較之尤難! 箕子雖不死, 然便死又到了. 唯是被囚不死不活, 這地位如何處? 直是難! 看三仁惓惓憂國之心, 直是念念不斷. 若如避世之徒, 一齊割斷, 高擧遠引, 這無難. 故孔子曰:'果哉! 末之難矣.' 若果於忘世, 是不難.'"

31) 정강중(鄭剛中): 宋 金華人. 字는 亨仲. 號는 北山. 저서에 『周易窺餘』·『北山集』·『經史專音』이 있다.

못함이니, "不可亂(어지럽힐 수 없음)"이라고 말한 것이다. ≪坎은 '난(亂)'이 된다.≫

○案 胡氏 以逵爲雲路 古來詁訓 無此據也 自干而磐[32] 自陸而木 以至於陵 其位漸高 故胡公訓逵如是 然 衢路之上 鴻則高飛 不必訓之爲雲路也

○[案] 호원(胡瑗)[33]은 '규(逵)'를 구름길(雲路)의 뜻으로 풀이하였으나,[34] 예부터 전해오는 훈고법(訓詁法)에는 이러한 해석에 대한 근거가 없다. [初六의] 제방(堤防, 干)으로부터 시작하여, [六二의] 반석(磐石, 磐)에 이르고, [九三의] 육지(陸地, 陸)로부터 시작하여, [六四의] 나무(木)에까지 이르러서, [九五의] 언덕(陵)에까지 이르게 되니, 그 위치가 점차적으로 높아지는 까닭에, 호원(胡瑗)이 '逵'를 이처럼 [구름길(雲路)의 뜻으로] 풀이한 것이다. 그러나 넓은 길(衢路) 위에 기러기가 높이 날고 있으니, 구태여 雲路로 풀이할 필요가 없다.

○學圃云 逵古作馗 其字從九 ≪又馗與道[35] 皆從首≫ 京邑之大衢也

---

32) [校閱] 新朝本과 國中本에는 "磐"으로 되어 있으나 奎章本에는 "盤"으로 되어 있다. "磐"과 "盤"은 서로 통용되는 글자이다. 漸六二의 爻辭에 "鴻漸于磐"이라고 되어 있으므로, 여기서는 前者를 따른다.

33) 호원(胡瑗, 993~1059) : 중국 北宋 초기의 학자, 교육자, 대대로 섬서로(陝西路)의 안정보(安定堡)에 살았기 때문에 安定先生이라 불리었다. 호원(胡瑗), 손복(孫復), 석개(石介)을 宋初의 三先生으로 불렀는데, 호원(胡瑗)의 門下에서는 많은 제자들이 배출되었으며, 정이(程頤)도 역시 그의 제자이다. 저서로는 『論語說』·『周易口義』 등이 있다(金勝東, 『易思想辭典』, 부산대 출판부, 1998, 1319~1320면).

34) 胡氏는 胡安定, 즉 호원(胡瑗, 993~1059)을 가리킨다. 程伊川의 『易傳』 중 漸卦 上九에 관한 주석에서, "安定胡公, 以陸, 爲逵, 逵, 雲路也, 謂虛空之中, 爾雅, 九達, 謂之逵, 逵, 通達無阻蔽之義也"라고 함(『三經集傳 3 周易』, 二以會, 1982, 853면).

35) [校閱] 新朝本과 國中本에는 "又馗與道"로 되어 있으나 奎章本에는 "又馗與通"으로 되어 있다. 前者의 경우에 뜻이 더 잘 통한다. 後者의 "通"은 "道"의 誤記로 보인다.

○ 학포(學圃)가 말하였다. "'逵(규)'字를 옛날에는 '馗(구)'字로 썼는데, 그 '馗'字는 '九'字로부터 왔으니 ≪또 '馗'字와 '道'字에는 모두 '首'字가 포함되어 있음≫ 경읍(京邑)의 큰 네거리(大衢)를 뜻한다."

54. 뇌택 귀매(雷澤 歸妹)

兌下震上 ○ 第三十卦之反 ≪泰三之四≫

兌는 下卦이고, 震은 上卦이다. ○ 第30卦의 反卦이다. ≪泰卦의 3이 4로 간다.≫

雜卦傳曰 歸妹 女之終也
『雜卦傳』에 말하였다. "歸妹는 여자의 끝마침이다."

○ 鏞案 歸妹者 以兄而嫁妹也 卦自泰來 泰之時 父母具存 ≪乾與坤≫ 震兄兌妹 ≪泰兩互≫ 在其懷中 ≪乾坤中≫ 移之爲卦 則父母具沒 ≪乾坤滅≫ 震兄兌妹 分體各立 ≪分上下≫ 於是乎 嫁之矣 兌女在內 艮壻外至 ≪牉合取倒象≫ 嘉會以合禮 ≪下[36]互离≫ 坎以

歸之 ≪上互坎≫ 婚姻之象也 以其義則 泰者 天地之交也 今又天氣地體 互相交與 ≪三之四 而四之三≫ 交媾之象也 諸家說易 皆以震男 配于兌女 非其配也 傷倫悖理 不可說也

泰 → 歸妹

○[鏞案] 歸妹는 兄이 누이를 시집보내는 것을 뜻한다. 歸妹卦는 泰卦로부터 왔으니, 泰卦의 때에는 아버지와 어머니가 함께 있고 ≪乾이 坤과 더불어 있음≫ 震의 兄과 兌의 누이(妹)가 ≪泰卦의 上互卦인 震과 下互卦인 兌를 지칭함≫ 그 [父母의 품] 안에 품어져 있다. ≪乾과 坤의 가운데 [震과 兌가] 있다.≫ [그런데 歸妹卦로부터] 推移하여 歸妹卦가 되면, 父母가 함께 돌아가신 뒤에 ≪乾과 坤이 사라짐≫ 震의 兄과 兌의 누이가 신체가 分離됨으로써 각각 독립하니 ≪위와 아래로 나누어짐≫ 이러한 상황에서 누이를 시집보내는 것이다. [歸妹卦에서는] 兌의 여자는 안에 있는 반면에 [歸妹卦의 上卦는 震인데, 그것을 거꾸로 취하면 艮이므로] 艮의 사위가 밖으로부터 도달하니 ≪반합(牉合)[37]의 경우이므로, 전도(顚倒)된 象을 취함≫ 기쁘게 모임으로써 禮에 合致하고 ≪[귀매괘의] 下互卦는 离≫ 坎으로써 돌아가니 ≪[歸妹卦의] 上互卦는 坎≫ 혼인(婚姻)의 象인 것이다. 그 의미로써 본다면, 泰卦는 天地가 서로 교섭(交涉)하는 형상인데, 이제 또 [歸妹卦가 되면] 天氣와 地體가 서로 함께 뒤섞이게 되니 ≪[泰卦로부터 歸妹卦로 推移할 때] 3이 4로 가고, 4가 3으로 감≫ [歸妹卦는] 사귀어 결혼하는 象(交媾之象)인 것이다. 여러 주석가들이 易을 해석함에 있어 모두 震男을 兌女의 배필

---

36) [校閱] 新朝本과 國中本에는 "下互离"로 되어 있으나 奎章本에는 "上互离"로 되어 있다. 前者가 옳다.

37) 茶山은 「互体表直說」에서 牉合에 대해 다음과 같이 설명한다. "牉合은 혼인하는 象인 까닭에, 무릇 혼인하는 괘에 少男과 少女가 하나는 뒤집어져 있는 반면에, 다른 하나는 바로 서있다."

(配匹)로 삼았으나, [震男과 兌女는] 그 [마땅한] 배필이 될 수 없으니, [이처럼 震의 長男과 兌의 少女를 짝짓는 것은] 인륜(人倫)을 손상(損傷)하게 하고, 道理에 어그러짐이 [이루] 말할 수 없을 정도이다.

○ 又按 此卦 雖以歸妹爲名 其實以兄嫁妹 於此卦 不過爲萬象之中一象 《卽抽象》 未必歸妹爲本象 而他象 皆客也 筮天下之萬事 皆有遇此卦之理 豈得盡以歸妹之象 占之乎 聖人 偶以名之爾 《見要旨》

○[又案] 이 卦는 비록 歸妹卦로 불려지고는 있으나, 兄으로써 누이를 시집보내는 것은 이 卦에 있어서는 사실은 萬象 가운데 한 개의 象에 불과할 뿐이니 《즉 [「讀易要旨」의 18則 중에서 第1則인] 추상(抽象)에 해당됨》 歸妹가 반드시 本象으로서 主가 되고, 다른 象이 客이 되어야 할 이유는 없다. 天下의 萬事를 점침에 있어서 모두 이러한 卦의 이치가 있는 것이니, 어찌 [시집보내는] 歸妹의 象으로써 이 卦의 [모든 가능한] 象으로 간주해버림으로써, 占을 칠 것인가? 聖人이 [歸妹卦의 가능한 많은 象중에서, 시집보내는 象을 선택하여] 우연하게 [歸妹라고] 이름 붙였을 뿐이다. 《[茶山의] 「독역요지(讀易要旨)」를 참조[38]》

歸妹, 征凶, 无攸利.

歸妹는 [북방(北方)의] 정벌에 나서면 흉하니, 이로운 바가 없을 것이다.

38) 추상(抽象) : 「讀易要旨」의 18則 중에서 第1則에 해당된다.

此 歸妹之不變者也 卦自泰來 ≪三之四≫ 下乾南君也 ≪一二三位离≫ 上坤北國也 ≪四五六位坎≫ 移之歸妹則 剛乃北征 ≪三之四≫ 僅至其境 遂以艮死 ≪歸妹本倒艮≫ 載之坎輿 ≪上互坎≫ 輿尸之象也 非征凶乎 睽之歸妹曰 載鬼一車 ≪睽上九≫ 此[39]云 征凶 以有是象也

䷊ ䷵

泰 → 歸妹

이것은 歸妹卦가 변하지 않는 경우이다. 歸妹卦는 泰卦로부터 왔다. ≪3이 4로 감≫ [泰卦의] 下卦인 乾은 南方의 君主를 상징하고 ≪1·2·3位는 离位[인데, 离는 남쪽을 상징함]≫ [泰卦의] 上卦인 坤은 北方의 國家를 상징한다. ≪4·5·6位는 坎位[인데, 坎은 북쪽을 상징함]≫ [그런데 泰卦로부터] 推移하여 歸妹卦가 되면, 剛이 이에 北方으로 정벌(征伐)에 나서서 ≪[泰卦에서 歸妹卦로 추이할 때] 3이 4로 감≫ 겨우 그 [坤國의] 국경(國境)에 도달하자마자, 마침내 艮으로써 죽음을 당하여 ≪歸妹卦에는 [上卦에 震이 있으니, 震을 뒤집으면 艮이 되므로] 본래 뒤집어진 艮이 있음≫ [그 시체를] 坎의 수레에 실으니 ≪上互卦가 坎≫ 시체를 수레에 싣는 象이다. [이것이] 정벌에 나서면 흉하게 되는 象이 아니고 무엇이겠는가? '睽之歸妹'에서 말하기를, "載鬼一車", 즉 "귀신을 한 수레에 [가득히] 싣는다"라고 하였으니 ≪睽卦 上九[40]≫ 여기에서 "정벌하러 가면 흉하다"라고 한 것은 이러한 象이 있기 때문이다.

○ 兌雖爲利 ≪義之利≫ 秖以乘剛 ≪又失位≫ 无攸利也

39) [校閱] "此云"의 "此"가 新朝本에는 "北"으로 되어 있으나 誤記이다.
40) 睽卦 上九에 "재귀일거(載鬼一車)"라는 말이 있다.

○ 兌에 비록 '이롭다(利)'는 뜻이 있는 것은 사실이지만, ≪兌는 義로움이 되며, 利로움이 됨≫ 다만 剛을 올라타고 있기 때문에 ≪[剛을 올라탐으로써] 다시 [그 합당한] 地位를 상실함≫ "无攸利"라고 한 것이다.

○案 彖詞 不言嫁妹之占者 明嫁妹 不過爲萬象之一象 歸妹之卦[41] 可以筮行役 可以筮戰伐[42] 可以筮天下之萬事 此 所以不言嫁妹也

○[案] 彖詞에서 누이를 시집보내는 占을 언급하지 않은 것은 누이를 시집보내는 일이 萬象 가운데 한 가지 象에 불과함을 분명하게 밝힌 것이다. [즉] 歸妹卦로써 행역(行役)[43]의 占을 칠 수도 있으며, 전쟁과 정벌(戰伐)의 일을 점칠 수도 있으며, [나아가] 天下의 萬事를 점칠 수 있으니, 이것이 누이를 시집보내는 것을 언급하지 않은 까닭이다.

彖曰 : 歸妹, 天地之大義也, 天地不交而萬物不興, 歸妹, 人之終始也. 說以動, 所歸妹也. 征凶, 位不當也, 无攸利, 柔乘剛也.

「彖傳」: 歸妹는 天地의 大義이니, 天地가 사귀지 않으면, 萬物이 흥(興)하지 못하나니, 歸妹는 사람의 끝이자, 처음이다. 기뻐하며 움직여서 시집보내는 것이 누이동생이다. 정벌하러 가면 흉하다는 것은 地位가 부당하기 때문이요, 이로울 바가 없다는 것은 柔가 剛을 타기 때문이다.

卦自泰來 天地之大義也 ≪兌爲義≫ 泰之時 天地相交 ≪大象云≫ 乾父坤母 生此兄妹 ≪泰兩互≫ 萬物興也 升之降之 天地又交 ≪三

41) [校閱] 新朝本과 國中本에는 "歸妹之卦"로 되어 있으나 奎章本에는 "歸妹之詞"로 되어 있다. 어느 것이나 틀린 것은 아니다. 여기서는 前者를 따른다.

42) [校閱] 新朝本과 國中本에는 "戰伐"로 되어 있으나 奎章本에는 "征伐"로 되어 있다. 어느 경우나 틀린 것은 아니다. 여기서는 前者를 따른다.

43) 행역(行役) : ① 官命을 좇아서, 토목사업, 혹은 국경을 지키는 일에 종사함. ② 旅行.

四交≫ 兌女艮男 成此夫婦 ≪上倒艮≫ 萬物興也 前交旣終 ≪泰之交已終≫ 後交又始 ≪今三四之交≫ 夫婦所生 又一夫婦 而生生不窮 繼繼不絶 人之終始也

泰 → 歸妹

歸妹卦는 泰卦로부터 왔으니 [地天 泰卦는 天과 地로 구성된 卦이므로, 歸妹卦는] 天地의 大義를 표현한다. ≪[歸妹卦의 下卦는 兌이니] 兌는 義로움을 상징함≫ 泰卦의 때에 하늘과 땅이 서로 사귀어[44] ≪[泰卦의] 「大象傳」에서 [“天地交, 泰”라고] 말함≫ 乾의 아버지와 坤의 어머니가 이 兄과 누이를 낳았으니 ≪泰卦의 [互震과 互兌의] 兩互卦≫ 萬物이 흥기(興起)한 것이다. [그런데 泰卦로부터] 올리거나 내리거나 함으로써, 天과 地가 다시금 사귀면 ≪3과 4가 교환됨≫ 兌女와 艮男이 부부(夫婦)를 형성하게 되었으니 ≪歸妹卦의 上卦인 震은 뒤집어진 艮≫ [이것은] 萬物이 흥기(興起)한 것이다. 앞의 [泰卦에서 父母가 사귀어 震의 兄과 兌의 누이를 낳는] 교제(交際)가 이미 끝마치고 나서 ≪泰卦의 사귐이 이미 끝남≫ 뒤의 [歸妹卦에서 兌女와 艮男이 夫婦를 형성하는] 교제(交際)가 다시 시작된 것이다. ≪이제 歸妹卦에서 3과 4가 서로 교환됨≫ 夫婦가 생겨난 뒤에, 또 한 부부가 다시 생겨난 것이니, [이것은] 낳고 또 낳음으로써 다함이 없음(生生不窮)이요, 잇고, 또 이어나감으로서 끊임이 없는 것(繼繼不絶)이니, [이것을 가리켜] “人之終始”, 즉 “사람의 끝이자, 처음”이라고 하는 것이다.

○ 所歸妹也者 震旣爲兄 ≪非兌配≫ 所歸者妹也 ≪明所歸者 非震妻≫

44) 泰卦에서 “天地交而萬物通”이라고 하였음.

○"所歸妹也"라고 한 것은 震이 이미 兄이 되었으니 ≪兌의 배필이 아님≫ 시집보내는 것이 누이동생이 되는 것이다. ≪시집보내는 사람이 震의 아내가 아님을 [분명하게] 밝힌 것이다.≫

○位不當者 三四移也 柔乘剛者 兌也

○"位不當"이라고 한 것은 3과 4가 자리를 옮겼기 때문이요, "柔乘剛"이라고 한 것은 兌를 가리킨 것이다.

初九 : 歸妹以娣, 跛能履. 征吉. ○ 象曰 : 歸妹以娣, 以恒也, 跛能履, 吉, 相承也.

初九 : 누이동생을 시집보낼 때, [조카딸 가운데] 누이동생(娣)을 [잉첩(媵妾)으로] 보낸다. 절름발이라도 걸을 수 있을 것이다. 정벌에 나서면, 吉할 것이다. ○「象傳」: "누이동생을 시집보낼 때, [조카딸 가운데] 누이동생(娣)을 [잉첩(媵妾)으로] 보내는 것(歸妹以娣)"은 禮의 오랜 관습을 따른 것이요, "절름발이라도 걸을 수 있으니, 吉하다라고 한 것(跛能履)"라고 한 것은 [걸을 수 있는 한 쪽 발과 걸을 수 없는 다른 쪽 발이] 서로 받들기 때문이다.

此 歸妹之解也 上震 公侯也 ≪人主卦≫ 公侯主其婚 則兌女艮男 ≪上顚艮≫ 皆公侯之子也 公侯之婚 必有媵妾 ≪見詩傳≫ 媵妾必以姪娣 ≪兄弟之女曰 姪≫ 娣者 女弟也 ≪說文云≫ 兌則爲妾 ≪說卦

文≫ 以婚姻則小女也 ≪艮之配≫ 以媵則妾也

䷵ ䷧
歸妹 → 解

이것은 歸妹卦가 解卦로 변하는 경우이다. [歸妹卦의] 上卦인 震은 공후(公侯)를 지칭함이니 ≪[震은] 人主를 상징하는 卦≫ 公侯가 그 혼례를 주관하니, 兌女와 艮男은 ≪[歸妹卦의 上卦는 震이니] 上卦는 뒤집어진 艮≫ 모두 公侯의 자식이다. 公侯의 집안에서 결혼할 때에는 반드시 데리고 가는 몸종(媵妾)이 있으니 ≪『詩傳』에 나타남≫ 잉첩(媵妾)으로는 반드시 '질제(姪娣)', 즉 조카딸 중에서 여동생이 그 역할을 하게 된다. ≪兄이나 동생의 딸을 '姪'이라고 함≫ '娣'는 여동생을 가리키는 것이다. ≪『說文』에서 그렇게 말함≫ 兌는 곧 妾이 됨이니 ≪「說卦傳」의 글≫ 혼인(婚姻)의 경우에는 곧 小女가 되고 ≪[兌는] 艮의 배필≫ 데리고 가는 종(媵)의 경우에는 곧 첩(妾)이 된다.

○解自臨來 ≪一之四≫ 臨之兌妾 ≪本下兌≫ 上從坤后 ≪乾爲君 則坤爲后≫ 坎以歸之 ≪下今坎≫ 歸妹以娣也

䷵ ䷧ ䷒
歸妹 → 解 ← 臨

○解卦는 臨卦로부터 오니 ≪1이 4로 감≫ 臨卦에서는 兌의 첩(妾)이 ≪[臨卦의] 下卦는 본래 兌≫ 위로 坤의 왕비(后)를 追從하였는데 ≪乾이 임금이 되면 坤의 자리는 왕비가 됨≫ [이제 解卦가 되면] 坎으로써 돌아가니 ≪[解卦의] 下卦는 이제 坎≫ [이것을 가리켜] "歸妹以娣", 즉 "누이동생을 시집보낼 때, 조카딸 중 누이동생인 娣로써 잉첩(媵妾)을 삼는다"고 한

것이다.

○解又自小過來 ≪三之二≫ 小過之時 卦有兩震 ≪下倒震≫ 兩足俱完 ≪小過取倒象≫ 移之爲解 ≪三之二≫ 則坎疾在足 ≪下今坎≫ 一足偏廢 ≪上[45]震足猶完≫ 一足廢曰 跛也 ≪說文云≫ 上震猶行 ≪一足行≫ 跛能履也

歸妹 → 解 ← 小過

○解卦는 또 小過卦로부터 왔으니 ≪[小過卦로부터 解卦로 推移할 때] 3이 2로 감≫ 小過卦의 때에는 卦에 두 개의 震이 있으니 ≪[小過卦의 下卦는 艮이니] 下卦는 뒤집어진 震이 됨≫ 두 발이 모두 갖추어져 있는 것이다. ≪小過卦의 경우에는 뒤집어진 象을 취함≫ [小過卦로부터] 推移하여 解卦로 가면 ≪3이 2로 감≫ 坎의 질병이 발(足)에 있어서 ≪下卦는 이제 坎≫ 발의 한 쪽이 치우쳐서 못쓰게 되니 ≪上卦인 震의 다리는 아직 온전함≫ 한 쪽 다리를 못쓰게 되면 절름발이(跛)라고 한 것이요 ≪『說文』에서 그렇게 말함≫ 上卦의 震은 아직 다닐 수 있으니 ≪한 쪽 발로 걸음≫ "跛能履", 즉 "절름발이가 걷는다"라고 한 것이다.

解者 蹇之反也 ≪蹇之倒≫ 解之爲跛 與蹇之爲蹇 ≪蹇亦小過來≫ 同一義也 ≪一足廢≫ 履六三 宜參看

45) [校閱] 新朝本에는 "上"이 "下"로 되어 있는데, 誤記이다.

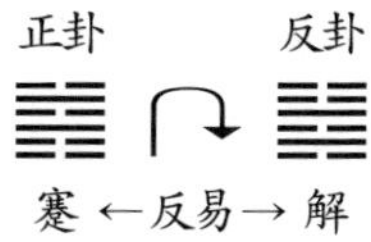

解卦는 蹇卦와 反易의 관계에 있다. ≪蹇卦를 도치(倒置)시킨 卦≫ 解卦의 '跛(절름발이)'와 蹇卦의 '蹇(절름발이)'은 ≪蹇卦도 [解卦와 마찬가지로] 역시 小過卦로부터 옴≫ 동일한 뜻이다. ≪한 쪽 발을 못쓰게 된 것≫ 履卦 六三의 경우46)도 마땅히 참고해 보아야 한다.

○臨之一剛 出征坤國 ≪一之四≫ 我以震生 ≪上今震≫ 彼以艮死 ≪在彼爲倒艮≫ 震威外振 ≪一之四≫ 坤疆內入 ≪四之一≫ 是 征吉也 ≪歸妹旣變 不取輿尸象≫

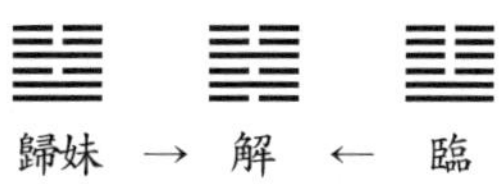

○臨卦의 初位에 있던 剛이 坤의 나라로 정벌에 나서니 ≪1이 4로 감≫ 나(我)는 震으로써 출생하였으나 ≪[解卦의] 上卦는 지금 震≫ 저 쪽은 艮으로써 사망한 것이다. ≪[解卦의 上卦인] 저 쪽 편은 뒤집어진 艮이 됨≫ [나(我)는] 震의 위엄(威嚴)을 밖으로 떨치고 ≪1이 4로 감≫ [저 쪽 편에서는] 坤의 영토의 안쪽 [깊은 곳]으로 [한 개의 陰이] 들어오니 ≪4가 1로 감≫ 이것이 "征吉"이라고 말한 까닭이다. ≪歸妹卦는 이미 변하였으므로 [解卦에는] 시체를 수레에 싣는 象은 없다.≫

○恒者 常也 以娣爲妾 禮之常也

○[「象傳」의 "歸妹以娣, 以恒也"의 句節 중에서] '恒'은 항상됨(常)을

---

46) 履卦 六三, "眇能視 跛能履 履虎尾 咥人凶 武人爲于大君."

뜻하니, "以娣爲妾", 즉 "[누이동생을 시집보낼 때] 조카딸 중 누이동생인 娣로써 잉첩(媵妾)을 삼는 것"은 상례(常禮)에 속하였다.

○相承者 上下卦 相承也 通觀上下而後 上以震行 ≪震爲左≫ 下有坎疾 ≪下今坎≫ 方爲跛象也 ≪一足廢≫

歸妹 → 解

○"相承"이라고 한 것은 上卦와 下卦가 서로 받드는 것을 말한다. 上下를 두루 관찰한 이후에, 위로 震으로써 다니지만 ≪震은 左側이 됨≫ 아래로 坎의 질병이 있으니 ≪[解卦의] 下卦는 이제 坎이 됨≫ 바야흐로 절름발이(跛)의 象이 된 것이다. ≪한 쪽 발을 못쓰게 된 것이다.≫

○案 周公之詞 如是者 卦無定象 唯變所適 ≪大傳文≫ 或以正體 ≪震兄而兌妹≫ 或以牉合 ≪兌女而艮壻≫ 或取本卦之變象 ≪初爻動征吉≫ 或取之卦之本象 ≪解自小過來≫ 縱橫出入 無所牽礙 周流六虛 變化不常 而八卦相盪[47] 風霆鼓發之妙 於是乎 盡之矣 孔子每言 周公之才之美 嗚呼 其信矣 今易非死法乎

○[案] 周公의 爻詞가 이와 같은 것은 卦에 定해진 象이 없어서 오직 변화를 좇을 따름이기 때문이다. ≪『大傳』의 글≫ [즉] 어떤 경우에는 正體로써 [象을] 취하며 ≪[歸妹卦의 [上卦인] 震의 兄과 [下卦인] 兌의 누이≫ 어떤 경우에는 반합(牉合)으로써 [象을] 취하며 ≪[歸妹卦의 下卦인] 兌의 여자와 [歸妹卦의 上卦인 震을 뒤집어 취한] 艮의 사위의 象을 취한 경우≫ 어떤 경우에는 本卦의 변상(變象)을 취하며 ≪[歸妹卦의] 初爻가 動할 경우 [本卦인 歸妹卦의

47) 八卦相盪 : 「繫辭上傳」의 '剛柔相摩, 八卦相盪'(第一章)에 나오는 구절.

變象은 解卦가 되니] "征吉"이라고 한 것≫ 어떤 경우에는 之卦의 本象을 취하니 ≪解卦는 小過卦로부터 온 경우, 解卦의 本象을 취함≫ [이처럼] 종횡(縱橫)으로 出入함에 거리끼는 바가 없으며, [上下와 四方의] 六虛를 두루 流通함에 변화가 無常하고, 八卦가 서로 섞여서, 바람과 천둥이 합쳐져서 북치는 소리를 내는 오묘(奧妙)한 이치가 여기에서 극진하게 표현된 것이다. 孔子께서 매번 周公의 才能의 훌륭함을 찬탄하시니, 오호(嗚呼)라, 그 믿음이여, 지금의 易은 죽은 法이 아니겠는가?

䷲

九二：眇能視, 利幽人之貞. ◯ 象曰：利幽人之貞, 未變常也.

九二：애꾸눈이라도 볼 수 있으니, [은둔해 사는] 幽人의 일에 이로울 것이다. ◯「象傳」："[은둔해 사는] 幽人의 일에 이롭다(利幽人之貞)"라고 한 것은 [은둔해 살면서도] 변치 않고 常道를 지키기 때문이다.

此 歸妹之震也

䷵ ䷲
歸妹 → 震

이것은 歸妹卦가 震卦로 변하는 경우이다.

歸妹之體 兩互成卦 ≪法見表≫ 其卦 旣濟也 ䷾ 旣濟之內 本有重離 ≪上互離≫ 兩目明矣 ≪离爲目≫ 二爻之動 ≪旣濟之六二≫ 下离

遂亡 ≪爲需卦≫ 眇一目也 一离猶存 ≪互离存≫ 眇能視也 ≪說文云一目盲曰 眇≫ 歸妹之卦 本只一足 ≪上一震≫ 亦只一目 ≪中一离≫ 故其占如此 ≪變象之中 取本象≫

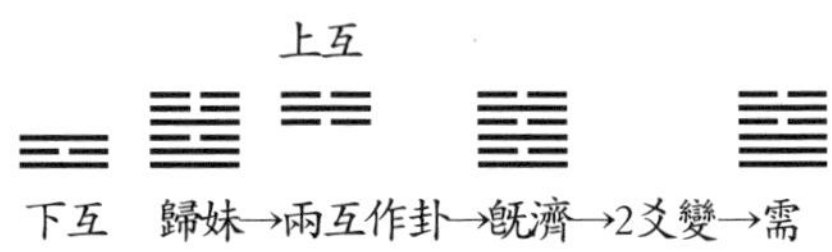

歸妹卦의 형체로부터 兩互卦를 만들면 ≪兩互作卦表를 참조할 것≫ 그 괘는 旣濟卦가 된다. 旣濟卦의 내부에는 본래 이중(二重)의 离가 있으니 ≪旣濟卦의 上互卦는 离[이며, 下卦에 离가 또 있으므로 离가 이중으로 있는 것]≫ 두 눈(兩目)이 밝은 것이다. ≪离는 눈에 해당된다.≫ 제2爻가 변동함에 ≪旣濟卦의 六二爻≫ 下卦인 离가 드디어 없어지니 ≪[旣濟卦 六二가 효변하면] 需卦가 됨≫ 애꾸의 한 쪽 눈이거니와 [다른] 한 쪽의 离가 여전히 존재하는 까닭에 ≪互离가 있음≫ "眇能視", 즉 "애꾸가 볼 수 있다"라고 말한 것이다. ≪『說文』에서 말하기를, "한 쪽 눈이 먼 사람을 '眇'[애꾸]라고 한다"고 하였음≫ 歸妹卦에는 본래 단지 한 개의 다리가 있을 뿐이요 ≪[歸妹卦의] 上卦는 한 개의 震≫ 또한 단지 한 개의 눈만 있을 뿐이므로 ≪가운데 한 개의 离가 있음≫ 그 점이 이와 같다. ≪變象 가운데서 本象을 취한 것이다. [즉 歸妹卦의 兩互卦인 旣濟卦를 효변시켜 需卦를 얻었는데, 需卦의 變相 속에서 歸妹卦의 本象을 취한 것이다.]≫

○幽人者 幽隱之人也 ≪見履之九二≫ 震自臨來 ≪二之四≫ 兌之幽人 ≪義見下≫ 往以坎隱 ≪三五坎≫ 遂得震道 ≪上今震≫ 利幽人之事也 ≪貞事也≫ 曷然哉 艮山之下 ≪下[48]互艮≫ 震林之中 ≪下今震≫ 種

48) [校閱] 新朝本과 奎章本과 國中本에 모두 "上互艮"으로 되어 있으나 "下互艮"이 옳다.

菜蒔菓 ≪震草而艮果≫ 以輔禾稼 ≪上震本坤田≫ 无不利也 ≪本兌利≫

歸妹 → 震 ← 臨

○"幽人"이란 먼 곳에 숨어사는 사람(幽隱之人)을 가리킨다. ≪履卦 九二에 보인다.49)≫ 震卦는 臨卦로부터 왔으니 ≪2가 4로 감≫ [臨卦의 下卦는 兌인데] 兌의 幽人이 ≪뜻이 아래에 나타남≫ 가서 坎으로써 숨어서 ≪[震卦의] 3·4·5는 互坎≫ 마침내 震의 길을 얻었으니 ≪重雷 震卦의 上卦는 지금 震≫ 幽人의 일에 이로운 것이다. ≪'貞'은 事를 뜻함≫ 그것은 왜 그러한가? 艮의 山 아래와 ≪[震卦의] 下互卦는 艮≫ 震의 숲 가운데에 ≪[震卦의] 下卦는 지금 震≫ 채소를 심고, 과일을 심음으로써 ≪震의 풀과 艮의 과일이 있음≫ 벼농사를 보충하니 ≪[震卦의] 上卦는 震인데, [震卦는 臨卦에서 왔고, 또 臨卦의 上卦는 坤이므로] 본래 坤의 밭이었음≫ 이롭지 않음이 없기 때문이다. ≪본래 兌의 이로움이 있음≫

○50) 常者 舊也 泰之時 兌之幽人 ≪下互兌≫ 有此震道 ≪上互震≫ 歸妹亦然 ≪兌與震≫ 臨移爲震 ≪今九二≫ 其象無改 ≪兌得震≫ 未變常也

○'常'은 옛 것(舊)을 뜻하니, 泰卦의 때에는 兌의 幽人이 ≪[泰卦의] 下互卦는 兌≫ 이 震의 길을 갔었는데 ≪[泰卦의] 上互卦는 震≫ 歸妹의 경우도 역시 그러하다. ≪[歸妹卦에는] 兌와 震이 있음≫ 臨卦로부터 推移하여 震卦로 된 경우에도 ≪[臨卦로부터] 지금 九二가 옮겨감[으로써 震卦가 됨]≫ 그 象에는 고쳐진 것이 없으므로 ≪兌가 震을 얻음51)≫ "未變常", 즉 "항상됨을 변

49) 履卦 九二에 "履道坦坦, 幽人貞吉"이라고 하였다.
50) [校閱] 奎章本에는 "○"의 표시가 빠져 있다.
51) [臨卦에] 兌의 幽人이 있었는데, 그로부터 변하여 震을 얻었으니, 결국 이 경우에도

하지 않은 것"이라고 한 것이다.

○案 兌者 西方幽昧之地 ≪鄭玄云 日所入爲暗昧≫ 故易例 兌爲幽 ≪履與困≫

○[案] '兌'는 西方의 幽玄하고 어두운 땅(幽昧之地)을 가리킨다. ≪鄭玄이 말하기를, "해가 들어가는 곳은 어두운 곳이 된다"라고 하였다.≫ 그러므로 易例에 따르면, 兌는 '幽'를 뜻한다. ≪履卦[52]와 困卦[53]의 경우를 참조할 것≫

○學稼云 周公於此 不言嫁妹之象者 卽所以缺本也 ≪見要旨≫

○學稼가 말하였다. "周公이 여기에서 누이를 시집보내는 象을 언급하지 않은 것은 곧 '결본(缺本)'의 경우에 해당된다." ≪[다산(茶山)의] 「讀易要旨」를 참조.[54]≫

○履九[55]二 六三 宜參看

兌의 幽人이 震道를 얻은 것이라고 할 수 있다.

52) 履卦의 경우란 履卦 九二의 경우를 가리킨다. 履卦 九二에 "幽人貞吉"이라고 하였는데, 履卦 九二는 履之无妄이며, 无妄卦는 中孚卦로부터 변화된 것이다. 그런데 中孚卦의 下卦에 兌가 있으니, 兌는 西方幽昧之地를 뜻한다.

53) 困卦 初六에서 "入于幽谷([君子가] 어두운 골짜기로 들어간다)"라고 하였다. 困卦 初六爻가 변하게 되면, 重澤 兌卦가 되는데, 重澤 兌卦의 下卦가 兌로서, '幽谷(어두운 계곡)'을 상징한다.

54) 결본(缺本) : 「讀易要旨」는 다산이 세운 讀易原則을 가리키는데, 缺本은 「讀易要旨」 제7則에 해당된다. "결본(缺本)"은 문자 그대로는 본성의 생략(缺本)을 뜻하는데, 예컨대 屯卦의 六四에서 "屯"을 언급치 않고, 蒙卦 六三에서 "蒙"을 언급치 않고, 需卦 上六에서 "需"를 말하지 않고, 訟卦 六三에서 "訟"을 말하지 않는 등이 이 缺本의 例에 속한다. 易의 作者는 之卦에 本卦의 性氣를 뿌려 놓았지만, 이처럼 파성(播性)을 한 뒤에도, 다른 한편으로 학인(學人)들이 성기(性氣)에만 집착하여 변통(變通)을 알지 못할까 우려하여, 간혹 여섯 개의 爻 중에 그 한두 개의 爻詞에서 그 本性을 빼버리고, 거론하지는 않았다는 것이다. 그러나 설령 한두 개의 爻詞에서 그 本性을 빼버리고 거론하지 않았다고 하더라도, 거기에 그 본래의 性氣가 없는 것은 아니라는 것이 다산의 주장이다(『四箋』 卷1, 15).

55) [校閱] 奎章本에는 "六二"로 되어 있으나 新朝本과 國中本에는 "九二"로 되어 있

○履卦 九二[56]와 履卦 六三[57]의 경우도 마땅히 참고해 보아야 한다.

六三 : 歸妹以須, 反歸以娣. ○ 象曰 : 歸妹以須, 未當也.

六三: 누이를 시집보낼 때에 손윗누이를 [잉첩(媵妾)으로 삼아] 보내지만, 도리어 막내동생(娣)을 [잉첩(媵妾)을 삼아] 보내는 것이 옳다. ○「象傳」: 누이를 시집보낼 때에 손윗누이를 [잉첩(媵妾)으로 삼아] 보내는 것은 합당하지 않다.

此 歸妹之大壯也 須與嬃通 嬃者 女兄也 《離騷云 女嬃之嬋媛兮》 漢書 呂后之姊曰 呂嬃 《或云 伯爲姊 而仲爲嬃》 古禮 媵以姪娣 不以姑姊媵 《衛風注》 不屈長爲賤也

歸妹 → 大壯

이것은 歸妹卦가 大壯卦로 변하는 경우이다. '須(수)'字는 '누이 嬃(수)'字와 더불어 通하니, '嬃'는 여자형제(女兄)를 가리킨다. ≪[굴원(屈原)[58]의]『이소(離騷)』[59]에서 "여수지선원혜(女嬃[60]之嬋媛[61]兮)", 즉 "누님은 애타게

다. 後者가 옳다.

56) 履卦 九二에 "幽人貞吉"이라고 함.

57) 歸妹卦 九二의 "眇能視"와 履卦 六三의 "眇能視, 跛能履"를 참조해서 보라는 뜻이다.

58) 굴원(屈原, B.C.340~278) : 楚나라의 왕족으로 字가 原, 이름이 平이었다. 젊은 나이에 여러 방면에서 뛰어나 회왕의 신임을 받았으나 시기하는 무리들의 모함과 투기에

[나를] 붙잡고서"라고 함[62])≫『漢書』[63])에서 여태후(呂太后)[64])의 동생을 '여수(呂嬃)'[65])라고 하였다.[66]) ≪或者가 말하기를, "맏딸은 손윗누이[姊]가 되고, 둘째 딸은 누이[嬃]가 된다"고 하였다.≫ 古禮에 따르면, 몸종으로 보낼 때에는 조카딸 중 누이동생(姪娣)으로써 하고, 손윗누이(姑姊)로써 하지 않는다고 하니 ≪[『詩經』] 「위풍(衛風)」의 注[67])≫ [요컨대] 長女의 신분을 굽혀서 賤한 신분으로 삼지 않는 것이다.

여러 번 좌천되어 끝내 자살로서 생을 마감했다. 『史記』 「屈原賈生列傳」에 그의 생애에 대한 소개가 있다.

59) 『離騷』: 전국시대 중엽 楚나라 굴원(屈原, B.C.340~278)의 장편 서정시, 전편 2490자, 373구나 되는 中國 古代의 문학작품 가운데서 가장 긴 詩로서, 굴원 자신의 자전적 성격을 띠는 장편대작이다. 君王에게 버림받은 屈原 자신의 신세와 楚나라 조정의 부패 및 정치적 실의 후 방황하는 심리를 표현하고 있다.

60) 여수(女嬃): ① 屈原의 누이(王逸, 王夫之의 說). ② 賤妾(『文選』의 李善의 注).

61) 선원(嬋媛): 애타게 끌어당기다. 호흡이 가쁘다.

62) 『離騷』에서 "女嬃之嬋媛兮, 申申其詈予(누님은 마음에 걸려, 거듭 거듭 나를 꾸짖어 나무라시기를)"이라고 함. 이때 屈原의 누님이 꾸짖은 내용은 다음과 같다. "堯임금의 신하인 곤(鯀)은 강직하여, 일신의 安危를 잊어서 끝내 들판에서 죽었도다. 너는 어찌하여 忠諫하기를 좋아하여, 혼자서 절개를 지키려고 하느냐? …… 세상은 다 패거리 만들기를 좋아하는데, 그 어찌하여 홀로 내 말을 듣지 않으려고 하느냐?"(류성준 편저, 『楚辭』, 문이재, 2002, 20~21면)

63) 『漢書』(卷3)의 「高後紀」(第三)에 나온다.

64) 呂后: 漢나라 高祖인 유방(劉邦)의 황후인 여태후(呂太后)를 가리키는데, 내조의 공이 컸다. 이름은 치(雉), 字는 아후(娥姁), 선보(單父) 사람. 혜제(惠帝)의 生母, 아들 惠帝가 죽은 후, 후궁의 아들로 少帝로 삼고, 정권을 좌우하고 8년 동안 다스렸다. 同族인 呂氏 네 사람을 王에 봉하여 呂氏의 亂의 원인을 만들었다. 『史記』 「呂后本紀」를 참조할 것. 또 『漢書』 卷3, 97면 上을 참조할 것(『漢韓大辭典』 2, 단국대 동양학연구소, 1999, 1286면, '여치(呂雉)' 항목을 참조).

65) 여수(呂嬃): 漢나라 여태후(呂太后)의 동생이며, 번쾌(樊噲)의 아내, 高后 때, 권력을 장악하였고, 임광후(臨光侯)에 봉해짐. 수(嬃)는 須로도 쓴다. 『史記』 「번쾌전(樊噲傳)」에 나온다(『漢韓大辭典』 2, 단국대 동양학연구소, 1999, 1283면).

66) 『漢書』 이외에도 『史記』에도 관련된 언급이 있다. 『史記』 「樊酈滕灌列傳」(卷95 第35)에 "번쾌(樊噲)는 여후(呂后)의 여동생 수(須)를 아내로 맞이하여 아들 항(伉)을 낳았기 때문에 다른 여러 장군들에 비하여 高祖와 가장 가까웠다"라고 함(丁範鎭 외역, 『司馬遷 史記』 卷6(『史記列傳』 中), 까치, 1995, 550면).

67) 『詩經』 「衛風」 「碩人」편의 注를 살펴보면 '女子後生曰妹', '妻之姊妹曰姨'라고 했다.

○卦有互离 ≪三乃离之中≫ 离爲中女 ≪坤二索≫ 於兌爲長 ≪兌少女≫ 歸妹以須也 ≪以中女爲媵≫ 三之既變 离女遂滅 ≪三今剛≫ 兌女前往 ≪今互兌≫ 兌則爲娣 ≪最少女≫ 反歸以娣也 大婚之禮 始媵中女 ≪或 非嫡出 則雖中女 而媵之≫ 筮遇此爻 則當媵少女也

歸妹 → 大壯

○卦에는 互离가 있으니 ≪3은 이에 离의 中에 해당함≫ 离는 中女가 되며 ≪[巽은 坤의 일색(一索)으로써 형성되었으므로, 長女에 해당되는 반면에] 离는 坤의 이색(二索)으로써 형성되었으므로 中女에 해당함≫ 兌[의 少女]에 대해서 [상대적으로] 어른이 되는 까닭에 ≪兌는 少女≫ "歸妹以須", 즉 "누이를 시집보냄에 손윗누이(須)로써 한다"라고 말한 것이다. ≪中女로써 媵妾으로 삼음≫ 歸妹卦의 제3爻가 이미 변하여 [大壯卦로 되면] 离의 中女는 마침내 소멸된 반면에 ≪[大壯卦에서 제3爻가 지금 剛≫ 兌의 少女가 앞으로 나아가는데 ≪[歸妹卦에서는 兌가 下卦에 있었으나 지금 [大壯卦로 변하면 下卦에 있던 兌는 없어지고] 上互卦에 兌가 있음≫ 兌는 곧 막내여동생(娣)이니 ≪가장 어린 여자≫ "反歸以娣", 즉 "도리어 막내동생(娣)으로써 시집보내는 것"이다. 大婚[68]의 禮에 처음에는 中女를 媵妾으로 보냄으로써 하니 ≪간혹 적출(嫡出)이 아니면, 비록 中女라고 하더라고 잉첩(媵妾)으로 보내는 경우가 있음≫ 점을 쳐서 이 爻를 만나면 少女를 媵妾으로 보내는 경우에 해당한다.

○未當者 位不當也 ≪三本柔居陽≫ 媵必以娣 ≪最少弟≫ 舍娣取娶 義未當也

68) 천자 또한 황태자의 혼인을 말함.

○“未當(합당하지 않음)”이라고 말한 것은 그 지위가 맞지 않기 때문이니 ≪[歸妹卦의] 六三은 본래 柔인데, 陽의 자리에 머무르고 있음≫ 잉첩(媵妾)으로 보낼 때에는 반드시 누이동생(娣)으로써 해야 하거늘 ≪가장 막내 여동생≫ 여동생(娣)을 버리고 손윗누이(嬃)를 취하였으니, 義로움에 있어서, 합당치 못한 것이다.

○案 朱震云 天官書 須女四星 賤妾之象 ≪織女三星 天女也≫ 子夏傳 ≪古僞書≫ 孟喜易 皆作媵妾之名 ≪直以嬃爲妾≫ 謬矣 須者 女兄也

○[案] 주진(朱震)이 말하였다. “『史記』「천관서(天官書)」[69]에서는 수녀(須女)[70]의 네 별자리가 천첩(賤妾)의 象에 해당된다.” ≪[반면에] 직녀(織女)의 세 별은 天女에 해당된다.[71]≫ 『子夏傳』과 ≪『子夏傳』은 옛날의 위서(僞書)에 해당됨≫ 孟喜易에서도 모두 ‘수(嬃)’를 잉첩(媵妾)의 이름으로 간주하였다”라고 하였다. ≪곧바로 ‘嬃(수)’字를 妾의 뜻으로 간주함≫ [그러나 주진(朱震)의 說은] 잘못된 것이다. ‘須’는 [천첩(賤妾)을 뜻하는 것이 아니라] 맏딸(女兄)을 뜻한다.

---

69) 「天官書」: 사마천의 『史記』 중 天文書에 해당됨, 해와 달과 별의 운행 및 그 관측과 인간과의 관계에 대해 적었다.

70) 수녀(須女): 28宿의 하나인 여수(女宿)의 별명으로서, 무녀(婺女)라고도 한다. 28宿 중에서 북궁(北宮) 현무(玄武) 칠수(七宿)의 제3宿인 네 개의 별을 가리키는데, 지금은 보병좌(寶瓶座)에 속한다. 神話와 관련하여, 여수(女宿)에 속하는 네 별은 옷감 짜는 일, 결혼업무 등 하녀와 여종이 관계하는 일을 맡아보는 것으로 간주되었기 때문에 수녀(須女)라는 명칭이 붙게 되었다(丁範鎭 외역, 『史馬遷 史記』 卷2(『表序・書』), 까치, 1996, 143면).

71) 『史記』 「天官書」에서는 織女를 “天女孫”이라 하고 있다. 晉代 以後의 서적에서는 흔히 “天女”로 쓰여 있으며, 詩文에서는 “天女”, 혹은 “天孫”이라고 부른다. 한 여름 해가 지고 난 후, 머리 위에서 가장 밝게 빛나는 하얀 별이 바로 거문고자리의 으뜸별 織女(Vega)이다. 織女座에는 세 개의 별이 있으며, 지금은 거문고좌에 속한다(위의 책, 143면).

九四：歸妹愆期, 遲歸有時. ○象曰：愆期之志, 有待而行也.

九四：누이를 시집보내는데 기일(期日)을 어기니, 시집가는 것을 늦추는 것은 [혼례를 지내기에 알맞은] 때가 있기 때문이다. ○「象傳」：기일(期日)을 넘기는 뜻은 [신랑이 될 사람을] 기다려서 [혼례를] 행하고자 하는 것이다.

此 歸妹之臨也 期者 月日也 坎則爲月 ≪上互坎≫ 离則爲日 ≪下互离≫ 此 歸妹之期也 四之旣變 坎离俱壞 ≪四今坼≫ 歸妹愆期也 ≪日月今乖愆≫ 艮壻不至 ≪上無艮≫ 何以成禮

歸妹 → 4爻變 → 臨

이것은 歸妹卦가 臨卦로 변하는 경우이다. "期"는 달과 해를 가리키는데, 坎은 곧 달(月)이 되고 ≪[歸妹卦의] 上卦는 互坎≫ 离는 곧 해(日)가 되니 ≪[歸妹卦의] 下互卦는 离≫ 이것은 歸妹의 해와 달에 해당된다. [그런데 歸妹卦의] 九四爻가 이미 爻變하게 되면, [臨卦로 되어] 坎과 离가 모두 파괴되니 ≪九四의 剛畫이 지금 갈라짐≫ 이것은 "歸妹愆期", 즉 "누이를 시집보내는데 기일(期日)을 어기는 것"이다. ≪해와 달이 지금 어그러짐≫ 艮의 사위가 도착하지 않았으니 ≪[歸妹卦로부터 推移하여 臨卦로 가게 되면] 上卦에는 艮이 없음≫ 어떻게 혼례(婚禮)를 올리겠는가?.

○然 其變爲臨 ≪地澤卦≫ 臨者 丑月之卦也 古者 冰泮爲婚 ≪見詩疏≫ 其期不遠 ≪兼震亦爲春≫ 遲歸有時也 ≪遲 去聲 待也≫

䷵ ䷒

歸妹 → 4爻變 → 臨

○그러나 그 [歸妹卦가] 변하면 臨卦가 되니 ≪地澤 臨卦≫ 臨卦는 丑月(12월)의 卦이다. 옛날에 얼음이 녹기 시작하는 때가 되면 혼인(婚姻)을 하였으니 ≪『詩經』의 疏에 보임≫ 그 時期가 멀지 않았으므로 ≪臨卦를 兼畫하면, 震이 되니, 震은 또한 봄이 됨≫ "遲歸有時", 즉 "시집가는 것을 기다리는 것이 때가 있다"고 한 것이다. ≪'遲(지)'는 거성(去聲)이니, 기다린다는 뜻이다.[72]≫

○云誰之遲 女子之歸 待男行也 ≪漸之雜卦傳≫ 艮壻不至 有待而行也

○[그러면] 누구를 기다린다는 것인가? 女子가 시집감에 男子를 기다려 가는 것이다. ≪『雜卦傳』에 "漸, 女歸 待男行也"라고 하였음≫ 艮의 신랑(壻)이 도착하지 않았으니, 기다려서 가는 것이다.

䷵

六五 : 帝乙歸妹, 其君之袂, 不如其娣之袂良, 月幾望, 吉. ○[73] 象曰 : 帝乙歸妹, 不如其娣之袂良也, 其位在中, 以貴行也.

六五 : 제을(帝乙)[74]이 누이동생을 시집보냄에, 그 본처(本妻, 其君)의 소

72) '遲(지)'字가 평성(平聲)일 때는 "늦다"의 뜻이 되지만, 거성(去聲)일 때는 "기다린다"는 뜻이 된다.

73) [校閱] "○"의 표시가 奎章本에는 빠져 있다.

매가 그 [몸종으로 따라가는 조카딸인] 누이동생의 소매가 좋은 것만 같지 못하다. 달이 거의 보름달이 되면, 길할 것이다. ○「象傳」: "帝乙歸妹, 不如其娣之袂, 良"이라고 한 것은 그 [帝乙 혹은 帝乙의 누이동생의] 地位가 [上卦의] 가운데 있으니, [화려하게 치장(治裝)하여 위세(威勢)를 과시(誇示)하기보다는 오히려 높은 자리에 오를수록 검소한 복장(服裝)으로 차려 입음으로써] 존귀(尊貴)하게 행한다는 뜻이다.

此 歸妹之兌也 兌自大壯來 《五之三》 大壯之時 上震 帝乙也 互兌 其妹也 《三五互》 帝出乎震 《說卦文》 震爲乙方 《東方卦》 震者 帝乙也 移之爲兌則 离以成禮 《二四互》 歸其兌妹 《大坎歸》 帝乙歸妹也 五爲君位 故其占如此

歸妹 → 兌 ← 大壯

이것은 歸妹卦가 兌卦로 변하는 경우이다. 兌卦는 大壯卦로부터 왔으니 《5가 3으로 감》 大壯卦의 때에는 上卦인 震은 帝乙을 가리키고, 互卦인 兌는 그 누이(妹)를 가리킨다. 《3·4·5의 互卦는 兌》 ["帝出乎震"이라고 하였으니] 帝는 震方에서 나오며 《「說卦傳」에서 "帝出乎震"이라고 함》 震은 을방(乙方)이 되니 《震은 東方卦》 '震'은 제을(帝乙)에 해당된다. [大壯卦로부터] 推移하여 兌卦가 되면 离로써 禮를 이루어 《2·3·4의 互离》 그 兌의 누이(妹)를 시집보내는 까닭에 《大坎으로써 시집보냄》 "帝乙歸妹"라고 한 것이다. 제5位가 君主의 자리이기 때문에, 그 占이 이와 같다.

---

74) 제을(帝乙): 주왕(紂王)과 미자(微子啓)의 아버지이다.

○卦今重兌 《五爻動》 上兌 帝妹也 《位在上》 下兌 其媵也 《位在下》

歸妹 → 兌

○ 兌卦는 지금 重兌이니 《[歸妹卦의] 제5爻가 변동함》 上卦의 兌는 “帝妹”, 즉 “임금의 누이”에 해당하고 《그 위치가 위에 있음》 下卦의 兌는 그 딸려보내는 몸종(媵妾)에 해당한다. 《위치가 아래에 있다.》

重澤之卦 又自中孚 《四之上》 中孚之時 ☴ 上巽 嫡妻也 《巽爲后》 下兌 媵妾也 《位在下》 嫡者 爲君 《女君謂之君》 媵者 其娣也

歸妹 → 兌 ← 中孚

重澤 兌卦는 또 中孚卦로부터 왔으니 《4가 上으로 감》 中孚卦의 때에 上卦인 巽은 정실(正室)로 맞은 본처(嫡妻)에 해당하고 《巽은 왕비가 됨》 下卦인 兌는 [시집갈 때 데리고 가는] 잉첩(媵妾)에 해당된다. 《위치가 아래에 있음》 [따라서] 본처(本妻, 嫡者)는 君이 되고 《女君을 일컬어 君이라고 함》 딸려 보내는 몸종(媵者)은 그 조카딸 중 누이동생(娣)이 되는 것이다.

袂者 兌也 《義見下》 上兌之袂 本以壞帛 《泰之坤不完》 補綻以成 《五本坼今完》 巽以濯之 《互巽潔》 其袂 不良也 下兌之袂 本以乾衣 《泰下乾》 自然成袂 《歸妹本下兌》 离文燦然 《下互离》 其袂本良也 《良之義見下》 此所謂 其君之袂 不如其娣之袂良也 曷然哉 其位既貴 《五君位》 其德宜儉 此 葛覃之義也

䷊ ䷵ ䷹

泰 → 歸妹 → 兌

소매(袂)를 상징하는 것은 兌이다. ≪뜻이 아래에 나타남≫ 上卦의 兌의 소매는 본래 헤어진 비단이었는데 ≪[歸妹卦는 본래 泰卦에서 왔는데, 泰卦의 上卦는 坤으로서 비단을 상징한다. 그런데 지금 兌卦가 되면, 上卦는 兌가 되므로] 泰卦의 坤의 비단은 완전하지 못한 상태임≫ 옷이 터진 곳을 기워서 完成하여 ≪[歸妹卦의] 제5位는 본래 [柔이기 때문에 가운데가] 터져 있는데 이제 [兌卦가 되면 제5位는 剛이 되므로 터졌던 것이 복구되어] 完全해짐≫ 巽으로써 세탁(洗濯)하니 ≪[兌卦의] 上互卦는 巽인데 깨끗함을 상징함≫ 그 소매의 상태가 양호(良好)하지 못한 것이다. [반면에 兌卦의] 下卦의 兌의 소매는 본래 乾의 옷(衣)으로부터 온 것으로서 ≪[歸妹卦는 본래 泰卦에서 왔는데] 泰卦의 下卦는 乾≫ 自然스럽게 소매(袂)를 형성하여 ≪歸妹卦의 下卦는 본래 兌≫ 离의 무늬가 밝게 빛나니 ≪下互는 离≫ 그 소매의 상태가 본래 양호(良好)한 것이니 ≪良의 뜻은 아래에 나타남≫ 이것이 이른바 "其君之袂, 不如其娣之袂良", 즉 "그 주인의 소매가 그 누이동생의 소매가 본래 좋은 것만 같지 못하다"는 뜻이다. 왜 그러한가? 그 [君의] 地位가 이미 존귀(尊貴)하니 ≪제5位는 君主의 地位≫ 그 德이 마땅히 검소(儉素)해야 한다. 이것이 "갈담(葛覃)"75)의 뜻이다.

○易例 坎則爲月 ≪說卦文≫ 乾則爲圓 ≪說卦文≫ 故兌在坎位

75) "갈담(葛覃)"이라는 말은『詩經』「周南」「葛覃」편에서 나온 것이다.『詩經』「葛覃」은 后妃가 스스로 직접 지은 것이라고 하는데, 한 여름에 다 자란 칡을 베어, 삶고 손질해서 갈포옷을 만들어 입는 과정을 통해, 그 수고가 결코 만만치 않음을 알았기 때문에, 아무리 오래 입어 때가 끼고 헤질 정도가 되더라도 싫증낼 수 없음을 노래한 것이 그 내용이다. 신분이 이미 귀해졌는데도 능히 부지런하고, 이미 부유한데도 능히 검소하며 이미 어른이 되었는 데도 스승에게 공경하고, 이미 시집갔어도 친정 부모에게 효도할 것을 강조하고 있다.

則爲月幾望 ≪義詳小畜卦≫

○易例에 따르면 坎은 곧 달(月)을 상징하며 ≪「說卦傳」의 글≫ 乾은 곧 圓을 상징한다. ≪「說卦傳」의 글≫ 따라서 兌가 坎位에 있으면 곧 "月幾望"이 된다. ≪뜻이 小畜卦에 상세히 설명되어 있다.[76]≫

蓋以八卦之序 自兌而乾 ≪兌如夬≫ 自乾而巽 ≪巽如姤≫ 故兌爲幾圓之乾也 月幾望吉者 謂凡筮日者 以此卦爲吉也 月滿則虧 固爲婦人盛滿之戒 其在筮家 亦爲占日之通例 所以前民用也

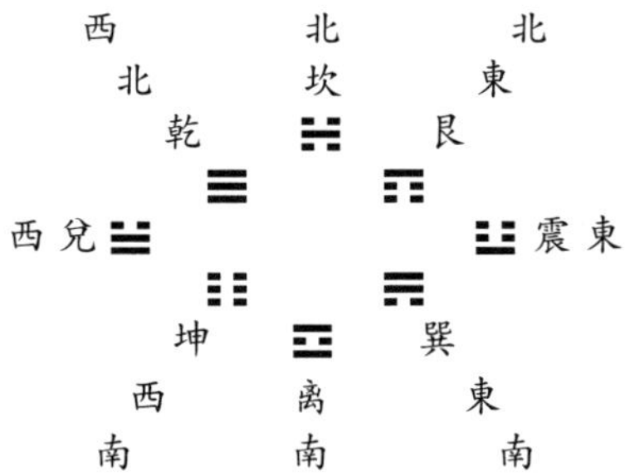

대개 八卦의 順序로써 보면, 兌로부터 乾에 이르고 ≪[八卦의] 兌는 [重卦의] 夬卦에 상응함≫ [다시] 乾으로부터 巽에 이르기 때문에 ≪[八卦의] 巽은 [重卦의] 姤卦에 상응함≫ 兌는 거의 둥근 乾에 가깝다고 말할 수 있다. "月幾望, 吉", 즉 "달이 거의 보름달에 가까우니 길하다"라고 한 것은 일반적으로 날(日)[의 吉凶]을 점치는 자가 이 歸妹卦 六五로써 吉한 경우로 삼았다는 것을 말해주는 것이다. 달은 차면, 이지러지는 것이니 진실로 부인의 위세(威勢)가 지나치게 왕성(旺盛)하게 되는 것을 경계한 것이다. 점술가(筮家)의 경우에도 역시 날을 점치는 通例가 되니, 그렇게 함으로써 백성의 일상적 생활에 활용(活用)하는 것이다.

---

76) 小畜 上九, "月幾望이니 君子征하면 凶하리라."

○位在中者 君位 在五也 其位旣貴 不以服飾[77]治容 ≪於妾宜≫ 以貴行也 ≪上本震 爲行≫

歸妹 → 兌

○"位在中"이라고 한 것은 君主의 위치가 제5位에 있는 것을 가리킨 것이니, 그 자리가 이미 존귀(尊貴)한 자리에 있기 때문에, 옷을 치장하거나, 얼굴을 화장하지 않으면서도 貴하게 행동하는 것이다. ≪[歸妹卦의] 上卦는 본래 震이니, 行함의 뜻이 된다.≫

○案 兌也者 乾口之坼者也 乾則爲衣 ≪荀九家≫ 衣口之缺 ≪兌爲夬≫ 非卽爲袂乎 ≪如 玉夬爲玦 水夬爲決≫

○[案] 兌는 乾의 입구(入口)가 터진 것이다. 乾이 곧 옷(衣)이 되니 ≪荀九家의 易≫ 옷의 입구가 터진 것이다. ≪兌는 '쾌(夬)', 즉 '터진다'는 뜻≫ 만일 옷의 입구가 터지지 않는다면 어떻게 소매가 되겠는가? ≪玉이 터진 것을 '결(玦)'(佩玉)이라고 하고, 물이 [제방(堤防) 등으로부터] 터져서 흐르는 것을 '결(決)'라고 하는 것과 같다.≫

○良者 本善也 如所謂良知良能也 不習而驟 謂之良馬 不糞而肥 謂之良田 ≪皆本然之善≫

○"良"은 본래 善한 상태를 뜻하니, 이른바 "良知", "良能"이라고 말할 때와 같다. 훈련을 받지 않아도, 잘 달리는 말을 "良馬"라 하고, 거름을 주지 않아도, 비옥한 밭을 "良田"이라고 한다. ≪모두 본래부터 좋

77) [校閱] 新朝本에는 "복식(服飾)"으로 되어 있으나 奎章本과 國中本에는 "복희(服餙)"로 되어 있다. 뜻에는 차이가 없다. 여기서는 前者를 따른다.

은 것이다.≫

○ 又按 桓王下姬 ≪春秋傳 齊襄公 逆王姬 是 桓王之妹≫ 吳主嫁妹 ≪孫權嫁妹於昭烈≫ 後亦有之 疑帝乙當時 ≪紂父乙≫ 眞有嫁妹之事 ≪又詳泰六五≫

○[又按] 환왕(桓王)이 [晉나라 헌공(獻公)의 딸이며, 자신의 누이동생인] 백희(伯姬)를 시집보냈으며 ≪『春秋傳』에 齊나라 양공(襄公)이 왕희(王姬)를 맞이하였으니, 이는 환왕(桓王)의 누이동생≫ 吳나라가 누이를 시집보내는 일을 주관하였고 ≪吳나라의 손권(孫權)은 자신의 누이동생을 [촉(蜀)나라의] 소열황제(昭烈皇帝)[78] [즉, 유비(劉備)]에게 시집보냄≫ 後世에도 또한 그러한 일이 있었으니, 아마도 帝乙의 當時에 ≪紂왕의 아버지가 帝乙≫ 실제로 누이를 시집보내는 일이 있었던 것이 아닌가 한다. ≪또 거기에 관해서는 泰卦 六五에 상세히 설명되어 있다.[79]≫

○學圃云 兌自中孚來 ≪四之上≫ 下兌 本兌也 上兌 改造者也 ≪改巽而爲兌≫ 此 其所以爲敝袂也

歸妹 → 兌 ← 中孚

○學圃가 말하였다. "兌卦는 中孚卦로부터 오니 ≪4가 上으로 감≫ [兌卦의] 下卦인 兌는 본래 [中孚卦의 下卦에 있던] 兌이고, 上卦인 兌는 改造된 兌이니 ≪[中孚卦의 上卦인] 巽을 고쳐서 [兌卦의 上卦인] 兌가 됨≫ 이것이 해어진 소매(敝袂)가 되는 까닭이다."

---

78) 소열황제(昭烈皇帝)는 유비(劉備)(B.C.161~223)가 죽은 뒤에 내려진 시호(諡號).

79) 泰卦 六五에 "帝乙歸妹, 以祉, 元吉(帝乙이 누이동생을 시집보내니, 그렇게 함으로써 복을 받을 것이며, 임금의 일은 [크게] 길할 것이다)"라고 하였다.

上六 : 女, 承筐无實, 士刲羊, 无血, 无攸利. ○ 象曰 : 上六无實, 承虛筐也.

上六 : [시집갈] 처녀가 광주리를 [머리에] 이고 있는데, [그 광주리 속에] 예물(禮物)이 없으며, [장가갈] 선비가 양(羊)을 찔렀는데도 피가 나오지 않으니, 이로울 바가 없을 것이다. ○「象傳」: 上六에서 "无實"이라고 한 것은 빈 광주리를 [머리에] 이고 있다는 뜻이다.

此 歸妹之睽也 婚姻之禮 所以共祭祀也 《夫婦共奉之》 兌女在西 《主婦位在西》 以其坎敬 《三五互》 仰承震筐 《蒼筤竹爲器》 女承筐也 本以坤帛 《泰上坤》 震且玄黃 《說卦文》 實於筐者 幣也 《義見上》 其變爲离 《上今离》 离則虛中 《坤帛亡》 筐无實也

泰 → 歸妹 → 睽

이것은 歸妹卦가 睽卦로 변하는 경우이다. 婚姻의 禮는 제사(祭祀)를 함께 드리는 것이니 《夫婦가 함께 제사를 모심》 兌의 여자는 서쪽에 있고 《主婦의 자리는 서쪽에 있음》 그 坎의 恭敬함으로써 《3·4·5의 互卦》 震의 광주리(筐)를 우러러 받드니 《푸른 대나무로 만든 그릇》 "女承筐", 즉 "여자가 광주리를 이고 있다"라고 한 것이다. [歸妹卦는 본래 泰卦로부터 변한 것인데, 泰卦의 上卦는] 본래 坤의 비단으로서 《泰卦의 上卦는 坤》 [거기에 上互卦인] 震이 있어서, 검고 누른 색을 띠고 있으니 《「說卦傳」에서 震은 玄黃이라고 함》 광주리에 담긴 내용물은 [다름 아닌]

폐백(幣帛)인 것이다. ≪뜻이 위에 나타남≫ [歸妹卦가 推移하여, 睽卦로 되면, 上卦가] 변하여 離가 되니 ≪[睽卦의] 上卦는 지금 離≫ 離는 곧 그 가운데가 텅 비어 있는 까닭에 ≪坤의 비단이 없어짐≫ "筐无實", 즉 "광주리에 [채워진] 물건이 없다"라고 말한 것이다.

○艮士在東 ≪上倒艮≫ 執其离刃 ≪二四互≫ 俯刺兌羊 ≪下本兌≫ 士刲羊也 於坎之位 ≪四五六≫ 今乃离燥 ≪上今离≫ 坎血不見 刲无血也 嫁娶如此 亦又何利 ≪兌爲利≫ 祭祀之禮 主婦薦幣 主人薦血 此所謂 夫婦共祭也 ≪祭義祭統云≫ 旣不可以共祭 又焉娶之

歸妹

○艮의 선비가 동쪽에 있어서 ≪[歸妹卦의 上卦는 震이니] 上卦는 뒤집어진 艮≫ 离의 칼을 잡고서 ≪2·3·4는 互离≫ [아래에 있는] 兌의 羊을 향하여 [몸을] 구부려 찌르니 ≪[歸妹卦의] 下卦는 본래 兌≫ [이것이] "士刲羊", 즉 "선비가 羊을 찌르는 것"이다. 坎의 자리(位)에 ≪4·5·6은 坎位≫ 지금 이에 离로써 건조(乾燥)시키는 까닭에, 坎의 피를 볼 수 없는 것이니, [羊을] 찔러도 피가 없는 것이다. 시집가고 장가드는 (婚禮)에 있어 [제사의 희생물로 올려야 할 羊을 잡아도 羊에서 피가 나오지 않는다면, 그것은 不吉한 징조이니] 이처럼 된다면 또한 무엇이 이롭겠는가? ≪兌는 이로움의 뜻이 됨≫ 祭祀의 禮에 있어서 主婦가 폐백을 올리고 주인이 피를 올리니, 이것이 이른바 夫婦가 함께 제사지낸다는 것이다. 이미 [夫婦가] 함께 제사조차 지내지 못하고 있으니, ≪[『禮記』「祭義」편과 「祭統」편에서 언급됨[80]≫ 어찌 장가를 들 수 있겠는가?

80) 「祭義」와 「祭統」은 모두 『禮記』의 篇名이다. 「祭義」·「祭統」·「祭法」·「郊特牲」은 漢代 초기에 정리된 문헌들로서, 商代의 종교적 의식으로 소급될 수 있는 王朝禮의

○案 承筐之實 鄭玄 以爲糈米 ≪玄云 宗廟之禮 主婦奉筐米≫ 若然 簋也 非筐也 程傳 以爲菹醢[81] ≪程子曰 房中之俎≫ 若然 豆也 非筐也 ≪亦非俎≫ 胡炳文云 震有虛筐象 若然 天下之筐 皆虛也 ≪不知爻變也≫ 書曰 筐厥玄黃 ≪厥筐玄纖縞≫ 詩云 承筐是將 ≪箋以爲幣帛≫ 筐篚之實幣也

○鄭玄은 [머리에] 이고 있는 광주리에 담는 내용물(承筐之實)을 기장과 쌀이라고 하였는데 ≪鄭玄이 말하기를, "宗廟의 禮에는 主婦가 광주리의 쌀을 받든다"고 했다.≫ 만약 그렇다면 [그것은] 궤(簋)이지 광주리(筐)는 아니다. [한편] 『程傳』에서는 [광주리에 담는 내용물을] 절인 채소와 젓갈(菹醢)이라고 하였는데 ≪程子가 말하기를, "[筐은] 房 안의 [祭享 때 희생을 얹는 도구, 즉] 도마(俎)"라고 말했다.[82]≫ 만약 그렇다면 [그것은 祭器인] 豆이지, 광주리(筐)는 아닌 것이다. ≪또한 [祭享 때 犧牲을 얹는 도구인] 조(俎)도 아니다.≫ 호병문(胡炳文)이 말하기를 "震에 빈 광주리의 象이 있다"라고 하였는데, 만약 그렇다면 천하의 광주리가 [내용물을 채우지 못하고] 모두 비어 있을 수밖에 없을 것이다. ≪호병문(胡炳文)은 [歸妹卦 上六이 '歸妹之睽'가 되는] 爻變의 이치를 알지 못했음≫ 『書經』에서는 "筐厥玄黃", 즉 "검은 비단과 누런 비단을 광주리에 담아서"[83]라고 하였으며 ≪그 광주리에 검은 비단과 고운 명주를 담는다.≫ 『詩經』에서는 "承筐是將", 즉 "광주리를 받들어 폐백을 올리니"[84]라고 하였으니 ≪그 註釋에서 광주리에 담는 내용물을 폐백(幣帛)이라고 하였음≫ 대광주리(筐篚)의 내용물은 [다름 아닌] 폐백(幣帛)인 것이다.

특성을 보여준다.

81) [校閱] 新朝本에는 '온(醞)'으로 되어 있으며, 奎章本과 國中本에는 '해(醢)'로 되어 있다. 그리고 『周易傳義』 下卷, 成百曉 譯註, 전통문화연구회, 1998, 386면)에는 '혜(醯)'로 되어 있다.

82) 『周易傳義』에 나오는 原文은 다음과 같다. "古者 房中之俎 菹醢之類 后夫人職之(옛적에 房 안의 도마와 김치 따위를 后夫人이 담당했다)."

83) 『書經』「周書」「武成」篇에 나옴.

84) 『詩經』「小雅」「녹명(鹿鳴)」篇에 나옴.

○鄭玄本 筐作匡 ≪宋本也 宋人諱筐 以筐爲箱≫ 春秋傳 晉獻公 筮嫁伯姬于秦 ≪僖十五年≫ 遇此爻 史蘇占之曰 不吉 其繇曰 士刲羊 亦无衁也 ≪衁 血也≫ 女承筐 亦無貺也 ≪貺 贈也 贈幣于神≫ 歸妹之睽 猶无相也 ≪相 助也≫

○鄭玄本에서는 [광주리] '筐(광)'字를 '바로잡을 匡(광)'字로 썼다. ≪宋本에서는 宋人들이 [太祖 조광윤(趙匡胤, 927~976)의] '筐(광)'字를 피휘(避諱)[85]한 까닭에 '筐(광)'字를 '箱(상)'字로 썼다.≫ 『春秋傳』에 晉나라 헌공(獻公)이 [딸] 백희(伯姬)[86]를 秦나라에 시집보내는 일에 대해 점을 쳤는데 ≪僖公 15年[87]≫이 [歸妹卦가 睽卦로 변하는] 爻를 얻었다. 史蘇가 占을 쳐서 [다음과 같이] 말하였다. "不吉하옵니다. 그 占辭에 이르기를 "士刲羊, 亦无衁也 ≪황(衁)은 피를 뜻함≫ 女承筐, 亦無貺也."[88] ≪'황(貺)'은 선물로 주는 것이니, 폐백(幣帛)을 神에게 바침≫ 즉 "선비가 羊을 찔렀는데도 피가 나오지 않고, 여자가 광주리를 받들어도 역시 바치는 것이 없다"라고 하였습니다. [이는 결국 서쪽의 이웃나라가 책망하여도 그에 대해 갚을 수(償) 없는 것이요,] 歸妹卦가 睽卦로 변하는 경우에 있어서도 오히려 돕는 자가 없는 것과 같사옵니다.[89] ≪相은 돕는 것을 뜻한다.≫

---

85) 피휘(避諱)는 제왕이나 선조의 이름자를 공경하는 뜻으로 피하여 쓰지 않는 것을 뜻한다. 송나라 太祖의 이름이 조광윤(趙匡胤, 927~976)이었기 때문에, 광(匡)字를 避諱한 것이다.

86) 백희(伯姬)는 申生의 손위누이가 된다.

87) 「春秋官占補注」의 "백희가진지서(伯姬嫁秦之筮)"(僖15年)를 참조할 것.

88) "士刲羊, 亦无衁也, 女承筐, 亦無貺也"의 구절은 『春秋左傳』 「伯姬嫁秦之筮」에서 歸妹卦 上六의 爻辭를 인용한 것으로 되어 있지만, 현행본 『周易』의 歸妹上六의 爻辭에는 '황(衁)'字가 '혈(血)'字로 되어 있으며, 또 '貺'字가 '實'字로 되어 있다. 또 순서도 앞뒤가 바뀌어져 있다(歸妹 上六; 女承筐, 无實, 士刲羊, 无血, 无攸利 ○ 象曰: 上六无實, 承虛筐也).

89) "史蘇占之曰 …… 猶无相也"까지가 『春秋左傳』의 인용문이다. 그 중에서 "其繇曰, 士刲羊, 亦无衁也, 女承筐, 亦無貺也"는 歸妹 上六의 爻辭를 인용한 부분이다. 『春秋左傳』의 原文에는 "亦无貺也, 西鄰責言, 不可償也, 歸妹之睽, 猶无相也"라고 되어 있는데, 다산은 "西鄰責言, 不可償也"의 부분은 생략하고 있다. 또 茶山은 "西鄰" 以下의 글은 점을 친 사람, 즉 史蘇의 말이라고 말하고 있다(「春秋官占補注」 '伯姬嫁秦

○案 杜氏注云 离爲中女 震爲長男 故稱士女 ≪以爲配≫ 大謬也 本非其配 何得云 士女

○[案] [『春秋左氏傳』의] 두예(杜預)의 注에 말하기를, "离는 中女가 되고, 震은 長男이 되는 까닭에, '士女'라고 칭한다"라고 하였다. ≪离의 中女와 震의 長男이 서로 배필이 된다는 주장≫ [그러나 이것은] 큰 잘못이다. 본래 그 배필(配匹)이 아니거니, 어찌 '士女'라는 用語가 성립할 수 있겠는가?

○學圃云 睽者 反目之卦也 故其占如此

○學圃가 말하였다. "睽卦는 반목(反目)을 상징하는 卦인 까닭에 그 占이 이와 같다."

【55. 뇌화 풍(雷火 豊)】

离下震上 ○第三十一卦之正 ≪泰二之四≫

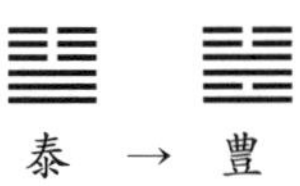

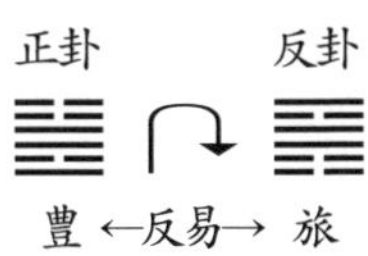

之筮' '僖15年' :『四箋』 卷7, 197가).

离는 下卦이고, 震은 上卦이다. ○ 第31卦의 正卦이다. ≪泰卦의 2가 4로 간다.≫

序卦傳曰 豐者 大也

『序卦傳』에서 말하였다. "豐은 큰 것이다."

○雜卦傳 曰 豐 多故也 ≪荀本 无也字≫

○『雜卦傳』에서 말하였다. "豐은 사고(事故)가 많음이다." ≪『荀爽本』에는 '也'字가 없다.≫

○鏞案 豐者 器名 所以成黍稷也 四升爲豆 ≪量器名≫ 三豆爲轂 ≪十二升≫ 受轂爲簋 ≪受一轂≫ 豐者 簋也 考工記 旊人爲簋 實一轂 ≪崇一尺≫ 豆實三而成轂者 是也 鄕飮酒禮 酒器曰 豐 ≪卽豐侯也 形似豆≫ 其所受 同也 ≪亦受十二升≫ 豐之爲字 象兩丰隆高 ≪高如山≫ 古文作豊 ≪皆從豆≫ 丰者 艸盛也 ≪說文云 艸盛者 其根必深故 字從生上下達[90]≫ 亦作丰丰 ≪古文也≫ 豐滿曰 丰也 ≪鄭風云 子之丰兮≫ 豆與㪷通 ≪古斗豆字同≫ 象量器之上 黍稷盛滿也 歲大熟則 斗斛之上 黍稷豐隆 故名之曰 豐

○[鏞案] '풍(豐)'은 제기(祭器)의 명칭이니, 서직(黍稷[91])을 담는데 쓰는 것이다. [즉] 네 되(四升)를 '두(豆)'라고 하고 ≪두(豆)는 측량하는 祭器의 명칭≫ 세 豆를 일곡(一轂)이라고 하는데 ≪[1豆가 4升이므로] 3豆는 12升이 됨≫ 일곡(一轂)을 담는 祭器를 궤(簋)라고 하는 것이니 ≪궤(簋)의 祭器는 一轂을 담음≫ 豐이란 [다름 아닌] 궤(簋)의 祭器를 가리키는 것이다. 『周

90) [校閱] 新朝本과 國中本에는 "達"이 있으나, 奎章本에는 없다.
91) 서직(黍稷) : 곡식 이름. 기장과 피.

禮』「考工記」에 말하기를, "옹기를 굽는 사람이 궤(簋)의 祭器를 만들 때에, 일곡(一㲉)을 담을 수 있도록 만들었으니 ≪한 자[一尺]의 크기를 尊崇함≫ 豆를 세 번 채우면, 一㲉을 형성한다"[92]고 하였으니, 이것을 말한다. 『儀禮』「鄕飮酒禮」[93]에 술그릇(酒器)을 가리켜 豐이라고 하였으니 ≪곧 풍후(豐侯)[94]를 가리키니, 그 모양이 마치 豆의 형태와 비슷함≫ 그 담는 量도 동일하다. ≪豐도 [궤(簋)와 마찬가지로] 역시 열두 되[十二升]의 용량(容量)임≫ 豐의 글자는 두 개의 봉(丰)이 높이 솟아오른 모양을 본 뜬 것이니 ≪山처럼 높음≫ 古文에서는 ['豐'字를] '䵢'字로 썼으니 ≪'豐'字와 '䵢'字는 모두 '豆'字에서 나온 것≫ '丰(봉)'字는 풀(艸)이 무성(茂盛)한 모습을 가리킨 것이다.[95] ≪『說文』에 말하였다. "풀이 무성한 것은 그 뿌리가 반드시 깊이 뻗어나가는 까닭에, 그 글자가 '㞢'字를 따르며, ['丰'字는 그 글자의 모양이] 흙 위로부터 아래로 [뚫고] 내려오는 형태를 취하고 있다."≫ 또한 豐字를 𡴆로 적었으니 ≪古文의 글자임≫ 豐의 祭器가 가득 차는 것을 가리켜 봉(丰)이라고 한 것이다. ≪『詩經』「鄭風」「丰」에, "子之丰兮"[96]라고 하였다.≫ '豆'字는 '斗'字와 더불어 通하니 ≪옛 적에는 '斗'字와 '豆'字가 서로 같았음≫ ['豆'字는] 측량(測量)의 용도로 쓰이는 祭器 위에 기장(黍稷)이 가득 담긴 모양을 본뜬 것이다. 한 해가 크게 풍년이 들면, 곡식을 되는 그릇인 두곡(斗斛)의 위에 서직(黍稷)이 풍성하게 쌓이게 되는 까닭에, 豐이라고 부른다.

---

92) 原文은 "旊人爲簋, 實一㲉, 崇尺, 厚半寸脣寸, 豆實三而成㲉, 崇尺"인데, 거기에서 축약된 글이다(『周禮』「冬官」「考工記」'冬' '旊人').

93) 여기서 "鄕飮酒禮"라고 한 것은 『儀禮』의 한 篇名으로서 「鄕飮酒禮」(第四)를 언급한 것이 아니라, 일반적인 鄕飮酒禮의 禮를 지칭한 것으로 보여진다. 『儀禮』「鄕飮酒禮」(第四)편이 있으나, '豐'字가 나오지는 않으며, '豐'字는 『儀禮』「鄕射禮」(第五), 「燕禮」(第六), 「大射」(第七), 「聘禮」(第八), 「公食大夫禮」(第九) 등에 언급되고 있다.

94) 풍후(豐侯): 고대에 음주용으로 쓰인 술그릇 이름.

95) '丰'은 '봉' 혹은 '풍'으로 읽힌다. '봉'으로 읽힐 때는 ① 예쁠 봉, ② 풀이 우거져 무성할 봉을 뜻하며, '풍'으로 읽힐 때에는 풍채, 외모를 뜻한다.

96) 『詩經』「鄭風」「丰」에 "子之丰兮, 俟我乎巷兮. 悔予不送兮(그 사내의 씩씩하고 멋진 모습이여, 나를 마을 어귀에서 기다렸건만, 내가 그를 따라가지 않았음을 후회하네)"라고 함. 鄭玄은 '丰'字를 豐滿의 뜻으로 풀이함.

以卦象則 下离爲豆 ≪外圍中虛 有豆象≫ 上震爲黍稷 ≪震爲穀≫ 於器爲豐也

䷶
豐

卦象으로써 말한다면 곧 [豐卦의] 下卦인 离는 豆가 되며 ≪[离는] 外部를 에워싸고 있고, 가운데는 텅 비어 있는 모습이 마치 豆의 祭器의 形象과 같음≫ [豐卦의] 上卦인 震은 기장(黍稷)이 되니 ≪震은 곡식이 됨≫ 그릇(器)에 풍성한 것(豐)이다.

卦自泰來 泰之時 震稼兌秋 ≪兩互象≫ 已有穰穰之象 移之爲豐 則离豆之上 黍稷隆滿 ≪兩丰象≫ 豐年之卦也 卦形字形 本相酷似 ≪字如卦≫

䷊ → ䷶
泰 → 豐

豐卦는 泰卦로부터 왔다. 泰卦의 때에 震의 벼이삭과 兌의 가을이 있으니 ≪[上互·下互의] 두 互卦의 象≫ 이미 [볏대가 빽빽이 들어차 있는] 豐年의 모양이다. [泰卦로부터] 推移하여 豐卦로 되면, 离의 豆의 제기(祭器) 위에 기장(黍稷)이 풍성하게 가득하다. ≪두 개의 '丰(봉)'이 있는 象≫ 豐卦는 곧 豐年의 卦이니, 卦의 형태와 字의 형태가 본래 서로 상당히 類似하다. ≪글자의 형태가 마치 卦의 형태와 같다.≫

豐, 亨, 王假之,[97] 勿憂, 宜日中.

豐은 형통함이다. 王이 [지극한 정성으로 상제(上帝)를] 臨하게 할 것이니,[98] 근심할 것이 없다. [무릇 大事를 점을 쳐서, 이 卦를 만난 사람은] 마땅히 한낮(日中)의 시간을 이용해야 한다.

此 豐之不變者也 卦自泰來 ≪二之四≫ 本以泰運 嘉會以合禮 ≪下今离≫ 其德 亨也

泰 → 豐

이것은 豐卦가 변하지 않는 경우이다. 豐卦는 泰卦로부터 왔으니 ≪[泰卦의] 2가 4로 감≫ 본래 泰平한 運으로써 즐겁게 만나서 禮에 合致하니 ≪[豐卦의] 下卦는 지금 离≫ 그 德이 亨通한 것이다.

---

97) 王假之 : "왕격지(王假之)"로 읽는다.

98) 왕격지(王假之) : "王이 이르게 한다"는 뜻인데, 과연 이르게 하는 대상이 무엇이냐가 문제가 된다. 茶山은 주석에서 "泰之坤土 忽見震帝 ≪上今震≫ 此 皇皇上帝 臨于下土也 何以致之 ≪假之也≫ 唯此乾王 ≪下本乾≫ 离以孚誠 ≪下今离≫ 假彼震帝 致此豐亨之祥也"라고 말하고 있다. "격피진제(假彼震帝)"라고 하였으므로, 일차적으로 王이 이르게 하는 대상은 震帝, 즉 上帝가 된다. 그런데 "假彼震帝"함으로써 궁극적으로는 "致此豐亨之祥也(이 풍성하고 형통하여, 상서로움을 이르게 할 수 있는 것)"이므로, 풍성하고 형통함은 王이 이르게 하는 이차적인 대상이 된다. 따라서 "假之"는 "假彼震帝"와 致此豐亨之祥也"의 兩者의 의미를 모두 포괄하는 兩義性을 지닌다고 말할 수 있다. 즉 "王假之"를 "王이 [지극한 정성으로 上帝를] 臨하게 한다"로 번역하였으나, 이 번역이 "豐亨(풍성하고 형통함)을 이르게 하는 것"의 뜻을 배제하는 것은 아니다. 한편, 高亨은 "王假之"를 王이 친히 왕림하는 것으로 해석하였으나, 이는 물론 다산의 해석과는 다르다.

○泰之坤土 忽見震帝 ≪上今震≫ 此 皇皇上帝 臨于下土也 何以致之 ≪假 之99)也≫ 唯此乾王 ≪下本乾≫ 离以孚誠 ≪下今离≫ 假彼震帝 致此豐亨之祥也 曷然哉 天道不遠 在於人心 ≪离爲心≫ 誠則斯假 捷於影響也 ≪孚而格至之曰 假≫ 上帝旣假 雖有坎憂 ≪二五夾≫ 又何憂焉 ≪下离喜≫

泰 → 豐

○泰卦에 있는 坤의 땅(土)에 갑자기 震의 上帝가 나타나니 ≪[豐卦의] 上卦는 지금 震≫ 이것은 거룩하고도 거룩하신(皇皇)100) 上帝가 땅으로 내려와 臨하신 것이다. 그러면 어떻게 해서 [震의 上帝는] 이르게 된 것일까? ≪'격(假)'字는 '간다'[之]는 뜻이다.101)≫ 오직 이 乾의 임금이라야 ≪下卦는 본래 乾≫ 离의 믿음과 정성으로써 ≪[豐卦의] 下卦는 지금 离≫ 저 震의 上帝를 이르게 할 수 있으며, 이 풍성하고도 형통한 상서로움을 이르게 할 수 있는 것이다. 어째서 그러한가? 天道는 멀리 있지 않고 [오직] 사람의 마음[속]에 있을 따름이다. ≪离는 마음이 됨≫ 정성스럽게 하면, 이에 [上帝가] 다다를지니, 그림자와 메아리보다 [더] 빠르게 오는 것이다. ≪믿음으로써, [上帝를] 臨하도록 하는 것을 '격(假)'이라고 한다.≫ 上帝가 이미 臨하게 된다면, 비록 坎의 근심이 있더라도 ≪2·3·4·5의 협괘(夾卦)는 坎이니, 근심을 상징함≫ 다시 무엇을 걱정할 것인가? ≪下卦의 离는 즐거움이 된다.≫

---

99) [校閱] 新朝本과 國中本에는 "假至也"로 되어 있으나 奎章本에는 "假之也"로 되어 있다.

100) 황황(皇皇): ① 아름답고 성한 모양("穆穆皇皇", 『詩經』「大雅」「生民之什」「假樂」; "皇皇后帝", 『詩經』「魯頌」「閟宮」), ② 허둥거리는 모습, 몹시 급하게 서두르는 모습(=遑遑), ③ 환하게 빛나는 모양(=煌煌).

101) 假는 '이른다(至)'의 뜻이며, '격'으로 읽는다. 이 경우 (이르를) 격(格字)와 뜻이 같다. 萃卦와 渙卦의 彖辭에 "왕격유묘(王假有廟)"라는 말이 있다.

○下卦位离 ≪一二三≫ 离則爲日 ≪說卦文≫ 故易例 初爲日出 ≪左傳 叔孫豹之筮≫ 三爲日昃 ≪離九三≫ 二者 日中也

○[일반적으로] 下卦의 位는 离位에 해당한다. ≪1·2·3은 离位≫ 离는 곧 해(日)를 상징하는 까닭에 ≪「說卦傳」의 글≫ 易例에 初位를 해뜨는 것(日出)에 배당시키고 ≪『左傳』의 숙손표(叔孫豹)의 占卦[102]의 경우≫ 제3位는 해지는 것(日昃)에 배당시키고 ≪離卦의 九三爻≫ 제2位는 해가 中天에 오는 것(日中)에 배당시킨다.

---

102) 『左傳』 '昭公 5年'에 明夷卦의 初九 爻詞(明夷于飛垂其翼君子于行三日不食有攸往主人有言)를 인용하여 점괘를 풀이하였다. 『左傳』 '昭公 五年', "처음에 穆子(叔孫豹)가 태어날 때 그의 부친 莊叔이 周易으로 점을 쳐보니, 明夷卦가 謙卦로 변함을 얻었다. 이것을 점괘를 풀이하는 楚丘에게 물으니 그는 '이 아들이 장차 외국으로 망명했다가 돌아와서 당신의 제사를 지낼 것이고, 참소를 잘하는 사람을 데리고 올 것인데, 그 이름이 牛입니다. 이 아들은 말년에 굶어 죽겠습니다. 明夷는 日이므로 日의 수는 十입니다. 그러므로 十時가 있고 또 十位에 해당합니다. 王 아래로 두 번째로 公이 있고 세 번째로 卿이 있습니다. 日은 중간이 가장 으뜸이고 아침식사 때가 두 번째이고 새벽은 세 번째입니다. 明夷卦가 謙卦로 변한다는 것은 밝음이 아직 부족한 것으로 새벽에 해당합니다. 그러므로 이 아들은 당신의 제사를 지내게 되는 것입니다. 日이 謙卦로 변함은 새에 해당하는데 그러므로 明夷卦 初九 爻詞에 "明夷于飛"라고 한 것입니다. 밝음이 아직 부족하므로 初九 爻詞에서 "垂其翼"이라고 한 것입니다. 해의 움직임을 상징하니 그러므로 "君子于行"이라고 하였습니다. 세 번째의 새벽에 해당하므로 "三日不食"이라고 하였습니다. 离는 火이고 艮은 山입니다. 离는 불이 되니 불이 산을 태우니 산은 敗하게 됩니다. 사람에 있어서 말에 해당하니 敗言은 참소가 됩니다. 그러므로 "有攸往"이라고 한 것입니다. "主人有言"이라고 한 것은 말하면 항상 참소입니다. 純正한 离는 牛에 해당하고 세상이 어지러워지면 참언이 기승하며 참언이 기승하게 되면 장차 离로 돌아가게 됩니다. 그러므로 그 이름을 牛라고 한 것입니다. 謙卦는 부족한 뜻이므로 날개치지 않고 드리우고 세우지 않으며 날개는 넓게 펴지 않습니다. 그러므로 그 아들이 당신의 후손이 될 것입니다. 당신은 副卿입니다. 그래서 다만 조금 끝이 좋지 않겠습니다'라고 하였다(初, 穆子之生也, 莊叔以周易筮之. 遇明夷之謙, 以示卜楚丘, 曰 : 是將行而歸爲子祀. 以讒人入, 其名曰牛, 卒以餒死. 明夷日也, 日之數十. 故有十時, 亦當十位. 自王已下, 其二爲公, 其三爲卿. 日上其中, 食日爲二, 旦日爲三. 明夷之謙, 明而未融, 其當旦乎, 故曰爲子祀. 日之謙當鳥, 故曰明夷于飛. 明而未融, 故曰垂其翼. 象日之動, 故曰君子于行. 當三在旦, 故曰三日不食. 离火也, 艮山也, 离爲火. 火焚山, 山敗, 於人爲言. 敗言爲讒, 故曰有攸往. 主人有言, 言必讒也. 純离爲牛, 世亂讒勝, 勝將適离, 故曰其名曰牛. 謙不足, 飛不翔, 垂不峻, 翼不廣, 故曰其爲子後乎. 吾子亞卿也, 抑少不終)."

卦自泰來 ≪二之四≫ 於日之中 陰來得位 ≪四之二≫ 宜日中也 古者 君子行禮 必以正辰 ≪見禮注≫ 夏后氏 用昏 殷人用日中[103)] 周人用朝 ≪見檀弓≫ 其實 周人兼用之也 ≪如日中而虞≫ 宜日中者 謂凡大事 筮遇是卦者 宜用日中也 ≪兌爲宜≫

䷊ ䷶

泰 → 豊

豊卦는 泰卦로부터 왔으니 ≪2가 4로 감≫ 날의 가운데에 陰이 와서 位를 얻으니 ≪4가 2로 감≫ "宜日中(해가 中天에 있는 시간이 마땅함)"이라고 한 것이다. 옛적에 君子가 禮를 行함에 반드시 바른 날(正辰)을 골라서 하니 ≪『禮記』의 注에 보임≫ 하후씨(夏后氏)[104)]는 저녁시간을 이용하고, 殷나라 사람은 한 낮의 시간을 이용하고, 周나라 사람은 아침시간을 이용하였으나 ≪『禮記』「檀弓」篇에 보임[105)]≫ 실제로는 周나라 사람의 경우에는 [아침시간과 한 낮의 시간을] 겸해서 사용한 것이다. ≪예컨대 [『禮記』「檀弓」篇에] "日中而虞", 즉 "日中에 우제(虞祭)[106)]를 지낸다"라고 한 것과 같음[107)]≫ "宜日

103) [校閱] 奎章本과 國中本에는 "殷人用日中"으로 되어 있으나 新朝本에는 "殷人用日"으로 되어 있다. 前者가 옳다.

104) 하후씨(夏后氏) : 夏나라의 시조인 우(禹)를 가리킨다. 夏나라는 殷나라 이전에 있었던 것으로 전해지는 중국에서 가장 오래된 왕조로서, 周나라와 함께 하·은·주 3代라고 병칭되고 있다. 우(禹) 임금은 황제의 자손으로, 순제(舜帝) 때 중국을 휩쓴 대홍수를 다스려 순제로부터 제위를 물려받아 하후(夏后)가 되었다. 그가 죽은 뒤 자손이 왕위를 이어 최초의 세습왕조가 되었다.

105) 『禮記』「檀弓上」에 "夏后氏尙黑, 大事斂用昏, …… 殷人尙白, 大事斂用日中, ……, 周人尙赤, 大事斂用日出"이라고 함. 즉, "夏后氏시대에는 흑색(黑色)을 숭상하여, 喪事에는 어두운 때에 염습(斂襲)하였으며, 은(殷)왕조 사람들은 백색(白色)을 숭상하여, 喪事에는 대낮에 염습하였으며, 周나라 사람들은 적색(赤色)을 숭상하여 喪事에는 해가 솟을 때에 염습하였다."(李相玉 譯, 『禮記』 上, 자유문고, 2000, 102면)

106) 우제(虞祭) : 장례식 날 지내는 제사. 이미 부모의 장사를 지내고 정령을 맞이하여 돌아와, 일중(日中)에 빈소에서 제사지내 편안하게 한다.

107) 日中而虞 : 그 날 안에 우제(虞祭)를 지내는 것. 『禮記』「檀弓下」第四에 나오는 말

中”이라고 한 것은 무릇 모든 大事를 점을 쳐서, 이 卦를 만나는 사람은 마땅히 “日中”108)의 시간을 이용해야 한다는 것을 말한 것이다. ≪兌는 마땅함을 상징한다.≫

○案 离位占日之法 屢見易詞 解自初移 ≪臨一之四≫ 故解之彖曰 夙吉 ≪夙者 日出也≫

臨 → 解

○[案] 离位로써 時日을 점치는 法이 자주 易詞에 나타난다. 解卦의 경우에는 [陽이 臨卦의] 初位로부터 [제4位로] 이동(移動)한 것이기 때문에 ≪臨卦의 1이 4로 감≫ 解卦의 彖詞에서 “숙길(夙吉 : [아침] 일찍 가면, 길한 것)”이라고 한 것이다. ≪‘숙(夙)’은 日出의 [이른] 시간을 가리킨다.≫

震自二移 ≪臨二之四≫ 故 豐之震曰 日中見沫

豊 → 震 ← 臨

震卦의 경우에는 [臨卦의] 제2畫으로부터 옮겨져서 형성되었기 때문에 ≪臨卦의 2가 4로 감≫ [豐卦 九三, 즉] 豐之震에서 “日中見沫(한 낮에 어두컴컴해짐을 본다)”라고 하였다.

履移在三 ≪姤一之三≫ 故乾之履曰 夕惕若 ≪夕者 日入也≫ 此 皆

이다(李相玉 譯,『禮記』上, 자유문고, 2000, 183~184면).

108)『書經』「堯典」과 「無逸」에 “日中”이라는 말이 나옴.

筮家占時之法 可推而通也

乾 → 履 ← 姤

履卦의 경우에는 [陰이 姤卦의] 初位로부터 이동(移動)하여 제3位에 있기 때문에 ≪姤卦의 1이 3으로 감≫ 乾之履(乾卦 九三)에서 "夕惕若"이라고 한 것이다. ≪'석(夕)'은 해가 지는 것을 가리킴≫ 이것은 모두 점치는 사람(筮家)이 時를 점치는 法이니, 미루어서 通할 수 있다.

彖曰 : 豐, 大也, 明以動故, 豐, 王假之, 尙大也, 勿憂宜日中, 宜照天下也. 日中則昃, 月盈則食, 天地盈虛, 與時消息, 而況於人乎, 況於鬼神乎.

「彖傳」: 豐은 큰 것이니, 밝음으로써 움직이는지라, 그러므로 豐이라고 한다. "王假之"라고 한 것은 숭상함이 큰 것이요, "勿憂宜日中"이라고 한 것은 천하를 마땅히 비추어야 한다는 뜻이다. 해가 中天에 뜨면 기울어지고, 달도 차면 이지러지나니, 천지가 차고 비는 것도 때와 더불어 꺼지거나 자라나거늘, 하물며 사람이랴! 하물며 귀신이랴!

明以動者 至誠以感動也 ≪离誠而震動≫ 大者 陽也 尙大者 謂陽上而爲震也 ≪二之四≫

泰 → 豐

"明以動"은 지성(至誠)으로써 감동(感動)케 함을 말함이요 ≪离는 精誠이며, 震은 움직임이다.≫ "大"는 陽을 가리킨 것이요, "尙大", 즉 "큰 것을 崇

尙한다"라고 한 것은 [泰卦의 제2畫인 陽畫이 움직여서, 豐卦로 변하므로] 陽이 위로 가서 震이 된 것을 가리킨 것이다. ≪2가 4로 간 것이다.≫

○天下者 坤也 ≪泰上坤≫ 离日舒光 ≪下今离≫ 照天下也

䷊ ䷶

泰 → 豐

○"天下"는 坤을 가리킨 것이니 ≪泰卦의 上卦에 있는 坤을 가리킴≫ 离의 햇빛이 [四方으로] 퍼지니 ≪지금 [豐卦의] 下卦는 离≫ 이것이 "照天下"이다.

○豐年者 萬民之所樂也 衆人皆樂 聖人憂之 戒以惕之 曰 离日旣中 ≪二爲中≫ 陽乃外移 ≪二之四≫ 日中則昃也 ≪卦形仄 不[109]似泰時≫ 坎月雖盈 ≪二五夾≫ 兌將爲食 ≪又爲缺≫ 月盈則食也 莫盈乎乾 ≪泰下乾≫ 今爲离虛 ≪下今离≫ 莫虛乎坤 ≪泰上坤≫ 今以震豐 ≪震爲稼≫ 與時消息也 人忌盛滿 ≪坤爲民≫ 鬼嫉豐盈 ≪上倒艮爲鬼≫ 況可以荒樂乎

䷊ ䷶

泰 → 豐

○풍년(豐年)은 모든 백성이 [다] 기뻐하는 바이다. 많은 사람들이 모두 즐거워함에, 聖人이 이것을 근심하여, 경계(警戒)하고 두려워하면서 말하기를, 离의 해가 이미 中天에 뜨면 ≪2는 [下卦의] 中이 됨≫ 陽이 이

109) [校閱] 新朝本에는 "似泰時"로 되어 있으나 奎章本과 國中本에는 "不似泰時"로 되어 있다. 後者가 옳다.

에 밖으로 이동하게 되니 ≪2가 4로 감≫ [이것을 가리켜] "日中則昃"이라고 한 것이요 ≪豐卦의 형태는 기울어져 있어 泰卦의 형태와는 다름≫ 坎의 달이 비록 [가득] 찼으나 ≪2·3·4·5의 협괘(夾卦)≫ 兌가 장차 먹어 들어갈 것이니 ≪다시 일그러진다는 뜻≫ [이것을 가리켜] "月盈則食"이라고 한 것이다. [泰卦의 下卦는 乾이니] 가득 찬 것은 乾보다 더한 것이 없지만 ≪泰卦의 下卦는 乾≫ 지금 [豐卦의 下卦는 离가 되었으니] 离의 텅 빈 것이 되었으며 ≪[豐卦의] 下卦는 지금 离≫ 텅 빈 것은 坤보다 더한 것이 없지만 ≪泰卦의 上卦는 坤≫ 지금 震의 풍성(豐盛)함이 되었으니 ≪震은 벼를 심은 것이 됨≫ [이것을 가리켜] "與時消息"이라고 한 것이다. [일반적으로 말해서] 사람들은 가득 찬 것을 시기(猜忌)하고 ≪坤은 백성이 됨≫ 귀신도 역시 풍성(豐盛)하게 가득 찬 것을 질시(嫉視)하는 法이니 ≪豐卦의 上卦인 震은 뒤집어진 艮이니, 귀신을 상징함≫ 하물며 흥청망청 놀 수가 있겠는가?

䷽

初九 : 遇其配主, 雖旬, 无咎, 往, 有尙. ○ 象曰 : 雖旬, 无咎, 過旬, 災也.

初九 : 그 상대편 [나라의] 君主를 만나서, 비록 [그 회합(會合)을 가진 지 이미] 열흘이 되었으나, [열흘 정도라면 너무 오랜 시간을 보낸 것은 아니므로] 허물이 없을 것이다. [君子가] 가면, 숭상(崇尙)받는 일이 있을 것이다. ○ 「象傳」 : 비록 열흘을 만나더라도 허물이 없을 것이지만, [만일 만나는 기간(期間)이] 열흘을 넘긴다면, 재앙이 있을 것이다.

此 豐之小過也 小過之卦 本以頤交 《山雷 今雷山》 頤與小過 皆取顚也 《無反對》 ䷚ 頤之時 兩震之侯 《上倒震》 相見乎离 《頤大离》 嘉會以合禮 《离爲禮》 遇其配主也 《耦國之君爲配主》

豐→初爻變→小過　　　頤

이것은 豐卦가 小過卦로 변하는 경우이다. 小過卦는 본래 頤卦와 交易의 관계에 있으니 《山雷 頤卦가 지금 雷山 小過卦로 된 것임》 頤卦와 小過卦는 모두 顚倒된 象을 취한 것이다. 《[頤卦와 小過卦는] 뒤집어도 [똑같은 형태가 되므로] 反對되는 象이 없음》 頤卦의 때에 두 사람의 震의 제후(諸侯)가 《頤卦의 上卦는 顚倒된 震》 离에서 상견례(相見禮)를 갖고 《頤는 大离의 형태》 기쁘게 회합(會合)을 가짐으로써 禮에 합치(合致)되니 《离는 禮가 됨》 [이것을 가리켜] "遇其配主"라고 말한 것이다. 《상대편 나라의 군주가 짝이 되는 君主가 된다.》

大离之日 坤則爲均 《地數十》 十日曰 旬也 《均旬通》 兩君之會 《如春秋諸會》 旬斯可矣 《宜不過十日》 交而過之 《爲小過》 四陰相過 《義見大過卦》 過於坤數 《過而不成坤》 是 過旬也 於是乎 兩國之間 《坤爲國》 大坎爲寇 《兼畫三》 是 會遇踰旬 而寇盜乘釁也 故曰 雖旬无咎

豐→初爻變→小過　　　頤

[頤卦는 곧 大离의 형태인데] 大离는 날(日)을 뜻하며, 坤은 곧 均의

뜻이 되니 ≪地數는 10이 됨≫ 10日을 가리켜 '旬'이라고 한다.[110] ≪均과 旬은 通함≫ 두 君主의 會合에 ≪예컨대 『春秋』에서 [여러 君主들의] 會合과 같음≫ 열흘이면 족하거니와 ≪[會合이] 마땅히 열흘을 넘겨서는 안 됨≫ [山雷 頤卦를] 交易시켜, [山과 雷를] 교차시키게 되면 ≪[雷山] 小過卦가 됨≫ 네 개의 陰이 서로 지나쳐서 ≪뜻이 大過卦에 나타남≫ 坤의 數를 넘어버리게 되니 ≪[頤卦에서는 坤이 있으나, 頤卦를 交易시켜 小過卦가 되면] 지나쳐서 坤을 이루지 못함≫ 이것을 가리켜 "過旬"이라고 하는 것이다. 이러한 상황에서 두 나라 사이에 ≪坤은 國家가 됨≫ 大坎이 도둑이 되니 ≪[小過卦를 겸획(兼畫)하여] 삼획괘(三畫卦)로 만든 것. [小過卦를 兼畫하면, 大坎卦가 됨]≫ 이것이 [두 군주가] 만나서 열흘을 넘기니, 도둑이 그 틈을 탄다는 뜻이다. 그러므로 "雖旬无咎", 즉 "비록 열흘이 되었으나, [열흘을 넘긴 것은 아니므로] 허물이 없을 것이다"라고 말한 것이다.[111]

○无咎者 頤之時 无咎也 頤自臨來 ≪二之上≫ 兌本乘剛 ≪臨下兌≫ 剛乃上升 ≪二之上≫ 是 无咎也 今坎多眚 ≪今大坎≫ 安得无咎

○"无咎"라고 한 것은 頤卦의 때에 허물이 없음을 말함이다. 頤卦는 臨卦로부터 왔으니 ≪2가 上으로 감≫ [臨卦에서] 兌가 본래 剛을 타고 있는 모양인데 ≪臨卦의 下卦는 兌≫ 剛이 이에 위로 올라가니 ≪2가 上으로 감≫ 이것이 "无咎"라고 한 까닭이다. 지금 [小過卦에서는] 坎의 많은 재

---

110) 열흘(十日)을 한 단위로 해서 날짜를 계산하는 것은 은(殷)나라 사람들의 생활습관에서 유래하였다. 갑골문을 통해서 보면, 은나라 사람들은 갑일(甲日)에서 계일(癸日)까지 세고 다시 갑일로 돌아왔다.

111) 『四箋』의 原文에는 "雖旬无咎"라고 되어 있으나 문맥의 흐름으로 볼 때, "過旬災也"가 더 적합한 것으로 보인다.

앙이 있음이니 ≪지금 [小過卦는] 大坎의 형태≫ 어찌 허물이 없을 수 있겠는가?

○頤之時 小人在上 ≪艮在上≫ 君子在下 ≪震在下≫ 交之小過則震往在上 ≪上今震≫ 往有尙也

頤　　小過←初爻變←豊

○頤卦의 때에는 小人이 위에 있고 ≪艮이 上卦에 있음≫ 君子가 아래에 있더니 ≪震이 下卦에 있음≫ [山雷 頤卦를] 交易하여 [雷山] 小過卦가 되면, 震이 [頤卦에서는 下卦에 있었지만] 올라가서 上卦에 있게 되므로 ≪[小過卦에서] 上卦는 지금 震≫ "往有尙"이라고 한 것이다.

○過旬者 會遇踰旬也 小過者 過中也 卦德本過故 過而致災也 災者 眚也 坎則多眚 ≪說卦文≫

豊→初爻変→小過

○"과순(過旬)"이라고 말한 것은 會合이 열흘을 넘기는 것을 말함이다. "小過"는 中庸을 지나친 것을 말함이니, 卦의 성질이 본래 지나친 데 있으므로, 지나쳐서, 재앙을 불러온 것이다. "災"는 재앙(眚)을 뜻하니, 坎은 많은 재앙(多眚)을 뜻한다. ≪「說卦傳」의 글≫

○案 豐之爲卦 戒在盛滿 兩君相會 樂而忘反 則盜思奪之矣 濼邑之禍 乾侯之敗 非足爲戒乎 豐者 震离也 震之諸侯 ≪白虎通≫

相見乎离 ≪說卦文≫ 本諸侯相見之卦 故其占 如此

䷶

豐

○[案] 豐卦의 성격은 그 성대하게 가득 찬 것을 경계하는 데 있다. 두 君主가 서로 會合함에 즐겁게 놀기만 하고, 돌아갈 줄 모르면 도둑이 강탈(强奪)하려고 생각함이니, [魯나라 桓公이] 낙읍(濼邑)에서 재앙을 당한 일[112]과 [魯나라 소공(昭公)이] 간후(乾侯)에서 패배한 사건[113]이 경계로 삼기에 족한 것이 아니겠는가? 豐卦는 震과 离로 구성된 괘이다. 震의 諸侯가 ≪[震이 諸侯가 된다[114]는 것은] 『白虎通』[115]의 說≫ 离에서 상견례

112) 魯桓公이 낙수(濼水)가에서 제(齊)양공(襄公)과 회합한 뒤, 바로 부인 文姜과 더불어 齊나라로 갔다. 부인 文姜이 齊襄公과 몰래 정을 통하고 있었으므로, 환공이 그것을 꾸짖었는데, 부인이 그것을 제양공에게 고했다. 여름인 4월 丙子일에 公에게 잔치를 베풀고, 제나라 공자 팽생(彭生)에게 공을 수레에 태우게 했다. 팽생은 힘이 세어 환공을 수레에 태운다고 하면서, 그의 갈비뼈를 눌러서 죽었다. 魯나라 사람이 팽생을 제거해주기를 청하자, 제(齊)나라 사람들이 팽생을 죽였다(남기현 역, 『春秋左傳』 上, 자유문고, 2003, 154~155면).

113) 간후(乾侯)는 地名이다. 季氏가 魯나라 소공(昭公)을 쫓아내어 昭公이 수년간 乾侯라는 外地에서 고생하다가 그곳에서 죽은 일이 있었다(『春秋左氏傳』 '昭公 28~31年'). 『春秋』에서는 昭公 29年의 일을 다음과 같이 기록하고 있다. "○二十有九年 春, 公至自乾侯, 居于鄆, 齊侯 使高張 來唁公 ○公如晉 次于乾侯 ○夏四月庚子 叔詣卒 ○秋七月 ○冬十月 鄆潰(昭公 29年 戊子 봄에 소공이 간후(乾侯)에서 돌아와 운(鄆)에서 거처했다. 齊나라 군주인 후작이 高張에게 魯나라에 와서 昭公을 위로하게 했다. 여름인 4월 庚子일에 숙예(叔詣)가 세상을 떠났다. 가을일 7월이다. 겨울인 10월에 운(鄆)이 공격을 받아 완전히 무너졌다)."(남기현 역, 『春秋左傳』 下, 자유문고, 2003, 260~261면).

114) 『백호통(白虎通)』, 「봉공후(封公候)」 편에 다음과 같은 말이 나온다. "諸侯封不過百里, 象雷震百里, 雷者, 陰中之陽也, 諸侯像也", 즉 "제후의 봉토는 사방 백리를 초과하지 않는다. 이것은 천둥이 백리에 걸쳐 다 들리는 점을 상징한다. 천둥은 음속에 있는 양이고, 제후의 형상이다(반고 저, 신정근 역주, 『백호통의』, 소명출판, 2005, 126면).

115) 『白虎通』은 東漢 章帝 4年, 즉 서기 79년에 博士들이 白虎觀에 모여 五經의 차이를 토론하고, 토론 내용과 상황, 성과 등을 반고(班固, 32~92) 등이 기록하여, 4권 44편으로 편찬한 책이다. 원본은 산실되고 唐나라 때의 주석본만 전해지고 있다. 『白虎通義』라고도 한다.

(相見禮)를 가지니 ≪"相見乎离"는 「說卦傳」의 글≫ 본래 [豐卦는] 諸侯가 相見禮를 갖는 卦이기 때문에 그 占이 이와 같다.

○舊本 旬或作均 ≪荀爽本≫ 或作鈞 ≪劉炳[116]本≫ 周禮公旬註作公均 本通字也

○舊本에서는 '旬(순)'字를 간혹 '均(균)'字로 쓴 경우가 있으며 ≪荀爽本≫ 또 간혹 '鈞(균)'字로 쓴 경우도 있고 ≪劉炳本의 경우≫ 『周禮』의 [「司徒」의 '公旬'의 注에 '公均'이라고 하였으니, 본래 서로 통하는 글자인 것이다.

○ 男學稼云 象傳文例 與師初六同

○학가(學稼)가 말하였다. "「象傳」의 文例가 師卦 初六의 경우와 더불어 같다."[117]

六二 : 豐其蔀. 日中見斗, 往得疑疾, 有孚發若, 吉. ○象曰 : 有孚發若, 信以發志也.

六二 : [일식(日食)으로 말미암아, 해가 가려지니] 그 [햇빛을] 덮고 있는

---

116) [校閱] 奎章本에는 "劉炳"으로 되어 있으나 新朝本과 國中本에는 "劉昞"으로 되어 있다.

117) 豐初九와 師初六의 象傳의 文例를 검토해 보면, 어떤 당위적인 원칙을 제시하고 나서, 만일 그러한 원칙대로 행하지 않는다면, 좋지 않은 결과가 올 수밖에 없다는 것을 경계하는 방식으로 서술하고 있는 것이 특징이다. 즉 "[豐初九] 象曰 雖旬无咎 過旬災也(비록 열흘 동안 만나더라도 허물이 없으나, 열흘이 지나서도 [여전히] 만난다면, 재앙이 될 것이다)." "[師初六] 象曰 師出以律, 失律, 凶也(군대를 출동함에 있어, 규율에 맞게 할지니, 규율을 잃는다면 흉할 것이다)."

것이 [대단히] 커서, 한 낮에도 북두성(北斗星)을 보게 될 것이다. 가면 의심의 病을 얻을 것이니, 믿음을 갖고 [뜻한 바를] 드러내면, 吉할 것이다. ○「象傳」: "有孚發若"이란 믿음을 갖고 뜻한 바를 드러냄을 말한다.

此 豐之大壯也 豐者 蕃也 蔀者 蔽也 障明席也 ≪義見下≫ 日中者 离位當中也 ≪一二三≫ 斗者 北斗四星也 ≪除其柄≫

豐→ 2爻變→大壯

이것은 豐卦가 大壯卦로 변하는 경우이다. "豐"은 많다(蕃)는 뜻이며, "蔀"는 덮는다(蔽)는 뜻이니, 밝음을 가로막는 거적, 즉 차양(遮陽)을 가리킨 것이다. ≪뜻이 아래에 나타남≫ "日中"은 离位 가운데서도 中位를 가리킨 것이요 ≪1·2·3은 离位≫ "斗"는 北斗四星을 가리킨 것이다. ≪北斗四星이란 [북두칠성(北斗七星) 중에서] 그 자루(柄)[에 해당하는 세 개]의 별을 제외한 [나머지 네 개의] 별을 가리킨다.≫

○卦自泰來 ≪二之四≫ 泰之時 离之太陽 ≪一二三≫ 其體正圓 ≪泰下乾≫ 移之爲豐 ≪二之四≫ 則兌口入日 ≪互兌亦顚兌≫ 翳然侵食 ≪兌爲食≫ 而太陽之體 ≪下离日≫ 黑陰在中 ≪坤爲黑≫ 匡郭猶白 ≪陽爲白≫ 日食之象也 斯 何故也 剛往爲蔽 ≪二之四≫ 遂以震蕃 ≪上今震≫ 豐其蔀也 ≪震艸有蔀象≫

泰 → 豐

○豐卦는 泰卦로부터 왔다. ≪2가 4로 감≫ 泰卦의 때에는 离의 太陽이 ≪1·2·3은 离位≫ 正圓의 形體를 취하고 있었는데 ≪泰卦의 下卦는

乾≫ [泰卦로부터 推移하여] 豐卦가 되면 ≪2가 4로 감≫ 곧 兌의 입이 해로 들어가니 ≪[豐卦의 3·4·5는] 互兌인데, 또한 [豐卦의 2·3·4는] 전도(顚倒)된 兌이다. [그런데 豐卦의 下卦는 离이므로, 兌의 입이 离의 太陽으로 들어가는 형상]≫ [이것은 태양을] 가리면서 침식(侵食)해 들어가는 모양이다. ≪兌는 먹음의 뜻이 됨≫ 太陽의 體를 보면 ≪[豐卦의] 下卦는 离의 해≫ 검은 陰은 [离의] 가운데 있으나 ≪坤은 검은 색이 됨≫ 그 테두리(匡郭)는 오히려 희니 ≪[离의] 陽은 흰색(色)이 됨≫ [이것은] 日食의 象이다. 이것은 무슨 까닭인가? 剛이 가서 덮고 ≪2가 4로 감≫ 마침내 震으로써 번성(蕃盛)하니 ≪[豐卦의] 上卦는 지금 震≫ 이것을 가리켜 "풍기부(豐其蔀)"라고 한 것이다. ≪震의 풀에는 거적의 象이 있다.≫

乾天之北 ≪上位坎≫ 四星磊落 ≪震二陰四點≫ 是北斗也 离以見之 ≪下今离≫ 星之見也 本自二移 ≪二之四≫ 二爲日中 ≪易例也≫ 日中見斗也

泰 → 豐

乾의 하늘의 北쪽으로 ≪[일반적으로] 上卦는 坎位[118]≫ 네 개의 별이 주렁주렁 쌓여 있는 모습이니[119] ≪[豐卦의 上卦에서] 震의 두 陰畫은 네 개의 点을 형성함≫ 이것이 [다름 아닌] 北斗이다. 离로써 이것을 보니 ≪[豐卦의] 下卦는 지금 离≫ [이렇게 해서] 별이 보이는 것이다. 본래 제2位로부터 이동하였으니 ≪[泰卦가 推移하여 豐卦로 될 때] 2가 4로 감≫ 제2位는 한낮(日中)이 됨이니 ≪易例에 따르면, 离는 日中≫ [이것을 가리켜] "日中見斗"라고 한 것이다.

118) 坎은 北方을 뜻함.
119) 뇌락(磊落): 많은 것이 주렁주렁 쌓여 있는 모습.

曆法日地之間 以月遮日 ≪當合朔之時≫ 乃成日食 ≪朱子曰 月掩日爲日食≫ 卽所謂 日月地三直也 ≪如貫珠≫

䷶
豊

曆法에 따르면, 태양과 지구 사이에서 달이 해를 가리게 되면 ≪합삭(合朔)[120]의 때에 해당됨≫ 이에 일식(日食)현상이 발생하게 되니 ≪朱子가 말하기를, "달이 해를 가리면 日食이 된다"고 하였음≫ [이것이] 이른바 "日月地三直(해 · 달 · 지구의 셋이 일직선의 형태를 취하는 것)"이다. ≪마치 구슬을 관통하는 형태와 같다.≫

此卦离坤之間 ≪上本坤≫ 坎月甚大 ≪二五夾≫ 三直之象也

●	지구	≪坤≫
○	달	≪坎≫
¤	태양	≪离≫

이 豊卦에 있어서는 离의 태양과 坤의 지구의 사이에 ≪[豊卦는 泰卦로부터 왔으니, 泰卦의] 上卦는 본래 坤≫ 坎의 달이 대단히 크니 ≪2 · 3 · 4 · 5의 夾卦는 大坎≫ [이것도 역시] 三直의 形象이다.

然 且震兌同宮 ≪上互兌≫ 此 東西同度也 ≪震爲東≫ 坎离同體 ≪二五夾[121]≫ 此 南北同度也 ≪舜典疏≫ 當此之時 兌口入日 ≪互兌顚≫ 日色掩翳 ≪震爲蔽≫ 非日食乎

---

120) 합삭(合朔) : 달이 지구 주위를 공전할 때 한 달에 한 번 태양과 같은 방향에 오는 때를 합삭(合朔)이라고 한다.

121) [校閱] 奎章本에는 "二五夾"으로 되어 있으나 新朝本과 國中本에는 "二五坎"으로 되어 있다. 前者를 따른다.

그러나 또 震과 兌가 같은 궁(宮)에 있으니 ≪[豐卦의] 위에 互兌가 있음≫ 이것이 "東西同度(東西로 度數가 같음)"이요 ≪震은 東方[이며, 兌는 西方]≫ 坎과 离가 같은 형체를 형성하니 ≪2·3·4·5의 협괘(夾卦)는 大坎[이며, 1·2·3은 离]≫ 이것이 "南北同度(남북으로 度數가 같음)"이다. ≪「舜典」의 疏에 보임≫ 이러한 때를 맞아서 兌의 입이 해로 들어가서 ≪[豐卦의 2·3·4는 互巽인데, 互巽은] 互兌가 뒤집힌 것으로 간주됨≫ 태양의 色이 덮여서 가려지니 ≪震은 덮임이 됨≫ [이것이야말로] 日食이 아니고 무엇이겠는가?

老聃曰 日有食之 安知其不見星也 ≪曾子問≫ 蔀障旣豐 ≪中大坎≫ 星乃晝見也 孔子於彖[122]傳 已言月食 此卦之有日月薄蝕之象 可知也

노담(老聃)[123]이 "日有食之, 安知其不見星也", 즉 "日食이 있으니, 어찌 그 별을 볼 수 없을 것을 알겠는가"라고 하였다. ≪『禮記』「曾子問」에 보임[124]≫ 덮여서 가로막힘(蔀障)이 이미 풍성(豐盛)하니 ≪가운데 大坎이 있음≫ 별을 이에 [한] 낮에 볼 수 있는 것이다. 孔子가 「彖傳」에서 이미 月食을 언급하였으니, 이로써 豐卦에 日月이 엷어지거나 침식되는 [日食이나 月食과 같은] 형상이 있음을 알 수 있다.

---

122) [校閱] 奎章本에는 "彖傳"으로 되어 있으나 新朝本에는 "象傳"으로 되어 있다. 前者가 옳다.

123) 老子를 가리킨다. 담(聃)은 老子의 字임, 性은 李氏이고 이름은 이(耳)이다.

124) 『禮記』 제7편 「曾子問」에서 노담(老聃)은 장례에 있어서 發引한 뒤에 길을 가다가 만일 日食이 일어나면, 영구(靈柩)를 멈추어 길 오른 편에 두고, 哭을 멈추고 日食이 끝나기를 기다려야 한다고 주장한다. 孔子는 老聃에게 대저 영구(靈柩)는 한 번 가면 돌아오지 않는 것이고, 일식은 빨리 끝날지 늦게 끝날지 알지 못하는 것인데, 어찌하여 가게 하지 않는가 하고 묻는다. 老聃의 "日有食之 安知其不見星也"라는 발언은 孔子의 이 질문에 대한 대답 중에 나온다. 老聃이 이런 발언을 한 취지는 다음과 같다. 즉 본래 영구(靈柩)는 일찍 해뜨기 전에 나가지 않으며, 저물기 전에 宿泊한다. 별을 보고 가는 사람은 오직 罪人이거나 부모의 喪에 달려가는 사람뿐이라는 것이다(李相玉 譯, 『禮記』 上, 자유문고, 2000, 408~409면).

○泰之中剛 往而成坎 ≪二五夾≫ 坎爲心病 ≪說卦文≫ 往得疑疾也 ≪坎爲疑≫

䷊ ䷶

泰 → 豐

○泰卦의 中剛이 가서 坎을 이루니 ≪2·3·4·5의 협괘(夾卦)는 大坎≫ 坎은 마음의 病을 상징하니 ≪「說卦傳」의 글≫ "往得疑疾(가면, 의심의 病을 얻을 것)"이라고 말한 것이다. ≪坎은 의심을 상징한다.≫

○离則爲誠 ≪虛中故≫ 是 有孚也 往而爲震 ≪二之四≫ 震則爲發 ≪蕃鮮故≫ 有孚發若也

䷊ ䷶

泰 → 豐

○离는 '誠'을 상징하니 ≪가운데가 비어 있는 까닭에 마음의 誠實性을 상징함≫ 이것이 "有孚"다. 가서 震이 되니 ≪[泰卦에서 豐卦로 推移하게 되면] 2가 4로 감≫ 震은 '發', 즉 '싹이 트다', '꽃이 피다', '나타나다', '드러내다' 등의 뜻이니 ≪번성(蕃盛)하고 곱기 때문에, 드러남≫ "有孚發若(믿음을 두어 [뜻을] 나타냄)"이라고 한 것이다.

○信者 离也 今發爲震 ≪二之四≫ 信以發志也 ≪离爲志≫ 二爲卦主 ≪二之四≫ 故並言本象

䷊ ䷶

泰 → 豐

○信(믿음)을 상징하는 것은 离이니, 지금 드러나서 震이 되었으므로 ≪[泰卦의] 2가 4로 감≫ "信以發志"라고 한 것이다. ≪离는 '志', 즉 '뜻'을 상징한다.≫ 제2爻가 卦主가 되므로 ≪[泰卦의] 2가 4로 감≫ 本象을 아울러 말한 것이다.

○案 說卦 离本爲日 似非日食之象 然 坎本爲月 以乾爲望 ≪見小畜中孚≫ 离日之以乾爲全 ≪爲无災之日≫ 亦猶是也 坎則爲耳 ≪說卦文≫ 坎在坎位 ≪坎在上≫ 又爲耳痛 ≪夬九四≫ 离則爲日 ≪說卦文≫ 离在离位 ≪离在下≫ 又爲日食 ≪黑在中≫ 其義一也

○[案] 「說卦傳」에서 离는 본래 해(日)를 상징하니 [豊卦 六二의 下卦에 离가 있으므로, 豊卦 六二의 象이] 日食의 象이 아닌 것처럼 보인다. [그러나] 坎이 본래 달(月)을 상징하지만, 乾으로써 보름[달](望)을 삼는 것과 같으니 ≪小畜卦와 中孚卦에 그러한 예가 보임≫ 离의 해가 乾으로써 완전함의 뜻을 삼는 것도 ≪재앙이 없는 날을 상징함≫ 역시 이와 같다. 坎은 귀(耳)를 상징하지만 ≪「說卦傳」의 글≫ 坎이 坎位에 있으면 ≪坎은 上卦에 있음≫ 또한 耳痛을 상징하게 되고 ≪夬卦의 九四爻≫ 离는 해를 상징하지만 ≪「說卦傳」의 글≫ 离가 离位에 있으면 ≪离는 下卦에 있음≫ 또한 日食을 상징하게 되니 ≪黑이 가운데에 있음≫ 그 뜻이 동일하다.

○又按 書云 日食則瞽 奏鼓 春秋 日食必書 又 鼓用牲于社 今人 認爲災異 非也 今此爻詞 以日月地三直 爲日食之象 古人 其不知乎

○[又按] 『書經』에 이르기를 "日食이 생기면, 장님이 북을 연주한다"[125]라고 하였고, 『春秋』에 日食을 반드시 기록하였고, 또 "鼓用牲于社", 즉 "북을 치며, 사당에 희생으로써 제사를 지냈다"[126]라고 하였으

125) 「胤征」, "季秋月朔, 辰弗集于房. 瞽奏鼓."

니, 요즈음 사람들이 日食을 재이(災異)로 여기는 것은 잘못된 것이다. 지금 爻詞에서 해와 달과 지구가 일직선상에 선 것으로써 日食의 象을 삼았으니 古人이 [어찌 日食이 災異의 현상이 아니라, 천체의 물리적 현상에 불과하다는 것을] 알지 못했겠는가?

○鄭玄本 蔀作菩 ≪薛仁貴本同≫ 小席也 或云 蒣蔀艸名 ≪卽魚薺≫ 以此織席 因以障蔽 遂得蔀蔽之名

○정현(鄭玄)의 책에는 '蔀(부)'字가 '菩(보)'字로 적혀 있으니 ≪설인귀(薛仁貴)[127]의 책도 그와 같다≫ 작은 자리(小席)를 뜻한다. 或者가 말하기를 '서부(蒣蔀)'는 풀이름이니 ≪즉 '어제(魚薺)'를 가리킴≫ 이것으로 거적을 짜서 그것으로 가리는 용도로 쓰기 때문에, 드디어 거적(蔀蔽)이라는 명칭을 얻었다고 하였다.

○揚雄 太玄曰 斗一北而萬物虛 斗一南而萬物盈 言萬物 豐於纏夏 耗於玄冬 隨斗轉徙也 ≪其義 不可解≫

○揚雄이 『太玄經』 [「현리(玄攡)」[128]]에서 말하기를, "북두성(北斗星)

126) '莊公 25年', "六月辛未朔, 日有食之, 鼓用牲于社."

127) 설인귀(薛仁貴) : 여기서 설인귀(薛仁貴)는 唐나라 때 장군 설인귀(薛仁貴)를 가리키는 것이 아니라, 설우(薛虞)를 가리킨다. 설우(薛虞)의 字나 號에 仁貴라는 이름이 있는지는 확인되지 않는다. 다만 陸德明의 『經典釋文』의 豐卦 六二의 注에 "蔀, 鄭薛作菩, 云, 小席", 즉 "정현(鄭玄)과 설우(薛虞)는 부(蔀)를 보(菩)라고 쓰고, 작은 자리를 뜻한다고 하였다"라고 하였기 때문에, 설인귀(薛仁貴)와 설우(薛虞)가 같은 사람이라는 것을 알 수 있다(김상섭 역, 『高亨의 周易』, 예문서원, 1995, 443면). 淸나라 때, 마국한(馬國翰)이 편찬한 『옥함산방집일서(玉函山房輯佚書)』 가운데 『周易薛氏記』(卷1)가 집록되어 있다. 설우(薛虞)가 어느 시기의 사람인지 구체적으로 알 수 없으나, 마국한(馬國翰)은 漢·魏 사이의 儒生일 것이라고 추측한다. 『周易』에 뛰어났고, 그의 저작이 있었으나, 唐나라 때에 이미 없어졌다. 唐나라 육덕명(陸德明)이 지은 『經典釋文』 가운데, 그의 설이 인용되어 있다(金勝東, 『易思想辭典』, 부산대 출판부, 1998, 497면).

128) 「玄攡」의 '리(攡)'는 '베풀어 놓다', '펼친다'는 뜻으로서, 『太玄經』의 철학을 闡發한다는 것을 뜻한다. 「玄攡」는 『周易』 「繫辭傳」에 해당된다.

이 한번 북쪽(子) 방위를 가리키면, [한기(寒氣)로 말미암아] 만물이 [시들어 떨어져] 텅 비게 되고, 北斗星이 한번 남쪽 방위(午)를 가리키면 [훈풍(薰風)으로 말미암아] 만물이 [풍성(豊盛)하게] 가득 차게 된다"[129]라고 하였으니, [그것은] 만물이 더운 여름(纁夏)에 풍성해지고, 추운 겨울(玄冬)에 소모(消耗)되어 버리는 것이 북두성을 따라서 전환되는 현상이라는 것을 말한 것이다.[130] ≪[太玄經의] 그 뜻은 [잘] 이해할 수 없다.≫

䷶

九三 : 豐其沛. 日中見沬, 折其右肱, 无咎. ○象曰 : 豐其沛, 不可大事也, 折其右肱, 終不可用也.

九三 : 그 늪에 수초(水草)가 무성(茂盛)하니, 한 낮에 [흙비가 와서] 어두컴컴해지는 것을 볼 것이요, 그 오른팔이 꺾이더라도, 허물이 없을 것이다. ○「象傳」: "그 늪에 수초(水草)가 무성(茂盛)하니(豐其沛)", 큰 일을 할 수 없으며, "그 오른팔이 꺾였으니(折其右肱)", 끝내 [그 오른팔을] 쓰지 못할 것이다.

此 豐之震也 草生水中 曰沛 ≪說文云≫ 孟子曰 沛澤多而禽獸至 ≪劉熙云 沛者 水艸相生之名≫ 公羊傳 草棘曰 沛 齊侯田于沛 是也

---

129) 斗一北而萬物虛, 斗一南而萬物盈 : 『太玄經』 「玄攡」에 나오는 구절(卷7, 臺灣中華書局印行, 民國 63年, 8면). 그 뜻에 관해서는 다음의 책을 참조할 것. ① 鈴木由次郎, 『太玄易의 硏究』, 明德出版社, 昭和 39年, 407~408면. ② 鄭萬耕, 『太玄校釋』, 北京師範大學出版社, 1989, 264면, 279면.

130) 『淮南子』 「天文訓」에서도 "斗指子則冬至, 斗指午則夏至, ……, 陰氣極則萬物閉藏, ……, 陽氣極則萬物蕃息"이라고 함.

沫本作[131]昧 ≪義見下≫ 土雨晝晦 日色晻昧也

䷶ ䷲

豐 → 震

이것은 豐卦가 震卦로 변하는 경우이다. 풀이 물속에 나는 것을 가리켜 '沛(패)'라고 하니 ≪『說文』에서 말함≫ 『孟子』「등문공(滕文公)」에서 말하기를, "늪(沛澤)이 많아서 금수(禽獸)들이 이른다(沛澤多而禽獸至)"[132]라고 하였다. ≪유희(劉熙)[133]가 [『釋名』[134]에서] 말하였다. "'패(沛)'는 수초(水艸)가 얽혀 사는 것을 가리키는 명칭이다."≫ 『公羊傳』에서 말하였다. "'초극(草棘)', 즉 '풀숲'을 가리켜 '沛'라고 하니,[135] '齊侯田于沛',[136] 즉 '齊나라의 諸侯가 늪(沛)에서 사냥을 했다'라고 한 것이 이것이다." '沬(매)'字는 본래 '昧(매)'字로 써야 하는 것이니 ≪뜻이 아래에 나타남≫ 한 낮에 흙비가 내려 어두워져, 햇빛이 가려져 어두컴컴하게 된 것을 뜻한다.

○震自臨來 ≪二之四≫ 兌其澤也 ≪臨下兌≫ 移之爲震 則兌澤之上 震艸蕃茂 ≪移爲震≫ 豐其沛也 ≪如蔽芾之芾≫ 坤土坎雨 ≪剛在四陰中≫ 离日晦黑 ≪陰爲黑≫ 土雨曰 昧 ≪義見下≫ 是 見昧也 ≪大离

131) [校閱] "作"이 國中本에는 "昨"으로 되어 있는데, 誤記이다. 新朝本에는 "來"로 되어 있다. 여기서는 奎章本을 따른다.

132) 『孟子』「滕文公」편에 나오는 말.

133) 유희(劉熙) : 東漢(後漢) 末의 사람, 『釋名』의 저자.

134) 『釋名』 : 중국 後漢 말(末) 유희(劉熙)가 지은 사서(辭書). 같은 음을 가진 말로 語源을 설명하였다. 어휘의 분류 방법은 『爾雅』와 같으나, 漢字가 발음이 비슷하면, 그 의미도 통한다는 이른바 '音近義通'의 관점에서 해설하고 있는 점이 특색이다. 이것을 성훈(聲訓)의 관점이라고 한다. 『釋名』의 聲訓을 이용한 訓釋 방법은 이후 淸代 학자들의 소리에 기인하여 本義를 밝히는 '因聲求義'의 연구 방법에 상당한 영향을 미쳤다. 『釋名』의 연구서로는 淸의 왕선겸(王先謙)이 지은 『釋名疏證』이 있다.

135) 『春秋公羊傳』 '僖公 4年' '何休'의 주석을 참조.

136) 『春秋公羊傳』 '昭公 20年'.

見≫ 本自离中 ≪二爲离位中≫ 移之爲震 ≪二之四≫ 日中見昧也 ≪四陰遮日色≫

豊 → 震 ← 臨

○震卦는 臨卦로부터 왔으니 ≪[臨卦의] 2가 4로 감≫ [臨卦에 있던] 兌는 [豐卦 九三에 있는 沛(늪)로 변한 것이니] 澤이다. ≪臨卦의 下卦가 兌이다.≫ 推移하여 震卦가 되면, 兌의 못 위에 震의 풀이 무성하므로 ≪[臨卦로부터] 推移하여 震卦가 됨≫ "豐其沛", 즉 "水草가 무성(茂盛)한 것"이다. ≪폐불(蔽芾)의 '불(芾)'137)과 같다.≫ 坤의 땅에 坎의 비가 내리고 ≪[震卦가 되면] 剛이 4陰 가운데에 있음≫ 离의 해가 어두워지니 ≪陰爻는 黑을 상징함≫ 흙비를 '昧'라고 하니 ≪뜻이 아래에 보임≫ 이것이 "見昧(어두컴컴해지는 것을 본다)"라고 말한 까닭이다. ≪大离는 보는 것을 뜻함≫ 본래 离의 中인데 ≪二爻가 离位의 中이 됨≫ 推移하여 震이 되니 ≪2가 4로 감≫ "日中見昧(한 낮에 어두워지는 것을 보는 것)"이다. ≪네 개의 陰이 햇빛을 가린다.≫

○震又自小過來 ≪三之一≫ 上艮 左肱也 ≪上倒艮≫ 下艮 右肱也 ≪古人尙左 下爲右≫ 移之爲震 ≪三之一≫ 三剛遂折 ≪三今坼≫ 折其右肱也 斷而猶連 曰 折 ≪上連今下連≫

豊 → 震 ← 小過

○震卦는 또한 小過卦로부터 왔으니 ≪[小過卦의 3이] 1로 감≫ 上卦의 艮이 왼팔에 해당된다면 ≪[震卦의] 上卦는 뒤집어진 艮≫ 下卦의 艮은 오른

137) 불(芾): 풀과 나무가 우거진 모습을 뜻함.

팔에 해당된다. ≪옛날 사람들은 왼쪽을 숭상하였으니, 아래쪽이 오른쪽이 된다.≫ [小過卦로부터] 推移하여 震卦가 되면 ≪3이 1로 감≫ 제3位에 있는 剛이 이에 꺾어지니 ≪제3爻가 지금 끊어짐≫ "折其右肱", 즉 "그 오른팔이 꺾여진 것"이라고 한 것이다. 끊어지기는 하였으나, 여전히 이어져 있는 것을 '折'이라고 한다. ≪위로 연결되어 있던 것[제3位의 陽爻]이 지금 아래로 연결된 것[初位의 陽爻]이 된다.≫

○臨之時 兌以乘剛 ≪臨下兌≫ 移乃升陽 ≪二之四≫ 是 无咎也

豊 → 震 ← 臨

○臨卦의 때에는 兌가 剛을 타고 있었는데 ≪臨卦의 下卦가 兌≫ [臨卦로부터] 推移하여 [震卦로 되면] 이에 陽爻가 오르니 ≪2가 4로 감≫ 이것이 "无咎"라고 말한 까닭이다.

○臨移爲震 ≪二之四≫ 陰來得位 ≪四之二≫ 陽往失位 ≪二之四≫ 不可大事也 ≪陽曰 大≫ 小過之象 宜參看 ≪可小事 不可大事≫

豊 → 震 ← 臨

○臨卦가 추이하여 震卦가 되면 ≪2가 4로 감≫ 陰은 와서 자리를 얻는 반면에 ≪4가 2로 감≫ 陽은 가서 자리를 잃게 되므로 ≪2가 4로 감≫ "不可大事(큰 일을 할 수 없다)"라고 말한 것이다. ≪陽은 큼[大]을 상징함≫ 小過卦의 象辭를 마땅히 참고해 보아야 한다. ≪小事는 되지만 大事는 안 된다.≫

○卦終於三 艮亦爲終 ≪今互艮≫ 而坎疾遂貞 ≪三五互≫ 終不可用也 ≪肱不用≫

䷶ ䷲
豐 → 震

○卦가 제3位에서 끝나니, [2·3·4의 互卦인] 艮도 역시 끝[終]을 상징한다. ≪지금 互卦인 艮은 終을 뜻함≫ [이처럼 終末을 상징하는 互艮이 있는 데다가 덧붙여] 坎의 疾病이 이에 굳어지는 까닭에 ≪3·4·5의 互卦≫ "終不可用(끝내 [그 오른팔을] 쓰지 못할 것)"이라고 말한 것이다. ≪팔을 쓸 수 없다.≫

○案 古本[138] 沛作芾 ≪鄭玄 干寶 子夏傳≫ 謂之蔽膝 ≪與韍通≫ 王弼本 作旆 謂之幡幔 ≪本義同≫ 於理無當 沛者 澤藪也 ≪崔駰[139]云 蝱蚋[140]之趣大沛≫ 又大雨[141]曰 沛

○[案] 古本에서는 '沛(패)'字를 '芾(불)'字로 적었으니 ≪「정현전(鄭玄傳)」과 「간보전(干寶傳)」과 「자하전(子夏傳)」에 보인다≫ 무릎을 가리는 것을 말한다. ≪'불(韍)'字와 통함≫ 왕필(王弼)의 本에서는 ['沛(패)'字를] '旆(패)'字로 적고, [그 뜻을] 깃발과 휘장(幡幔)이라고 하였으니 ≪[朱子의] 『周易本義』의 說과 동일함≫ 이치에 합당하지 않다. [요컨대] 패(沛)는 늪(澤藪)을 뜻한다. ≪최인(崔駰)[142]이 말하기를, 등애와 모기가 모이는 큰 못이라고 하였다.≫ 또

138) [校閱] 新朝本과 國中本에는 "古本"으로 되어 있으나 奎章本에는 "古文"으로 되어 있다. 여기서는 前者를 따른다.

139) [校閱] 新朝本에는 "崔駟"로 되어 있으나 奎章本과 國中本에는 "崔駰"으로 되어 있다. 後者가 옳다.

140) [校閱] 新朝本에는 "蝱蚋"의 "蚋"가 "呐"으로 되어 있다.

141) [校閱] 新朝本에는 "大兩"으로 되어 있으나 奎章本과 國中本에는 "大雨"로 되어 있다. 後者가 옳다.

142) 최인(崔駰, ?~92) : 東漢(後漢) 때의 經學家, 字는 亭伯, 경전뿐 아니라, 百家의 訓詁

큰 비를 패(沛)라고 한다.

○又按 漢書 沬作昧 ≪馬融本 鄭玄本 及字林 子夏傳 俱作昧≫ 服虔云 日中而昏也 ≪昧微晦也 日微而晝昏[143]≫ 昧者 霾也 乃字林云 昧 斗杓後星 ≪子夏傳云 沬星之小者≫ 九家易 亦云 ≪薛氏云 輔星≫ 然 雖日食之時 小星 無晝見之理 其義 非也 昧也[144] 昧與沬霾 本皆諧聲 ≪字相通≫ 霾之謂昧 猶霧之謂晦也 ≪爾雅云 霧謂之晦≫ 土雨曰 霾

○[又案] 『漢書』에서는 '沬(매)'字를 '昧(매)'字로 적었고 ≪馬融本, 鄭玄本, 『字林』,[145] 『子夏傳』[146]에서는 모두 ['沬'字를] '昧'字로 적었다≫ 복건(服虔)[147]이 말하기를, "대낮인데도 어둡다(日中而昏也)"라고 하였으니 ≪'昧'는 약간 어두운 것이다. 해가 약해져서 낮에 어두운 것이다≫ 昧는 흙비이다. 이에 [여침(呂忱)의] 『字林』에서 말하기를, '昧'는 북두칠성(北斗七星) 중 자루(斗杓) 부분의 뒤쪽에 있는 별이라고 하였다. ≪『子夏傳』에서 이르기를, 沬는 별 중에

에 이르기까지 두루 능통하였다. 본래 문집이 있었으나 없어졌고, 「達旨」·「七依」·「婚禮緒言」·「酒警」 등만 남아 있다(최석기, 『中國經學家事典』, 경인문화사, 2002, 239면).

143) [校閱] 新朝本과 國中本에는 "晝晦"로 되어 있으나 奎章本에는 "晝昏"으로 되어 있다. 뜻은 같다.

144) [校閱] 新朝本에는 "昧也"가 있으나, 奎章本과 國中本에는 없다. 잘못 들어간 衍文으로 보인다.

145) 『字林』은 南朝 末에 여침(呂忱)이 찬술한 책으로 7권으로 되어 있으며, 文字의 訓詁를 기록하고 있다. 現存하지 않는다. 단옥재(段玉裁)의 『說文解字注』에서는 "許愼 이후의 字書 가운데 『字林』이 있는데, 部首 차례는 지금 전하지 않고, 이것을 이은 고희풍(顧希馮)의 『玉篇』이 전하고 있다"라고 함.

146) 『子夏傳』: 『子夏易傳』을 가리킨다. 『儀禮』「喪服」편의 「子夏傳」을 가리키는 것은 아니다.

147) 복건(服虔): 후한(後漢)시대 『漢書』의 주석가, 『漢書』에 대한 주석은 복건(服虔)과 응소(應劭, 140년경~204년 이전)로부터 시작되었다. 그러나 그들의 주석은 현재 독립된 텍스트의 형태로는 전하여지지 않는다. 『隋書』「經籍志」에 응소(應劭)의 『漢書集解音義』(24권)와 복건(服虔)의 『漢書音訓』(1권)이 언급되어 있다. 따라서 적어도 6세기경까지는 그들의 저술이 전해지고 있었던 것으로 볼 수 있다. 복건(服虔)과 응소(應劭)의 주석 및 교정과 그 밖의 20여 명에 이르는 주석가들의 주석이 당(唐)의 안사고(顔師古, 581~645)가 편찬한 주석본 안에 취합되어 있다.

서 작은 것이라고 하였다.≫ 순구가(荀九家)의 易에서도 역시 이처럼 말하였다. ≪설씨(薛氏)[148]가 말하기를, ['沬(매)'를] 보성(輔星)[149]이라고 했다.≫ 그러나 비록 日食이 일어나는 때라도 작은 별은 낮에 보일 이치가 없으니 그 뜻이 옳지 않다. '昧(매)'는 '흙비가 올 霾(매)'字와 더불어 본래 모두 해성(諧聲)이니 ≪글자가 서로 통함≫ '흙비가 올 霾(매)'字를 '昧(매)'라고 하는 것은 마치 '안개 霧(무)'字를 '그믐 晦(회)'字로 하는 것과 같으니 ≪『爾雅』「釋天」에 말하기를, "霧를 晦라고 한다"고 하였다≫ 흙비를 가리켜 '매(霾)'라고 하는 것이다.[150]

䷣

九四 : 豐其蔀, 日中見斗. 遇其夷主, 吉. ○ 象曰 : 豐其蔀, 位不當也, 日中見斗, 幽不明也, 遇其夷主, 吉行也.

九四 : [일식(日食)이 일어나니, 마치 하늘을 모두 덮은 것처럼] 그 휘장(揮帳)이 넉넉하게 쳐진 것 같은지라, 한 낮에 北斗星을 볼 것이다. 그 동이족(東夷族)의 君主를 만나면 길할 것이다. ○「象傳」: "豐其蔀"라고 한 것은 자리가 맞지 않기 때문이요, "日中見斗"라고 한 것은 [태양이 먹혀 들어가니] 어두워져서 밝지 못하기 때문이요, "遇其夷主"라고 한 것은 [中國의 君主와 外國의 君主가 朝會의] 吉禮를 行한다는 뜻이다.

此 豐之明夷也 卦自泰來 剛往爲蔽 ≪二之四≫ 遂以震蕃 ≪上今

148) 앞서 나온 설우(薛虞)를 가리킨다.

149) 보성(輔星) : 北斗를 보좌하는 별이라는 뜻이다. 『史記』「天官書」에 "輔星, 明近 輔臣親彊, 斥小 疏弱"이라고 함.

150) '霾'(매)는 甲骨文에도 나오는 글자이다. '霾'(매)는 비가 내리기 직전에 하늘이 음침해지는 현상으로서, 어떤 경우에는 비가 내리기 전에 큰 바람으로 인해 먼지가 휘날리고, 하늘이 어둑해지는 때도 있었다(심재훈 엮음, 『甲骨文』, 민음사, 1990, 252면).

震≫ 豐其蔀也 离日方中 ≪二爲离位中≫ 四星乃見 ≪上四點≫ 日中見斗也 詞與六二同者 明卦自泰來 ≪二之四≫ 二與四 皆卦主也

泰 → 豐 → 明夷

이것은 豐卦가 明夷卦로 변하는 경우이다. 豐卦는 泰卦로부터 왔으니, 剛이 가서 가려져 ≪2가 4로 갔다≫ 이에 震으로써 번성(蕃盛)함이 되니 ≪上卦는 지금 震≫ "豐其蔀"라고 한 것이다. 离의 해가 바야흐로 中天에 떠서 있음에 ≪2는 离位의 中이 된다≫ 네 개의 별(四星)이 이에 드러나니 ≪위의 네 點≫ "日中見斗(한 낮에 北斗의 별이 드러난다)"라고 한 것이다. [豐卦 九四의] 爻詞가 六二의 효사와 같은 것은 豐卦가 泰卦에서 왔음을 분명하게 밝힌 것이니 ≪2가 4로 감≫ 제2爻와 제4爻가 모두 卦主이기 때문이다.

○明夷自小過來 ≪四之一≫ 下震 ≪小過取倒象[151]≫ 中國之主也 ≪內卦主≫ 上震 外國之主也 震則爲東 ≪說卦文≫ 東夷之主也 移之明夷 ≪四之一≫ 則東夷之主 入朝中國之主 ≪四之一≫ 相見乎离 ≪說卦文≫ 嘉會以合禮 ≪行朝會之禮≫ 遇其夷主也 卦今明夷 故其占如此

豐 → 明夷 ← 小過

○明夷卦는 小過卦로부터 왔으니 ≪4가 1로 감≫ 下卦의 震이 ≪小過

151) [校閱] 新朝本과 國中本에는 "倒震"으로 되어 있으나 奎章本에는 "倒象"으로 되어 있다. 뜻은 같다.

괘에서 艮의 뒤집어진 象을 취하였다≫ 中國의 君主에 해당된다면 ≪內卦는 主人에 해당함≫ 上卦의 震은 外國의 君主에 해당된다. 震은 東方을 상징하니 ≪「說卦傳」의 글≫ [즉] 東夷의 君主에 해당되는데 [小過卦로부터] 推移하여 明夷卦가 되면 ≪4가 1로 감≫ 東夷의 군주가 中國의 군주에게 朝會하러 들어가니 ≪4가 1로 갔다≫ 离에서 상견례(相見禮)를 갖고 ≪「說卦傳」의 글≫ 禮에 합당하게 훌륭한 모임을 가지게 되는 까닭에 ≪조회(朝會)의 禮를 행함≫ "遇其夷主(그 東夷族의 군주를 만난다)"라고 말한 것이다. 豊卦 九三이 지금 明夷卦가 되었으므로, 그 占이 이와 같다.

○位不當者 剛自二往 ≪二之四≫ 亦不得位也 ≪四位陰≫

泰 → 豊

○"位不當"이라고 말한 것은 剛이 제2位로부터 가니 ≪2가 4로 감≫ 또한 자리를 얻지 못한 것이다. ≪제4位는 陰의 자리에 해당된다.≫

○兌之所食 ≪互兌顚≫ 离光有蔀 ≪震以蔽≫ 幽不明也 兌則爲幽 ≪履困及歸妹≫

豊

○[豐卦의 3·4·5는 互兌이니] 兌로써 [离의 태양이] 먹혀 들어가서 ≪互卦인 兌가 顚倒됨≫ [마침내] 离의 햇빛이 가려지게 되므로 ≪震으로써 가려짐≫ "幽不明也(어두워져서 밝지 못하다)"라고 한 것이다. 兌는 '幽(어두움)'의 뜻이 된다. ≪履卦, 困卦, 歸妹卦에 그러한 例가 보인다.≫

◯行者 震主之行 《小過之上[152]震》 入中國也

豐 → 明夷 ← 小過

◯"行"이라고 한 것은 震의 君主가 가는 것이니 《小過卦의 上卦인 震을 가리킴》 中國으로 들어감이다.

◯[153] 郭京本 行也之上 有志字 《志行也》 未必然

◯『郭京本』에서는 [象曰의 "吉行也"라는 구절 중에서] "行也"라는 글자 위에 '志'字가 있는데 《[『郭京本』에서는] "志行也", 즉 "뜻으로써 行함"이라고 되어 있음》 반드시 그렇게 쓰여져야 할 이유는 없다.

六五 : 來章, 有慶,[154] 《句》 譽吉. ◯象曰 : 六五之吉, 有慶也.

六五 : 와서 [빛나는] 文章을 이루니, 경사(慶事)가 있을 것이며, 《句》 칭찬해 주니, 吉할 것이다. ◯「象傳」: [豐卦의] 六五에서 吉하다고 한

152) [校閱] 新朝本과 國中本에는 "小過之上震"으로 되어 있으나 奎章本에는 "小過之大震"으로 되어 있다. 그러나 앞의 茶山의 주석에서 "中國之主也, 上震, 外國之主也, 震則爲東, 東夷之主也, 移之明夷 則東夷之主 入朝中國之主 相見乎离 嘉會而合禮 遇其夷主也"이라고 하고 있으므로, 小過卦의 上卦인 震이 中國의 朝廷으로 入朝한 것으로 되어 있다. 따라서 前者가 옳다.

153) [校閱] "◯"의 표시가 新朝本과 國中本에는 있으나, 奎章本에는 없다.

154) 다산은 細註에서 "慶音康"이라고 말하고 있다. 즉 '慶'字를 '강'으로 읽어야 한다는 것이다. "유강(有慶)"이라고 읽는 것은 바로 앞의 "來章"의 '章'字와 "有慶"의 '慶'字가 協韻이 되어야 하기 때문이다.

것은 경사가 있음을 말한 것이다.

此 豐之革也 革自大壯來 ≪五之二≫ 柔來成离 ≪下本乾≫ 其文煥然 ≪离爲文≫ 是 來章也 ≪自外來≫ 又自遯來 ≪上之一≫ 陽遯之時 剛來爲主 ≪革以初剛爲卦主≫ 是 有慶也 ≪慶音康≫

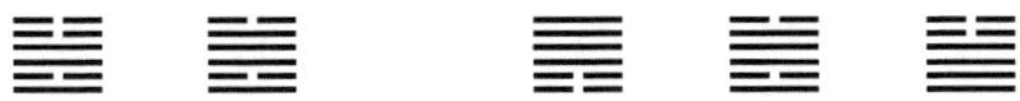

豐 → 革　　遯 → 革 ← 大壯

이것은 豐卦가 革卦로 변하는 경우이다. 革卦는 大壯卦로부터 왔으니 ≪5가 2로 감≫ 柔가 와서 离를 이루어 ≪下卦는 본래 乾≫ 그 文章이 밝게 빛나니 ≪离는 文을 상징함≫ 이것이 "來章"의 뜻이다. ≪밖으로부터 온 것≫ 또 [革卦는] 遯卦로부터 왔으니 ≪上이 1로 감≫ 陽이 물러가고 있을 때, 剛이 와서 主人이 되니 ≪革卦는 初剛으로써 卦主를 삼음≫ 이것이 "유강(有慶 : 경사가 있는 것)"이다. ≪'慶'의 音은 '康(강)'이다.≫

○ 离則爲嘉 ≪下本离≫ 說言乎兌 ≪上今兌≫ 嘉言爲譽 ≪喜心之所言≫ 是 譽吉也 又 譽者 交與之言也 ≪字從[155]與≫ 五之旣變 二五相應 ≪剛柔應≫ 是 交與也

豐 → 革

○ [澤火 革卦에서] 离는 곧 기뻐함(嘉)의 뜻이 되고 ≪下卦는 본래 离≫ 兌에서 말씀을 기뻐하니 ≪[革卦의] 上卦는 지금 兌≫ 기뻐하는 말(嘉言)이

155) [校閱] "從"이 奎章本에는 本字로 되어 있다.

[바로] 예(譽)의 뜻이 됨이니 ≪기쁜 마음으로 한 말≫ 이것을 [가리켜] "譽吉(기쁜 마음으로 말을 해주니, 吉할 것)"이라고 한 것이다. 또 '譽'는 사귀어서 주는 말이니 ≪'譽'字가 '與'字를 따름≫ 제5爻가 이미 변함에 2位와 5位가 서로 응하니 ≪剛과 柔로써 應함≫ 이것은 사귀어서 주는 것이다.

○案 豐之本象 亦是來章 ≪亦柔來成离≫ 故其詞如此

○[案] 豐卦의 本象도 역시 [豐卦 六五의 경우와 마찬가지로] 이처럼 "來章(와서 빛냄)"의 경우이기 때문에 ≪역시 柔가 와서 离를 형성한 경우≫ 그러므로 繫詞가 이와 같다.

䷝

上六 : 豐其屋, 蔀其家, 闚其戶, 闃其无人, 三歲不覿, 凶. ○象曰 : 豐其屋, 天際翔也, 闚其戶, 闃其无人, 自藏也.

上六 : 그 가옥(家屋)을 성대(盛大)하게 지었으나, 그 집안을 휘장(揮帳)으로 가리운지라, 그 門 안을 엿보니, 적막하고 사람이 없으니, 삼 년이 지나더라도 [사람을] 보지 못하게 될 것이니, 흉하다. ○「象傳」: "豐其屋"이라고 한 것은 [그 집의 지붕과 처마의 생긴 모습이 마치] 하늘가에까지 날아오른 듯한 [성대한] 모습을 말함이요, "闚其戶, 闃其无人"이라고 한 것은 [그 집안에 사람이 살고 있지 않기 때문이 아니라, 사람들이 자취를 감춰서] 스스로 숨었기 때문이다.

此 豐之離也 離自大壯來 ≪上之二≫ 上棟下宇 ≪大傳文≫ 其屋旣美 移之爲離 ≪二之上≫ 則震木之上 又加离文 ≪上今离≫ 豐其

屋也 大坎之宮 ≪二五夾≫ 离以障之 ≪上下剛≫ 蔀其家也

豊 → 離 ← 大壯

이것은 豐卦가 離卦로 변하는 경우이다. 離卦는 大壯卦로부터 왔다. ≪上이 2로 감≫ 위에는 용마루(棟)가 있고, 아래로는 지붕(宇)이 있음에 ≪『大傳』[156]의 글≫ 그 집이 이미 아름답더니, 推移하여 離卦가 되면 ≪2가 上으로 감≫ 곧 震의 나무(木)의 위에 또 离의 문채가 더해지니 ≪上卦는 지금 离≫ "豐其屋(그 집을 풍성하게 함)"이라고 한 것이요, 大坎의 집을 ≪제2位에서 제5位까지의 夾卦≫ 离로써 가로막으니 ≪제일 위와 제일 아래 있는 剛[으로써 가로막음]≫ "蔀其家(그 집을 덮개로 가린다)"라고 한 것이다.

○離又自遯來 ≪一之五≫ 下艮 其戶也 ≪艮爲門≫ 移之爲離 則艮戶其塞 ≪离爲防≫ 雖有离目 ≪下今离≫ 僅可闚視 ≪從門穴竊視曰闚≫ 闚其戶也 闚而視之 不見乾人 ≪遯上乾≫ 震鳴旣滅 ≪豐上震≫ 闃然無聲 ≪震爲聲≫ 闃无人也 不亦凶乎

豊 → 離 ← 遯

○離卦는 또 遯卦로부터 왔으니 ≪[遯卦의] 1이 5로 감≫ 下卦의 艮은 그 門에 해당하였는데 ≪艮은 門을 상징함≫ 推移하여 離卦가 되면, [遯卦의 下卦인 艮은 이제 离로 변하게 되어] 곧 艮의 문이 막히게 됨이니 ≪离는 막음[防]을 상징함≫ 비록 离의 눈이 있더라도 ≪[離卦의] 下卦는 지금 离≫ 겨우 엿볼 수만 있는 까닭에 ≪문구멍으로 몰래 훔쳐보는 것을 규(闚)라고

156) 「繫辭下傳」, "上棟下宇, 以待風雨, 蓋取諸大壯."

함≫ "규기호(闚其戶)", 즉 "그 門 안을 엿본다"라고 말한 것이다. [그 門안을] 엿보기는 하였으나, 乾의 사람은 보이지 않고 ≪遯卦의 上卦가 乾≫ 震의 소리는 이미 사라져 버려서 ≪豐卦의 上卦는 震[인데 鳴을 뜻함]≫ 고요하여, 아무 소리도 들리지 않는 까닭에 ≪震은 소리를 상징함≫ "고요하여 아무도 없다(闃无人)"라고 말한 것이니, 또한 흉하지 않을 것인가?

○據說卦方位 自离計之 ≪上今离≫ 須歷三宮 ≪离坤兌≫ 始見乾人 ≪遯上乾≫ 三歲不覿也 ≪困初六亦然≫

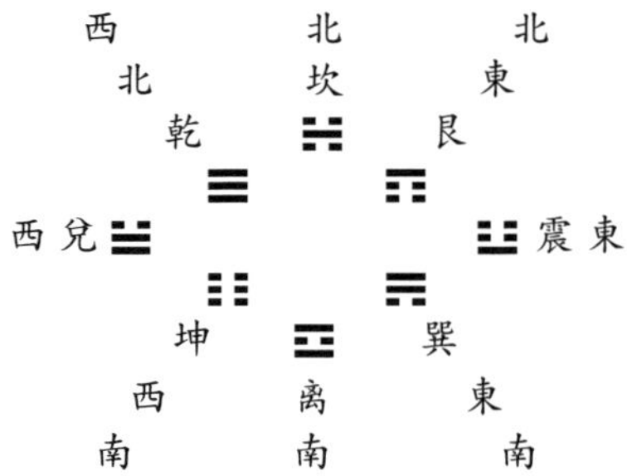

○「說卦傳」의 方位에 근거하면, 离로부터 계산하여 ≪離卦의 上卦는 지금 离≫ 반드시 세 宮을 거쳐야 ≪离·坤·兌[의 3宮]≫ 비로소 乾의 사람을 볼 수 있게 되므로 ≪遯卦의 上卦는 乾≫ "三歲不覿(3年 동안 보지 못할 것)"157)이라고 말한 것이다. ≪困卦 初六의 경우도 역시 그러함≫

○巽工盡巧 ≪兩互巽≫ 离文煥然 ≪上下离≫ 如翬斯飛 ≪离爲雉 爲飛≫ 上當天位 ≪五六爲天位≫ 天際翔也 ≪离爲飛≫ 宮室之美 如此未有不亡

157) 적(覿): 鄭玄의 『儀禮』의 주석에 따르면, '覿'은 公事로 만나는 것이 아니라, 私的으로 만나는 것이다(吳江原 譯註, 『儀禮』 卷3, 청계, 2000, 826면).

䷶ ䷝

豐 → 離

○巽의 장인(匠人)이 [宮室을 지을 때에] 온갖 재주를 다하니 ≪兩互卦가 巽이 됨[158]≫ 离의 문채(文彩)로서 [그 宮室이] 환하게 빛나는지라 ≪[離卦의] 上卦와 下卦는 离≫ [그 집의 지붕과 처마의 생긴 모습은] 마치 꿩이 날아가는 듯하여 ≪离는 꿩[雉]을 상징하고, [또] 날아감을 상징함≫ 위로 하늘에까지 다다른 듯하니 ≪5·6位는 天位를 상징함≫ "天際翔(하늘가까지 날아오른 모습)"이라고 한 것이다 ≪离는 날아가는 것을 상징함≫ [만약] 궁실(宮室)의 화려함이 이와 같다면 망하지 않을 수 없다.

○坎爲隱伏 ≪說卦文≫ 巽德亦然 ≪亦隱伏≫ 非无人也 乃自藏也

䷶ ䷝

豐 → 離

○坎은 숨어 엎드리는 것을 상징하는데 ≪「說卦傳」의 글≫ 巽의 성격도 역시 그러하니 ≪巽도 역시 숨어 엎드리는 것을 뜻함≫ 사람이 없는 것이 아니라, 이에 스스로 숨기 때문에 그러한 것이다.

○揚子雲之贊 曰 炎炎者滅 ≪坎水滅离火≫ 隆隆者絶 ≪上雷亡≫ 觀雷觀火 ≪离爲目≫ 爲盈爲實 ≪三四剛≫ 天收其聲 ≪上雷亡≫ 地藏其熱

---

158) 여기서, "兩互巽"의 "兩互"가 뜻하는 것은 豐卦 혹은 離卦로부터 兩互卦를 만든다는 의미는 아닌 것으로 생각된다. 왜냐하면 豐卦 혹은 離卦로부터 兩互卦를 만들어도 巽卦가 되지 않기 때문이다. 따라서 豐卦의 下互와 離卦의 下互가 모두 巽이기 때문에, "兩互巽"이라고 말한 것으로 보는 것이 타당하리라고 본다. 그러나 "兩互巽"이 "下互巽"의 단순한 誤記일 가능성도 있다. (奎章本과 新朝本과 國中本에 모두 "兩互巽"이라고 되어 있다.)

≪下本离≫ 高明之家 ≪巽爲高≫ 鬼瞰其室 ≪倒艮鬼≫ 亦主爻變而言

䷶ ䷝

豊 → 離

◯ 양자운(揚子雲, B.C.53~A.D.18)[159]이 [자신의 작품 「해조(解嘲)」[160]의] 찬(贊)[161]에서 다음과 같이 말하였다.[162]

炎炎者滅, 隆隆者絶	활활 타는 불꽃은[163] 꺼지게 될 것이고, 큰 소리는[164] 끊어지게 될 것이다.
觀雷觀火, 爲盈爲實	우레를 보거나 불을 볼 적에, 가득 차 있는 것처럼 보이더니
天收其聲, 地藏其熱	하늘이 그 소리를 거두어 버리고, 땅이 그 열기를 감추어 버리게 되면
高明之家, 鬼瞰其室	높고 화려한 가옥(家屋)에서 귀신이 그 집을 내려다 볼 것이다.

"활활 타는 불꽃은 꺼지게 될 것이고 ≪[豊卦의 2·3·4·5는 大坎이 되

159) 子雲은 양웅(揚雄)의 字이다.

160) 「해조(解嘲)」: 『文選』(卷23)에 수록되어 있다. 「해조(解嘲)」는 양웅(揚雄)이 『태현경(太玄經)』을 지어, 스스로 초연하게 살아가고자 하는 것에 대해 어떤 사람이 "검으면서 흰 것을 숭상한다"고 비웃자, 그러한 조롱에 대하여 해명하기 위해 지은 글이라고 한다. 그는 이 글에서 시대에 적응하지 못한 자신의 불우한 원인을 묘사하고 있다.

161) 贊은 揚雄의 『太玄經』에서는 『周易』의 爻辭에 해당되는 것이지만, 여기서는 『太玄經』과는 관계가 없다.

162) "炎炎者, 滅, 隆隆者, 絶, 觀雷觀火, 爲盈爲實, 天收其聲, 地藏其熱, 高明之家, 鬼瞰其室"의 인용구는 『太玄經』에 나오는 구절이 아니다. 인용구의 앞에 "且吾聞之(또 내가 듣기에)"라는 句로써 시작하고 있다. 이 글은 揚雄의 「解嘲」라는 작품에 나오는데, 「解嘲」는 세상 사람들이 揚雄을 비난하는 것에 대해 양웅이 가상적인 질문자를 내세워 이에 대해 대답하는 형식을 취하고 있다. 『漢書』 「揚雄傳」에도 인용되어 나온다(『漢書』 卷87下 「揚雄傳」 第57下; 『漢書』 第11冊, 中華書局, 3571면).

163) 염염(炎炎): ① 불이 마구 타오르는 모습. ② 盛하게 나아가는 모양. ③ 몹시 더운 모양. ④ 아름답고 성한 모양.

164) 융륭(隆隆): ① 힘이 盛한 모양. ② 소리가 큰 모양.

니] 坎의 물이 [豐卦의 下卦인] 离의 불을 꺼뜨림≫ 큰 소리는 끊어지게 될 것이다. ≪[豐卦의] 上卦의 雷는 [離卦가 되면] 없어짐≫ 우레를 보거나, 불을 볼 적에 ≪[豐卦의 上卦는 雷이고, 下卦인] 离는 눈[目]을 상징한다≫ 가득 차 있는 것처럼 보이더니 ≪[豐卦의] 3과 4는 剛≫ 하늘이 그 소리를 거두어 버리고 ≪[豐卦가 推移하여 離卦로 되면] 上卦의 雷는 없어짐≫ 땅이 그 열기를 감추어 버리게 되면 ≪[豐卦 혹은 離卦의] 下卦는 본래 离≫ 높고 화려한 家屋에서 ≪[豐卦의 下互卦인] 巽은 높은 것을 상징함≫ 귀신이 그 집을 내려다 볼 것이다." ≪[豐卦의 上卦는 震인데, 이것을 뒤집으면 艮이 되니] 뒤집어진 艮은 鬼神을 상징함≫ [그런데 揚雄의 이 글도] 역시 爻變을 爲主로 하여 말한 것이다.

○序卦傳曰 窮大者 必失其居[165] ≪蓋指上爻也≫

○「序卦傳」에서 말하였다. "큰 것을 궁극에 이를 때까지 추구하는 자는 반드시 그 居處를 잃는다." ≪대개 [豐卦의] 上爻를 가리킨다.≫

春秋傳 鄭公子 曼滿 欲爲卿 ≪宣六年≫ 王子伯廖 引此爻 以告人曰 三歲不覿[166] 弗過之矣 間一歲 而鄭人殺之

䷶ ䷝

豐 → 離

『春秋傳』[167]에서 말하였다. "鄭나라 公子 만만(曼滿)이 卿의 벼슬을

165) 「序卦傳」에서는 "豐者, 大也, 窮大者, 必失其居"라고 하였음, 즉 "豐은 큰 것이니, 큰 것을 궁극에 이를때까지 추구하는 자는 반드시 그 居處를 잃는다"라는 뜻.

166) '三歲不覿'이라는 말은 『春秋左氏傳』에 나오지 않는다.

167) 『春秋左傳』 중에서 「王子伯廖之語」(宣六年)에 나오는데, 茶山이 『春秋左傳』의 글을 그대로 인용하지 않고, 축약시킨 글이다. 原文은 다음과 같다. "鄭公子 曼滿 與王子 伯廖 語欲爲卿 伯廖 告人曰 無德而貪 其在周易 豐䷶之離䷝ 弗過之矣, 間一歲, 鄭人殺之(鄭나라 公子 만만(曼滿)이 [楚나라의] 王子 백료(伯廖)와 이야기하는 가운데,

맡고 싶어했는데 ≪宣公 6年≫ 王子 백료(伯廖)가 이 [‘豐之離’의 ‘三歲不覿’라는] 爻詞를 인용하여 다른 사람에게 말하기를, [易에서 ‘三歲不覿’, 즉 ‘3年 동안 보지 못할 것’이라고 하였으니, 3年을] 넘기지는 못할 것이다’라고 말하였는데, [과연] 일년 사이에 鄭나라 사람이 [公子 만만(曼滿)을] 죽였다.”

○案 說卦方位 自震至离 間一宮也 ≪震巽离≫ 左傳 以間一歲爲三歲 似合爻象 ≪本以震變离≫ 然 稽之易詞 其例不然 ≪同人 坎 漸 困≫ 不可準也

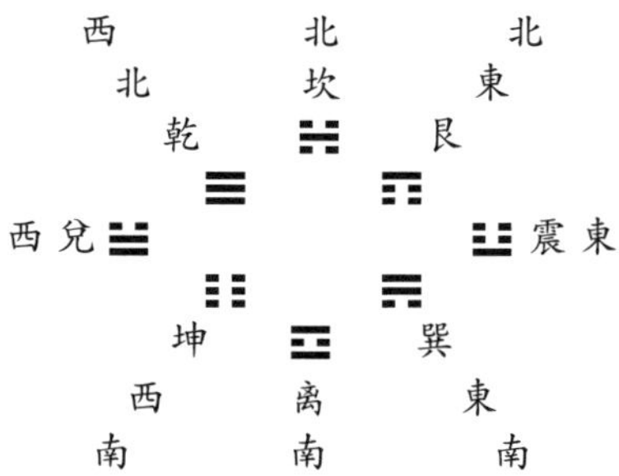

○[案] 「說卦傳」의 方位에 의거해 본다면, 震에서 离까지의 사이가 1宮인데 ≪震 · 巽 · 离의 순서≫ 『左傳』에서는 일년의 간격(間隔)을 둔 것을 3년으로 삼았으니, 흡사히 爻象에 맞는 것 같으나 ≪본래 [豐卦의 上卦는] 震이었으나, 변하여 离가 됨≫ 그러나 易詞를 참고해 보면 그 例가 그렇지

‘卿의 벼슬을 맡아보고 싶다’고 말했다. [이 말을 듣고, 그 후에] 伯廖가 다른 사람에게 말하기를, ‘[曼滿의 경우는] 德도 없으면서 욕심을 부리는 것이니, 이는 『周易』에 豐卦가 離卦로 變하는 경우가 있는데, (豐卦上六의 易詞에 ‘그 家屋을 크게 하고, 그 집을 가리니, 그 문을 들여다보아도, 고요하여 거기에 사람이 없으니, 三年이 가도 [사람을] 만나지 못하니, 凶하도다’라고 함) [易에서 ‘三歲不覿’, 즉 ‘三年 동안 보지 못할 것’이라고 하였으니, 三年을] 넘기지는 못할 것이다’라고 말하였는데, [과연] 一年 사이에, 鄭나라 사람들이 [公子 曼滿을] 죽였다).”

않으니 ≪同人卦·坎卦·漸卦·困卦의 경우≫ 준거(準據)로 삼을 수 없다.

【56. 화산 여(火山 旅)】

艮下离上 ○第三十一卦之反 ≪否三之五≫

否 → 旅

正卦 反卦

豊 ← 反易 → 旅

艮은 下卦이고, 离는 上卦이다. ○第31卦의 反卦이다. ≪否卦의 3이 5로 간다.≫

雜卦傳曰 親寡 旅也

『雜卦傳』에서 말하였다. "親한 사람이 적은 것이 旅이다."

○姚信曰 此本否卦 三五交易 去其本體 故曰 客旅 ≪九家易≫

否 → 旅

○ 요신(姚信)[168]이 말하였다. "이것은 본래 否卦로부터 온 것인데, 3과

5가 交易하여 그 本體를 떠나는 까닭에, '客旅'라고 한 것이다." ≪荀九家의 易≫

○程子曰 麗于外 亦[169]旅之象

○程子가 말하였다. "밖에 걸려 있음도 [또한] 旅(나그네)의 象이다."

○張淸子曰 旅自否來 三往居五而麗於外 猶人失其所居 而客於外也

䷋ → ䷷

否 → 旅

○ 장청자(張淸子)[170]가 말하였다. "旅卦는 否卦로부터 왔다. 3이 가서 제5位에 머물러, 밖에 걸려 있으니, 마치 사람이 그 거처를 잃고 밖에서 객지(客地) 생활을 하고 있는 것과 같다."

○鏞按 旅者 離而止也 離其親族 止於他邦 曰旅也 雖在他邦 行者 爲行人 止者 爲旅人 ≪卽旅寓≫

䷷

旅

---

168) 요신(姚信) : 중국 삼국시대 吳나라 사람. 한역상수파에 속하는 학자. 字는 元道. 일찍이 太常의 벼슬을 지냈다. 저서로는 『昕天論』·『士緯』·『姚信新書』·『周易注』 등이 있다.

169) [校閱] 『周易傳義』의 原文에는 원래 "亦"이 있다("又麗乎外 亦旅之象").

170) 장청자(張淸子) : 元代의 易學者, 字는 希獻, 號는 中溪 『주역본의부록집주(周易本義附錄集注)』라는 저술이 있다.

○[鏞按] '旅'는 떠나서 머물러 있음을 뜻하니, 그 친족(親族)을 떠나서 다른 지역에 머무르는 것을 가리켜 '旅'라고 한다. [그러나] 비록 다른 지역에 있다고 하더라도 다니는 자(行者)는 '行人'이라고 하고, 머무르는 자(止者)는 '旅人'이라고 한다. ≪즉 여행하면서 머무른다.≫ 卦에 艮의 머무르는 象이 있으므로 '旅'의 뜻이 되는 것이다.

卦有艮止 所以旅也 卦自否來 ≪五之三≫ 離其親族 ≪乾爲族≫ 止于他邦 ≪否下坤≫ 其象 旅也

否 → 旅

旅卦는 否卦로부터 왔다. ≪[否卦의] 5가 3으로 감≫ 그 親族을 떠나서 ≪乾은 同族이 됨≫ 다른 나라(他邦)에 머무르고 있으니 ≪否卦의 下卦는 坤≫ 그 象이 나그네(旅)가 된다.

賁不爲旅 ≪賁亦离而止≫ 而此獨爲旅者 旅寓之人 必有主人 ≪託身於主人≫ 賁無主人 ≪彼無巽≫ 無以爲旅也

賁　　旅

賁卦는 여행자(旅)의 卦가 되지 못하지만 ≪[山火] 賁卦도 [火山 旅卦와 마찬가지로] 역시 '离而止'가 됨≫ 이 [火山] 旅卦만이 홀로 여행자의 卦가 되는 까닭은 여행자에게는 반드시 主人이 있어야 하는 법이거늘 ≪主人에게 몸을 의탁(依託)함≫ 賁卦에 있어서는 主人이 없어서 ≪저 賁卦에서는 巽이 없음≫ 여행자의 괘가 될 수 없기 때문이다.

卦自否來 ≪五之三≫ 否之時 乾賓外至 ≪上本[171]乾≫ 巽主迎之 ≪否互巽≫ 旣而 賓離其位 ≪上今离≫ 入就艮次 ≪五之三≫ 依於主人 ≪今互巽≫ 以寄其食 ≪上互兌≫ 其象 旅也

否 → 旅

旅卦는 否卦로부터 왔다. ≪5가 3으로 감≫ 否卦의 때에 乾의 손님이 밖으로부터 도달함에 ≪上卦가 본래 乾≫ 巽의 主人이 그 [손님을] 영접하였더니 ≪否卦의 上互卦는 巽≫ 이윽고 손님이 그 자리를 떠나 ≪[旅卦의] 上卦는 지금 离≫ 艮의 여관(次)을 향하여 들어가고 ≪[否卦의] 5가 3으로 감≫ 主人에 의탁하여 ≪지금 互卦는 巽≫ 그 食事를 맡기니 ≪[旅卦의] 上互卦는 兌≫ 그 象이 나그네(旅)의 象이다.

先儒 如荀爽 孔穎達 蜀才之倫 說此卦 並主推移 然 或以一陰爲旅人 ≪在五者≫ 非也

先儒들 중에서 순상(荀爽)과 공영달(孔穎達)과 촉재(蜀才) 등과 같은 무리들이 이 旅卦에서 推移, 즉 卦變說을 병행하여 설명하였다. 그러나 간혹 [旅卦의 제5位에 있는] 一陰을 여행자(旅人)로 간주한 경우가 있으나 ≪[한 개의 陰이] 제5位에 있음≫ [그것은] 잘못된 해석이다.

孔子 於彖傳 爲釋小亨之義 斯云 柔得中乎外 ≪三之五≫ 非以一陰 爲旅人也 剛離其族 ≪乾爲族≫ 兩剛相依 ≪三與四≫ 故曰 親寡 旅也

171) [校閱] 新朝本과 國中本에는 "上本乾"으로 되어 있으나 奎章本에는 "上今乾"으로 되어 있다. 여기서는 前者를 따른다.

孔子가 「彖傳」에서 "小亨"의 뜻을 해석하여 이에 말씀하시기를 "柔得中乎外"라고 하셨으나 ≪3이 5로 감≫ [그렇다고 해서] 一陰으로써 나그네로 삼은 것은 아니다.[172] 剛이 그 무리(族)를 떠나서 ≪乾은 무리가 됨≫ 兩剛이 서로 의존하는 까닭에 ≪3과 4가 [剛으로서] 서로 의존함≫ "親寡, 旅", 즉 "親한 이가 적은 것이 나그네"라고 한 것이다.

䷷

旅, 小亨, 旅貞吉.

旅는 작은 것이 형통함이니, 나그네의 일에 吉하다.

此 旅之不變者也 卦自否來 ≪三之五≫ 柔往成离 ≪上今离≫ 亦以嘉會 小德之亨也 ≪陰曰 小≫

䷋ ䷷

否 → 旅

이것은 旅卦가 변하지 않는 경우이다. 旅卦는 否卦로부터 왔다. ≪[否卦의] 3이 5로 감≫ 柔가 가서 离를 이루어 ≪上卦는 지금 离≫ 또한 즐겁게 모이니, 작은 德의 형통함이다. ≪陰을 가리켜 작은 것[小]이라고 한다.≫

○ 蜀才曰 五降于三 ≪自否來≫ 降不失正 ≪剛居陽≫ 旅貞吉也 ≪旅人之事 吉≫

---

172) 否卦의 제3位의 柔가 나그네가 되는 것이 아니라, 否卦의 제5位의 剛이 나그네가 된다고 주장한 것. 旅卦에서 본다면, 제3位의 剛이 나그네가 된다.

䷋ ䷷

否 → 旅

○ 촉재(蜀才)가 말하였다. "5가 下降하여 3으로 갔는데 ≪旅卦는 否卦로부터 옴≫ 下降하여서도 올바름을 잃지 아니하니 ≪剛이 陽의 위치에 머무름≫ 旅行하는 일에 吉한 것이다." ≪여행하는 사람의 일에 吉하다.≫

○乾鑿度云 仲尼 生不知易 偶筮其命 得旅 請益于商瞿氏 曰子有聖知[173]而无位 孔子泣曰 鳳鳥不至[174] 河無圖至 天之命也[175] 停讀禮 止史削 五十 究作十翼

○『건[곤]착도(乾[坤]鑿度)』[176]에서 말하였다. "중니(仲尼)가 태어나면서부터 [생이지지(生而知之)하여] 『易經』의 이치를 안 것은 아니었다. 중니(仲尼)가 자기의 運命을 우연히 점을 치게 되었는데, 旅卦를 얻게 되었다. [이에 卜筮家이었던] 상구씨(商瞿氏)에게 [占卦를 해석함에 있어] 도와줄 것을 청하였더니, [商瞿氏가 다음과 같이] 말하였다. '그대에게는 聖人의 지혜는 있으나, 아무런 지위도 없다.' 孔子가 울면서 말하기를, '봉황(鳳凰)새는 오지 않고, 강에서는 [河]圖도 이르지 않으니, 하늘이 命하는 것이로다'[177]라고 하고, 『예기(禮記)』를 읽는 것을 멈추고, [또] 歷史를 첨삭(添削)하는 것을 그쳤다. [孔子가 나이] 오십 세에 이르러, 『易經』을 研究하여, 마침내 十翼을 지었다."[178]

---

173) [校閱] 『乾坤鑿度』의 原文에는 "知"가 "智"로 되어 있다.

174) [校閱] 『乾坤鑿度』의 原文에는 "至"가 "來"로 되어 있다.

175) [校閱] 『乾坤鑿度』의 原文에는 "天之命也"가 "天命之也"로 되어 있다.

176) 한나라 때에 이르러 六經에 대하여 신비주의적 해석이 이루어졌는데, 이들을 정통적 經典에 대비하여, 緯書라 부른다. 『易經』 및 『易傳』에 대하여 신비주의적 해석을 붙인 것이 『易緯』인데, 『乾鑿度』·『乾坤鑿度』·『稽覽圖』·『通卦驗』·『是類謀』·『坤靈圖』·『辨終備』·『乾元序制記』 등이 있다.

177) 참고로 『論語』 「子罕」편에도 "子曰, 鳳鳥不至, 河不出圖, 吾已矣夫"라고 한 구절이 있다.

≪漢史云 商瞿子 本受易于[179]孔子 今云 孔子請益于商瞿 可乎≫ 乾鑿度者 東漢之緯書也 鄭玄好怪 疑自作而自註之

≪漢史에서는 "상구자(商瞿子)가 본래 易을 孔子로부터 受業받았다"라고 하였는데, 지금 [도리어] "孔子가 상구씨(商瞿氏)에게 도움을 청했다"라고 말했다고 하니,[180] 과연 옳겠는가?≫ 『건[곤]착도(乾[坤]鑿度)』는 東漢의 위서(緯書)인데, 鄭玄이 괴이(怪異)한 것을 좋아하였으니, 의심컨대 [『건[곤]착도(乾[坤]鑿度)』라는 책은 아마도 鄭玄 자신이] 스스로 저작(著作)하고, 스스로 주석(註釋)한 책이 아닌가 한다.

彖曰 : 旅小亨, 柔得中乎外而順乎剛, 止而麗乎明. 是以小亨, 旅貞吉也, 旅之時義, 大矣哉.

「彖傳」: "旅小亨"이라고 한 것은 柔가 밖에서 中을 얻어 剛을 따르고, 멈춰서 밝은 데 걸려 있는 것을 가리킴이니, 이런 까닭에 "小亨, 旅貞吉"이라고 한 것이니, 旅卦의 때의 意義가 큰 것이다.

柔往得中 ≪五爲中≫ 以順上剛 ≪陰在下≫ 二陰在下 ≪初與二≫ 亦順二剛 ≪三與四≫ 其德 亨也

---

178) 『[周易]乾鑿度』에서는 "仲尼 …… 究作十翼"의 句가 나오지 않는다. 引用文은 『[周易]乾鑿度』에 나오는 구절이 아니라, 『乾坤鑿度』의 下卷인 「坤鑿度」의 끝 부분에 나오는 구절이다. 茶山이 原文 그대로 인용한 것이 아니라, 축약한 문장이다. 본문은 다음과 같다. "仲尼 [魯人] 生不知易 [本]偶筮其命 得旅 請益'於'商瞿氏 曰 子有聖'智' 而无位 孔子泣[而]曰 [天也 命也] 鳳鳥不'來', 河無圖至, [嗚呼] 天'命之'也 [歎訖而後息志] 停讀禮, 止史削, 五十究[易], 作十翼."([ ]는 생략된 부분, ' '는 다산의 인용과 原文의 글자가 차이가 나는 부분이다. 『乾坤鑿度』(『中國古代易學叢書』 卷49), 中國書店出版, 1998, 18~19면.

179) [校閱] 奎章本과 國中本에는 "于"(우)로 되어 있으나, 新朝本에는 "子"(자)로 되어 있다. 後者는 誤記이다.

180) 사마천은 『史記』 卷67 「仲尼弟子列傳」에서 "商瞿 魯人 字子木 少於孔子二十九歲 孔子傳易於瞿"라고 말하였다.

䷋ → ䷷

否 → 旅

[否卦의 제3位에 있던] 柔가 가서 中을 얻음으로써 ≪제5位는 中이 됨≫ [旅卦의] 上位에 있는 剛에 順從하고 ≪[旅卦의 上卦에서] 제5位의 陰이 [上位의 陽의] 아래에 있음≫ 두 개의 陰이 下卦에 있어서 ≪初位와 제2位≫ 역시 [바로 위에 있는 제3位와 제4位의] 두 개의 剛에 順從하니 ≪[旅卦의] 제3·4位[의 두 剛을 가리킴]≫ 그 德이 형통한 것이다.

○荀爽曰 陰升居五 與陽通[181] 謂之小亨[182] ≪陰曰 小≫

䷋ → ䷷

否 → 旅

○순상(荀爽)이 말하였다. "陰이 올라가서 제5位에 머물러, 陽과 더불어 通함을 일러, '小亨', 즉 '적은 것이 형통하다'라고 한 것이다."[183] ≪陰을 가리켜 적은 것이라고 한다.≫

---

181) [校閱] 原文은 "荀爽曰 謂陰升居五, 與陽通者也"로 되어 있다. 즉, 原文에는 "與陽通者也"로 되어 있으나 引用文에서는 "者也"의 부분이 생략되어 있다.

182) [校閱] 新朝本에는 "謂之亨"이라고 되어 있으나 奎章本과 國中本에는 "謂之小亨"이라고 되어 있다. 본래 "謂之" 以下의 부분은 荀爽의 인용문에는 없는 부분이다. 문맥으로 판단할 때 後者가 더 적합하다.

183) 原文은 "荀爽曰 謂陰升居五, 與陽通者也"로 되어 있다. 즉, "謂之[小]亨"의 부분은 原文에는 없는 부분이다(李道平, 『주역집해찬소(周易集解纂疏)』 二, 文史哲出版社, 中華民國 60年, 678면).

初六：旅瑣瑣,[184] ≪句≫ 斯其所, 取災. ○ 象曰：旅瑣瑣, 志窮, 災也.

初六：여행자(旅行者)[185]가 자질구레하고 [또] 자질구레하니, ≪句≫ 그 거처(居處)를 떠남에 재앙을 취하게 된다. ○「象傳」: "여쇄쇄(旅瑣瑣)"라고 한 것은 [여행자의] 마음이 궁색(窮塞)해서 재앙을 초래함을 가리킨 것이다.

此 旅之離也 瑣瑣 細小也 又玉屑也 ≪玉之碎≫ 詩云 瑣兮尾兮 流離之子 ≪分散貌≫ 亦旅人也

旅 → 離

이것은 旅卦가 離卦로 변하는 경우이다. 쇄쇄(瑣瑣)는 미세하고 작은 것을 가리킴이요, 또 玉의 부스러기를 가리킨다. ≪玉이 부스러진 것을 가리킨다.≫『詩經』「패풍(邶風)」「모구(旄丘)」에서, "瑣兮尾兮, 流離之子", 즉 "자잘하며, 자잘한 떠도는 사람이로다"라고 하였으니 ≪分散된 모양≫ 역시 여행자를 가리킨 것이다.

離自遯大壯來 ≪法見表≫ 二陰分散 ≪本相聚≫ 各自寄寓 ≪一之五而上之二≫ 旅之象也 乾玉破碎 ≪遯大壯之乾≫ 其屑細小 ≪二與五≫

---

184) 旅瑣瑣 : "여쇄쇄(旅瑣瑣)"라고 읽는다.

185) 고대에 일반인들은 여행하는 일이 적었다. 상나라 때에는 제후국 간의 왕래가 빈번하였기 때문에, 여행자들은 대개 신사(信使)와 사절들이었다. 뒤에 오면서 상업이 점점 발달하면서, 상인들의 도시 내왕이 많아지게 되면서, 상인 출신의 여행자가 증가하게 되었다(홍희 역, 許進雄 저, 『중국고대사회』, 동문선, 1991, 348~349면).

旅瑣瑣也 ≪兩陰故 疊文≫ 瑣瑣者 二陰零碎也

遯 → 離 ← 大壯

離卦는 遯卦와 大壯卦로부터 왔으니 ≪괘의 변화의 방식은 推移表에 나타남≫ 두 개의 陰이 分散되어 있어 ≪[遯卦와 大壯卦에서는 陰이] 본래 서로 모여 있음≫ 각각 스스로 [몸을] 맡겨서 머무르고 있으니 ≪[遯卦에서] 1이 5로 가거나, [大壯卦에서] 上이 2로 감≫ 나그네의 모습이다. 乾의 玉이 깨지고 부스러져서 ≪遯卦와 大壯卦의 乾은 玉에 해당됨≫ 그 부스러진 가루가 미세하고 작으니 ≪2와 5[의 陰]≫ [이것을 가리켜] "旅瑣瑣"라고 말한 것이다. ≪두 개의 陰이 있는 까닭에 첩문(疊文)을 사용한 것≫ "쇄쇄(瑣瑣)"는 두 개의 陰이 떨어져 잘게 부스러진 것을 말한다.

○初之既變 离災坎眚 ≪中大坎≫ 上下無應 ≪初四本相應≫ 斯何故也 旅寓[186]之人 瑣瑣纖嗇 ≪二與五≫ 斯其所以取災也 ≪程子曰 處旅而鄙猥瑣細 所以致辱≫

旅 → 離

○[旅卦의] 初爻가 이미 변하여, [離卦로 되면] 离의 재앙(災)과 坎의 재앙(眚)이 있어서 ≪[離卦의] 가운데 [2・3・4・5의] 大坎의 형태가 있음≫ 上下가 [서로] 相應하지 않으니 ≪初와 4는 본래 相應함, [그러나 離卦에서 初는 剛이고, 4도 역시 剛이 되니 서로 相應하지 아니함]≫ 이것은 무슨 까닭인가? 여관[187]에 머무르는 사람(旅寓之人)이 자질구레하고 작은 일에도 인색하니

186) [校閱] "旅寓之人"의 "우(寓)"가 新朝本에는 "식(寔)"으로 되어 있는데, 誤記이다.

≪2와 5[의 陰은 작고 미세함을 상징함]≫ 이것이 그 재앙을 불러오는 까닭이 된다. ≪程子가 말하였다. "나그네[의 곤궁함]에 처하여 추잡스럽고 자질구레하게 되면, 모욕을 불러오게 된다."[188]≫

○ 坎志欲通 ≪二五夾≫ 离以塞之 ≪上下离≫ 志窮災也

旅 → 離

○坎의 뜻으로 通하고자 하나 ≪2·3·4·5의 夾卦≫ 离로써 막으니 ≪上卦와 下卦가 [모두] 离≫ 뜻이 窮하여 재앙을 초래함이다.

○案 一說 斯 離也 ≪爾雅云≫ 分也 ≪說文云≫ 詩云 斧以斯之 ≪分析也≫ 所者 行居之處也 鄭詩曰 獻于公所 ≪卽茇舍之所≫ 漢書車駕所在曰 行在所 ≪蔡邕獨斷云≫ 斯其所者 析厥居也 ≪趙氏云 離其所止≫

○[案] 어떤 說에 따르면, '斯'는 떠남(離)의 뜻이며 ≪『爾雅』의 說≫ 나눔(分)의 뜻이라고 한다. ≪『說文』의 說≫ 『詩經』「陳風」「묘문(墓門)」篇에서 "부이사지(斧以斯之)", 즉 "도끼로 쪼개도다"라고 하였다.[189] ≪나누고, 쪼갬≫ '所'는 다니거나 머무르는 장소(行居之處)를 가리킨다. [『詩經』「鄭風」「大叔于田」의] 鄭詩에서 "獻于公所",[190] 즉 "公의 거처(居處)에 바

187) 여우(旅寓): 여관, 여숙(旅宿).

188) 程伊川의 『易傳』의 原文은 茶山이 인용하고 있는 글과는 다소 다르다. 아마도 茶山은 정이천의 글을 축약해서 쓴 것으로 보인다. 程伊川의 原文은 다음과 같다. "志卑之人 旣處旅困, 鄙猥瑣細 无所不至 乃其所以致侮辱, 取災咎也(뜻이 낮은 사람이 이미 나그네의 곤궁함에 처하면 야비하고 추잡스러우며, 자질구레하여 이르지 않는 바가 없으리니, 이는 치우침과 모욕을 부르고, 재앙과 허물을 취하는 所以이다)."

189) 毛奇齡의 『仲氏易』에서도 "毛詩, 斧以斯之, 以斯爲析薪之義"라고 함(毛奇齡, 『仲氏易』(『中國古代易學叢書』 第36卷), 中國書店出版社, 1992, 396면).

치도다"라고 하였고[191] ≪즉 발사(茇舍)[192]의 장소≫ 『漢書』에서 [임금이 순행(巡行)할 때 잠시 임금의] 수레를 두는 곳을 가리켜 "행재소(行在所)"[193]라고 하였으니[194] ≪채옹(蔡邕)[195]의 『독단(獨斷)』[196]에서 그렇게 말함[197]≫ 여기에서 "斯其所"라고 한 것은 그 거처(居處)로부터 흩어짐을 가리킨다. ≪趙氏[198]가 말하기를, "그 머무르는 바를 떠난다"고 하였다.[199]≫

---

190) '鄭風 大叔于田' "獻于公所"(『詩經』「鄭風」).

191) 毛奇齡의 『仲氏易』에서도 "鄭詩, 獻于公所, 謂茇舍之所"라고 함(毛奇齡, 『仲氏易』(『中國古代易學叢書』 第36卷), 中國書店出版社, 1992, 396면).

192) 발사(茇舍) : 노숙(露宿)함, 茶山은 旅卦 六二의 주석에서 "次者, 茇舍也 ≪斜倚之廬也≫"라고 말하고 있다. 이렇게 본다면, 발사(茇舍)는 기울어진 형태의 오두막(斜倚之廬)을 뜻하기도 한다.

193) 행재소(行在所) : 임금이 순행(巡行)하거나, 멀리 거둥할 때 임시로 거처하는 별궁(別宮)을 가리킨다. 행재(行在), 또는 행궁(行宮), 이궁(離宮)이라고도 한다. 임시로 머무르는 곳이 일정하지 않을 때, 장소에 따라 막사(幕舍)를 새로 지어서 머물기도 하고 그 지방의 관청이나 부호의 집을 빌려 머무르는 일도 있었는데, 그곳이 행재소(行在所)이다. 임금은 지방의 민정을 살피거나 큰 재난을 당한 이재민을 위로하기 위하여 궁궐을 떠나 지방을 다니는 경우가 있고, 국내의 반란을 친정(親征)하기 위해서나 외적의 침입으로 도성을 떠나 행재소(行在所)를 마련하는 경우가 있었다.

194) 毛奇齡의 『仲氏易』에 "漢制, 車駕所在曰, 行在所"라고 함(毛奇齡, 『仲氏易』(『中國古代易學叢書』 第36卷), 中國書店出版社, 1992, 396면).

195) 채옹(蔡邕) : 後漢 사람, 字는 백개(伯喈), 젊어서부터 박학(博學)하기로 이름이 높았고, 문장(文章)에 뛰어났다. 170년 영제(靈帝)의 낭중(郎中)이 되었으며, 175년 제경(諸經)의 문자평정(文字平定)을 주청(奏請)하여 스스로 써서 돌에 새긴 후 태학(太學)의 문(門) 밖에 세웠다. 이것이 「熹平石經」이다. 후에 중상모략을 받고 유배되었다가 대사령(大赦令)을 받았으나 귀향(歸鄕)하지 않고, 오(吳)에서 10여 년을 머물렀다. 189년 동탁(董卓)에게 발탁되었으나, 동탁이 벌을 받고 죽음을 당한 후, 투옥되어 옥중(獄中)에서 사망하였다. 저술로 『獨斷』·『蔡中郎集』이 있다.

196) 『독단(獨斷)』 : 채옹(蔡邕)의 저술, 조정의 제도와 칭호에 대하여 기록하고 있는 저술이다.

197) 채옹(蔡邕)의 「獨斷」에 "天子以四海爲家故, 指行在爲所"라고 함. 채옹(蔡邕)의 「獨斷」에 나오는 이 句는 毛奇齡의 『仲氏易』에 인용되어 있다(毛奇齡, 『仲氏易』(『中國古代易學叢書』 第36卷), 中國書店出版社, 1992, 396면).

198) 趙氏가 누구를 말하는지는 확실치 않다. 南宋 때 학자인 조선예(趙善譽)가 지은 『趙氏易說』(4권)을 가리킬 수도 있다. 西漢 때 조빈(趙賓)이 지은 『趙氏易論』이 있다고는 하나 이미 없어졌다(金勝東, 『易思想辭典』, 부산대 출판부, 1998, 998면).

199) 毛奇齡의 『仲氏易』에도 趙氏易에 대한 언급이 보인다. 즉, "趙氏易 …… 但云, 離所止."(毛奇齡, 『仲氏易』(『中國古代易學叢書』 第36卷), 中國書店出版社, 1992, 397면)

以卦象則 艮門各扃 ≪下本艮≫ 离垣各防 ≪上下离≫ 析其居也 ≪艮爲居≫ 然 取災二字 又難讀

旅 → 離

卦象으로써 말한다면 艮의 門이 각각 빗장을 걸어 잠그고 있으며 ≪[旅卦의] 下卦는 본래 艮≫ 离의 담(垣)이 각각 막고 있으니 ≪[離卦의] 上卦와 下卦는 [모두] 离≫ 그 거처(居處)로부터 흩어짐이다. ≪艮은 居處함이 됨≫ 그러나 또한 "取災"의 두 글자를 解讀함이 難解한 것이다.

○ 王輔嗣云 寄旅不安 爲斯賤之役 ≪廝斯[200]同[201]≫ 此又以斯字絶句 ≪斯與災 叶韻≫ 非也

○ 왕보사(王輔嗣)가 말하였다. "나그네의 신세가 不安하여, 賤한 일(斯賤之役[202])을 하는 것이다."[203] ≪'廝'[204]字와 '斯'[205]字는 뜻이 동일함≫ 이것은 또한 [왕보사(王輔嗣)도 역시] '斯'字로써 句를 끊은 것이다.[206] ≪'斯'와 '災'가 협운(叶韻)의 관계≫ [그러나 이것은] 잘못된 해석이다.[207]

---

200) [校閱] "㡷"는 "斯"의 誤字가 아닌가 의심된다.

201) [校閱] "同"이 奎章本에서는 "仝"으로 되어 있다. "仝"은 "同"과 같은 字이므로 뜻에는 변화가 없다.

202) 斯賤之役 : 斯는 '賤하다'는 뜻, 따라서 '斯賤之役'은 賤한 일을 뜻함.

203) 毛奇齡의 『仲氏易』에서도 "王輔嗣, 註此爻, 以寄旅不得所安而爲斯賤之役"이라고 함(毛奇齡, 『仲氏易』(『中國古代易學叢書』 第36卷), 中國書店出版社, 1992, 396면). 旅初六에 대한 王弼의 原註는 다음과 같다. "最處下極, 寄旅不得所安, 而爲斯賤之役 所取致災 志窮且困."

204) 廝 : 하인 (사), 천할 (사).

205) [校閱] 奎章本과 新朝本의 글자가 서로 다를 뿐만 아니라, 분명치 않기 때문에 확실히 알 수 없다. '斯'에는 '賤하다', '낮다'라는 뜻이 있으므로, '斯'로 보아도 무방할 것으로 보인다.

206) '旅瑣瑣斯'를 한 句로 끊었다는 뜻, 만일 그렇게 句를 끊으면, 해석은 다음과 같이 될 것이다. "나그네가 자질구레한 下人의 賤한 일을 하게 되는 것이니."

六二：旅卽次，懷其資，得童僕，貞. ◯ 象曰：得童僕貞，終無尤也.

六二：나그네가 여관(旅館)으로 들어가，그 노자(路資)를 [몸에] 지니고，[말을 다루는] 어린 종을 얻으니，[말을 잃거나 노자(路資)를 잃는 등의] 변화가 없을 것(貞)이다.[208] ◯「象傳」："得童僕，貞"이라고 한 것은 마침내 허물이 없을 것임을 말한 것이다.

此 旅之鼎也 鼎自遯來 ≪二之五≫ 乾賓外至 ≪遯上乾≫ 巽主迎接 ≪下互巽≫ 艮其次也 ≪次[209]者 廬舍也[210]≫ 移之爲鼎則 賓自外來 ≪五之二≫ 入于艮[211]次 ≪下巽入≫ 旅卽次也 ≪五之二≫ 卽者 就也

이것은 旅卦가 鼎卦로 변하는 경우이다. 鼎卦는 遯卦로부터 왔으니 ≪2가 5로 감≫ 乾의 손님이 밖으로부터 도착함에 ≪遯卦의 上卦는 乾≫ 巽의 主人이 영접(迎接)하게 되므로 ≪[旅卦의] 下互卦는 巽≫ 艮은 그 숙소가 된다. ≪'次'는 여인숙≫ 추이하여 鼎卦가 되면，곧 손님이 밖으로부터 와

207) 王弼의 句를 끊는 법도 잘못된 것이지만，斯를 '헤어진다(離)'，'나눈다(分)'，혹은 '흩어진다(析)'의 뜻으로 해석하지 않고，'賤하다'는 뜻으로 본 것은 잘못되었다는 것.

208) 貞：茶山은 다른 곳에서와는 달리，'貞'字의 의미를 '事'，'幹事' 등의 의미로 해석하지 않았다. 따라서 "得童僕貞"을 "童僕의 일을 얻다"라고 해석할 수는 없다. 다산은 細註에서 '貞'을 '悔'의 개념의 反對으로 보고 있는데，이는 卦象에 변화가 없다는 뜻이다.

209) [校閱] "次者"의 "次"가 新朝本에는 "坎"으로 되어 있는데，誤記이다.

210) [校閱] 國中本에는 "也"가 "之"로 되어 있는데，誤記이다.

211) [校閱] 新朝本에는 "入于艮次"의 "艮"이 "民"으로 되어 있는데，誤記이다.

서 ≪[遯卦의] 5가 2로 감≫ 艮의 여인숙에 들어가니 ≪[鼎卦의] 下卦인 巽은 들어감을 뜻함≫ [이것을 가리켜] “旅卽次(나그네가 숙소를 향하여 들어간다)”라고 한 것이다. ≪5가 2로 감≫ ‘卽’은 ‘나아간다(就)’는 뜻이다.

○遯之乾賓 ≪本上乾≫ 本具金玉 ≪乾之物≫ 是 其資也 ≪金玉爲資賄≫ 乾衣巽包 ≪下今巽≫ 坤以藏之 ≪本三陰≫ 懷其資也

旅 → 鼎 ← 遯

○遯卦에서는 乾의 손님이 ≪본래 上卦는 乾≫ 본래 金의 玉을 갖추고 있으니 ≪乾의 물건≫ 이것이 그 비용(其資)이요 ≪金玉은 자본과 비용이 됨≫ 乾의 옷을 巽으로써 포장하여 ≪[鼎卦의 下互卦는 乾이 되며] 下卦는 지금 巽이 됨≫ 坤으로써 [이것을] 감추고 있으니 ≪坤은 본래 세 陰≫ “懷其資”, 즉 “그 노자(路資)를 [몸에] 품고 있는 것”이다.

○遯之艮童 ≪艮小子≫ 執其巽繩 ≪二四互≫ 牽彼乾馬 ≪天山卦≫ 是 童僕也 來而得之 ≪五之二≫ 得童僕也 周禮 掌馬之人 皆名爲僕 ≪如 道僕 戎僕 齊僕 田僕≫

旅 → 鼎 ← 遯

○遯卦의 艮童이 ≪艮은 小子를 뜻함≫ 그 巽의 줄(繩)을 잡고 ≪[遯卦의] 2·3·4의 互巽≫ 저 乾의 말을 끌어당기니 ≪天山 遯卦≫ 이것이 [바로] “童僕”이요, 와서 [이를] 얻으니 ≪5가 2로 감≫ “得童僕(童僕을 얻은 것)”이다. 『周禮』에서 말을 다루는 사람을 모두 ‘복(僕)’이라고 불렀다. ≪예컨대

‘도복(道僕)’, ‘융복(戎僕)’, ‘제복(齊僕)’, ‘전복(田僕)’ 등이 그것이다.[212]≫

○ 貞者 悔之反也 ≪象不變≫ 卦自否來 ≪三之五≫ 否之時 有此乾馬 ≪否上乾≫ 亦有童僕 ≪否互艮≫ 今之卦象 ≪旅之鼎≫ 又如否時 其占貞也

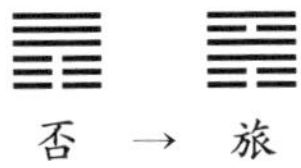

○ ‘貞’은 ‘悔’의 개념의 反對이다. ≪象이 변하지 않은 것이다.≫ 旅卦는 否卦로부터 왔다. ≪3이 5로 감≫ 否卦의 때에 이 乾의 말이 있고 ≪否卦의 上卦는 乾[인데 馬를 뜻함]≫ 역시 동복(童僕)이 있었더니 ≪否卦의 互艮은 童僕을 상징함≫ 지금의 卦象이 ≪[旅卦 六二, 즉] 旅之鼎≫ 또한 否卦의 때와 마찬가지로 변화가 없으니, 그 占이 ‘貞’이 된다.

○ 無尤者 無咎也 遯移爲鼎 ≪五之二≫ 陽雖卑降 ≪陰則升≫ 大壯之移 ≪一之上≫ 剛乃上升 ≪一之上≫ 終無尤也 ≪上爲卦之終≫

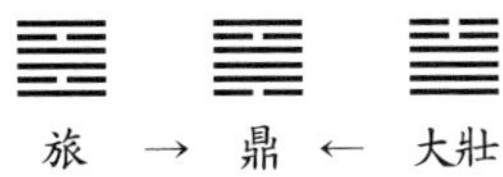

○ [“終無尤”라고 하였을 때] “无尤”는 “無咎”를 말한다. 遯卦로부터 推移하여 鼎卦가 되는 경우에는 ≪5가 2로 감≫ 陽이 비록 낮은 곳으로 내려오게 되지만 ≪陰은 곧 올라감≫ 大壯卦로부터 推移하[여 鼎卦로 되]는 경우에는 ≪[大壯卦의] 1이 上으로 감≫ 剛이 이에 위로 올라가게 되니 ≪[大壯卦의] 1이 上으로 감≫ [이것을 가리켜] “終無尤(마침내 허물이 없다)”라고 한 것이다. ≪上位는 卦의 끝에 해당된다.≫

212) 『周禮』「夏官司馬」(第四)에 나온다.

○案 次者 茇舍也 ≪斜倚之廬也≫ 故坎則爲宮 ≪屋有兩翼者≫ 艮則爲次 ≪上有覆而其形斜≫

○[案] '次'는 발사(茇舍)[213]를 가리키는 까닭에 ≪기울어진 형태의 오두막을 뜻함≫ 坎은 곧 宮이 됨이요 ≪지붕에 두 개의 처마가 있는 모양≫ 艮은 곧 次가 된다. ≪[次는] 위로 덮개가 있고, 그 형태가 [비스듬히] 기울어져 있는 집을 가리킨다.≫

九三 : 旅焚其次, 喪其童僕, 貞厲. ○ 象曰 : 旅焚其次, 亦以傷矣, 以旅與下, 其義喪也.

九三 : 나그네가 그 숙소(宿所)[214]를 불태우고, 그 어린 종을 잃으니, 일을 맡아 처리하더라도 위태로울 것이다. ○「象傳」: 나그네가 그 숙소를 불태웠으니, 역시 그 때문에 다치게 될 것이며, 나그네가 하인(下人)과 더불어 함께 있었으나, [나중에 下人이 주인을 배반하게 되니] 그 의리(義理)를 잃은 것이다.

此 旅之晉也 晉自小過來 ≪三之上≫ 小過之時 艮以爲次 ≪爲廬舍≫ 移之爲晉則 艮廬忽燬 ≪艮今亡≫ 离焰滿天 ≪三之上爲离≫ 旅

---

213) "발사(茇舍)"라는 말은 旅卦 初六의 주석에서도 언급된 바 있다.

214) 『주례(周禮)』「견인(遣人)」에 "三十里有宿, 宿有路室"(30리에 유숙처가 있고, 유숙처에는 路室, 즉 객사가 있다)라고 하였다. 옛날의 교통으로는 일반적으로 하루에 30리를 갈 수 있었으므로(대략 지금의 7km) 육로에는 30리마다 객사 하나를 설치하는 것이 보통이었다. 이러한 여사(旅舍)는 상왕조시대에 이미 존재하였으며, 공무로 다니는 사절들뿐만 아니라, 상인들도 숙박을 할 수 있었다(홍희 옮김, 許進雄 저, 『중국고대사회』, 동문선, 1991, 348~349면).

焚其次也 舊廬之墟 焦土今黑 ≪坤於地爲黑≫ 非灰燼乎 艮童亦亡 ≪三之上≫ 喪其童僕也

旅 → 晉 ← 小過

이것은 旅卦가 晉卦로 변하는 경우이다. 晉卦는 小過卦로부터 왔으니 ≪[小過卦의] 3이 上으로 감≫ 小過卦의 때에 艮으로서 숙소를 삼았더니 ≪艮은 오두막집≫ 推移하여 晉卦가 되면, 艮의 오두막집이 갑자기 허물어지고 ≪[晉卦가 되면] 艮이 이제 없어짐≫ 离의 화염(火焰)이 [온] 하늘에 충만(充滿)하니 ≪[小過卦의] 3이 上으로 가서 [晉卦에서] 离가 됨≫ [이것을 가리켜] “旅焚其次(나그네가 그 숙소를 불사른다)”라고 한 것이다. 옛 오두막이 폐허(廢墟)로 변해, 땅이 그을려져서 이제 검게 변하니 ≪坤은 땅에 있어 검은 색이 됨≫ [이것이야말로] 송두리째 타버린 것[215]이 아니고 무엇이겠는가? 艮의 童子도 역시 멸망(滅亡)하니 ≪[小過卦의] 3이 上으로 감≫ “喪其童僕(그 어린 종을 잃은 것)”이다.

○ 貞厲者 旅之兩互 卽成大過 ≪澤風卦≫ 大過九三 又成困卦  坎德雖貞 ≪困下坎≫ 兌乃升剛 ≪上一陰≫ 以幹事則厲也 ≪事之危≫

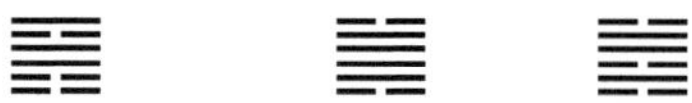

旅→兩互作卦 →大過→3爻變→困

○“貞厲”라고 한 것은 旅卦의 兩互卦가 [上互卦는 澤이며, 下互卦는 風이니] 곧 [澤風] 大過卦를 형성하고 ≪澤風 大過卦≫ 大過卦 九三이 또 困卦를 형성하니 坎의 德이 비록 貞함이 있더라도 ≪[澤水] 困卦의 下卦는 坎≫ 兌에 있어서 이에 剛을 올라타고 있으니 ≪[澤水 困卦의] 上卦의

215) 회신(灰燼) : ① 송두리째 타버림. ② 멸망하여 형체마저 없어짐.

한 개의 陰≫ 일을 맡아 처리하더라도 위태롭다는 것이다. ≪일이 위태로운 것이다.≫

○傷者 害也 坎之所害也 ≪大坎今互坎≫

○"傷"은 해로움(害)을 뜻함이니, 坎의 해로운 바(所害)를 뜻한다. ≪[小過卦는] 大坎의 형태였으나 지금 [晉卦가 되면] 互坎이 된다.≫

○小過之時 震以旅人 ≪復以震爲旅≫ 與艮相倚 ≪兩剛接≫ 以旅與下也 ≪與 親也≫ 艮本小人 ≪見泰否≫ 不足相信 ≪坎爲疑≫ 其義喪也 ≪艮童 亡于外≫

旅 → 晉 ← 小過

○小過卦의 때에 震의 여행자가 ≪復卦에서도 震으로써 나그네를 삼음[216]≫ 艮과 더불어 서로 의지하고 있으니 ≪兩剛이 서로 接하고 있음≫ "以旅與下", 즉 "나그네가 아래 사람과 더불어 함께 있는 것"이다. ≪"與"는 親함이다.≫ 艮은 본래 小人이니 ≪泰卦와 否卦에 보임≫ 서로 믿을 바가 못되니 ≪坎은 의심함이 됨≫ 그 義理를 상실(喪失)한 것이다. ≪[小過卦에서는 艮童이 下卦에 있었으나, 推移하여 晉卦로 변하게 되면, 3이 上으로 가게 되니] 艮童이 밖으로 사라진 것이다.≫

○案 旅之本象 有廬有火 ≪艮而离≫ 故其變爲焚其次

216) 復卦의 「大象傳」에서 "雷在地中, 復, 先王, 以, 至日閉關, 商旅不行, 后不省方"이라고 하였는데, 茶山은 주석에서 "震爲行人, 是, 商旅也"라고 말하고 있다. 또 「說卦傳」의 震卦에 대한 주석에서 "震者, …… 行出大途 是 行人也 ≪復大象 謂之商旅≫"라고 말하고 있다.

䷷

旅

○[案] 旅卦의 本象에 [艮의] 오두막이 있고, [离의] 불이 있으므로 ≪艮과 离가 있음≫ 그것이 변하면 "焚其次", 즉 "그 숙소를 불사르는 것"이 된다.

䷳

九四 : 旅于處, 得其資斧, 我心不快. ○ 象曰 : 旅于處, 未得位也, 得其資斧, 心未快也.

九四 : 나그네는 그 거처(居處)에 머무르면서, 그 노자(路資)와 도끼를 얻었으나, [主人인 나는 노자(路資)와 도끼를 잃었으니] 내 마음은 [매우] 불쾌하다. ○「象傳」: 나그네는 그 거처(居處)에 머무르고 있으나, [반면에 主人인 나는] 자리를 얻지 못하였고, 나그네는 그 노자(路資)와 도끼를 얻었으나, [主人인 나는 노자(路資)와 도끼를 잃었으니, 내] 마음이 유쾌하지 못한 것이다.

此 旅之艮也

䷷ → ䷳

旅 → 艮

이것은 旅卦가 艮卦로 변하는 경우이다.

旅之兩互 則成大過 ≪澤217)與風≫ 大過九四 又成井卦 ䷯ 井自

泰來 ≪一之五≫ 剛往在外 ≪一之五≫ 離其乾親 ≪下本乾≫ 亦旅人也 坎則爲處 ≪見小畜上九≫ 旅于處也 筮而遇是 則旅人得處于室家也

旅→兩互作卦→大過→4爻變→井

旅卦의 兩互卦는 大過卦를 형성하고 ≪[上互卦인] 澤과 [下互卦인] 風이 합쳐져서 大過卦를 형성함≫ 大過卦의 九四는 또 다시 [爻變하여] 井卦를 형성한다. 井卦는 泰卦로부터 왔다. ≪1이 5로 감≫ 剛이 가서 밖에 있어서 ≪1이 5로 감≫ 그 乾의 친족(親族)을 떠나니 ≪[泰卦의] 下卦는 본래 乾≫ 역시 여행자의 모습이다. 坎은 곧 거처(居處)를 뜻하니 ≪小畜卦의 上九에 그러한 例가 보임≫ "旅于處(거처에 머무른다)"라고 한 것이다. 占을 쳐서 이 괘를 얻으면 곧 나그네가 집에서 그 [머무를] 거처(居處)를 얻게 된다.

○ 乾之金玉 ≪泰下乾≫ 移之在外 ≪一之五≫ 得其資賄也 ≪義見上≫ 其位在离 ≪一二三≫ 离爲戈兵 ≪說卦文≫ 得其斧斨也 ≪泰之初剛 卽离刃≫ 旅人之義 資斧不具 不敢以行 故昔公劉徙豳 亦以旅寓 ≪詩所云 廬旅≫ 其詩曰 迺[218]裹餱糧 于槖于囊 干[219]戈戚揚 爰方啓行 此 旅人之資斧也 二者不具 何以爲旅 巽上九 宜參看

旅→兩互作卦→大過→4爻變→井 ← 推移←泰

○[泰卦의 內卦에 있던] 乾의 金玉이 ≪泰卦의 下卦는 乾≫ [井卦로]

217) [校閱] "澤與風"의 "澤"이 新朝本에는 "洋"으로 되어 있으나 誤記이다.
218) [校閱] "迺裹餱糧"의 "迺"가 新朝本에는 "乃"로 나온다. 原文에는 "迺"로 되어 있다.
219) [校閱] "간과(干戈)"의 "干"이 奎章本에는 "우과(于戈)"로 나오지만, 誤記이다.

推移하게 되면 밖에 있게 되니 ≪1이 5로 감≫ [이것은] 그 資金[資賄]을 얻게 된 것이요 ≪뜻이 위에 나타남≫ 그 지위가 离位에 있고 ≪[下卦의] 1·2·3位[는 离位]≫ 离는 창과 무기(戈兵)가 되니 ≪說卦傳의 글≫ 그 도끼(斧斨)를 얻은 것이다. ≪泰卦의 初剛은 곧 离의 칼이 됨≫ 여행자는 [그 費用에 해당하는] 자금(資金)과 [그 호신용 무기에 해당하는] 도끼가 갖추어지지 않으면 감히 다니지 못하기 때문에, 옛날에 공유(公劉)[220]가 [태(邰) 땅에서] 빈(豳)[221] 땅으로 이사(移徙)갈 때에도, 역시 여행하면서 숙소에 묵었는데 ≪『詩經』에서 '여려(廬旅)'라고 함≫ 그 [『詩經』「大雅」「公劉」篇의] 詩에서 말하기를, "迺裹餱糧, 于橐于囊, …… 干戈戚揚, 爰方啓行", 즉 "마른 밥과 양식(糧食)을 싸서[222], 전대에 담고, 자루에 담아, …… 방패와 창과 도끼[223]로써 바야흐로 길을 떠난다"[224]라고 하였으니, 이것이 여행자의 자금(資金)과 도끼에 해당하는 것이다. 두 가지가 갖추어지지 않고서야 어떻게 여행할 수 있겠는가? 巽卦 上九[225]의 경우를 마땅히 참고해 보아야 한다.

○我心者 主人之心也 乾賓旣處 ≪一之五≫ 並獲資斧 而巽之主人 ≪下今巽≫ 喪其資斧 ≪義詳[226]巽上九≫ 能無慨乎 快者 兌悅也 ≪義見下≫ 大過之時 本有顚兌 ≪下巽[227]倒爲兌≫ 卦旣爲井 不取顚

220) 공유(公劉) : 周나라의 시조인 후직(后稷)의 증손으로서, 사방으로 흩어졌던 주족(周族)을 다시 일으키고 후직이 시작했던 농사의 일을 부흥시켰다. 지금의 섬서성(陝西省) 일대를 다스린 사람으로 전해지고 있다.

221) 공유(公劉)가 섬서성 서북쪽의 빈(豳)이라는 땅에 수도를 정하여 周나라의 발상지가 되었다.

222) 옛날에는 숙식을 제공하는 객점이 많지 않았기 때문에 여행자들도 흔히 건량을 준비하고 다니다가, 만일 객사에 이르지 못할 때를 대비하였다(홍희 역, 許進雄 저, 『중국고대사회』, 동문선, 1991, 350면).

223) 척양(戚揚) : 도끼.

224) "迺裹餱糧 于橐于囊 思輯用光 弓矢斯張 干戈戚揚 爰方啓行."(『詩經』「大雅」「公劉」篇)

225) 巽卦 上九의 爻詞에서 "巽在牀下, 喪其資斧, 貞, 凶"이라고 함.

226) [校閱] "義詳巽上九"의 "詳"이 新朝本과 國中本에는 "見"으로 나온다.

兌 《易例然》 我心不快也

旅→兩互作卦→大過→4爻變→井 ← 推移←泰

○"我心"이란 主人의 마음을 가리킴이니, 乾의 손님은 거처(居處)에 머무르고 《[泰卦의] 1이 5로 감》 아울러 자금(資金)과 도끼를 획득하였으나, 巽의 主人은 《[井卦의] 下卦는 지금 巽》 그 자금(資金)과 도끼를 잃어버렸으니 《그 의미가 巽卦 上九에 상세히 나와있음》 탄식할 일이 [어찌] 없겠는가? 快는 兌의 기뻐함을 가리킴이니 《뜻이 아래에 나타남》 大過卦의 때에는 본래 뒤집어진 兌가 있었는데 《[大過卦의] 下卦는 巽인데, 뒤집으면 兌가 됨》 卦가 이미 井卦가 되면, [井卦의 下卦인 巽을 뒤집으면, 兌가 되겠으나] 顚倒된 兌를 취하지 아니하니 《易例가 그러함》 "我心不快", 즉 "내 마음은 불쾌하다"라고 한 것이다.

○未得位者 謂主人失位也 《巽主人》 柔自外來 《五之一》 處非其正 《陰居陽》 未得位也

旅→兩互作卦→大過 →4爻變→井 ← 推移 ← 泰

○"未得位"라고 한 것은 [井卦에서] 主人이 지위를 상실한 것을 가리킴이니 《巽은 主人이 됨》 柔가 밖으로부터 와서 《[泰卦의] 5가 1로 감》 그 올바른 곳이 아닌데도 불구하고 거처(居處)하니 《[井卦의 初畫은 陰이니] 陰으로서 陽이 있어야 할 위치에 머무르고 있음》 자리를 얻지 못한 것이다.

○案 諸家易 資斧作齊斧 《子夏傳 亦然》 張軌云 齊斧者 黃鉞

227) [校閱] 新朝本과 國中本에는 "下巽倒爲兌"로 되어 있으나 奎章本에는 "下倒巽爲兌"로 되어 있다. 여기서는 前者를 따른다.

也 虞喜志林云 齊當作齋[228] ≪齋戒以入朝≫ 皆非也 資與齊 本相通 粢盛 或作資盛 或作齍盛

○[案] 여러 주석가들의 易에서 '자부(資斧)'를 '제부(齊斧)'라고 썼다. ≪『子夏傳』에서도 그러함≫ 장궤(張軌)는 '齊斧'를 누런 도끼(黃鉞)라고 하였고, 우희(虞喜)의 『志林』에서는, '齊'를 마땅히 '齋'로 써야 된다고 하였다. ≪齋戒한 뒤에 朝廷에 들어감≫ 모두 잘못된 해석이다. '資'字와 '齊'字는 본래 서로 通하니, '자성(粢盛)'을 간혹 '자성(資盛)'으로 쓰기도 하고, 간혹 '齍盛'으로 쓰기도 하는 것이다.

○又按 夬者 決也 心夬爲快 水夬爲決 ≪見夬卦≫ 兌之德 本決[229] ≪見說卦≫ 故兌則爲快

○[又案] '夬'는 決을 뜻한다. 마음이 터지는 것(夬)을 '쾌(快)'라고 하고, 물이 터지는 것을 '결(決)'이라고 한다. ≪夬卦에 보인다.[230]≫ 兌의 성격이 본래 터짐에 있으므로 ≪「說卦傳」에 보임≫ 兌는 곧 快의 뜻이 된다.

六五 : 射雉, 一矢亡, 終以譽命. ○ 象曰 : 終以譽命, 上逮也.

---

228) [校閱] 奎章本과 國中本에는 "虞喜志林云, 齊當作齋"으로 되어 있으나 新朝本에는 마지막 글자 '재계할 齋(재)'가 '가져올 齎(재)'로 되어 있다.

229) [校閱] 新朝本과 國中本에는 "兌之德, 本決"로 되어 있으나 奎章本에는 "兌之德, 本缺"로 되어 있다. 문맥으로 볼 때, 前者가 옳은 것으로 보인다.

230) 「序卦傳」과 "夬者 決也"라 하고, 「雜卦傳」에서도 "夬, 決也"라고 함. 또 다산은 夬卦의 주석에서 "夬者, 缺也, 缶夬爲缺, 水夬爲決, 玉夬爲玦, 衣夬爲袂, 心夬爲快, 其義, 一也"라고 함.

六五 : [화살로] 꿩을 쏘아 맞추니, 화살 한 개를 잃게 되겠지만, 마침내 [君主로부터] 영예(榮譽)스러운 [상(賞)을 내리는] 命을 받게 될 것이다. ○「象傳」: "[마침내 [君主로부터] 영예스러운 상(賞)을 내리는 命을 받게 된 것(終以譽命)"은 [충성하는 마음이] 위에 [있는 군주에게]까지 이르렀기 때문이다.

此 旅之遯也 卦自否來 ≪三之五≫ 否之時 坎弓之位 ≪四五六≫ 本有三矢 ≪上三陽≫ 移之爲旅則 一矢亡矣 ≪五之三≫ 遂得离雉 ≪上今离≫ 射雉而亡矢也 ≪朱子曰 亡 如秦无亡矢遺鏃之亡≫

否 → 旅 ← 遯

이것은 旅卦가 遯卦로 변하는 경우이다. 旅卦는 否卦로부터 왔으니 ≪3이 5로 감≫ 否卦의 때에 坎의 활의 위치에 ≪[上卦인] 4·5·6은 坎位≫ 본래 세 개의 화살이 있었는데 ≪上卦의 세 陽≫ 推移하여 旅卦가 되면, 곧 한 개의 화살이 없어진 것이다. ≪5가 3으로 감≫ [否卦로부터 旅卦로 推移하게 되면] 마침내 离의 꿩(雉)을 얻게 되니 ≪[旅卦의] 上卦는 지금 离≫ [화살로] 꿩을 쏘아서, 화살을 잃어버린 것이다. ≪朱子가 말하였다. "'亡'字의 用例는 예컨대 [가의(賈誼)의 「過秦論」[231]에] '秦无亡矢遺鏃之亡(秦나라는 화살을 잃고 화살촉을 잃는 낭비가 없었다)'라고 하였을 때의 '亡'字의 用例와 같다.[232]"≫

---

231) 「過秦論」은 가의(賈誼)의 『新書』의 첫머리에 실려 있다. 賈誼가 『過秦論』을 집필한 목적은 秦나라 멸망의 원인을 분석함으로써 他山之石으로 삼아 왕조의 통치 기반을 공고히 하는 데 있었다. 글의 요지는 가혹한 형벌과 법률만으로는 백성의 반항을 저지할 수 없으며, 아무리 방비가 철저한 성벽이라 해도 멸망을 막기에는 부족하다는 것이다. 또한 秦나라가 아무리 강대했다 해도 民心을 잃는다면, 멸망할 수밖에 없다는 것을 강조한다.

232) 가의(賈誼, B.C.200~168)의 「過秦論」에 "秦无亡矢遺鏃之費"라는 말이 나옴, 前後의 맥락은 다음과 같다. "일찍이 열 배의 땅과 백만의 군대로서 관문을 올려다보며 秦나

○乾王嘉悅 ≪离爲嘉≫ 成言乎艮 ≪下今艮≫ 其言譽也 ≪嘉而言≫ 巽以命之 ≪下互巽≫ 是 譽命也 艮則爲終 ≪下今艮≫ 終以譽命也 曷云哉 古者軍禮 射禽而獲之 必有賞命也 ≪見周禮≫

䷋ ䷷

否 → 旅

○[否卦의 上卦는 乾인데, 推移하여 旅卦로 되면, 离로 되니] 乾의 임금이 기뻐함이며 ≪离는 즐거워함이 됨≫ 말씀이 艮에서 이루어지니 ≪[旅卦의] 下卦는 지금 艮이 됨≫ 그 말이 영예(榮譽)스러운 말이 될 것이요 ≪기뻐하여 말함≫ 巽으로써 命令함이니 ≪[旅卦의] 下互卦는 巽≫ 이것이 "譽命(영예스러운 命令)"이다. 艮은 곧 마침(終)이 되니 ≪下卦는 지금 艮이 됨≫ "終以譽命(마침내 영예스러운 命令을 받게 될 것)"이라고 한 것이다. 어찌 그러한가? 옛 적에 軍禮에 날짐승을 [활로] 쏘아서 잡게 되면, 반드시 상(賞)을 주는 命令이 있었기 때문이다. ≪『周禮』에 그러한 예가 보인다.≫

○上逮者 一陰上移也 ≪三之五≫ 三之旣移 ≪三之五≫ 臣以手奉 ≪艮爲手≫ 獻雉之象也 ≪一陰升爲离≫ 五之旣移 ≪五之三≫ 君以心貺 ≪离爲心≫ 頒賞之象也 ≪剛來乃成巽≫ 逮者 及也 上逮故 下逮也 五爲卦主[233]故 言其本象

라를 공격하였으나, 秦나라 사람들이 관문을 열고 적을 맞아 싸우면, 아홉 나라의 군사들이 달아나 버리고 감히 나아가지 못하였다. 秦나라는 화살을 잃고 화살촉을 잃는 낭비가 없었으나, 천하의 제후들은 이미 곤란해졌다. 이에 합종(合從)이 흩어지고 약속은 사라져 다투어 땅을 나누어 秦나라에 바쳤다(嘗以什倍之地, 百萬之軍, 仰關而攻秦. 秦人開關延敵. 九國之師, 逡逃而不敢進. 秦無亡矢遺鏃之費, 而天下諸侯已困矣. 於是從散約解, 爭割地而賂秦)."

233) [校閱] 新朝本에는 "卦主"가 아니라 "卦至"로 되어 있는데, 誤記이다.

䷋ ䷷

否 → 旅

○"上逮"라고 한 것은 一陰이 위로 이동한 것을 가리킴이니 ≪[否卦로부터 推移하여 旅卦로 되면] 3이 5로 감≫ 3이 이미 이동함에 ≪[否卦로부터 推移하여 旅卦로 되면] 3이 5로 감≫ 臣下가 손으로써 받드니 ≪[旅卦의 下卦는 艮인데] 艮은 손이 됨≫ 꿩을 헌납(獻納)하는 象이요 ≪[3이 5로 가니] 한 개의 陰이 [위로] 올라가서 离, 즉 꿩이 된 것≫ 5가 이미 이동함에 ≪[否卦로부터 旅卦로 推移하게 되면] 5가 3으로 감≫ 君主가 마음에서 우러나와, 하사품을 내려주니 ≪离는 마음이 됨≫ 상(賞)을 나누어주는 象이다. ≪[否卦로부터 旅卦로 推移하게 되면, 제5位의] 剛이 [제3位로 내려]와서 이에 [旅卦의 下互卦인] 巽을 형성함≫ '逮'는 미침(及)을 뜻하니, 위로 미치는 까닭에 아래로도 미치는 것이다. 5가 卦主가 되는 까닭에, 그 本象을 말한 것이다.

○案 諸家皆云 离爲矢 然 其在易詞 乾皆爲矢 ≪如噬嗑≫ 大傳曰 乾其動也直 ≪又凡剛畫 皆爲矢≫

○[案] 諸家가 모두 말하기를, 离를 화살이라고 하였다. 그러나 [실제로] 그 易詞에 있어서는 乾이 모두 화살이 된다. ≪예컨대 噬嗑卦의 경우234)≫ 「繫辭傳」에서 "乾, 其動也, 直", 즉 "乾은 그 움직임이 곧다"라고 하였다. ≪또 일반적으로 강획(剛畫)은 모두 화살이 된다.≫

○又按 朱子於此爻 以离[235]爲雉 ≪程子亦云≫ 說卦不可廢也

○[又按] 朱子가 이 爻에 있어서 离를 꿩(雉)으로 간주하였으니 ≪程子도 역시 그렇게 말함≫ 「說卦傳」을 폐지할 수 없는 것이다.

---

234) 噬嗑卦 九四에 그러한 用例가 보인다.

235) [校閱] "以离爲雉"의 "离"가 新朝本에는 "旅"로 되어 있다. 奎章本과 國中本이 더 적합하다.

上九 : 鳥焚其巢, 旅人, 先笑後號咷. 喪牛于易, 凶. ○象曰 : 以旅在上, 其義焚也. 喪牛于易, 終莫之聞也.

上九 : 새가 그 둥지를 태우니, 나그네가 먼저는 웃겠지만, 나중에는 큰 소리로 [곡성(哭聲)을 내며] 울게 될 것이다. 소를 [시장(市場)에서] 교역(交易)하다가 [도적이 훔쳐가] 잃어버리게 되니, 흉할 것이다. ○「象傳」 : 나그네가 위[의 높은 자리]에 머무르니, [거처(居處)가] 타버리는 것은 그 [당연한] 이치이다. 소를 [시장에서] 交易하다가 잃어버렸으니, 마침내 [소가 어디로 갔는지] 듣지 못할 것이다.

此 旅之小過也 巽木之上 ≪二四巽≫ 离科上槁 ≪說卦文≫ 爰有飛鳥 ≪离之象≫ 巢在樹顚 ≪最在上≫ 上其巢也 上之旣變 巢形乃毁 ≪上今坼≫ 离所焚也 ≪离爲火≫ 遂成小過 ≪雷山卦≫ 小過者 飛鳥也 ≪彼彖詞≫ 巢之旣焚 鳥飛于空也

旅 → 小過

이것은 旅卦가 小過卦로 변하는 경우이다. [旅卦에서 관찰해보면] 巽의 나무 위에 ≪[旅卦의] 2·3·4는 巽≫ 离가 있으니, [그것은] '科上槁',236) 즉 '속이 비고 바싹 마른 나뭇가지'이다. ≪「說卦傳」의 글≫ 여기에 날아가는 새가 있고 ≪[旅卦의 上卦는 离인데] 离는 飛鳥의 象≫ [또 거기에] 새둥지가 나무 꼭대기에 있으니 ≪['顚'은] 제일 위를 뜻함≫ 위에 그

236) 「說卦傳」에서는 离의 속성 중 하나로서 '科上槁'를 언급하고 있다. '科'는 나뭇가지를 말하며, '科上槁'는 속이 비고 바싹 마른 나뭇가지를 뜻한다.

둥지가 있는 것이다. [그런데 旅卦의] 上爻가 [爻變하여] 이미 [小過卦로] 변하게 되면, 새둥지의 형태가 이에 허물어지게 된다. ≪[小過卦의] 上卦는 震이 되니] 지금 터짐≫ 离는 불사르는 바가 된다. ≪离는 불이 됨≫ 드디어 小過卦를 형성하니 ≪雷山 小過卦≫ 小過는 날아가는 새의 形象이다. ≪小過卦의 彖詞에 나타남.[237]≫ 둥지는 이미 불태워졌는데, 새가 하늘을 날고 있는 상황이다.

○爻之未變 离面兌口 ≪三五兌≫ 相見以悅 ≪离亦喜≫ 旅人先笑也 爻之既變 遂爲小過 則艮死之哀 ≪大象云 喪過乎哀≫ 發於震聲 ≪雷山[238]卦≫ 巽號兌咷 ≪兩互象≫ 內外喧嗷 ≪兌巽 皆口象≫ 後號咷也 ≪同人九五 宜參看≫ 號咷者 哭聲也

旅 → 小過

○爻가 아직 변하지 않음에 离의 얼굴과 兌의 입이 ≪3·4·5는 兌≫ 서로 즐겁게 상견례(相見禮)를 가지니 ≪离는 또한 기뻐함이 됨≫ [이것을 가리켜] "旅人先笑(나그네가 먼저는 웃는다)"라고 말한 것이요, 爻가 이미 변하여 마침내 小過卦가 되면, 艮의 죽음을 애도함이 ≪[小過卦의] 「大象傳」에 "喪過于哀", 즉 "喪事에는 지나칠 정도로 슬프게 한다"라고 함≫ 震의 소리로 나타나서 ≪雷山 小過卦≫ 巽의 부르짖음과 兌의 울음으로 ≪[小過卦의 上互와 下互의] 兩互卦의 象≫ 안팎으로 울고 부르짖으니 ≪兌와 巽은 모두 입의 象≫ [이것을 가리켜] "後號咷(나중에는 울부짖는다)"라고 한 것이다. ≪同人

---

237) 小過卦의 彖詞에 "……有飛鳥之象焉"이라는 文句가 있다.

238) [校閱] 新朝本과 國中本에는 "雷山卦"로 되어 있으나 奎章本에는 "雷之卦"로 되어 있다. 지금 卦가 小過卦이므로, "雷山卦"라고 해도 좋다. 그러나 여기서는 "發於震聲"에 대한 細注이므로, 震雷에 대해서만 강조한 것으로 본다면, "雷之卦"가 더 적합할 것이다.

卦 九五의 경우를 참고할 것[239]≫ "호도(號咷)"는 곡성(哭聲)을 뜻한다.

○易者 交易也 小過之卦 本以頤交 ≪山雷 今雷山≫ ䷚ 頤之時 我有坤牛 ≪下互坤≫ 彼亦有之 ≪上互 亦爲坤≫ 交之小過 則牛形遂亡 ≪坤今亡≫ 喪牛于易也 ≪大壯六五 宜參看≫ 喪之柰何 坎盜之所竊也 ≪今大坎≫ 筮而遇是則 失牛於市

旅→上爻變→小過 頤

○"易"이라고 함은 交易을 가리킴이니, 小過卦는 본래 頤卦로부터 交易된 것이니 ≪山雷 頤卦가 지금 雷山 頤卦로 된 것≫ 頤卦의 때에는 나에게는 坤의 소가 있고 ≪[頤卦의] 下互卦는 坤≫ 저 쪽[의 상대방]에도 坤의 소가 있다. ≪上互卦도 역시 坤이 됨≫ [그런데] 交易해서 小過卦가 되면, 곧 소의 형태가 드디어 없어지니 ≪坤이 지금 없어짐≫ "喪牛于易"이라고 한 것이다. ≪大壯卦 六五의 경우[240]를 마땅히 참고해 보아야 한다.≫ 어떻게 해서 잃어버리게 된 것인가? 坎의 도적이 훔쳐갔기 때문[에 잃어버린 것]이다. ≪지금 [小過卦는] 大坎의 형태≫ 점을 쳐서 이 괘를 얻으면 소를 市場에서 잃게 될 것이다.

○處旅之法 下不與卑 ≪見九三≫ 上不據尊也 旅而在上 ≪位已極≫ 位且匪據 ≪陽居陰≫ 宜有災也

○旅行에 대처하는 방법은 아래 사람과는 더불어 비근(卑近)하게 지내지 말아야 할 것이며, ≪旅卦 九三의 경우≫ 윗 사람의 존귀(尊貴)함에 의

---

239) "同人 先號咷而後笑 大師克 相遇."(同人卦 九五)

240) "喪羊于易 無悔."(大壯六五)

지하지 말아야 할 것이니, 여행하면서 上位에 머물면 ≪卦位가 이미 極에 달함≫ 그 자리가 또한 의지할 바가 못되니 ≪陽이 陰의 자리에 머무름≫ 재앙(災殃)이 있는 것이 당연하다.

○雖有坎耳 ≪兼畫三≫ 今失离明 ≪离今亡≫ 聽不明也 ≪噬嗑上九宜參看≫ 卦位已終 ≪上爻也≫ 終莫之聞也 ≪不聞牛所在≫

旅 → 小過

○비록 坎의 귀(耳)가 있더라도 ≪[小過卦를] 겸획(兼畫)하면 삼획(三畫)[의 坎卦가 됨]≫ 지금 离의 밝음을 잃었으니 ≪离가 지금 없어짐≫ 귀로 밝게 듣는 총명(聰明)함을 갖지 못하는 것이요 ≪噬嗑卦 上九의 경우241)를 참고할 것≫ 卦位가 이미 끝에 다다랐으니 ≪[지금 旅卦의] 上爻[는 卦位의 끝에 해당됨]≫ "終莫之聞", 즉 "마침내 [소가 어디로 갔는지] 듣지 못하였다"라고 한 것이다. ≪소의 所在에 관하여 듣지 못하였다는 뜻≫

○案 雜卦傳曰 同人 親也 親寡 旅也 故 同人 先咷後笑 旅人 先笑後咷 ≪出何氏訂詁≫

○[案] 『雜卦傳』에서, "同人은 親함이다"라고 하고, [또 말하기를] "親한 사람이 적은 것이 旅이다"라고 하였다. 따라서 同人의 경우에는 먼저 울다가 나중에 웃게 되지만, 旅人(나그네)의 경우에는 먼저 웃다가 나중에 울게 된다. ≪『何氏訂詁』242)에 나온다.≫

---

241) "何校滅耳, 凶."(噬嗑上九)

242) 『何氏訂詁』: 明末 淸初의 經學家인 하해(何楷)가 지은 『古周易訂詁』(16권)를 가리킨다. 『四庫全書總目提要』에 『古周易訂詁』의 提要가 나온다.

○又按 漢成帝 報許皇后詔 云 五月庚子 鳥焚其巢 太山之域 易曰 鳥焚其巢 凶 言 王者 處民上 如鳥之處巢也 百姓 喪其君 若牛亡其毛也 ≪據此文 鳥焚其巢 亦有實事≫

○[又按] 漢나라 성제(成帝)[243]가 허황후(許皇后)[244]에게 알리는 조서(詔書)에서 [다음과 같이] 말하였다. "5月 경자(庚子)[日]에 새가 그 둥지를 불태운 일이 태산(太山) 지역에서 발생하였다. 『易經』에 '鳥焚其巢, …… 凶'이라는 말이 있으니, 임금이 백성 위에 군림하는 것은 마치 새가 둥지에 머무는 것과 같으며, 백성이 그 군주를 잃는 것은 마치 소가 그 털을 잃는 것과 같다."[245] ≪이 문장에 의거해 본다면, 새가 그 둥지를 불태운 것도 역시 실제로 일어났던 事件이었음을 알 수 있다.≫

○或說 易讀作場[246] ≪與上一矢亡 叶韻≫ 其義 非也

○或者가 말하기를, "'易'字를 '場(장)'으로 읽어야 한다고 하였으니 ≪위의 [旅卦 六五의 爻詞의 "射雉, 一矢亡, 終以譽命"의 文句 중에서] "一矢亡"의 '亡(망)'字와 지금 "喪牛于易"의 '易[즉, 장(場)]'字가 서로 叶韻의 관계라고 본 것≫ 그것은 잘못된 주장이다.

---

243) 漢成帝 : 西漢(前漢)의 황제로서, B.C.33~B.C.7년 사이 在位하였는데, 在位 기간 동안 왕봉(王鳳)이 大司馬大將軍이 되었으며, B.C.8년에는 왕망(王莽)이 대사마(大司馬)가 되는 등 외척이 권력을 장악하였다. B.C.7년에 成帝가 사망하고, 뒤이어 哀帝가 즉위하였다.

244) 허황후(許皇后) : 西漢(前漢)의 성제(成帝)의 비(妃), 『漢書』「外戚(孝宣許皇后)傳」에 그 傳記가 있다. 처음에는 成帝의 총애를 독차지하였으나, 나중에는 成帝의 노여움을 사서 무고죄로 폐위되자, 독약을 먹고 자살하였다. 허황후(許皇后)가 폐위된 뒤, 조비연(趙飛燕)이 황후가 되어 그 자리를 이었다.

245) 『漢書』(卷97下) 「外戚傳」(第67下)에 나오는 문장인데, 원문에서 상당 부분 축약되어 있다. 原文은 다음과 같다. "五月庚子, 鳥焚其巢, 太山之域, 易曰, '鳥焚其巢, 旅人先笑後號咷, 喪牛於易, 凶' 言王者處民上, 如鳥之處巢也, 不顧恤百姓, 百姓畔而去之, 若鳥之自焚也, 雖先快意說笑, 其後必號而無及也, 百姓喪其君, 若牛亡其毛也, 故稱凶, 泰山, 王者易姓告代之處, 今正於岱宗之山, 甚可懼也."

246) [校閱] 新朝本에는 "場"이 "塲"으로 나오는데, "場"과 "塲"은 同字이다.

○學圃云 不讀巽上九 ≪云 喪其資斧≫ 則得其資斧之爲大過之井 ≪巽上九 亦井≫ 必難悟也

○學圃가 말하였다. "巽卦 上九를 읽지 않고서는 ≪[巽卦 上九, 즉 巽之井에서] '喪其資斧'라고 함≫ '得其資斧'가 大過之井247)에서 유래한 것이 되는 까닭을 ≪巽卦 上九도 역시 巽之井의 경우임≫ 깨닫기 어려울 것이 틀림없다.

不讀大壯六五 ≪云 喪羊于易≫ 則喪牛于易之爲頤之交易 ≪彼亦履交易≫ 必難悟也 易貴參伍 有如是也248)

[그리고] 大壯卦 六五를 읽지 않고서는 ≪[旅卦 上九, 즉 旅之小過에서 "喪牛于易"이라고 하였는데] 大壯卦 六五, 즉 大壯之夬에서는 "喪羊于易"이라고 말함≫ "喪牛于易"의 뜻이 [山雷] 頤卦를 交易시켜 [雷山 小過卦를 얻음으로써] 유래된 것임을 ≪저 大壯卦 六五, 즉 '大壯之夬'의 경우도 역시 [天澤]

---

247) 大過卦 九四가 "大過之井"이 되지만, "得其資斧"와는 아무런 관련이 없다. 大過卦 九四의 효사(棟隆, 吉, 有它, 吝 ○ 象曰 : 棟隆之吉, 不撓乎下也)에는 "得其資斧"라는 말이 나오지 않는다. "得其資斧"라는 말은 旅卦 九四의 효사(旅于處, 得其資斧, 我心不快 ○ 象曰: 旅于處, 未得位也, 得其資斧, 心未快也)에 나온다. 다산은 旅卦 九四에 "得其資斧"와 巽卦 上九의 "喪其資斧"에서 동시에 "資斧"가 언급된 이유를 兩者에서 동일하게 井卦의 卦象이 있기 때문이라는 것을 지적하고 있다. 旅卦의 兩互卦를 만들면 大過卦가 되고, 大過卦 九四가 井卦가 되며, 巽卦 上九는 巽之井이 된다.

248) [校閱] 新朝本과 國中本에는 "矣"(의)로 되어 있으나, 奎章本에는 "也"(야)로 되어 있다.

履卦를 交易시킴으로써 [澤天] 夬卦를 성립시킨 것≫ 깨닫기 어려울 것이 틀림없다. 易[을 연구함]에 있어, "참오(參伍)",[249] 즉 동일하거나 유사한 구절을 여러 군데 뒤섞어 놓은 것을 상호 참조해서 보는 방법론을 귀중하게 여기는 이유가 바로 여기에 있다."

249) 참오(參伍) : 이리저리 뒤섞이는 모양, 또는 마구 뒤섞음, 셋이 섞임을 '참(參)'이라고 하고, 다섯이 섞임을 '오(伍)'라고 한다.

周易四箋 戊辰本 卷之十八

57. 중풍 손(重風 巽)

䷸

巽下巽上 ○ 第三十二卦之正 ≪遯二之四 中孚三之一≫

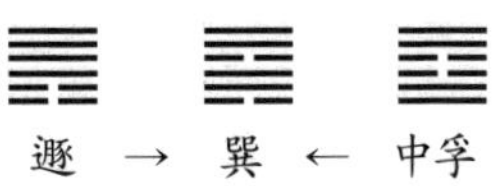

巽은 下卦이고, 巽은 上卦이다. ○ 第32卦의 正卦이다. ≪遯卦의 2가 4로 가고, 中孚卦의 3이 1로 간다.≫

序卦傳曰 巽者 入也

『序卦傳』에서 말하였다. “巽은 들어감이다.”

○雜卦傳曰 兌見而巽伏也 ≪朱子曰 兌陰外見 巽陰內伏≫

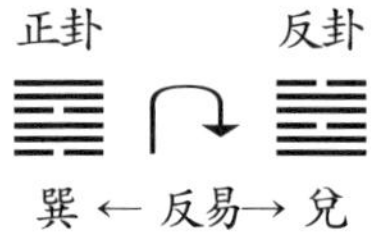

○『雜卦傳』에서 말하였다. “兌는 나타남이요, 巽은 엎드림이다.” ≪朱子가 말하였다. “兌는 陰이 밖으로 드러난 것이요, 巽은 陰이 안으로 숨은 것이다.”≫

○大傳曰 巽 德之制也 ≪陰爲陽所制≫ 巽 稱而隱 ≪朱子曰 稱物之宜 潛隱不露≫ 巽以行權 ≪反于震道以合權≫

○「繫辭傳」에서 말하였다. “巽은 德의 제재(制裁)이며 ≪陰은 陽에 의해서 제어됨≫ …… 巽은 알맞으면서도, 드러나지 않음이며 ≪朱子가 말하였다. “[巽은] 물건의 마땅함에 알맞으면서도, 잠기고 숨어서 드러나지 않음이다.”≫ …… 巽으로써 권도(權道)를 행함이다.” ≪震의 道[1]에로 되돌아옴으로써 권도(權道)에 合致한 것이다.≫

○程子曰 一陰在二陽之下 所以爲巽

巽

---

1) 震道 : 震은 大道를 상징한다. 「說卦傳」에 “震 …… 爲大塗”라고 함. ‘震의 길로 돌아간다(反于震道)’라고 한 것은 「說卦傳」에서 “帝出乎震, 齊乎巽”이라고 하였으므로 즉 巽方에서 震方으로 되돌아간다는 말이다.

○程子가 말하였다. "한 개의 陰이 두 개의 陽의 아래 있는 것이 巽이 되는 까닭이 된다."

○鏞案 八卦消長之序 自震而兌 自乾而巽 ≪如復姤≫

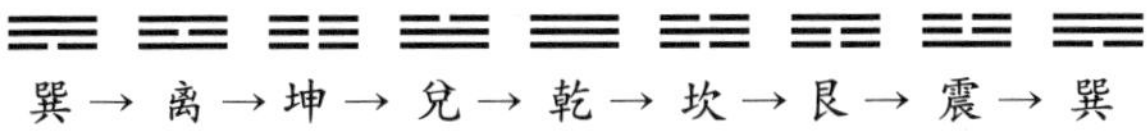

○[鏞案] 8卦의 [꺼지고 자라는] 消長의 順序는 震에서 시작하여 [巽→离→坤을 거쳐서] 兌에 이르고, [다시] 乾에서 시작하여 [坎→艮→震을 거쳐서] 巽에 이른다. ≪예컨대 [地雷] 復과 [天風] 姤의 경우와 같다.[2]≫

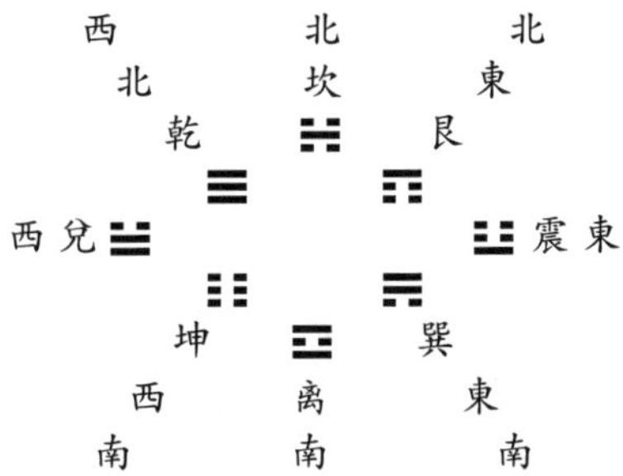

八卦之有兌巽 猶重卦之有夬姤 ≪一陰之終始≫ 巽者 兌之反也 ≪兌之倒≫ 兌之時 一陰乘剛 其象不順 ≪其占厲≫ 反之爲巽 則柔乃卑降 順而讓之 ≪讓于陽≫ 巽者 遜也 ≪六書之諧聲≫ 陰自外來

---

2) 64괘의 배치된 순서에 따르면, 剝卦(제23괘)로부터 復卦(제24괘)로 이어지고, 다시 夬卦(제43괘)로부터 姤卦(제44괘)로 이어지는 순서로 배치되어 있다. 그런데 剝卦에서 復卦로 이어지는 순서는 '艮－坤－震'으로 전개되는 순서라고 한다면, 夬卦로부터 姤卦로 이어지는 순서는 '兌－乾－巽'으로 이어지는 순서라고 할 수 있다. 따라서 卦의 발생의 순서로 본다면, 復卦에서 震이 발생하고, 그 다음으로 夬卦에서 兌와 乾이 발생하고, 다시 姤卦에서 乾과 巽이 발생하는 순서로 이어진다. 그러므로 전체적으로 본다면, 震에서 兌(復－夬)로, 다시 乾에서 巽(夬－姤)의 순서로 옮겨간다는 것을 알 수 있다.

≪兌之時在外≫ 巽者 入也 剛乃在上 巽者 伏也

兌 ⇔ 巽　　夬 ⇔ 姤

八卦에서 兌와 巽이 있는 것은 마치 重卦에서 夬卦와 姤卦가 있는 것과 마찬가지이다. ≪[兌와 巽은] 1陰의 終과 始[를 형성함]≫ 巽은 兌의 反이니 ≪[巽은] 兌의 뒤집어진 형태≫ 兌의 때에는 한 개의 陰이 剛을 타고 있으니, 그 象이 순종하지 않는 모습이다. ≪그 占이 위태로움≫ [그러나 兌를] 뒤집어서 巽이 되면, 곧 柔가 이에 낮은 곳으로 내려와서, 순종하고 사양하니 ≪陽에게 양보함≫ 巽은 겸손함을 상징한다. ≪六書의 해성(諧聲)≫ 陰이 밖으로부터 오니 ≪兌의 때에 밖에 있음≫ 巽은 들어감이요, 剛은 이에 위에 있으니, 巽은 엎드림이다.

篆文 從兩巴在丌上 ≪徐鉉云≫ 巴者 龍蛇也 ≪龍字亦從巳[3]≫ 兩巴者 二陽也 ≪震一陽爲龍≫ 丌者 兩足也 ≪一陰之二片≫

전문(篆文)에 따르면, '巽(손)'字는 두 개의 '巴(파)'字가 '丌(기)'字위에 있는 形象을 취하고 있다. ≪서현(徐鉉[4])이 그렇게 말하였다.≫ '巴'字는 용사(龍蛇)를 뜻하니 ≪'龍(용)'字도 역시 '巳(사)'字를 따름≫ 두 개의 '巴'字는 二陽을 표시하고 ≪震의 一陽은 龍이 됨≫ '丌(기)'字는 [곧] 두 발(兩足)을 표시한다. ≪一陰의 두 조각[이 두 발이 된다.]≫

---

3) [校閱] "사(巳)"가 新朝本에는 "이(已)"로 되어 있는데, 誤記이다.

4) 서현(徐鉉): 唐나라 末期에서 宋初에 걸친 인물. 字는 鼎臣이다. 小學에 정통했으며 李斯의 小篆을 좋아하였으며 隸書 역시 능했다고 한다. 宋太宗의 명을 받들어 句中正·葛湍·王惟恭 등과 함께 『說文解字』를 重校하였다. 『說文解字』의 교정 작업에는 서현(徐鉉)과 서개(徐鍇) 형제가 모두 참여하였는데, 서현(徐鉉)이 교정한 판본을 『大徐本』이라고 하고, 서개(徐鍇)의 판본을 『小徐本』(일명 『說文繫傳』이라고 한다. 오늘날 보편적으로 통용되는 『說文解字』의 통용본은 徐鉉이 교정한 『說文解字』(30권)를 지칭한다.

重巽之卦 又自遯來 《二之四》 遯者 兼畫之大巽也

遯 → 巽

重巽의 卦는 또 遯卦로부터 오니 《2가 4로 감》 遯卦는 兼畫의 大巽이다.

巽, 小亨, 利有攸往, 利見大人.

巽은 적은 것이 형통하니, 가는 바에 이롭고, 大人을 보는 것이 이롭다.

此 巽之不變者也 卦自遯來 《二之四》 柔往得位 《四位[5]陰》 离以嘉會 《三五互》 其占 亨也 陰德本小 《易例也》 其亨者 小也

遯 → 巽

이것은 巽卦가 변하지 않는 경우이다. 巽卦는 遯卦로부터 오니 《2가 4로 감》 柔가 가서 그 [합당한] 지위를 얻고 《제4位에 陰이 있음》 离로써 즐겁게 모이니 《3·4·5의 互卦》 그 占이 형통한 것이다. 陰의 德이 본

5) [校閱] 新朝本과 國中本에는 "四位陰"으로 되어 있으나 奎章本에는 "四在陰"으로 되어 있다. 여기서는 前者를 따른다.

래 적으므로 ≪易例에 따름≫ 그 형통한 것이 적음이다.

○柔往得位 ≪二之四≫ 遂成巽利 ≪上今巽≫ 利有攸往也

遯 → 巽

○柔가 가서 [합당한] 지위를 얻어서 ≪2가 4로 감≫ 마침내 巽의 이로움을 얻었으니 ≪[重風 巽卦의] 上卦는 지금 巽≫ "利有攸往"이라고 한 것이다.

○遯之時 乾王在上 二臣在下 ≪二陰在民位≫ 移之爲巽 則柔乃上升 ≪二之四≫ 其位近君 ≪四近五≫ 相見乎离 ≪三五互≫ 遂得巽命 ≪上今巽≫ 利見大人也 ≪巽命則得爵≫ 彖詞只言自遯來之象者 遯之爲卦 本亦大巽也

遯 → 巽

○[天山] 遯卦의 때에는 乾의 임금(王)이 위에 있는 반면에, 두 명의 臣下는 아래에 있다. ≪두 개의 陰이 백성의 자리(民位), 즉, 1 · 2位에 있음≫ [遯卦로부터] 推移하여 巽卦가 되면, 柔가 이에 上昇하여 ≪2가 4로 감≫ 그 지위가 임금에 가까워지게 된다. ≪제4位가 제5位에 가까움≫ 离에서 상견례(相見禮)를 갖고 ≪[巽卦의] 3 · 4 · 5의 互离≫ 마침내 巽의 命을 얻었으니 ≪[重風 巽卦의] 上卦는 지금 巽≫ "利見大人"이라고 말한 것이다. ≪巽의 命이 있으니, 곧 작위(爵位)를 획득함≫ 彖詞에서 단지 遯卦로부터 온 象을 언급한 것은 遯卦가 본래 또한 大巽이기 때문이다.

○案 陸績曰 陰爲卦主故曰 小亨 ≪胡仲虎云 旅云小亨 离之一陰也 此云小亨 巽之一陰也≫

○[案] 육적(陸績)이 말하였다. "陰이 卦主가 되기 때문에 '小亨'이라고 한 것이다." ≪중호(仲虎) 호병문(胡炳文)[6]이 말하였다. "旅卦에서 '小亨'이라고 말한 것은 离의 한 개의 陰 때문이고, 여기 [巽卦]에서 '小亨'이라고 말한 것은 巽의 한 개의 陰 때문이다."≫

彖曰 : 重巽, 以申命. 剛巽乎中, ≪句≫ 正而志行. 柔皆順乎剛. 是以小亨, 利有攸往, 利見大人.

「彖傳」: 巽이 거듭 있음이니, 명령(命令)을 거듭 내림이로다. 剛이 巽卦에서 中을 얻은 것이니, ≪句≫ 올바르게 뜻을 行할 것이다. 柔가 모두 剛에 순종하니, 이런 까닭에, "小亨, 利有攸往, 利見大人"이라고 한 것이다.

巽者 兌口向下也 故兌爲仰告 ≪口向上≫ 巽爲俯告 ≪口向下≫ 此 其所以爲命也 施命之法 貴於丁寧 卦旣重巽 ≪上下巽≫ 是 申命也

巽

巽卦는 兌의 입이 아래로 향하고 있다. 따라서 兌는 [위를 향하여] 우러러 告하는 것이요 ≪입이 위로 향하고 있음≫ 巽은 구부려서 告함이니

6) 胡仲虎 : 元나라 胡炳文(1250~1333)을 가리킴, 仲虎는 胡炳文의 字. 雲峯先生이라고도 불리었다. 주희(朱熹)의 학문을 깊이 탐구했으며, 저서로는 『易本義通釋』·『書集解』·『春秋集解』·『禮書纂述』·『四書通』·『大學指掌圖』·『五經會義』·『爾雅韻語』 등이 있다.

≪입이 아래로 향하고 있음≫ 이것이 [巽이] 命이 되는 까닭이다. 명령을 내리는 법이 정녕(丁寧)[7]함을 귀하게 여김이니, 卦가 이미 重巽이므로 ≪[重風] 巽卦는 上卦와 下卦가 모두 巽≫ 이것이 "申命(命을 거듭 내리는 것)"이다.

○遯之四剛 來而得中 ≪下之中≫ 剛巽乎中也 ≪四之二≫ 自尊趣卑 ≪四則尊≫ 其德 巽也

遯 → 巽

○遯卦의 제4位에 있는 剛이 와서 中을 얻었으니 ≪[巽卦의] 下卦의 中을 가리킴≫ 이것이 "剛巽乎中", 즉 "剛이 巽卦에서 中을 얻은 것"이요 ≪4가 2로 감≫ 스스로 높은 곳으로부터 낮은 곳으로 나아가니 ≪제4位는 尊貴한 위치≫ 그 德이 巽이 되는 것이다.

○二位旣正 ≪中則正≫ 离志乃明 ≪三五互≫ 正而志行也

巽

○제2位가 이미 바르게 됨에 ≪中은 곧 正≫ 离의 意志가 이에 밝아지니 ≪3·4·5의 上互卦[는 离]≫ "正而志行"라고 한 것이다.

○上卦下卦 柔皆在下 ≪初與四≫ 皆順乎剛也

---

7) 정녕(丁寧): ① 두번 세번 간절하게 충고함. ② 친절함. ③ 징, 종 따위.

䷸
巽

○上卦와 下卦에서 柔가 모두 아래에 있으니 ≪初位와 제4位의 柔[가 剛의 아래에 있음]≫ [이것을 가리켜] "皆順乎剛"라고 한 것이다.

○案 朱子曰 申者 丁寧反復之意 ≪問 申字 是兩番降命令否 朱子曰 非也≫ 鏞謂 堯典曰 申命羲叔 申者 重也

○[案] 朱子가 말하였다. "申은 정녕(丁寧)스럽게 반복(反復)함의 뜻이다."[8] ≪어떤 사람이 "申字는 두 번 명령을 내리는 것인가"라고 물으니, 朱子가 "아니다"라고 대답하였다.[9]≫ [나(丁若鏞)의 견해로는] 『書經』「堯典」에, "신명희숙(申命羲叔)", 즉 "거듭 희숙(羲叔)에게 명한다"라고 하였으니, '申'은 거듭함(重)의 뜻이다.[10]

䷸

初六 : 進退, 利武人之貞. ○象曰 : 進退, 志疑也, 利武人之貞, 志治也.

初六 : 전진(前進)하기도 하고, [혹] 후퇴(後退)하기도 하니, 武人의

---

8) 『周易傳義大全』의 細註를 참조할 것.

9) 『周易傳義大全』 細註의 내용.

10) 朱子는 '申'字가 [명령을] 두 번 거듭 내림(申字是兩番降命令)을 뜻한다는 것을 否定하였다. 그러나 다산은 "鏞謂, …… 申者, 重也"라고 하였으니, 朱子와는 반대로 '申'字에 두 번(兩番)의 의미가 있음을 긍정한 셈이 된다. 따라서 효사의 "重巽, 以申命"은 "巽이 거듭 있음이니, 命[令]을 거듭 내림이로다"로 해석된다.

일[11]에 이로울 것이다. ○「象傳」: "전진(前進)하기도 하고, [혹] 후퇴(後退)하기도 하는 것(進退)"은 마음에 [어떻게 해야 할지 몰라서] 의심이 있기 때문이요, "武人의 일에 이로운 것(利武人之貞)"은 [그 의심하는] 마음을 다스리기 때문이다.

此 巽之小畜也 小畜之卦 一自姤來 ≪一之四≫ 柔自下進也 一自夬來 ≪上之四≫ 柔自上退也 巽之爲卦 本以兌進 ≪柔在上≫ 退而爲巽 ≪兌之倒≫ 故巽爲進退 ≪說卦文≫ 卦德旣然 ≪卦本巽≫ 爻象亦然 ≪進退象≫ 是 進退也

이것은 巽卦가 小畜卦로 변하는 경우이다. 小畜卦는 한편으로는 姤卦로부터 온 것이니 ≪[姤卦의] 1이 4로 감≫ 柔가 아래로부터 나아간 것이다. 다른 한편으로 [小畜卦는] 夬卦로부터 온 것이니 ≪[夬卦의] 上이 4로 감≫ 柔가 위로부터 물러간 것이다. 巽卦는 본래 兌로써 나아가다가 ≪柔가 위에 있음≫ 물러나서 巽이 된 것이다. ≪兌가 뒤집어진 것이 巽≫ 그러므로 巽은 '나아가거나 물러남'의 뜻이 되니 ≪「說卦傳」의 글≫ 卦의 성질이 이미 그러하기 때문에 ≪卦에 본래 巽이 있음≫ 爻의 象도 역시 그러하니 ≪나아가고 물러가는 象≫ 이것이 "進退"라고 한 까닭이다.

○重巽之卦 本自中孚 ≪三之一≫ 中孚者 大离也 ≪兼畫三≫ 甲胄戈兵 ≪說卦文≫ 用以防外 ≪离爲防≫ 此 武人也 移之爲巽 ≪三之一≫ 則离防不整 ≪本形正≫ 剛不禦外 ≪下乃柔≫ 初之旣變 离防復

11) 貞은 일(事)을 상징한다. 乾卦의 「文言」에서 "貞者, 事之幹也"라고 한 것을 참조할 것.

密 《下今剛》 剛乃克敵 《乾金克巽木》 利武人之事也

中孚 → 巽 → 小畜

○重巽의 卦는 본래 中孚卦로부터 왔다. 《3이 1로 감》 中孚卦는 大離의 형태이니 《겸획(兼畫)하여 삼획괘(三畫卦)[로 보면 離가 됨]》 갑옷·투구·창·무기 등을 《「說卦傳」의 글》 사용하여 외부를 방어하는 것이니 《離는 방어(防禦)함이 됨》 이것은 武人[의 일]이다. [中孚卦로부터] 推移하여 巽卦가 되면 《3이 1로 감》 곧 離의 방어하는 태세가 정비되지 않아 《[中孚에서는 離의] 형태가 본래 반듯함》 剛이 外部를 방어해내지 못하더니 《[巽卦의 제일] 아래에 이에 柔가 있음》 [巽卦의] 初爻가 이미 변하여 [小畜卦가 되면] 離의 방어(防禦)가 다시 긴밀(緊密)해져 《[小畜卦의 제일] 아래 畫이 이제 剛이 됨》 剛으로 이에 敵을 이길 수 있으니 《[下卦의] 乾金으로 巽木을 이김》 武人의 일에 이로운 것이다.

○進退者 自試也 《乾九四之義》 或自下進 《姤之移》 或自上退 《夬之移》 以成離志 《中互離》 其志疑也 《疑在上下間》

夬 → 小畜 ← 姤

○"進退"라고 한 것은 스스로 시험함을 뜻하니 《乾卦 九四의 뜻을 참조》 或 스스로 아래로부터 나아가기도 하며 《姤卦로부터 推移한 경우[에는, 柔가 아래의 1로부터 제4位로 나아감]》 或 위로부터 물러나기도 하여서 《夬卦로부터 推移한 경우[에는, 上이 제4位로 물러남]》 離의 뜻을 이루니 《[小畜卦의] 가운데 互離가 있음》 그 뜻(志)이 의심스러운 것이다. 《의심이 上下

의 사이에 있음≫

○外防旣固 ≪上下 皆疊剛≫ 又自內修 ≪离爲治≫ 是 志治也

☴
巽

○外部의 방어(防禦)가 이미 견고(堅固)하고 ≪위와 아래로 모두 剛이 쌓여 있음≫ 또 스스로 안으로 수양(修養)하니 ≪离는 다스림이 됨≫ 이것이 "志治"라고 말한 까닭이다.

䷸

九二 : 巽在牀下, 用史巫紛若, 吉, 无咎. ○象曰 : 紛若之吉, 得中也.

九二 : [중병(重病)이 든 병자(病者)를] 평상(平牀) 아래 눕히고 제계(齊戒)하니, [그 소생(蘇生)을 위해] 축사(祝史)와 무사(巫師)[12]를 불러 소란스러우나, 吉하며 허물이 없을 것이다. ○「象傳」 : 소란스럽지만 吉한 것은 中道를 얻었기 때문이다.

---

12) 문헌상에서 말하는 '巫'는 대부분 女巫를 가리키는 말로서 巫術儀式을 전업으로 하는 여자 巫師라고 해석하는 것이 일반적이다(정애란, 「先秦時代 婦女의 宗教生活－巫俗信仰을 中心으로」, 『중국사연구』 제25집, 중국사학회, 2003). 중국 고대의 의사는 모두 무(巫)의 신분을 갖추고 있었으니, 무함(巫咸), 무상(巫相) 등이 그 예이다. 의사는 무(巫)가 발전되어 생긴 직업이었으므로, 의(醫)와 무(巫)는 통상 연용되었다. 어떤 때는 의사의 직책에 편중되기도 하고, 어떤 때는 무(巫)의 일에 편중되었다. 그러나 동주(東周)시대에 오면 무(巫)와 의사의 분업이 아주 분명하게 나타났다. 춘추시대에는 이미 무(巫)와 의사의 직업에 분화가 생겼다(홍희 저, 許進雄 저, 『중국고대사회』, 동문선, 1991, 473~474면).

此 巽之漸也 卦自遯來 ≪二之四≫ 艮牀之上 ≪艮之形 如牀≫ 厥有乾王 ≪天山卦≫ 移之爲巽 則乾王有疾 ≪今大坎≫ 入于艮牀之下 ≪四之二≫ 巽在牀下也 ≪巽 入也≫

遯 → 巽 → 漸

이것은 巽卦가 漸卦로 변하는 경우이다. 巽卦는 遯卦로부터 왔으니 ≪[遯卦의] 2[의 柔]가 4로 감≫ [遯卦의 때에는] 艮의 평상(平牀) 위에 ≪艮의 형태가 마치 平牀의 형태와 같음≫ [그] 乾王이 있었는데 ≪天山 遯卦≫ [遯卦로부터] 推移하여 巽卦가 되면, 곧 乾王에게 병이 생겨서 ≪지금 [巽卦의 1·2·3·4에] 大坎의 형태가 있음≫ 艮의 평상 밑으로 들어가니 ≪[遯卦의] 4位의 剛이 2로 감≫ 이것을 가리켜 "巽在牀下"라고 한 것이다. ≪巽은 들어감이 됨≫

离則爲史 ≪三五互≫ 兌 其巫也 ≪二四互≫ 巽繩坎亂 其象紛然 ≪絲亂曰 紛也≫ 用史巫紛若也 於是 巽齊离誠 ≪中互离≫ 上格天心 ≪上本乾≫ 上巽下巽 厥命乃續 ≪巽爲命 爲繩≫ 其占 吉也

遯 → 巽

离는 곧 축사(祝史)가 되며 ≪3·4·5의 互离≫ 兌는 그 무격(巫覡)이 된다.[13] ≪2·3·4의 下互卦[는 兌]≫ 巽의 줄(繩)과 坎의 혼란(混亂)의 象이

13) 공영달에 의하면, 史巫의 史는 祝史이고, 巫는 巫覡으로서, 모두 귀신을 섬기는 사람이라고 하였다. 그리고 다산은 주석에서 "史掌書記, …… 其職, 祝冊也, 巫則禱禳也", 즉 "史는 書籍과 기록을 管掌하니, 그 직책이 축책(祝冊)을 담당하고, 巫는 곧 [天地神明에 비는] 제사(禱禳)를 담당한다"라고 하였다. 또 『周禮』에 司巫의 官職이 있다고 하였다.

있어서, 그 모습이 어지러우니 ≪실이 어지럽게 얽힌 모습을 '紛'이라고 함≫ "用史巫紛若"라고 말한 것이다. 여기에 巽의 가지런함과 离의 정성으로 ≪[巽卦의] 가운데에 互离가 있음≫ 위로 天心에 이르고 ≪[遯卦의] 上卦는 본래 乾≫ 上卦의 巽에서 下卦의 巽으로 그 命이 이에 계속 이어지니 ≪巽은 命이 되고 줄이 됨≫ 그 占이 吉한 것이다.

古者 疾甚則齊 ≪見文王世子≫ 癠者 齊也 ≪齊戒以禱天≫ 徹[14]牀寢地 ≪見大記≫ 庶幾其生 ≪見禮注≫ 巽在牀下 則此禮也 巽本齊戒之卦 故其占 如此

옛 적에 [父母가] 병이 심하게 들면 [자식이] 제계(齊戒)하였다. ≪『禮記』「文王世子」에 보임≫ 病이 들면 제계(齊戒)하여 ≪齊戒하고 하늘에 기도를 올림≫ 평상(平牀)을 치우고, 땅바닥에 눕히며 ≪『禮記』「喪大記」에 보임[15]≫ 다시 소생(蘇生)할 것을 바라니 ≪『禮記』「喪大記」의 注[16]에 보임≫ "巽在牀下"라고 한 것은 이 禮를 가리킨다. 巽이 본래 제계(齊戒)의 卦이기 때문에 그 占이 이와 같다.

○遯移爲巽 ≪四之二≫ 陽雖卑降 ≪剛巽也≫ 自二遷四 柔不失位 ≪皆得位≫ 是 无咎也 ≪无所失≫

遯 → 巽

14) [校閱] 奎章本과 國中本에는 "徹"로 되어 있으나, 新朝本에는 "撤"로 되어 있다. 뜻은 같다.

15) 『禮記』「喪大記」에 "疾病, 外內皆埽. 君大夫徹縣地, 士去琴瑟. 寢東首於北牖下. 廢牀, 徹褻衣, 加新衣, 體一人. 男女改服. 屬纊以俟絶氣. 男子不死於婦人之手, 婦人不死於男子之手"라고 함(『禮記』「喪大記」第二十二).

16) 『禮記』「喪大記」의 注에는 "庶其生"이라고 하였다.

○遯卦가 推移하여 巽卦가 됨이니 ≪4가 2로 감≫ 陽이 비록 낮은 곳으로 내려왔으나 ≪[遯卦의 제4位에 있는] 剛이 [내려와 巽卦의 下卦의] 巽이 됨≫ 제2位로부터 제4位로 옮김에 柔가 그 地位를 잃지 않으니 ≪모두 지위를 얻음≫ 이것이 "无咎"라고 한 까닭이다. ≪잃어버리는 바가 없음≫

○得中者 四之二也 ≪二爲中≫ 推移之跡 在二 ≪自遯來≫ 故言其本象

遯 → 巽

○"得中"이란 4가 2로 가는 것을 가리키니 ≪제2位는 [下卦의] 中이 됨≫ 推移의 자취(跡)가 제2位에 있으므로 ≪[巽卦는] 遯卦로부터 온 것≫ 그 本象을 말한 것이다.

○案 史掌書記 离則爲文 离爲史也 其職 祝冊也 巫則禱禳也 ≪周禮 有司巫≫

○[案] 史는 쓰고 기록하는 일을 관장(管掌)한다. 离는 곧 글(文)이므로, 离는 史가 되니, 그 직책이 축책(祝冊)[17]을 담당한다. 巫는 곧 [天地神明에 비는] 제사(禱禳[18])를 담당한다. ≪『周禮』에 사무(司巫)[19]의 官職이 있다.≫

17) 축책(祝冊) : 제왕이 제사할 때 쓰는 문서. 『書經』「洛誥」에 "王命作冊, 逸祝冊"이라고 함. 또 공영달(孔穎達)의 疏에 "王命有司作策書, 乃使史官名逸者祝讀此策"이라고 함.

18) 도양(禱禳) : 제사를 지내 불길한 조짐을 몰아내는 것을 말한다.

19) 사무(司巫) : 여러 巫官들의 政令을 관장한다. 『周禮』「春官」「宗伯」에 司巫에 관한 언급이 보인다. "司巫, 掌羣巫之政令, 若國大旱則帥巫而舞雩. 國有大災則帥巫而造巫恒. 祭祀則共匰主及道布及蒩館. 凡祭事守瘞. 凡喪事掌巫降之禮."

○學稼云 漸者 王疾之名 ≪疾甚曰 大漸≫ 之卦爲漸 故其占如此 疾病爲字 象人倚牀 ≪字從人從牀≫ 巽在牀下 疾病之占也

巽 → 漸

○學稼가 말하였다. "점(漸)은 임금이 앓는 질병(疾病)의 명칭[20]이니 ≪병(病)이 위독해지면, '대점(大漸)'이라고 함≫ [巽卦 九二의] 之卦가 漸이 되는 까닭에 그 占이 이와 같다. '질병(疾病)'이라는 글자는 ['疒(엄)'의 部首를 좇으니, '疒(엄)'의 部首는 앓는] 사람(人)이 평상(平牀)에 의지해서 기대고 있는 모습을 본뜬 것이다. ≪'疾(질)'字와 '病(병)'字에는 [모두 '병질 疒(엄)'의 部首가 포함되어 있으니, 사람] '人'字를 따르고, '평상 牀(상)'字를 따름≫ [그러므로] "巽在牀下"는 질병의 占에 해당된다."

○學圃云 卦德爲巽 故凡自外而入 皆謂之巽也

○學圃가 말하였다. "卦德이 巽이 되는 까닭에, 무릇 밖으로부터 들어오는 것을 모두 巽이라고 일컫는다."

九三 : 頻巽, 吝. ○ 象曰 : 頻巽之吝, 志窮也.

九三 : 발걸음을 재촉하여 들어가니, [허물을 고침에] 인색하다. ○「象傳」: "발걸음을 재촉하여 들어감(頻巽)"의 "인색함(吝)"은 [그] 뜻한 바가

20)『書經』「顧命」에 "王曰, 嗚呼, 疾大漸惟幾"라고 함.

궁색(窮塞)함에 처했기 때문이다.

此 巽之渙也 頻者 足蹙而不前也 ≪字從步≫ 渙自否來 ≪四之二≫ 否以泰交 ≪交易之≫ 乾剛出外 ≪泰之時 內乾≫ 敵疆來附 ≪坤下來≫ 移之爲渙 則剛乃頻蹙 ≪詩所云 國步斯頻≫ 遂自外入 ≪四之二≫ 是頻巽也 ≪巽入也≫ 震步旣頻 ≪四之二 爲震≫ 坤疆亦蹙 ≪失一陰≫ 頻巽之吝也 ≪頻顰通≫ 復之頻復 宜參看

巽 → 渙←推移←否 泰

이것은 巽卦가 渙卦로 변하는 경우이다. '頻(빈)'은 발걸음을 재촉하면서도 앞으로 나아가지 못하는 모습을 뜻한다. ≪'頻(빈)'字는 '步(보)'字를 따름≫ 渙卦는 否卦로부터 왔으며 ≪4가 2로 감≫ [또] 否卦는 泰卦로부터 交易된 것이다. ≪[地天 泰卦가] 交易됨[으로써 天地 否卦가 됨]≫ [否卦가 되면] 乾의 剛은 밖으로 나갔으나 ≪泰卦의 때에 內卦에 乾[이 있었는데, 否卦가 되면 乾이 밖에 있음]≫ 敵의 강역(疆域)이 와서 붙게 된다. ≪[泰卦로부터 交易되어 否卦가 되면] 坤이 아래로 내려옴≫ [否卦로부터] 推移하여 [風水] 渙卦가 되면, 剛이 이에 발걸음을 재촉하여 ≪『詩經』「大雅」「桑柔」에서 이른바 "國步斯頻", 즉 "국운이 급박하게 되었네"라고 한 것이 그것이다.[21]≫ 마침내 밖으로부터 들어오니 ≪4가 2로 감≫ 이것이 "빈손(頻巽)", 즉 "발걸음을 재촉하면서, 들어감"의 뜻이다. ≪巽은 들어감[入]의 뜻이 됨≫ 震의 발걸음이 이미 급박해짐에 ≪[否卦의] 4가 2로 가서, [渙卦에서 下互卦의] 震이 됨≫ 坤의 땅도 또한 오그라들어 줄어드니 ≪[否卦의 下卦는 坤이었으나, 渙卦가 되면] 一陰을 잃음≫ [이것을 가리켜] "頻巽之吝(발걸음을 재촉하면서, 들어감이니, 궁색함)"

21) 國步斯頻 : 復卦 六三의 주석에서도 『詩經』의 이 句가 언급되고 있다.

이라고 한 것이다. ≪'頻(빈)'字와 [찡그릴] '顰(빈)'字는 通함≫ 復卦의 '빈복(頻復)'의 경우를 참고하여야 한다.[22]

○中孚之時 兌以乘剛 ≪下本兌≫ 移之爲巽 ≪三之一≫ 其德順矣 ≪入而伏≫ 三之旣變 柔又[23]居剛 ≪陰居三≫ 其占吝也 ≪不改過≫

中孚 → 巽 → 渙

○中孚卦의 때에, 兌로써 剛을 올라탔었는데 ≪[中孚卦의] 下卦는 본래 兌≫ 推移하여 巽卦가 되면 ≪3이 1로 감≫ 그 德이 순종함이 된다. ≪[巽은] '들어가서 엎드림', 즉 "入而伏"[을 뜻하니, 순종함을 상징함]≫ 제3爻가 이미 변하게 됨에 柔가 다시 剛[의 위]에 머무르니 ≪陰이 제3위에 머무름≫ 그 占이 '吝(인색함)'의 占이 된다. ≪[吝은] 허물을 고치지 않는다는 뜻≫

○坎志雖通 ≪下今坎≫ 前路猶塞 ≪中互艮≫ 其志窮也

巽 → 渙

○坎의 뜻이 비록 通하기는 하지만 ≪[渙卦의] 下卦는 지금 坎≫ 앞 길이 오히려 막혀 있으니 ≪[渙卦의 下互卦는 艮이므로] 가운데 互艮이 있음≫ "其志窮"이라고 한 것이다.

22) 復卦 六三에 "頻復"이라는 말이 나온다.
23) [校閱] "柔又居剛"의 "又"가 奎章本에는 "乃"로 되어 있다. 문맥으로 볼 때, 新朝本과 國中本이 더 적합하다.

六四 : 悔亡. 田獲三品. ◯象曰 : 田獲三品, 有功也.

六四 : [변화가 있더라도 다시 본래의 상태를 유지할 것이므로] 바뀌는 것이 없을 것(悔亡)이다. 사냥에 나가 [최상품(最上品)에 해당되는] 三品을 포획(捕獲)할 것이다. ◯「象傳」: “사냥에 나가 [최상품(最上品)에 해당되는] 三品을 포획하였으므로(田獲三品)”, 功이 있을 것이다.

此 巽之姤也 卦自遯來 ≪二之四≫ 本以大巽 ≪兼畫三≫ 今爲重巽 悔者亡也 ≪變象無≫

遯 → 巽 → 姤

이것은 巽卦가 姤卦로 변하는 경우이다. 巽卦는 遯卦로부터 왔으니 ≪[遯卦의] 2가 4로 감≫ 본래 [遯卦는 그 자체가] 大巽의 卦이었는데 ≪兼畫하여 三畫卦로 만들면 巽≫ 이제 巽이 중복되어 있으니, “悔亡”, 즉 “변화가 없다”고 한 것이다. ≪[遯卦로부터 巽卦로 推移하더라도] 변화된 象이 없다.≫

◯卦自中孚來 ≪三之一≫ 坎弓离戈 ≪下大坎≫ 巽离之網 ≪巽繩而离麗≫ 以適山林 ≪中孚之艮山震林≫ 田獵之卦也 亦自遯來 ≪二之四≫ 兼畫之巽 ≪本大巽≫ 本一品也 ≪義見下≫ 移之爲巽 ≪二之四≫ 兩巽又見 ≪上下巽≫ 又二品也 合之爲三 ≪一與二≫ 獲其所麗 ≪离爲麗≫ 田獲三品也 四爲卦主 故言其本象

䷼ ䷸ ䷠

中孚 → 巽 → 遯

○巽卦는 中孚卦로부터 왔으니 ≪[中孚卦의] 3이 1로 감≫ 坎의 활(弓)과 離의 창(戈)과 ≪[巽卦의] 아래에 [1·2·3·4의] 大坎이 있음≫ 巽과 离의 그물(網)을 가지고 ≪巽의 그물줄이 있고, [또 거기에] 离의 걸리는 象이 있음≫ 山林에 이르니 ≪中孚卦에 있는 艮의 山과 震의 수풀≫ 사냥[24]하는 卦이다. [巽卦는] 또한 遯卦로부터 왔으니 ≪2가 4로 감≫ 兼畫의 巽이 ≪遯卦는 본래 大巽의 형태≫ 본래 일품(一品)이더니 ≪뜻이 아래에 나타남≫ 推移하여 巽卦가 되면 ≪[遯卦의] 2가 4로 감≫ 두 개의 巽이 다시 보이니 ≪[重風] 巽卦의 上卦와 下卦가 巽≫ 또 이품(二品)이 더 있는 것이요, 합쳐서 삼품(三品)이 된다. ≪일품(一品)과 이품(二品)을 合함[으로써 삼품(三品)이 됨]≫ 그 [그물에] 걸린 것을 포획(捕獲)하니 ≪离는 걸린 것이 됨≫ "田獲三品(사냥하여 삼품(三品)을 얻음)"이라고 한 것이다. 제4位가 卦主가 되기 때문에 그 本象을 말한 것이다.

○遂成大坎 ≪初四夾≫ 坎則爲勞 ≪說卦文≫ 是 有功也 解九二宜參看 ≪彼田獵三狐≫

䷸

巽

○마침내 大坎을 이루었으며 ≪[巽卦의] 1·2·3·4의 夾卦[는 坎]≫ 坎은 곧 勞力함의 뜻이 되니 ≪「說卦傳」의 글≫ 이것이 "有功"이라고 말한 까닭이다. 解卦 九二의 경우를 마땅히 참고해 보아야 한다. ≪解卦 九二의

24) 田은 '사냥', 특히 '봄사냥'을 뜻한다.

경우에도 "田獵三狐", 즉 "사냥해서, 세 마리의 여우를 잡다"라는 표현이 있음≫

○案 公羊傳註 田獵[25]之禮 擇取三等 射自左膘 ≪脅後肉≫ 達於右腢者 ≪腢肩也≫ 中心死也 爲上殺 ≪上品也≫ 以奉乾豆 ≪祭宗廟≫ 爲其速死也 ≪速死 則味美≫

○[案]『公羊傳』의 註[26]에서 [이르기를], 사냥하여 [짐승을] 포획(捕獲)하는 禮에는 三等級 가운데서 [하나를] 택하여 취한다라고 하였다. [첫째 등급은] 왼쪽 갈비뼈 쪽으로부터 [화살을] 쏘아서 ≪옆구리 뒤의 살≫ 오른쪽 어깨 쪽으로 [화살이] 관통하게 하면, ≪우(腢)는 어깨[肩]를 뜻함≫ 심장을 적중시킴으로써 죽이는 것이 되니, [그것을 가리켜] '上殺'[27]이라고 한다. ≪上品에 해당됨≫ 그렇게 함으로써 [그 희생물을] 乾豆[28]에 봉헌(奉獻)하니 ≪宗廟에 제사를 올림≫ [그렇게 죽이는 것은] 빨리 죽이기 위한 것이다. ≪빨리 죽이면 [고기] 맛이 좋다.≫

達右耳者 中腹[29]死也 爲次[30]殺 ≪中品也≫ 以供賓客 ≪致饔餼≫ 死稍遲也

[그리고 둘째 등급은 화살로 그 짐승의] 오른쪽 귀(右耳)로 [화살이] 관통하게 하면, [그것은] 배(腹)를 적중시켜 죽이는 것이니, [그것을] '次殺'이라고 한다. ≪中品에 해당됨≫ 그렇게 함으로써 손님들에게 음식을 제공

25) [校閱] 新朝本과 國中本에는 "田獵"으로 되어 있으나 奎章本에는 "田獲"으로 되어 있다. 여기서는 前者를 따른다.
26) 『春秋公羊傳』 '桓公 4年'의 注를 가리킨다.
27) '上殺'에 대해서는 茶山의 『周易四箋』 중에서 比卦의 田獵에 대한 註釋을 참조할 것.
28) 乾豆 : 마른 고기를 제기에 담아서 제물로 바치는 것.
29) [校閱] 奎章本에는 "中復死也"로 되어 있는 반면에, 新朝本과 國中本에는 "中腹死也"로 되어 있다. 뜻으로 볼 때, 後者의 "中腹死也"가 옳다.
30) [校閱] 奎章本에는 "坎殺"로 되어 있고, 新朝本과 國中本에는 "次殺"로 되어 있다. 後者가 옳다.

하니 ≪옹희(饔餼)[31]를 시행함≫ 그것은 죽은 지 조금 밖에 지나지 않은 짐승[의 고기]인 것이다.

射左髀 ≪股骨也≫ 達于右髃[32]者 ≪肩骨也≫ 中股死也 爲下殺 以充君庖 死最遲也 此所謂 三品之殺 ≪又見車攻注≫ 古之軍禮也

[마지막으로 세 번째 등급은 화살이] 왼쪽 넓적다리를 관통하여 ≪넓적다리의 뼈를 가리킴≫ 오른쪽(右髃)[33]으로 나오게 하는 것으로서 ≪어깨뼈를 가리킴≫ 허벅지를 적중시켜 죽이는 것이니, [그것을 가리켜] "下殺"이라고 한다. 그렇게 함으로써, 君主의 주방(廚房)을 채우는 것[34]이니, [이때는] 죽는 것이 가장 더디므로, 이것을 일컬어 "三品之殺", 즉 "세 번째 등급의 죽임"이라고 하니 ≪또 [『詩經』「小雅」의] 「車攻」의 注에서도 보임≫ [이러한 것들은] 古代의 군례(軍禮)에 해당하는 것이다.

以卦象 則巽以潔之 ≪說卦文≫ 備其离腊 ≪离爲乾肉 見噬嗑≫ 以祭乾宗 ≪遯上乾≫ 乾豆之象也 巽以讓之 ≪巽主人讓賓≫ 具其兌饋 ≪上互兌≫ 以享乾賓 ≪遯上乾≫ 賓饔之象也 巽以入之 ≪納于公≫ 治其兌饔 ≪下互兌≫ 以供乾君 ≪遯上乾≫ 君庖之象也

遯 → 巽

31) 옹희(饔餼) : 고대에 제후가 빙례(聘禮)를 행할 때에 빈객을 대접하는 大禮. 『詩經』「小雅」「瓠葉序」, "上棄禮而不能行, 雖有牲牢饔餼, 不肯用也." 『周禮』「秋官」「司儀」, "致飧如致積之禮." 鄭玄 注 "小禮曰飧, 大禮曰饔餼."

32) [校閱] 奎章本에는 "達于石髃者"로 되어 있으나 新朝本과 國中本에는 "達于右髃者"로 되어 있다. 『春秋公羊傳』의 注에는 "石"이 "右"로 되어 있다. 따라서 奎章本의 "石"은 誤字이다.

33) 石髃 : 『春秋公羊傳』 注에는 "石"字가 "右"字로 되어 있다. 원문의 石字는 誤字인 듯하다.

34) 充은 充當(모자라는 것을 채워서 메움)의 뜻, 『漢書』에 '充庖廚而已'라는 말이 있음.

卦象으로써 본다면, 巽으로써 정결하게 하고 ≪「說卦傳」의 글≫ 그 离의 육포(肉脯)를 갖추어서 ≪离는 마른 고기를 상징하니, [그 例가] 噬嗑卦의 경우에 보임≫ 乾의 종묘(宗廟)에 제사드리는 것은 ≪遯卦의 上卦는 乾≫ 乾의 祭器(豆)의 象이다. [또] 巽으로써 사양하고 ≪巽은 主人이므로, 손님에게 사양하는 것임≫ 兌의 대접할 음식을 갖춤으로써 ≪上互卦는 兌≫ 乾의 손님에게 드리는 것은 ≪遯卦의 上卦는 乾≫ 손님에게 음식을 대접하는 象이다. [그리고] 巽으로써 [희생물(犧牲物)을] 들여와서 ≪公에게 헌납함≫ 그 兌의 음식을 장만하여 ≪[巽卦의] 下互卦는 兌≫ 乾의 君主에게 드리는 것은 ≪遯卦의 上卦는 乾≫ 君主의 부엌(君庖)의 形象이다.

巽之爲卦 匪豕匪鹿 亦非狐兎 故泛言三品 ≪只以一巽爲一品≫ 不著物名也 ≪如禹貢之云 惟金三品≫

巽卦는 돼지를 상징하는 것도 아니며, 사슴을 상징하는 것도 아니며, 또한 여우와 토끼를 상징하는 것도 아니므로, [다만] 넓게 [일반적인 의미로] "三品"이라고만 하고 ≪단지 한 개의 巽이 한 개의 品이 됨≫ 사물의 명칭을 [구체적으로] 드러내지 않은 것이다. ≪예컨대 『書經』「禹貢」篇에서 "惟金三品"[35]이라고 한 것과 같다.≫

○舊注 以中髀爲次殺 以中腹爲下殺 疏矣

○舊注에서, 넓적다리(髀)를 적중시킴[으로써 죽이는 것](中髀)을 '次殺'로 간주하고, 배(腹)를 적중시킴[으로써 죽이는 것]을 '下殺'로 간주하였으나, 소략(疏略)한 해석일 뿐이다.

35) 惟金三品 : 『書經』「禹貢」의 孔傳에서는 三品이 "金銀銅"을 가리킨다고 하였다. 그러나 다산은 단지 "三品"이라고 한 것은 사물의 명칭을 [구체적으로] 드러내지 않은 것이라고 하였다.

䷸

九五 : 貞吉, 悔亡, 无不利, 无初有終. 先庚三日, 後庚三日, 吉. ○象曰 : 九五之吉, 位正中也.

九五 : 일을 [올바르게] 처리하면, 吉할 것이니, [변화가 있더라도 다시 본래의 상태를 회복할 것이므로] 바뀐 것이 없을 것이고, 이롭지 않은 바가 없을 것이니, 처음에는 없더라도, 끝에는 있을 것이다. 경일(庚日)보다 三日 前에 하거나, [혹은] 경일(庚日)보다 三日 뒤에 하면, 吉할 것이다. ○「象傳」: 九五의 吉함은 자리가 正中하기 때문이다.

此 巽之蠱也 蠱自泰來 柔自外入 ≪上之一≫ 遂以巽伏 ≪下[36]今巽≫ 坎貞內固 ≪下大坎≫ 正事吉也

䷸ → ䷑ ← ䷊

巽 → 蠱 ← 泰

이것은 巽卦가 蠱卦로 변하는 경우이다. 蠱卦는 泰卦로부터 왔으니, 柔가 밖으로부터 들어와서 ≪[泰卦의] 上이 1로 감≫ 마침내 巽으로써 잠복하고 ≪[山風 蠱卦의] 下卦는 지금 巽≫ 坎의 貞(곧음)이 안으로 견고하니 ≪[蠱卦의] 아래에 [1·2·3·4의 畫이 연결되어 형성하는] 大坎이 있음≫ 올바른 일을 하면, 吉한 것이다.

○ 卦自中孚來 ≪三之一≫ 中孚之時 有此大离 ≪二五夾≫ 亦有震艮 ≪上下互≫ 移則失之 ≪爲重巽≫ 今又如舊 ≪如中孚≫ 其悔者

36) [校閱] 新朝本에는 “上今巽”으로 되어 있으나 奎章本과 國中本에는 “下今巽”으로 되어 있다. 後者가 옳다.

亡也

中孚 → 巽 → 蠱

○巽卦는 中孚卦로부터 왔으니 ≪[中孚卦의] 3이 1로 감≫ 中孚卦의 때에 이 大离가 있고 ≪2·3·4·5의 협괘(夾卦)[는 大离의 형태]≫ 또한 震과 艮이 있었더니 ≪[中孚卦의] 上互卦는 艮이고, 下互卦는 震≫ 推移하면 [巽卦가 되어, 大离와 震과 互艮을 모두] 상실하였다가 ≪[巽卦는] 重巽이 됨≫ 이제 [巽卦가 爻變하여 蠱卦로 되면] 다시 옛날과 마찬가지로 되니 ≪[中孚卦에 있던 大离와 互震과 艮이 蠱卦에서 다시 그대로 있으니] 以前의 中孚卦의 卦象과 같아진 것≫ 그 卦象의 변화가 없어진 것이다.

○泰之上陰 位極才柔 ≪上位極≫ 匪其利也 卑降爲巽 ≪上之一≫ 以讓賢者 ≪下本乾≫ 无不利也 ≪巽爲利≫

巽 → 蠱 ← 泰

○泰卦의 上位에 있는 陰은 그 卦位가 끝에 있으며, 그 근본적 성격은 柔인 까닭에 ≪上位는 [한 卦의] 끝에 해당됨≫ 그 이로울 바가 없었으나, 낮은 데로 내려와서 巽이 됨으로써 ≪[泰卦로부터 推移하여 蠱卦로 되면] 上이 1로 감≫ 賢者에게 [그 자리를] 양보하였으니 ≪[蠱卦는 泰卦로부터 왔으니, 泰卦의] 下卦는 본래 乾[의 손님을 상징함]≫ "无不利"라고 한 것이다. ≪巽은 利로움이 된다.≫

大畜之蠱 宜參看

大畜 → 蠱 ← 泰

大畜卦가 蠱卦로 변하는 경우[즉 大畜卦 初九]를 마땅히 참고해야 한다.37)

○蠱自泰來 初移爲終 ≪一之上≫ 初雖无剛 ≪初今柔≫ 終以艮終 ≪上今艮≫ 无初有終也 ≪萬物終乎艮≫ 无初有終 巽卦之本德也 ≪下絶而上剛≫ 睽六三 宜參看

巽 → 蠱 ← 泰

○蠱卦는 泰卦로부터 왔으니, [泰卦의] 初位로부터 移動하여, [蠱卦에서는] 終位로 온 것이니 ≪1이 上으로 감≫ [蠱卦의] 初位에서는 비록 剛이 없었으나 ≪[蠱卦에서] 初位는 지금 柔≫ 終位에서 艮으로써 끝났으니 ≪[蠱卦의] 上卦는 지금 艮≫ [이것을 가리켜] "无初有終"이라고 한 것이다. ≪[「說卦傳」에서 말하기를] 만물은 艮에서 끝난다고 함≫ "无初有終"은 巽卦의 本德이니 ≪[巽卦는] 밑은 끊어졌으나, 위로는 剛이 있는 형태≫ 睽卦 六三의 경우를 마땅히 참고해 보아야 한다.

○卦本有兌 ≪二四互≫ 兌則爲庚 ≪西方爲庚辛≫

37) 다산이 大畜卦 初九의 경우를 참고하라고 한 것은 巽卦 九五와 大畜卦 初九가 모두 '巽之蠱'와 '大畜之蠱'가 되어 卦象이 일치하는 경우이기 때문이다. 즉, 두 경우 모두 泰卦의 上位에 있는 柔가 初位로 내려옴으로써 蠱卦를 형성하는 경우로서, 小人이 賢者에게 자신의 자리를 양보하는 例에 해당된다. 小人이 높은 자리를 賢者에게 양보하는 것은 곧 자기 자신을 이롭게 하는 행위이자, 賢者를 이롭게 하는 행위가 된다.

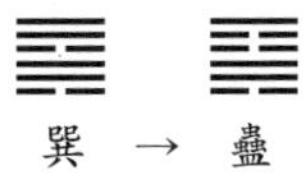

○蠱卦[38]에는 본래 兌가 있으니 ≪2·3·4의 互卦인 兌≫ 兌는 곧 庚이 된다. ≪西方은 [십간(十干) 중에서] 경(庚)·신(辛)이 된다.≫

據說卦方位 先庚三日者 巽也 ≪坤离巽≫ 後庚三日者 艮也 ≪乾坎艮≫

「說卦傳」의 方位에 의거해보면, "先庚三日"이라고 한 것은 巽을 지칭한 것이요 ≪[說卦傳의 方位에 의하면, 兌 以前에] 坤·离·巽의 逆順으로 있음≫ "後庚三日"이라고 한 것은 艮을 지칭한 것이다. ≪[「說卦傳」의 方位에 의하면, 兌 以後에] 乾·坎·艮의 순서로 있음≫

---

38) '卦本有兌'라고 하였을 때, 卦가 어떤 괘를 지칭하는 지가 문제될 수 있다. 互兌는 巽卦와 蠱卦에 모두 있다. 그러나 '先庚三日, 後庚三日'의 해석이 가능하기 위해서는 艮과 巽이 모두 있어야 하므로, 蠱卦를 지칭하는 것으로 보는 것이 옳다. 왜냐하면 巽卦에에는 艮과 巽이 모두 있는 것이 아니고, 艮이 결여되어 있기 때문이다.

今也 兌之說言 《二四互》 正據一卦之中 《蠱之中》 先於兌而爲巽 《巽在下》 後於兌而爲艮 《上今艮》 此所謂 先庚三日 後庚三日也 《已見蠱之彖》

巽 → 蠱

이제 [蠱卦에서] 兌의 즐거워하는 말씀이 《[蠱卦의] 2·3·4의 互兌》 곧바로 한 괘의 가운데 있으니 《蠱卦의 중간에 [互卦인] 兌가 있음》 먼저 兌에 앞서서 巽이 있으며 《巽이 [蠱卦의] 下卦에 있음》 나중에 兌의 뒤에 艮이 있음이니 《[蠱卦의] 上卦는 지금 艮》 이것을 일컬어 "先庚三日, 後庚三日"이라고 한 것이다. 《이미 蠱卦의 彖詞에 나타남》

曷云哉 巽之爲卦 申命以行事也 《大象文》 其變爲蠱 《五爻動》 將以幹事也 聖人之義 慮始而愼終 故於此爻而言之

巽 → 蠱

어째서 그러한가? 巽卦는 거듭 命함으로써 일을 진행시키는 것이기 때문에 그러한 것이다. 《[巽卦의] 『大象傳』[39]의 글》 그 [巽卦로부터] 변하여 蠱卦가 된 것이니 《[巽卦의] 제5爻가 변동한 것》 [그렇게 함으로써] 장차 일을 주관하여 처리함(幹事)이니, 聖人의 義理가 시작을 염려하고, 끝을 신중하게 처리함에 있기 때문에, 이 [巽九五의] 爻에서 언급한 것이다.

39) 巽卦의 『大象傳』은 다음과 같다. "隨風巽 君子以 申命行事."

○位正中者 本象也 ≪剛居五≫ 本象正故 其變亦吉

巽 → 蠱

○"位正中"이라고 한 것은 本象을 가리킨 것이다. ≪剛이 제5位에 있음≫ 本象이 正이기 때문에, 그것이 [爻變함으로써] 변한 [蠱卦의] 경우도 역시 吉한 것이다.

○案 漢儒釋此爻 皆主更革之義 ≪庚更也≫ 非也 此在筮家 用爲占日之通例也 ≪詳見蠱之彖≫

○[案] 漢儒들이 이 [巽卦 九五의] 爻를 해석함에 있어 모두 '更革(바꾸고 변화시킴)'의 뜻을 중심으로 해석하였으나, ≪"庚"을 ['바꾼다'는 뜻의] '更'으로 해석함≫ 잘못이다. 이것이 筮家에 있어서는 날(日)을 점치는 通例로 사용했던 것이다. ≪상세한 것은 蠱卦의 彖詞를 참조할 것≫

上九 : 巽在牀下. 喪其資斧, 貞凶. ○ 象曰 : 巽在牀下, 上窮也. 喪其資斧, 正乎, 凶也.

上九 : [病이 들어] 물러나 평상(平牀) 아래에 [누워] 있다. [손님이 도적으로 돌변하여 주인이] 그 노자(路資)돈과 도끼를 잃으니, 일을 맡아 처리함에 있어 흉하다. ○「象傳」: "[病이 들어] 물러나 평상(平牀) 아래에 [누워] 있는 처지(巽在牀下)"에 놓이게 된 것은 위로 [더 이상 올라갈 수

없는] 궁지(窮地)에 처해 있기 때문이다.[40] "그 노자돈과 도끼를 잃은 것(喪其資斧)"이니, 잘 되겠는가? 흉할 [수밖에 없는] 것이다.

此 巽之井也 下巽 牀也 ≪巽形如牀上有席≫ 井自泰來 ≪一之五≫ 泰之坤妃 ≪本上坤≫ 移乃有疾 ≪五之一 爲坎≫ 降入巽牀之下 ≪五之一≫ 巽在牀下也

巽 → 井 ← 泰

이것은 巽卦가 井卦로 변하는 경우이다. [巽卦의] 下卦인 巽은 평상(平牀)이다. ≪巽의 형태는 마치 平牀 위에 자리가 있는 모습과 같음≫ 井卦는 泰卦로부터 왔으니 ≪1이 5로 감≫ 泰卦에 있던 坤의 왕비(王妃)가 ≪泰卦의 上卦는 본래 坤≫ [井卦로] 推移하게 되면, 이에 질병을 앓게 되어서 ≪5가 1로 가서, 坎이 됨≫ 巽의 평상 아래로 내려가서 들어가니 ≪[泰卦의] 5가 1로 감≫ "巽在牀下", 즉 "물러나서, 平牀 아래에 [누워]있다"라고 한 것이다.

九二之吉 其命續也 ≪上下巽≫ 上九之凶 其位窮也 ≪上爻動≫ 入于地中 ≪泰上坤≫ 何以望生

巽 → 漸

巽 → 井 ← 泰

40) 이러한 해석은 茶山이 주석에서 "上窮者, 位極也, 極於上者, 必反乎下"라고 한 것에 따른 것이다. "巽在牀下, 上窮也"가 의미상으로 연관된 것으로 본다면, "巽在牀下"는 "極於上者, 必反乎下"의 결과로 볼 수밖에 없겠다. 또 다산은 "井自泰來, 泰之坤妃, 移乃有疾, 降入巽牀之下, 巽在牀下也"라고 했으므로, [病이 들어] 물러나 평상(平牀) 아래에 [누워] 있는 것은 泰卦의 제5位에 있던 坤의 왕비이며, 왕비는 여자로서 더 이상 올라갈 수 없는 가장 존귀한 자리이기 때문에 "極於上者"에 해당된다고 볼 수 있다.

[巽卦 上九와 巽卦 九二에 똑같이 "巽在牀下"라고 되어 있으나] 巽卦 九二에서는 吉한 것은 그 生命이 이어지기 때문이거니와 ≪[巽卦 九二는 '巽之漸'인데, 本象인 巽을 취하는 경우이므로] 上卦와 下卦가 [모두] 巽[이므로, '승(繩)', 즉 줄을 뜻하며, 또 계속 이어짐을 상징함]≫ 巽上九에서 흉한 것은 그 자리가 궁색하기 때문이다. ≪上爻가 변동함≫ 땅 속으로 들어가니 ≪泰卦의 上卦는 坤[인데, 지금 井卦의 上卦는 坎이 됨]≫ 어떻게 소생(蘇生)하기를 바라겠는가?

○泰之時 乾貨富實 ≪乾爲富≫ 貯積在內 ≪泰下乾≫ 是 有資也 亦以乾金 其位在离 ≪一二三≫ 是 有斧也 ≪离則爲戈兵≫ 移之爲井[41] 則乾賓出外 ≪一之五≫ 竊其資斧 ≪乾剛升爲坎≫ 而巽之主人 ≪下今巽≫ 憮然在內 ≪下今巽≫ 喪其資斧也 ≪离爲斧≫

巽 → 井 ← 泰

○泰卦의 때에 乾의 재화(財貨)가 풍부하고 가득 차서 ≪乾은 부유함이 됨≫ 내부에 저축되어 쌓여 있으니 ≪泰卦의 下卦는 乾≫ 이것은 자금(資金)이 있는 것이다. 또 [泰卦에서] 乾의 쇠가 离位에 있으니 ≪1·2·3은 离位≫ 이것은 도끼가 있는 것이다. ≪离는 곧 창과 兵器가 됨≫ [泰卦로부터] 추이하여 井卦가 되면, 乾의 손님이 밖으로 나가서 ≪[泰卦의] 1이 5로 감≫ 그 노자(路資)돈과 도끼를 훔치니 ≪[泰卦의 下卦인] 乾의 剛이 올라가서 坎이 됨≫ 巽의 주인이 ≪[井卦의] 下卦는 지금 巽이 됨≫ 망연자실한 채로 [집]안에 있는지라 ≪[井卦의] 下卦는 지금 巽≫ "喪其資斧", 즉 "그 노자(路資)돈과 도끼를 잃었다"라고 한 것이다. ≪离는 도끼가 된다.≫

---

41) [校閱] 奎章本과 國中本에는 "移之爲井"으로 되어 있으나 新朝本에는 "移之爲升"으로 되어 있다. 前者가 옳다.

旅之九四 《其實大過之九四》 巽之上九 皆變爲井 故其象同也 ䷯ 其象旣同而其占不同 《彼得而此喪》 是 何故也 旅者 客人也 在客人則 得之也 《一之五》 巽者 主人也 在主人則 失之也

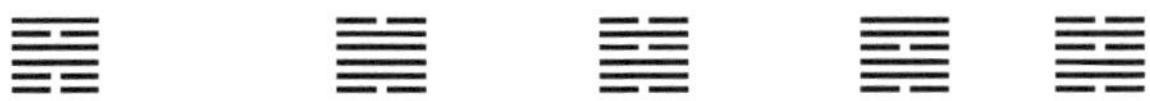

旅→ 兩互作卦→大過→4爻變→井　　　巽 → 井

旅卦 九四[42]와 《실제로는 大過卦 九四에 해당됨》 巽卦 上九가 모두 변하여 井이 되는 까닭에, 그 象이 동일하다. 그 象이 이미 동일함에도 불구하고, 그 占이 같지 않으니 《저 旅卦 九四에서는 資金과 도끼를 획득한 반면에 이 巽卦 上九에서는 喪失함》 이것은 무슨 까닭인가? 旅는 나그네를 가리키니, 객인(客人)에게는 [노자돈과 도끼를] 얻은 것이 되지만 《[泰卦의] 1이 5로 감》 巽은 主人이니, 主人에게는 [노자돈과 도끼를] 잃은 것이 된다.

○剛往得位 《一之五》 遂成坎貞 其位則正 《五中正》 其在主人 《下今巽》 旣失資斧 其貞凶也 《貞事也》 上窮者 位極也 極於上者 必反乎下 《易之義》 泰坤陰之所以入也 《五之一》

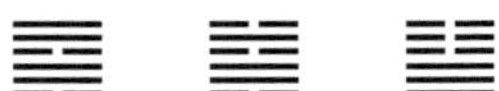

巽 → 井 ← 泰

○剛이 가서 地位를 얻고 《1이 5로 감》 마침내 坎의 貞固함을 얻었으니, 그 지위가 비록 올바르기는 하지만, 《제5位는 中正의 자리》 그 主人에 있어서는 《[井卦의] 下卦는 지금 巽》 이미 資金과 도끼를 잃었으니, 그 일을 처리함에 있어 凶한 것이다. 《貞은 일을 뜻함》 "上窮"이라고 한

---

42) 旅卦 九四에 "得其資斧"라는 말이 있음.

것은 그 지위가 極에 달했음을 말하는 것이니, [끝까지] 위에 도달하게 되면, 반드시 아래를 향하여 거꾸로 내려오게 된다.[43) ≪["極於上者, 必反乎下"는] 易의 義理임≫ 泰卦의 坤에 있는 陰이 [아래로] 들어가게 된다. ≪[泰卦에서 井卦로 推移하게 되면 泰卦의] 제5位의 柔가 1로 감≫

○坎則皆正乎 今坎 盜也 ≪上今坎≫ 竊人資斧 非盜而何 賓而爲盜 ≪以乾而爲坎≫ 主人之凶也

巽 → 井 ← 泰

○坎이면 모두 正(올바름)이 되는가? 지금 坎은 도적이니 ≪[井卦의] 上卦는 지금 坎≫ [다른] 사람의 노자돈과 도끼를 훔쳤으니, 도적이 아니고 무엇이겠는가? 손님이 도적으로 돌변하니 ≪[본래] 乾[의 손님]이었으나, [泰卦에서 井卦로 推移하게 되면] 坎[의 도적]이 됨[44)≫ [井卦의 下卦인] 主人[인 巽]에게는 흉한 것이다.

○案 漢書 王莽 遣王尋 屯洛陽 將發 亡其黃鉞 房楊曰 此所謂 喪其資斧者也 ≪應劭云 齊利也 資如齊衰之齊 資齊音同 誤作資≫ 此借

---

43) 上窮 : 茶山은 "上窮"을 "位極"으로 해석하였다. "上窮"의 상황에서는, 더 이상 위로 올라가려고 해도 올라갈 수 없기 때문에, "極於上者, 必反乎下"의 원리에 따라, 내려올 수 밖에 없다. 그러면, 이 上窮의 처지에 놓여 있는 사람은 누구인가? 그것은 巽卦의 最上位에 있는 剛을 가리킬 것 같지만, 그렇지 않다. 茶山이 앞의 주석에서 "井自泰來, 泰之坤妃, 移乃有疾, 降入巽牀之下, 巽在牀下也"라고 했으므로, "極於上者"에 해당되는 것은 泰卦의 제5位에 있던 坤의 왕비이며, 지금은 病이 들어 물러나 평상(平牀) 아래, 즉 井卦의 最下位에 누워 있는 것이다. 왕비는 여자로서 더 이상 올라갈 수 없는 가장 존귀한 자리이기 때문에, 泰卦의 제5位에 있던 坤의 왕비는 "極於上者"에 해당된다고 볼 수 있다.

44) 泰卦로부터 推移하여 井卦가 되면, 泰卦의 1이 5로 가니, 泰卦의 下卦에 있던 乾의 손님(賓)이 밖으로 나가서, 資金과 도끼(斧)를 훔치는 象이다.

取經義 並擧資斧也 後儒引此 以證齊斧之說 謬矣

○[案]『漢書』「왕망전(王莽傳)」[45]에서 말하였다. "왕망(王莽)[46]이 왕심(王尋)[47]을 파견하여, 낙양(洛陽)에 주둔(駐屯)하게 하여, 장차 출발하려 함에, 그 황색(黃色)의 도끼(黃鉞)[48]를 잃어버리니, 방양(房楊)이 말하기를, "이것이 [『易經』에서] 이른바 "喪其資斧"[49]에 해당된다라고 말하였다." ≪응소(應劭)[50]가 말하였다. "'齊'[51]는 利[날카로움]이다.'[52] '資'[53]는 예컨대 '재최(齊衰)'[54]라고 할 경우의 '재(齊)'와 [喪服인 '재최(齊衰)'를 의미한다는 점에서 보면, 그] 뜻이 같다. '資'와 '齊'[55]는 그 發音이 같으므로, 誤認하여 '資'라고 적은 것이다.[56]≫ 이 [『漢書』「王莽傳」의] 문장은 經文[57]의 뜻을 빌려서, '자부(資斧)'의 예를 든 것에 불과한데, 뒷날의 儒者들이 이것[58]을 引用하여 제부(齊斧)

45) 「王莽傳」은 『漢書』 卷99에 있다.

46) 왕망(王莽, B.C.45~AD.23) : 중국 전한(前漢) 末의 정치가, 신(新) 왕조(8~24)의 건국자. 선양혁명(禪讓革命)에 의하여 前漢의 황제권력을 빼앗았다.

47) 왕심(王尋) : 왕망 밑에서 대사도(大司徒)를 지낸 인물.

48) 黃鉞 : 황금으로 구민 긴 자루가 달린 도끼. 천자의 儀仗으로 정벌할 때 사용한다. 『書經』「牧誓」에 "王左杖黃鉞, 右秉白旄"라는 句가 있다.

49) 『漢書』「王莽傳」에는 "喪其齊斧"로 되어 있다. 茶山은 『漢書』의 기록이 『周易』의 經文을 인용함에 '齊斧'라고 적은 것은 『周易』의 '資斧'의 의미(재화와 무기)와 다름이 없는 것으로 이해하였고, 이렇게 다르게 적은 것은 음이 같아서 그렇게 적었을 것으로 여겼다. 그래서, '齊'字와 '資'字는 글자가 다를 뿐이지 같은 의미이므로 『漢書』의 원문도 『周易』의 원문을 따라 '資斧'로 고쳐 적고 있다.

50) 응소(應劭) : 東漢 汝南人. 字 仲遠. 저서에 『漢官禮儀故事』·『風俗通』 등이 있다.

51) 齊 : 『漢書』「王莽傳」에는 "喪其齊斧"로 되어 있다. 응소(應劭)는 여기서의 齊字를 해석한 것이다. 應劭의 註釋에 따르면, 齊는 利[날카로움]을 뜻하므로, '齊斧'는 '날카로운 도끼'를 의미한다.

52) 齊 : 應劭는 『漢書』 원문에 "喪其齊斧"로 되어 있는 것에 따라 '齊'字를 해석한 것이다. 『漢書』의 顔師古의 注에 "應劭曰, 齊利也"라고 함.

53) 資 : 재최(齊衰) 등의 喪服을 가리킴.

54) 재최(齊衰)는 喪服의 명칭으로서, 거친 삼베로 지은 아랫단을 한 喪服을 가리킨다. 齊는 [가지런할] '제'로 읽지 않고 [재최] '재'로 읽으며, 衰는 [쇠할] '쇠'로 읽지 않고, [喪服] '최'로 읽는다.

55) 재최(齊衰)라고 할 경우, 齊의 本音은 '자'가 됨, 따라서 資와 發音이 같다고 한 것임.

56) 이것은 茶山의 말인데, "誤作資"는 "誤作齊"의 착오인 듯하다.

57) 此經 : 『周易』의 文.

58) 『漢書』의 문장을 가리킨다.

의 說[59]을 立證하는 것으로 삼았으니, 잘못이다.

○學稼云 橫木之下 搘之以股 其象爲牀 故艮爲牀 巽亦爲牀

艮　　巽

○學稼가 말하였다. “가로지른 나무의 밑에 다리로 괴고 있는 것이 그 모양이 평상(平牀)이므로, 艮은 평상(平牀)이 되고, 巽도 역시 평상平牀이 된다.”

58. 중택 태(重澤 兌)

兌下兌上 ○第三十二卦之反 ≪大壯五之三 中孚四之上≫

大壯 → 兌 ← 中孚

正卦　反卦

巽←反易→兌

兌는 下卦이고, 兌는 上卦이다. ○제32괘의 反卦이다. ≪大壯卦의 5가

59) 『周易』의 ‘資斧’의 뜻을 『漢書』의 안사고(顏師古)의 注에 나오는 “應劭曰, 齊利也” 라는 구절에 의거하여 ‘齊斧’를 ‘利斧’로 해석하는 학설을 의미한다. 齊斧는 ‘날카로운 도끼’의 뜻이다.

3으로 가고, 中孚卦의 4가 上으로 간다.≫

序卦傳曰 兌者 說也

『序卦傳』에서 말하였다. "兌는 기뻐함이다."

○鏞按 兌者 脫也 乾則爲衣 ≪荀九家≫ 兌褫其外 ≪去上剛≫ 其象 脫也 肉脫衣曰 脫 ≪脫從肉≫ 蟲脫殼曰 蛻 ≪蛇蟬等≫ 車脫輹曰 稅 ≪卽所云 稅駕脫輅≫ 其義 一也

○[鏞按] 兌는 벗겨냄을 뜻한다. 乾은 곧 의복(衣服)을 뜻하는데 ≪荀九家의 說≫ 兌는 乾의 겉을 벗겨낸 것이니 ≪[乾의] 上位의 剛이 제거된 것[이 兌]≫ 그 모양이 벗는 것이 된다. 육체(肉體)가 옷을 벗는 것을 '脫(탈)'이라고 하고 ≪'脫(탈)'字는 '육달 月(월)'의 部首를 따른다.60)≫ 벌레(蟲)가 껍질을 벗는 것을 '蛻(태)'라고 하고, 수레에서 복토(輹)를 벗기는 것을 '稅(세)'라고 하니 ≪즉, 말의 멍에를 풀고 그 수레를 벗김을 뜻함≫ 그 뜻이 [벗겨내는 것을 뜻한다는 점에 있어서] 동일하다.

兌者 銳也 兌之爲卦 下大上小 ≪陰曰 小≫ 其象 銳也 金上小曰銳 ≪荀子云 仁人之兵 兌≫ 木上小曰 梲 ≪梁上小柱也 又 大雅云 松柏斯兌≫ 石上小曰硊 ≪磨之使尖小≫ 其義 一也

[또] 兌는 날카로움을 뜻한다. 兌卦의 괘의 성질은 아래가 크고 위가 작으니 ≪陰을 가리켜 '小', 즉 '작다'고 함≫ 그 모양이 날카로운 것이다. 쇠는 윗부분이 작은 것을 '銳(날카롭다)'라고 말하고 ≪『荀子』「의병(議兵)」에서, "어진 사람의 병사兵士는…… [칼끝처럼] 날카롭다"라고 하였다.61)≫ 나무의 윗부

60) '脫'字의 왼쪽 部首 '月'이 肉部임을 말한 것이다. 肉部의 '月'은 '달 月'과 구별하여 '육달월'이라고 부른다. '脫'字는 '옷을 벗다', '살이 빠지다', '여위다', '껍질을 벗기다' 등을 뜻한다.

분이 작은 것을 "梲(탈: 동자기둥)"이라고 한다. ≪'梲(탈)'은 대들보 위의 작은 기둥을 말한다. 또『詩經』「大雅」편에서는 "松柏斯兌", 즉 "松柏 사이에 길이 통하거늘"이라고 하였다.[62]≫ 돌은 윗부분이 작은 것을 "碗(예)"라고 한다. ≪["碗(예)"는] 갈아서 [끝을] 뾰쪽하고 작게 하는 것을 뜻한다.≫ [어느 경우나] 그 뜻이 동일하다.

兌者 稅也 西方之卦 於時爲秋 故兌則爲利 以刀而刈禾也 ≪利從禾從刀≫ 兌則爲和 以口而食禾也 ≪兌爲口≫ 兌者 涚也 ≪沛水使之淸≫ 乾之盈滿 兌以澄之 ≪大傳[63]云 懲忿≫ 其象 澤也 ≪澤水靜而澄≫ 兌者 悅也 自震而起 ≪八卦序≫ 中心有得 ≪中又剛≫ 外貌自解 ≪上一陰≫ 其象 悅也 兌者 說也 上坼如口 談說之所出也

☱

兌

61) 仁人之兵兌 :『荀子』의 제15편「議兵」에 "仁人之兵, …… 兌"라는 말이 나온다. "仁人之兵兌"가 연결된 문장으로 나오는 것이 아니라, 중간 부분이 생략된 문장이다. 원문은 다음과 같다. "故仁人之兵, 聚則成卒, 散則成列, 延則若莫邪之長刃, 嬰之者斷, 兌則若莫邪之利鋒, 當之者潰(그러므로 어진 사람의 군대는 모이면 전투부대가 되고, 흩어져도 전열을 이루며, 군사들을 길게 늘어놓으면, 막야(莫邪)와 같은 긴 칼처럼 되어, 거기에 걸리는 것은 모두 잘리며, 앞으로 나아가면 막야(莫邪)의 날카로운 칼끝처럼 거기에 부딪히는 것은 모두 무너진다)."(『荀子』 제15편「議兵」; 김학주 역,『荀子』, 을유문화사, 2001, 418~419면) 여기서, "兌"는 '날카로울 銳(예)'字와 통하며, 삐죽이 앞으로 나아가는 것을 뜻한다.

62)『詩經』「大雅」「文王之什」「皇矣」에 나오는 말이다. "帝省其山, 柞棫斯拔, 松柏斯兌. 帝作邦作對, 自大伯王季. 維此王季(上帝가 그 山을 살펴보시니, 갈참나무와 떡갈나무가 위로 쑥 뻗어 올라가며, 松柏 사이에 길이 통하거늘, 상제가 나라를 만들고 太伯과 王季로부터 하셨도다)."(成百曉 譯註,『詩經集傳』下, 전통문화연구회, 1999, 223~224면) 朱子의 註釋에서 "兌, 見緜篇, 此亦言其山林之間道路通也", 즉 "兌는『緜篇』에 보이니, 이 또한 山林의 사이에 도로가 개통됨을 말하는 것이다"라고 하였다.

63) [校閱] "징분(懲忿)"이라는 말은「大傳」(繫辭傳)에는 나오지 않고, 損卦의「大象傳」에 나오므로,「大傳」을「大象傳」으로 고쳐야 한다.

兌는 거두어들이는 것(稅)이다. 西方의 卦는 계절로 보면 가을에 해당한다. 따라서 兌는 곧 날카로움이 되니 칼로써 벼를 베는 것이다. ≪'利'字는 '벼 禾(화)'字를 따르고, '칼 刀(도)'字를 따른다.≫ 兌는 곧 和이니, '和(화)'字는 ['口(구)'字와 '禾(화)'字가 합쳐진 형태를 취하고 있으니] 입(口)으로 벼(禾)를 먹는 것을 뜻한다. ≪兌는 입이 된다.≫ 兌는 맑게 하는 것(涗)이니 ≪제수(泲水)64)로 하여금 맑게 하는 것이다.≫ 乾의 가득 찬 것을 兌로써 맑게 하니 ≪『大傳』에서 말하기를 "징분(澂忿)", 즉 "분(忿)을 풀게 한다"라고 하였다.65)≫ 그 모습이 연못이다. 兌는 기뻐함(悅)이니, 震으로부터 일어나 ≪8卦의 순서≫ 中心에 얻음이 있고 ≪中이고 또한 剛≫ 밖의 모양이 스스로 풀려져 있으니 ≪上位의 한 개의 陰을 말함≫ 그 모습이 즐거운 것이다. 兌는 말함(說)이 되니, [卦象의] 위로 터진 모습이 마치 입[이 벌려진 모습]과 같으니, [입은] 담설(談說)이 나오는 곳이다.

以重卦則 自大壯來 大壯者 兼兌也

大壯 → 兌

重卦로써 보면, 兌卦는 大壯卦로부터 왔으니, 大壯은 겸태(兼兌)의 형상이다.

---

64) 제수(泲水) : '제(泲)'는 하북성(河北省)에서 발원하는 江의 이름.

65) 茶山은 '澂忿'이 「大傳」에 나온다고 하였으나, 「繫辭傳」에는 '澂忿'이라는 말이 나오지 않는다. 損卦의 「大象傳」에 "懲忿"이라는 말이 있다. "山下有澤, 損, 君子, 以, 懲忿窒欲(山 아래 못(澤)이 있는 것이 損[卦의 象]이니, 君子는 이 卦象을 보고, 성내는 마음을 가라앉히고, 욕심을 막는 것이다)."

兌, 亨, 利貞.

兌는 형통하니 일을 맡아 처리함에 이롭다.

此 兌之不變者也 卦自大壯來 《五之三》 柔來成离 《二四互》 嘉會以合禮 其占 亨也

大壯 → 兌

이것은 兌卦가 변하지 않는 경우이다. 兌卦는 大壯卦로부터 왔으니 《5가 3으로 감》 柔가 가서 离를 형성하여 《[兌卦의] 2·3·4의 互卦》 즐겁게 만남으로써 禮에 合致하니, 그 占이 형통하다.

○又自中孚來 《四之上》 柔往成兌 《上今兌》 遂成坎貞 《上大坎》 利於事也 兌則爲利 《義之和》

中孚 → 兌

○또 [兌卦는] 中孚卦로부터 왔다. 《4가 上으로 간 것이다.》 柔가 가서 兌를 이루어 《[兌卦의] 上卦가 지금 兌》 마침내 坎의 곧고 견고함을 이루니 《위로 大坎의 互卦가 형성됨》 일[을 맡아 처리함]에 있어 이로운 것이다. 兌는 곧 이로움이 된다. 《兌는 義의 조화로움을 상징함》

䷹

彖曰 : 兌, 說也, 剛中而柔外. 說而利貞, 是以順乎天而應乎人, 說以先民, 民忘其勞, 說以犯難, 民忘其死, 說之大, 民勸矣哉.

『彖傳』: 兌는 [백성들을] 즐겁게 해주는 말을 뜻한다. 剛(陽)은 中位에 있고, 柔(陰)는 바깥쪽에 있다. [백성들을] 즐겁게 해주는 말인지라, 일을 맡아 처리함에 이롭다. 이런 까닭에, 하늘에 순응하고 사람들에게 응하여, [백성들을] 즐겁게 해주는 말로써, 몸소 백성들 앞에 나선다면, 백성들이 그 노고(勞苦)를 잊을 것이고, 말로써 [백성들을] 즐겁게 해주면서, 기꺼이 험난함을 무릅쓴다면, 백성들이 죽음을 잊을 것이다. [백성들을] 즐겁게 해주는 말 중에서 가장 큰 것은 백성들로 하여금 부지런히 일하도록 권장하는 말이다.

說者 悅言也 二五皆剛 《卦之中》 三六皆柔 《卦之外》 所以悅也 巽爲天命 《上互巽》 离爲人心 《下互离》 順天而應人也

☱
兌

"열(說)"은 즐겁게 하는 말(悅言)을 뜻한다. 2와 5는 모두 剛이고 《2는 下卦의 中位에 있고, 5는 上卦의 中位에 있음》 3과 6은 모두 柔이니 《괘의 밖에 있음》 즐거워하는 까닭이 된다. 巽은 천명을 뜻하고 《上互卦가 巽》 离는 人心을 뜻하니 《下互卦가 离》 하늘에 순응하고 사람에 응하는 것이다.

○卦自大壯來 乾王出外 《三之五》 以成兌悅 《上今兌》 身爲民

先 《五在三之前》 說以先民也 雖有坎勞 《三六夾》 离乃虛心 《二四互》 民忘其勞也 《心虛則忘之》

大壯 → 兌

○兌卦는 大壯卦로부터 왔다. 乾의 임금이 밖으로 나가 《3이 5로 감》 兌의 즐거움을 이루고 《上卦가 지금 兌》 몸소 백성들 앞에 나서니 《5는 3의 앞에 있음》 [이것을 가리켜] "說以先民"이라고 한 것이다. 비록 坎의 노고(勞苦)가 있더라도 《[兌卦의] 3・4・5・6은 협괘(夾卦)[의 坎이 됨]》 离로써 마음을 비우니 《[兌卦의] 2・3・4의 互卦》 [이것을 가리켜] "民忘其勞"라고 한 것이다. 《마음을 비우면 [그 勞苦를] 잊을 수 있다.》

○卦自中孚來 《四之上》 震主 《二四互》 牖民 《震之二陰卽其民》 以成兌悅 《移爲兌》 俾冒坎險 《四之上》 說以犯難也 艮死在前 《中孚本互艮》 离乃虛心 《二四互》 民忘其死也 兌口巽命 《三五巽》 勖[66]此坎勞 民勸矣哉 《喩之使勞曰 勸也》 先王之使其民 《役其民》 悅之而已

中孚 → 兌

○兌卦는 中孚卦로부터 왔다. 《4가 上으로 감》 震의 주인이 《[中孚卦의] 2・3・4의 互卦》 백성을 인도하여 《震의 두 陰이 곧 백성에 해당됨》 兌의 기뻐함을 이루게 하고 《[中孚卦로부터 兌卦로 推移하게 되면, 震이] 옮겨져

66) [校閱] 奎章本과 國中本에는 "勖"(욱)으로 되어 있으나, 新朝本에는 "勗"으로 되어 있다. "勗"은 "勖"의 俗字이다.

서 兌가 됨》 坎의 험난함을 무릅쓰니 《[中孚卦의] 4가 上으로 감》 [이것을 가리켜] "열이범난(說以犯難)"이라고 한 것이다. 艮의 죽음이 [바로] 앞에 있어도 《中孚卦에 본래 互卦의 艮이 있음》 离로써 이에 마음을 비우니 《[中孚卦의] 2·3·4의 互卦[는 离]》 [이것을 가리켜] "民忘其死"라고 한 것이다. 兌의 입과 巽의 명령으로써 《[兌卦의 上卦는 兌이며] 3·4·5는 巽》 이 坎의 노역(勞役)을 독려(督勵)하니, [이것을 가리켜] "民勸矣哉"라고 한 것이다. 《깨우쳐서, 힘쓰도록 권면하는 것이 '권(勸)'의 뜻이다.》 先王이 백성들로 하여금 일을 시킬 적에는 《그 백성들을 勞役시킴》 [백성들의 마음을] 기쁘게 해 줄 따름인 것이다.

䷹

初九 : 和兌, 吉. ◯ 象曰 : 和兌之吉, 行未疑也.

初九 : [세속(世俗)에 휩쓸림 없이] 和合하는 兌의 象이니, 吉하다. ◯ 「象傳」 : [세속(世俗)에 휩쓸림 없이] 和合하는 兌의 象이니 길한 것은 [君子가] 행동함에 있어 [세속에 同化되어 혼탁한 일에 휘말리는 등의] 의심받을 일을 한 것이 [아직] 없기 때문이다.

此 兌之困也 困自否來 《上之二》 否之時 君子小人 不相混處 《陰陽不相雜》 移之爲困 則上成兌和 《義之和》 是 和兌也 雖然 君子之行 和而不流 《大傳云 旁行不流》 苟以坎流 《下[67]今坎》 惡可乎哉 故曰 和兌吉 《謂不流則吉》

---

67) [校閱] 新朝本에는 "上今坎"으로 되어 있으나 奎章本과 國中本에는 "下今坎"으로 되어 있다. 後者가 옳다.

䷹ ䷮ ䷋

兌 → 困 ← 否

이것은 兌卦가 困卦로 변하는 경우이다. 困卦는 否卦로부터 왔으니 ≪[否卦의] 上이 2로 감≫ 否卦의 때에 군자와 소인이 서로 섞여서 머물지 않더니 ≪[否卦에서는] 陰과 陽이 서로 섞여 있지 않음≫ [否卦로부터] 推移하여, 困卦가 되면, 곧 上卦에서 兌의 조화로움을 이루고 있으니 ≪[兌는] 義의 조화로움을 뜻함≫ 이것을 "和兌"라고 한 것이다. 그러나 군자의 행동은 [世俗과 더불어] 和合한다고 하더라도, [세속에 同化되어] 휩쓸리는 법이 없으니 ≪「繫辭傳」에서 "旁行不流",68) 즉 "널리 行하더라도, 휩쓸리지 않는다"라고 하였다.≫ 진실로 坎으로 흘러버린다면 ≪[困卦의] 上卦가 지금 坎≫ 어찌 옳겠는가! 이러한 까닭에 "和兌吉"이라고 한 것이다. ≪"[세속을 따라] 흐르지 않으니, 길하다"라고 한 것이다.≫

○疑者 坎也 君子之行 混於流俗 則人必疑之 和而不流 則不疑也

○"疑", 즉 "의심한다"라고 한 것은 坎[☵]을 지칭함이니, 군자의 행동이 세속에 휩쓸려 혼탁(混濁)하게 되면, 사람들이 [저 君子의 행동이 과연 옳은지] 반드시 의심하게 되리니, 만약 [世俗의 사람들과 더불어] 화합(和合)을 지키면서도 [세속에] 휩쓸리지 않는다면,69) 의심을 받지 않을 것이다.

---

68) 「繫辭傳」의 原文에는 "旁行而不流"로 되어 있다. 즉 중간에 '而'字가 있다.

69) 和而不流 : 『中庸』 제10章에 나오는 文句로서, 子路가 강함에 대해 묻자 공자가 답변하면서 한 말이다. 原文은 다음과 같다. "故君子, 和而不流, 强哉矯, 中立而不倚, 强哉矯(그러므로 군자는 和를 유지하면서도 흐르지 아니하니, 강하도다 그 꿋꿋함이여, 中에 서서 기울어지지 아니하니, 강하도다! 그 꿋꿋함이여!)"

九二 : 孚兌, 吉, 悔亡. ○象曰 : 孚兌之吉, 信志也.

九二 : [임금과 신하가 서로] 믿고, 기뻐하니, 吉할 것이다. [변화가 있더라도 다시 본래의 상태를 유지할 것이니] 바뀐 것이 없을 것이다. ○「象傳」: [임금과 신하가 서로] 믿고 기뻐하니, 吉한 것은 [임금이 신하(臣下)의] 뜻을 믿기 때문이다.

此 兌之隨也 隨自否來 否之時 君臣阻隔 《天地否》 移之爲隨 則柔往爲兌 《一之上》 乾君乃悅 《上本乾》 道可行也 《下今震》 二五遂應 《二今柔》 孚兌吉也 《上下相應 謂之孚》

兌 → 隨 ← 否

이것은 兌卦가 隨卦로 변하는 경우이다. 隨卦는 否卦로부터 왔으니, 否卦의 때에는 임금과 신하가 사이를 멀리 두고 있었는데 《天地 否卦[의 乾과 坤은 임금과 신하를 상징함]》 [否卦로부터] 推移하여 隨卦가 되면, 柔가 가서 兌가 됨에 《[否卦의] 1이 上으로 감》 乾의 임금이 이에 기뻐하니 《[否卦의] 上卦가 본래 乾》 道가 [바야흐로] 行해질 수 있는 것이다. 《[隨卦의] 下卦는 지금 震[인데, 行을 상징함]》 [隨卦에서 보면] 2와 5가 마침내 상응하므로 《[隨卦의] 2가 지금 柔》 "孚兌吉"이라고 한 것이다. 《上과 下가 [서로] 相應하는 것을 [일컫기를] '孚'라고 한다.》

○卦本自中孚來 《四之上》 中孚之時 有此大离 《二五夾》 亦有震艮 《上下互》 移則失之 《爲重兌》 今又如舊 《如中孚》 其悔者 亡也

中孚 → 兌 → 隨

○兌卦는 본래 中孚卦로부터 왔다. ≪[中孚卦의] 4가 上으로 감≫ 中孚卦의 때에 이 大离가 있으며 ≪[中孚卦의] 2·3·4·5의 협괘(夾卦)≫ 또 震과 艮도 있었는데 ≪[中孚卦의] 上互卦와 下互卦[는 각각 艮과 震]≫ [中孚卦에서 兌卦로] 推移하게 되면 그것을 잃어버리게 된다. ≪[兌卦는] 重兌가 됨≫ 지금 [兌卦 九五가 효변하여, 隨卦로 되면] 다시 以前과 마찬가지로 되니 ≪中孚卦의 경우와 마찬가지[이니, 隨卦에서도 震과 艮이 있음]≫ 그 변한 것이 없어지는 것이다.

○大坎之志 ≪上大坎≫ 离以信之 ≪下大离≫ 是 信志也 君信臣志 道所行也

兌 → 隨

○大坎의 뜻을 ≪[隨卦의] 위에 大坎이 있음≫ 离로써 믿으니 ≪[隨卦의] 아래에 大离가 있음≫ 이것을 "信志"라고 한 것이니 임금이 신하의 뜻을 믿으면 道가 행해질 수 있다.

○學圃云 重兌者 重巽之反易也 巽之九五 兌之九二 皆云 悔亡者 明反易之卦 二五相照也 ≪二卦悔亡 皆以中孚來≫

中孚 → 兌←反易→巽 ← 中孚

○ 학포(學圃)가 말하였다. "重兌卦는 重巽卦와 [더불어] 反易의 관계에 있으니, 巽卦 九五[70]와 兌卦 九二에서 모두 '悔亡'이라고 한 것은 [兩卦가] 反易의 [관계에 있는] 卦로서, 2와 5가 상호 대조적인 관계에 있음을 [분명히] 밝힌 것이다." ≪[巽卦 九二와 兌卦 九二의] 두 괘에서 [모두] "悔亡"이라고 한 것은 [巽卦와 兌卦가] 모두 中孚卦에서 왔기 때문이다.≫

六三 : 來兌, 凶. ○ 象曰 : 來兌之凶, 位不當也.

六三 : 와서 兌가 되니, 흉할 것이다. ○「象傳」: 와서 兌가 되니 흉한 것은 [그] 지위가 합당하지 않기 때문이다.

此 兌之夬也 卦自大壯 ≪五之三≫ 其來者三也 ≪自五來≫ 來不得位 ≪陰居陽≫ 乘此二剛 ≪下今兌≫ 三之旣變 來者遂滅 ≪三今剛≫ 其占凶也

大壯 → 兌 → 夬

이것은 兌卦가 夬卦로 변하는 경우이다. 兌卦는 大壯卦로부터 왔으니 ≪[大壯卦의] 5가 3으로 감≫ 그 [大壯卦로부터] 온 것이 [兌卦의] 제3위에 있으니 ≪[大壯卦의] 5로부터 왔음≫ 왔으나, [그 합당한] 지위를 얻지 못한 것이고 ≪陰이 陽이 있어야 할 위치에 있음≫ [柔로써] 두 剛을 올라타고 있다.

70) 巽卦 九五의 爻詞에서 "貞 吉 悔亡……"이라고 함.

≪下卦가 지금은 兌≫ [兌卦의 六]三이 이미 [爻]變하게 되면, [兌卦는 夬卦로 변하게 되므로, 그] 온 것이 마침내 없어지게 되니 ≪[夬卦의] 3은 지금 剛≫ 그 점이 흉한 것이다.

○位不當者 本象也

○"位不當"은 本象을 지칭한다.

○虞翻云 從大壯來 失位故 凶也[71]

大壯 → 兌 → 夬

○虞翻이 말하였다. "大壯卦로부터 와서, [그] 지위를 잃은 까닭에 흉하다."

九四 : 商兌. 未寧, 介疾, 有喜. ○象曰 : 九四之喜, 有慶也.

九四 : 상음(商音)의 [소리가 애절하게 마음을 울리는] 태(兌)[의 기운이 지배하는 때는 바로 만물이 퇴락(頹落)하는 겨울의 문턱에 있는 만추(晩秋)의 계절]이로다.[72] [비록 마음이] 편안하지는 않으나, [하늘의 뜻을 받

71) [校閱] 新朝本과 國中本에는 "失位故, 凶"으로 되어 있으나 奎章本에는 "失位故也"로 되어 있다. 李鼎祚의 『周易集解』(北京市中國書店, 1990)에는 "虞翻曰 從大壯來, 失位故, 來兌, 凶矣"로 되어 있다(李道平, 『周易集解簒疏』 二, 文史哲出版社, 中華民國 60年, 698면). 여기서는 後者를 따른다.

들어] 질병(疾病)이 낫도록 하늘에 기도하니, [병이 쾌유(快癒)되는] 기쁨이 있을 것이다. ○「象傳」: 九四에서 "有喜"라고 한 것은 [병이 쾌유(快癒)되는] 경사(慶事)가 있을 것임을 말한 것이다.

此 兌之節也 節自泰來 《三之五》 泰之時 萬物安寧 《序卦曰 泰然後安》 移之爲節 則兌秋之氣 《下今兌》 上接坎冬 《上今坎》 秋冬之交也 《四居中》

兌 → 節 ← 泰

이것은 兌卦가 節卦로 변하는 경우이다. 節卦는 泰卦로부터 왔다. 《[泰卦의] 3이 5로 감》 泰卦의 때에는 만물이 평안(平安)하더니 《「序卦傳」에서 "泰然後安", 즉 "泰平한 뒤에, 편안하다"라고 함》 [泰卦로부터] 推移하여 節卦가 되면, 兌의 가을의 氣運이 《[節卦의] 下卦가 지금 兌》 위로 坎의 겨울에 인접해 있으니 《[節卦의] 上卦가 지금 坎》 [이것은] 가을과 겨울이 교차하는 시절에 해당되는 것이다. 《[兌卦 九四의] 제4位는 [가을과 겨울이 교차하는] 가운데 위치한다.》

秋冬之交 其音爲商 《物之零落 在季秋》 商者 傷也 《商之音 哀傷》 乾兌之金 《下本乾》 傷萬物也 《三之五 爲坎》 坤則爲安 《左傳文》 今坤旣傷 《坎爲害》 商兌未寧也

---

72) '商'이 五音의 한 音을 가리키는 術語라는 점을 고려한다면, "商兌"를 굳이 번역할 필요가 없다. 그러나 그 경우에는 "商[音]의 兌"라는 번역만으로는 의미가 잘 전달되지 않는 문제가 있다. 따라서 의미가 잘 통하도록 意譯한다면, "만물이 퇴락(頹落)하는 계절인 兌의 가을"이라고 풀이할 수도 있을 것이다. 그것은 다산이 '商'字를 五音의 商인 동시에, "傷"의 뜻으로 풀이하고 있고, 兌를 가을을 상징하는 것으로 보고 있기 때문이다.

가을과 겨울이 교차함에 그 音이 '상(商)'이 된다. ≪만물의 퇴락(頹落)하는 계절은 늦가을이다.73)≫ '商'은 해치는 것이니 ≪商의 音은 애절하게 마음을 상하게 함74)≫ 乾과 兌의 쇠(金)가 ≪[節卦는 泰卦로부터 왔는데, 泰卦의] 下卦는 본래 乾≫ 만물을 상하게 하는 것이다. ≪[泰卦의] 3이 5로 가서 坎이 됨≫ 坤은 곧 편안함의 뜻이 되니 ≪『左傳』의 문장을 참조할 것75)≫ 지금 [節卦의 上卦에서] 坤이 이미 손상되니 ≪坎은 해로움을 상징함≫ [이것을 가리켜] "商兌未寧"라고 한 것이다.

○ 介者 紹也 巫禱之紹天也 坎之疾病 ≪上今坎≫ 兌巫禱之 ≪下今兌≫ 是 介疾也 遂成大离 ≪二五夾≫ 孚而能治 ≪离之德≫ 介疾有喜也

兌 → 節

○'介'는 '이어 받는다'는 뜻이니, 무당이 기도하여 하늘의 뜻을 이어 받는 것이다. 坎의 질병을 ≪[節卦의] 上卦가 지금 坎≫ 兌의 무당이 [낫도록] 기도하니 ≪[節卦의] 下卦가 지금 兌≫ 이것이 "개질(介疾)"이다. 마침내 大离를 이루어 ≪[節卦의] 2·3·4·5의 협괘(夾卦)가 大离[의 형태]≫ 믿음으로

73) 계추(季秋) : 가을을 三等分하여, 孟秋, 仲秋, 季秋로 나누는데, 각각 음력 7월, 8월, 9월에 해당된다. 季秋는 늦가을로서, 24절기상 한로(寒露)와 상강(霜降)이 들어 있어, 찬 이슬과 서리가 내리는 계절이기 때문에 만물이 떨어지는 계절(物之零落)이라고 한 것이다.

74) 五行과 五音 및 계절의 관계는 다음과 같다.

五行	木	火	土	金	水
五音	角音	齒音	宮音	商音	羽音
五時	春	夏	四季	秋	冬

75) 『左傳』에 "坤則爲安"이라는 말이 나오는 것은 아니다. 다만 『左傳』「畢萬之筮」의 '屯之比'에서 "安而能殺, 公侯之卦也"라는 구절에 대한 杜預(222~284)의 注에서 "坤安, 震殺"이라고 함.

써 [질병을] 능히 치료하니 ≪[믿고, 다스리는 것은] 离의 德에 해당됨≫ [이것을 가리켜] "介疾有喜"이라고 말한 것이다.

○慶 猶喜也 ≪以叶韻≫

○"慶"은 '喜'와 같은 뜻이다. ≪爻詞의 '有喜'와 「象傳」의 '有慶'은 협운(叶韻)의 관계에 있다.≫

○章本淸云 兌屬秋 商音用事

○장황(章潢)[76]이 말하였다. "兌는 가을에 속하기 때문에, 상(商)의 音이 쓰인다."

九五 : 孚于剝, 有厲. ○象曰 : 孚于剝, 位正當也.

九五 : [제물(祭物)로 쓸 과일의] 껍질을 [정성스럽게 깎아서] 벗기니, [그 도타운 믿음에] 神이 감응(感應)할 것이다. 위태로움이 있을 것이다. ○「象傳」 : [제물(祭物)로 쓸 과일의] 껍질을 [정성스럽게 깎아서] 벗기니, [그 도타운 믿음에] 神이 감응(感應)하는 것은 그 지위가 바르고도 합당(合當)하기 때문이다.

此 兌之歸妹也 剝者 果蓏之去皮也 ≪義見剝卦箋≫ 泰之時 乾之

76) 장본청(章本淸, 1527~1608) : 本淸은 明나라 유학자인 장황(章潢)의 字이다. 장황(章潢)은 明 世宗 嘉靖 7年에 출생한 南昌人으로서, 文德先生이라고도 한다. 禮에 맞지 않는 일체의 언행을 하지 않으며, 禮에 맞지 않으면, 친구도 만나지 않고, 서적도 읽지 않았다고 하는 독실(篤實)한 유학자로 전해지고 있다 『周易象義』·『詩經原體』·『書經原始』·『論語約言』 등 많은 저서를 남겼다.

木果 團圓無缺 移之歸妹 ≪三之四≫ 爰以离刀 削其外剛 以成兌食 ≪乾變兌≫ 果之剝也 艮自外來 ≪上倒艮≫ 神所享也 遂爲离誠 ≪中互离≫ 孚于剝也 物薄誠厚 神所格也 兌爲秋卦 故其占 如是

䷹ ䷵ ䷊

兌 → 歸妹 ← 泰

이것은 兌卦가 歸妹卦로 변하는 경우이다. '剝'은 [나무와 풀의] 열매의 껍질을 벗기는 것을 뜻한다. ≪그 뜻에 대해서는 剝卦의 주석을 참조할 것≫ 泰卦의 때에는 乾의 나무열매가 둥글고 일그러진 데가 없더니, [泰卦로부터] 推移하여 歸妹卦가 되면 ≪[泰卦의] 3이 4로 감≫ 离의 칼로 그 外部의 剛을 깎아서, 兌의 음식을 만드니 ≪乾이 변하여 兌가 됨≫ 과일의 껍질을 벗기는 것이다. 艮은 밖으로부터 오니 ≪[歸妹卦의] 上卦는 [震인데] 뒤집힌 艮의 형태≫ [艮의 과일을] 神에게 바치는 것이다.[77] 마침내 离의 성실함이 되니 ≪[節卦의] 가운데 [2・3・4의] 互卦가 离≫ 이것을 가리켜 "孚于剝"이라고 한 것이다. [祭物로 올리는] 사물이 소박하더라도, 그 정성이 두터우면, 神이 이르게 된다. 兌卦가 가을의 괘가 되는 까닭에, 그 占卦가 이와 같다.[78]

○ 自泰而移 柔來乘剛 ≪下今兌≫ 是 有厲也

䷹ ䷵ ䷊

兌 → 歸妹 ← 泰

---

77) 「說卦傳」에 따르면, 艮은 '과라(果蓏)', 즉 나무나 풀의 열매를 뜻한다. 또 荀九家에 따르면, 艮은 鬼, 즉 鬼神을 뜻한다고 한다. 節卦의 上卦인 震은 倒艮의 형태인데, 여기서 艮은 神을 뜻하며, 또 동시에 神에게 祭物로써 바쳐진 음식인 과일을 뜻한다고 볼 수 있다.

78) 兌卦가 가을의 괘이기 때문에, 祭物에 과일이 사용된다는 뜻이다.

○[歸妹卦는] 泰卦로부터 推移한 것인데, 柔가 와서 剛을 타니 ≪[歸妹卦의] 下卦는 兌≫ 이것이 "有厲"라고 한 까닭이다.

○位正當者 本象也 ≪大壯之移 五乃剛≫ 五位本正 故變有孚也

大壯 → 兌

○"位正當"이라고 한 것은 [兌卦의] 本象을 가리키니 ≪[兌卦는] 大壯卦로부터 推移된 것이니, 제5位가 이에 剛이 됨≫ 제5位가 본래 바른 위치인 까닭에, [推移하여] 변하더라도 믿음이 있는 것이다.

上六 : 引兌. ○象曰 : 上六引兌, 未光也.

上六 : 끌어 [당겨] 내려서 [光明을 생기게 하니] 즐거워함이로다. ○「象傳」: 上六에서 끌어내려서 즐거워하는 것은 아직 光明이 없었기 때문[에 그렇게 한 것]이었다.

此 兌之履也 履自夬來 ≪上之三≫ 柔之在外 ≪最在上≫ 引而降之 ≪上之三≫ 遂以兌悅 ≪下今兌≫ 是 引兌也

兌 → 履 ← 夬

이것은 兌卦가 履卦로 변하는 경우이다. 履卦는 夬卦로부터 왔으니 ≪[夬卦의] 上이 3으로 감≫ 柔가 밖에 있었는데 ≪[柔는 夬卦의] 가장 위에 있음≫ [이것을] 끌어 내려서 ≪[夬卦의] 上이 3으로 감≫ 마침내 兌로써 기뻐하니 ≪下卦가 지금 兌≫ 이것이 "引兌"이다.

○ 夬之時 一陰在外 未有离光 故引而來之 ≪上之三≫ 以爲光也

兌 → 履 ← 夬

○夬卦의 때에는 하나의 陰이 밖에 있어, 아직 离의 光明이 없다. 따라서 [그 陰을] 끌어당겨 옴으로써 ≪[夬卦의] 上이 3으로 감≫ [履卦에 와서] 光明이 생기게 된 것이다.

○萃六二 宜參看

萃→兩互作卦→漸→ 2爻變 →巽←推移←中孚

○萃卦 六二의 경우를 참고해 보아야 한다.79)

79) 萃卦 六二에 "引吉"이라는 말이 있기 때문에, 兌卦의 "引兌"의 경우와 비교하라고 한 것이다. 萃卦 六二의 경우에 萃卦의 兩互卦인 漸卦의 제2효가 효변하여, 巽卦가 되는데, 巽卦는 中孚卦로부터 推移된 것이다. 이때, 中孚卦의 3이 1로 가서, 巽卦가 형성되게 되는데, 茶山은 이처럼 3이 1로 간 것은 위태롭게 陽을 올라타고 있는 陰을 끌어내린 것이 되기 때문에 길한 것이 된다고 설명하고 있다.

【59. 풍수 환(風水 渙)】

坎下巽上 ○ 第三十三卦之正 ≪否二之四≫

坎은 下卦이고, 巽은 上卦이다. ○第33卦의 正卦이다. ≪否卦의 2가 4로 간다.≫

序卦傳曰 渙者 離也
『序卦傳』에서 말하였다. "渙은 떠남이다."

○雜卦傳曰 渙 離也
○『雜卦傳』에서 말하였다. "渙은 떠남이다."

○程子曰 渙 舒散也 水遇風則渙散
○程子가 말하였다. "渙은 풀어져서 흩어짐이니, …… 물이 바람을 만나면 흩어진다."

○朱子曰 風行水上 離披解渙之象
○朱子가 말하였다. "[渙卦는] 바람이 물 위로 다니는 형태이니, [渙

卦는] 나누어서 쪼개고, 나누어서 흩는 象이다."

○鏞案 老子曰 渙若冰[80]將釋 渙者 氷釋也 ≪左傳序≫

○[鏞案] 노자(老子)가 [『道德經』에서] 말하기를 "渙[兮]若冰[之]將釋",[81] 즉 "흩어지도다, [그것은] 얼음이 녹으려 하는 것 같네"[82]라고 하였으니, '渙'은 얼음이 풀리는 것을 뜻한다. ≪『春秋左氏傳』의 序에 있다.[83]≫

卦自否來 否之時 北方嚴寒 ≪乾在上≫ 乾冰[84]凝固 ≪見說卦≫ 移之爲渙 則一片乾冰[85] ≪四之二≫ 入于坤溫之中 ≪左傳 坤爲溫≫ 而巽風柔順 ≪上今巽≫ 坎水流動 ≪下今坎≫ 此所謂 渙然冰[86]釋也 ≪乾冰散≫

80) [校閱] 新朝本과 奎章本에는 "冰"으로 되어 있으나, 國中本에는 "氷"으로 되어 있다.

81) 渙若冰將釋 : 原文은 판본에 따라서 약간의 차이가 있다.

82) '渙若冰將釋'은 老子의 『道德經』의 諸15章에서 나오는 句節이다. 『道德經』의 15章의 原文과 번역은 다음과 같다. "古之善爲士者, 微妙玄通, 深不可識. 夫唯不可識, 故强爲之容 : 豫若冬涉川, 猶若畏四鄰, 儼若客, 渙若冰將釋, 敦若朴, 混若濁, 曠若谷. 孰能濁以靜之?徐淸. 安以動之? 徐生. 保此道者, 不欲盈. 唯不盈, 能弊復成(直譯 : 예로부터 잘 행하는 자는 미세하고, 묘하며 그윽하고 통해서 깊어서 헤아리지 못한다. 헤아릴 수 없기에 억지로 다음과 같이 형용한다. 머뭇거리네, 겨울날 냇가를 건너는 것 같이, 우물쭈물거리네, 사방이 두려운 것 같다. 근엄하도다, 그것은 손님과 같네, 흩어지도다, 그것은 얼음이 녹으려 하는 것 같네, 도탑도다, 그것은 통나무와 같네, 텅 비었도다, 그것은 계곡과 같다. 혼돈하도다 그것은 흐린 물과 같네, 누가 능히 자기를 흐리게 만들어, 그것을 고요히 해서 물을 맑게 할 수 있겠는가? 누가 능히 자기를 안정시켜서 오래가게 하고, 움직여서 온갖 것을 생하게 할 수 있겠는가. 이 도를 보존하는 자는 채우려 하지 않는다. 채우려 하지 않기에, 그러므로 능히 낡은 것을 새로이 이루지 아니한다)."

83) 환연빙석(渙然氷釋) : 晉나라 두예(杜預)가 지은 「春秋左氏傳序」에 "渙然氷釋, 怡然理順"이라고 함. 여기서 "환연빙석(渙然氷釋)"이란 마치 얼음이 녹듯이 늘 품고 있던 의문이 남김없이 풀리어 없어지는 것을 비유한 말이다.

84) [校閱] 新朝本과 國中本에는 "氷"으로 되어 있으나, 奎章本에는 "冰"으로 되어 있다.

85) [校閱] 新朝本과 國中本에는 "氷"으로 되어 있으나, 奎章本에는 "冰"으로 되어 있다.

86) [校閱] 新朝本과 國中本에는 "氷"으로 되어 있으나, 奎章本에는 "冰"으로 되어 있다.

䷋ ䷺

否 → 渙

渙卦는 否卦로부터 왔다. 否卦의 때에는, 북방이 혹독하게 추워서 ≪乾이 [否卦의] 上卦에 있음≫ 乾의 얼음이 굳게 얼어 있었는데 ≪「說卦傳」에 나옴≫ [否卦로부터] 推移하여, 渙卦가 되면, 한 조각의 乾의 얼음이 ≪[否卦의] 4가 2로 감≫ 坤의 따뜻한 데로 들어가고 ≪『左傳』에서, 坤은 따뜻함을 상징한다고 함[87]≫ 巽의 바람이 부드럽고 順하여 ≪[渙卦의] 上卦는 지금 巽≫ 坎의 물이 흘러 움직이니 ≪[渙卦의] 下卦는 지금 坎≫ 이것이 이른바 [『春秋序』에서 말한바] "환연빙석(渙然氷釋)"의 뜻이다. ≪乾의 얼음이 흩어지는 것이다.≫

以互體則 旣終乎艮 ≪三五互≫ 震以反生 ≪二四互≫ 於時春也 春風吹水 ≪上今巽≫ 有不渙乎 此所謂 東風解凍也 ≪月令文≫ 乾之堅凝 於是乎 離散 故曰 渙者 離也

䷺

渙

互體로써 말하면, 이미 艮에서 종결되고 ≪3·4·5의 互艮≫ 震으로써 소생(蘇生)하니 ≪2·3·4의 互震≫ 때로 말하자면, 봄이 된 것이다. 봄바람이 물 위에 부니 ≪[渙卦의] 上卦는 지금 巽≫ [얼음이 어찌] 흩어지지 않겠는가? 이것이 이른바 "東風解凍(東風에 얼음이 녹는 것)"이다. ≪『禮記』「月令」의 文章[88]≫ 乾의 견고하게 얼어붙어 있던 것이 이러한 상황에서 흩어지는 까닭

87) 『左傳』 '昭公 12年'의 "南蒯之筮"의 "外彊內溫"에 대한 두예(杜預)의 註에 "坎險故彊, 坤順故溫"이라고 함. 또 다산은 그 주석에서, "乾則爲寒 (說卦文) 坤宜溫也"(『四箋』 卷7, 28가), 즉 "乾이 곧 '寒'이 되니, 그 반대인 坤은 당연히 '溫'이 된다"라고 주장하였다.

에, [『序卦傳』과 『雜卦傳』에서] “渙은 흩어짐”이라고 한 것이다.

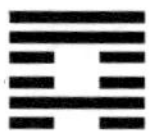

渙, 亨, 王假有廟,[89] 利涉大川, 利貞.

渙은 형통함이니, 王이 종묘(宗廟)에 이르며, 큰 河川을 건너는 것이 이로우니, 일을 맡아 처리함에 이롭다.

此 渙之不變者也 否塞之時 ≪二之四≫ 剛來爲通 ≪坎爲通≫ 柔往得位 ≪二之四≫ 嘉會在中 ≪中大离≫ 其占亨也 虞翻曰 否四之二成坎巽 天地交 故亨

否 → 渙

이것은 渙卦가 변하지 않는 경우이다. 否卦의 막힌 때에 ≪[否卦의] 2가 4로 감≫ 剛이 와서 통함이 됨이요 ≪坎은 통함이 됨≫ 柔가 가서 [그 합당한] 지위를 얻고 ≪2가 4로 감≫ 경사스러운 모임을 그 가운데에서 가지니 ≪[渙卦의 2·3·4·5는 大离의 형태를 형성하므로, 渙卦의] 가운데 大离의 형태가 있음≫ 그 占이 형통한 것이다. 우번(虞翻)이 말하였다. “否卦의 4가 2로 가서, [渙卦에서] 坎과 巽을 형성한 것이니, 天과 地가 서로 영향을 주고받는 까닭에 형통한 것이다.”

○今之上巽 昔之乾王也 ≪否之時≫ 艮廟之上 ≪三五互≫ 奉此先

---

88) 『禮記』 「月令」편에 “孟春之月, …… 東風解凍, 蟄蟲始振”이라고 함.

89) 王假有廟: “왕격유묘(王假有廟)”라고 읽는다.

王 《終乎艮》 王之長子 《乾之第一畫》 今爲震主 《二四互》 立於艮廟之內 《二今剛》 王假有廟也 巽以潔齊 《說卦文》 坎以敬之 《又大离》 祭祀之象也

䷋ ䷺
否 → 渙

○지금 [風水 渙卦에서] 上卦의 巽은 옛 적 [否卦 때의] 乾王을 가리키니 《否卦 때의 乾王》 艮의 종묘 위에 《3·4·5의 互艮》 이 先王을 받들고 《艮에서 마침》 王의 長子가 《[否卦의 上卦인] 乾의 第1畫》 지금 震의 주인이 되어 《[渙卦의] 2·3·4의 互震》 艮의 종묘 안에 서니 《[渙卦의] 제2位는 지금 剛》 [이것을 가리켜] "왕격유묘(王假有廟)"라고 한 것이다. 巽으로써 정결하게 재계하고 《「說卦傳」의 글》 坎으로써 공경하니 《[渙卦에는 2·3·4·5의 互离가 있으니] 또한 大离가 있음》 [渙卦의 象은] 제사(祭祀)의 象이다.

○坎水之上 巽風吹順 《風行水上卦》 震舟旣汎 《二四互》 坤民前進 《二之四》 利涉大川也

䷋ ䷺
否 → 渙

○坎의 물 위로 巽의 순풍이 부니 《[風水 渙卦는] 바람이 물 위에 다니는 卦》 震의 배가 이미 [그 순풍을 타고 물결을 따라] 흘러감에 《[渙卦의] 2·3·4의 互震》 坤의 백성이 [그 震의 배를 타고 앞으로] 전진하므로 《[否卦의 下卦인 坤의] 2가 4로 감》 [이것을 가리켜] "利涉大川"이라고 한 것이다.

渙以井交 《水風爲風水》 井之時 ䷯ 坎險在前 《坎在上》 交而易

之 坎險已過 ≪坎在下≫ 所以爲利涉也

井 渙

[風水] 渙卦는 [水風] 井卦로부터 交易된 것이다. ≪水風 [井]卦로부터 風水 [渙]卦로 [交易]된 것≫ 井卦의 때에는 坎의 험난함이 앞에 있었는데 ≪[井卦에서는] 坎이 上卦에 있음≫ [上卦와 下卦의 위치를] 交換하여 바꾸면, 坎의 험난함은 이미 지나가 버리니 ≪[渙卦에서는] 坎이 下卦에 있음≫ [이것이 냇물을] 건넘에 이로운 바가 된다.

○巽利坎貞 宜幹事也

渙

○[風水 渙卦는 巽과 坎으로 이루어져 있는데] 巽은 利를 뜻하고, 坎은 貞(事)을 뜻하므로, 일을 맡아 처리함이 마땅한 것이다.

○虞翻曰 乾爲先王 震爲帝 艮爲廟 乾四之二 殺坤大牲 是格廟也

否 → 渙

○우번(虞翻)이 말하였다. "乾은 先王이 되고, 震은 帝가 되고, 艮은 종묘(宗廟)가 되니, 乾의 4가 2로 가서, 坤의 큰 희생(犧牲)을 죽이니, 이것이 ["왕격유묘(王假有廟)"라고 하였을 때] '宗廟에 이른다(格廟)'는 뜻이다."

彖曰 : 渙, 亨, 剛來而不窮, 柔得位乎外而上同. 王假有廟, 王乃在中也, 利涉大川, 乘木有功也.

「彖傳」: 渙은 亨通하니, 剛이 와서 막히지 않는 것이며, 柔가 밖에 자리를 얻어, 위와 [더불어] 함께 하는 것이다. "왕격유묘(王假有廟)"는 王이 이에 가운데에 있음을 뜻하고, "이섭대천(利涉大川)"은 목선(木船)을 타고 [가서] 功을 이루는 것을 뜻한다.

剛自外來 ≪四之二≫ 遂以坎通 ≪說卦文≫ 剛來不窮也 ≪盧氏云 否四來居坤中 水流而不窮≫ 柔往得位 ≪二之四≫ 以順乾王 ≪近於五≫ 是上同也 ≪盧氏云 否二升四 上承貴王 與上同也≫

否 → 渙

剛이 밖으로부터 와서 ≪4가 2로 감≫ 마침내 坎으로써 通하니 ≪「說卦傳」의 글≫ [이것이 이른바] "剛來而不窮"이다. ≪盧氏[90]가 말하였다. "否卦의 4가 와서, 坤의 가운데 머무르니, 물이 흘러서 막히지 않는다."≫ 柔가 가서 그 합당한 지위를 얻어서 ≪[否卦의] 2가 4로 감≫ 乾의 임금에게 순종하니 ≪4는 제5位에 가까움≫ 이것이 [「彖傳」의 "柔得位乎外而上同"의 文句 중에서] "上同"의 뜻이다. ≪盧氏가 말하였다. "否卦의 2가 4로 上昇하여, 위로 존귀(尊貴)한 王을 받들어 모시니, [이것은] 위와 더불어 함께 함[上同]의 뜻이다."≫

○ 二位在中 ≪下之中≫ 王乃在中也 ≪荀爽云 陽來居二爲在中≫

---

90) 盧氏 : 노경유(盧景裕)를 가리킴. 盧景裕는 중국 남북조시대의 역학자, 서준명(徐遵明)에게 易을 배웠는데, 노경유의 易注는 이치가 정미하고, 뜻이 고아하여 크게 칭찬을 받았다고 전해진다. 그는 생도를 모아 교수하지는 않았으나, 그의 역주는 세상에 크게 행해졌다. 노경유의 『周易注』는 이미 없어졌으나, 그 학문은 권회(權會)와 곽무(郭茂)에게 이어졌다.

䷋ → ䷺

否 → 渙

○ 제2位가 [下卦의] 가운데 있으니 ≪[제2位는] 下卦의 中≫ [이것이 이른바] "王乃在中"이다. ≪순상(荀爽)이 말하였다. "陽이 와서, 제2位에 머무르니, 가운데 있음이 된다."≫

○ 坤民乘舟 ≪震爲木≫ 坎以成功 ≪本大坎≫ 乘木有功也

䷋ → ䷺

否 → 渙

○ 坤의 백성이 배에 승선(乘船)하고 ≪[渙卦의 2・3・4의 互卦인] 震은 나무를 상징함≫ 坎으로써 功을 이루니 ≪[渙卦의 1・2・3・4는] 본래 大坎[의 형태]≫ [이것을 가리켜] "乘木有功"이라고 한 것이다.

䷺

初六 : 用拯, ≪句≫ 馬壯, 吉. ○ 象曰 : 初六之吉, 順也.

初六 : [물에 빠진 사람을] 건져 올리는데, ≪句≫ 말이 건장(健壯)하니, 吉하다. ○「象傳」: 初六의 吉함은 유순(柔順)하기 때문이다.

此 渙之中孚也 卦自否來 ≪四之二≫ 冰[91]之旣渙 ≪上乾冰≫ 乾人

91) [校閱] 新朝本과 國中本에는 "氷"으로 되어 있으나, 奎章本에는 "冰"으로 되어 있다.

下墜 ≪四之二≫ 入于坎川 ≪巽入也≫ 溺水之象也 初之既變 坎水遂落 ≪坎今亡≫ 震馬作足 ≪說卦文≫ 超然登陸 ≪得震道≫ 馬壯吉也 艮手援溺 ≪三五互≫ 是 用拯也 明夷六二 宜參看

否 → 渙 → 中孚

이것은 渙卦가 中孚卦로 변하는 경우이다. 渙卦는 否卦로부터 왔으니 ≪[否卦의] 4가 2로 감≫ 얼음이 이미 풀리려고 할 때 ≪[否卦의] 上卦인 乾은 얼음≫ 乾의 사람이 아래로 추락(墜落)하여 ≪[否卦의] 4가 2로 감≫ 坎의 河川에 들어가니 ≪巽은 들어감을 상징≫ 물에 빠지는 象이다. [渙卦의] 初爻가 이미 변함에, 坎의 물이 드디어 빠져 버리고 ≪[渙卦의 初爻가 爻變하여 中孚卦가 되면] 坎이 지금 없어짐≫ 震의 말이 두 발을 위로 힘껏 들어 올려 ≪「說卦傳」의 글에 나옴[92]≫ 훌쩍 육지(陸地)에 뛰어 오르니 ≪震의 道를 얻음≫ 말이 씩씩하여, 吉한 것이다. 艮의 손으로 물에 빠진 사람을 구원하니 ≪[中孚卦의] 3·4·5의 互艮≫ [이것을 가리켜] "용증(用拯)"이라고 한 것이다. 明夷卦 六二爻의 경우를 마땅히 참고해야 한다.[93]

○ 二陰在中 ≪本坤順≫ 仰順天命 ≪上有巽≫ 所以拯也 民之順命 雖有陷溺 天必拯之也

渙 → 中孚

92) 「說卦傳」의 震의 物象에 대한 설명에서 "震, …… 其於馬也, …… 作足"이라고 나옴, 茶山은 註에서, "作足者, 雙足 齊擧也"라고 하고 있다. 즉 '作足'이란 말(馬)이 두 발을 일제히 위로 함께 들어올리는 것을 뜻한다.

93) 明夷卦 六二에서 "用拯, 馬壯, 吉([물에 빠진 사람을] 건져 올리니, 말이 건장(健壯)하면, 길할 것이다)"라고 함.

○[中孚卦에서 보면] 두 개의 陰이 [전체 괘의] 한 가운데 있어서 ≪본래 坤의 順함이 있음≫ 天命을 믿고 따름으로써 ≪[中孚卦의] 上卦에는 巽이 있음≫ 건져짐을 받으니, 백성이 天命에 順從한다면, 비록 [물에] 빠지는 경우가 있다고 하더라도, 하늘이 반드시 건져주실 것이다.

○案 渙者 春冰[94]之釋也 春冰易溺 ≪書所云 若蹈春冰≫ 故其占如此

○[案] '渙'은 봄에 얼음이 풀려서 녹는 것을 가리키니, 봄에는 얼음에 쉽게 빠지기 때문에 ≪『書經』[95]에서 "약도춘빙(若蹈春冰)", 즉 "봄에 얼음을 밟는 것처럼 한다"라고 말함≫ 그 占이 이와 같다.

九二 : 渙奔其机 ≪几≫. 悔亡. ○象曰 : 渙奔其机, 得願也.

九二 : [희생(犧牲)에 쓸 동물이] 그 [희생을 올려놓는] 궤(机)를 헤치고 달아날 것이다. [상황에 변화가 생기더라도 다시 원래대로 되돌아갈 것이니] 바뀐 것이 없을 것이다. ○「象傳」: [희생(犧牲)에 쓸 동물이 희생을 올려놓는 그] 궤(机)를 헤치고 달아나니, [그것은 살고 싶은] 소원(所願)을 이룬 것이다.

此 渙之觀也 机几通 ≪几 案也≫ 割牲之案也 坎之堅木 上受坤肉 ≪下本[96]坤≫ 其象 机也 艮廟之下 ≪三五互≫ 坤牛受射 ≪乾矢來射

94) [校閱] 新朝本과 國中本에는 "氷"으로 되어 있으나, 奎章本에는 "冰"으로 되어 있다.
95) 『書經』「周書」「君牙」에 "若蹈虎尾, 涉于春冰"이라고 함.

之≫ 几案已設 牛今死矣

否 → 渙 → 觀

이것은 渙卦가 觀卦로 변하는 경우이다. '机(궤)'字와 [祭享때 쓰는 器具인] '几(궤)'字는 通하니 ≪'几(궤)'는 '안궤(案几)'를 뜻함≫ [궤(机)는] 희생(犧牲)을 자를 때 쓰는 안궤(案几)를 뜻한다. 坎의 견고(堅固)한 나무가 있어서, 그 위에 坤의 고기를 담았으니 ≪[渙卦는 否卦로부터 왔는데, 否卦의 下卦는 坤이므로] 下卦에는 본래 坤이 있었음≫ 그 象이 궤(机)의 모습이다. 艮의 宗廟 아래에 ≪[渙卦의] 3·4·5의 互艮≫ 坤의 소가 화살을 맞았으니 ≪乾의 화살이 와서, [소를] 맞힘≫ [희생을 올려놓을] 안궤(案几)가 이미 놓여 있으니, 소가 이제 죽게 된 상황이다.

二之旣變 坎剛遂渙 ≪二今坼≫ 坤牛復生 ≪下今坤≫ 巽以遯之 ≪上有巽≫ 渙奔其机也 ≪牛走曰奔 通作犇≫ 几上之肉 奔乎机而得生 以之筮牲 則不可用也

渙 → 觀

[그런데 渙卦의] 九二爻가 이미 爻變하여, [觀卦로 되면] 坎의 剛이 마침내 흩어지게 되면 ≪제2位의 剛이 지금 터짐[으로써 柔가 됨]≫ 坤의 소가 다시 살아나서 ≪下卦는 지금 坤≫ 巽으로써 도망가게 되니 ≪[觀卦의] 上卦

96) [校閱] 新朝本과 國中本에는 "下本坤"으로 되어 있으나 奎章本에는 "下今坤"으로 되어 있다. 觀卦의 下卦에도 坤은 있으나, 注는 觀卦를 설명하고 있지 않다. 현재 괘는 渙卦이며, 渙卦의 下卦는 坎이므로, "下今坤"이라고 하는 것은 옳지 않다. 渙卦가 否卦로부터 온 것이므로, 否卦의 下卦에 본래 坤이 있었으므로, "下本坤"이 옳다.

에 巽이 있음≫ [이것을 가리켜] "渙奔其机"라고 한 것이다. ≪소가 달아나는 것을 가리켜 '奔(분)'이라고 하니, ['奔'字는] '달아날 犇(분)'字와 통함≫ 책상(几) 위에 [올려놓은] 동물이 안궤(案几)로부터 달아나서, 생명을 다시 얻게 된 것이니, 만일 [제사(祭祀)의 때에] 희생(犧牲)에 관한 점을 쳐서, 이 卦를 얻게 된다면, [희생(犧牲)을] 쓸 수 없는 경우에 처하게 된다.

○卦自否來 ≪二之四≫ 坤牛如舊 其悔者 亡也 ≪變象亡≫

否 → 渙 → 觀

○渙卦는 否卦로부터 왔는데 ≪[否卦의] 2가 4로 감≫ [渙卦 九二가 爻變하여, 觀卦가 되면] 坤의 소가 以前의 [否卦의] 때와 마찬가지로 있으니, 그 변화된 것이 없어진 것이다. ≪변화된 象이 없어진다.≫

○物皆願生 得所願也 震之反生 ≪二四互≫ 坎心願之也

渙

○생물(生物)은 모두 [죽지 않고] 살기를 바라니, [희생(犧牲)의 소가 살아난 것은 그 살고자 하는] 소원(所願)을 얻은 것이다. 震으로써 되살아나기를 ≪[渙卦의] 2·3·4의 互震≫ 坎의 마음으로 [간절히] 願했던 것이다.

○案 几机本相通 然 几杖之几 ≪人所凭≫ 多作几 ≪如 周禮 五几及顧命玉几類≫ 机俎之机 多作机 ≪如史記云 机上肉≫ 舊注 皆作几杖之几 則犇字 何解

○[案] ‘几(궤)’字[97]와 ‘机(궤)’字는 본래 서로 通한다. 그러나 ‘궤장(几杖)’[98]의 궤(几)를 뜻할 경우에는 ≪[궤(几)는] 사람이 앉을 때 몸을 기대는 기구(器具), 즉 안석(案席)≫ 대부분 ‘궤(几)’字로 쓰지만 ≪예컨대 『周禮』 「春官宗伯」의] “오궤(五几)” 및 [『書經』 「顧命」의 “옥궤(玉几)” 등의 종류≫ [祭享 때 희생을 얹어놓는 기구를 의미하는] ‘궤조(机俎)’의 ‘궤(机)’의 경우에는 대부분 ‘机(궤)’字로 쓴다. ≪예컨대 『史記』에 “궤상육(机上肉)”의 경우[99]≫ [그렇지만] 舊注에서는 모두 ‘궤장(几杖)’의 ‘几(궤)’로 쓰고 있으니, 만일 그렇게 [舊注처럼] 본다면, ‘달아날 犇(분)’字를 어떻게 해석할 것인가?[100]

○又 坊本 皆作杌 ≪字書 亦辨之≫ 杌者 檮杌 此 楚史之名 來氏易注 又作木名 ≪來云 机 出蜀中 似榆 又 山海經云[101] 大堯之山多机≫ 說文云 單狐之山多机 皆謬矣

○또 『방본(坊本)』[102]에서는 [‘책상 机(궤)’字를] 모두 ‘나무그루터기

97) ‘궤(几)’字는 象形文字로서, 위는 편편하여 앉을 수 있는 표면을 본떴고, 아래는 그 다리를 본떴다. 사람이 앉을 때에 의지하는 책상이나 자리를 뜻한다. 즉, ‘궤(几)’는 안석(案席)을 뜻하는데, 안석(案席)이란 사람들이 자리를 잡고 있을 때 몸을 기대는 도구를 가리킨다. 또 안석(案席)은 나이가 많아서 벼슬자리를 물러선 대신(大臣)이나 중신(重臣)에게 임금이 준 나지막한 의자를 말하기도 한다. 또 궤(几)字는 案席의 뜻뿐 아니라 제향(祭享) 때 희생물을 얹는 기구를 말하기도 한다. 이는 案席이 祭享 때에 희생물을 얹는 기구로 사용되기도 했기 때문이다.

98) 궤장(几杖) : 案席과 지팡이, 案席은 앉을 때 몸을 기대는 제구.

99) 『史記』에서 “궤상육(机上肉)”이라는 표현을 찾을 수 없다. 그러나 司馬光의 『資治通鑑』(卷208) 등의 史書에 나온다. 일반적으로는 “궤상육(机上肉)”이란 말은 “도마 위에 오른 고기”라는 뜻으로 쓰인다. 예컨대 조선 인조 때 학자이며 詩評家인 홍만종(洪萬宗)의 문학평론집인 『순오지(旬五志)』에 “机上肉, 不畏刀”, 즉 “도마 위의 고기가 칼을 무서워하랴”라는 속담이 소개되고 있다(言 事到窮極 無所畏避; 旬五志). 본래는 “机上肉” 대신에 “俎上肉”이라는 말이 사용되었다.

100) “渙奔其机”의 ‘机’字를 사람이 앉을 때 몸을 기대는 기구(器具)인 案席을 뜻하는 ‘几’로 보지말고, “궤상육(机上肉)”의 경우처럼 祭享 때 희생을 얹어놓는 기구를 가리키는 것으로 보아야 한다는 것이다.

101) [校閱] 新朝本과 國中本에는 “曰”로 되어 있으나 奎章本에는 “云”으로 되어 있다.

102) 방본(坊本) : 중국 北宋代에 민간의 서방(書坊)에서 새긴 책을 “방본(坊本)”이라고 하고, 이와는 대조적으로 국자감에서 새겨 만든 책을 “감본(監本)”이라 칭하였다.

杌(올)'字로 쓰고 있으니 ≪字書에서도 역시 '궤(杌)'字와 '올(杌)'字를 구별함≫ '杌(올)'이란 '도올(檮杌)'을 뜻하니, 이것은 『楚史』의 명칭이다.[103] 또 來知德의 『易注』[104]에서는 [궤(杌)를] 나무의 명칭이라고 하였다. ≪내지덕(來知德)이 말하였다. "궤(杌)는 촉(蜀)나라에서 産出되며, '느릅나무(榆)'와 유사하다." 또 『山海經』에서 말하였다. "大堯山[105]에는 궤(杌)나무가 많다"≫ [또] 『說文』에서 말하였다. "단호산(單狐山)[106]에는 궤(杌)나무가 많다." 모두 옳지 않다.

≪崔相國錫鼎云[107] 仁廟乙亥 社稷省牲時 祭牛逸出 逼傷祭官 ○ 古者 亦有此事故 易詞言之≫

≪相國[108] 최석정(崔錫鼎)[109]이 말하였다. "仁祖 13년 을해(乙亥, 1635)년에 사직단(社稷壇)에서 성생(省牲)[110]의 禮를 행할 때에, 祭物로 올린 소가 뛰쳐나와 祭官에게 달려들어 다치게 하였다." ○ 옛날에도 역시 이런 일이 [실제로] 있었기 때문에 易詞에서 [이를] 言及한 것이다.≫

---

103) 도올(檮杌) : 楚나라 역사. 惡한 것을 기록하여, 후세에 경계한다는 뜻에서 나온 말.
104) 來氏易 : 明 來知德의 『周易集註』를 가리킨다.
105) 대요산(大堯山) : 『山海經』 卷5 「中山經」에 나온다.
106) 단호산(單狐山) : 『山海經』 卷3 「北山經」에서도 단호산(單狐山)이 언급된다.
107) [校閱] 新朝本과 奎章本과 國中本에 모두 "云"과 "仁" 사이에 여백이 있으나, 그 이유는 알 수 없다.
108) 相國 : 정승, 재상을 뜻함.
109) 최석정(崔錫鼎) : 1646(인조 24)~1715(숙종 41). 조선 후기의 문신·학자, 字는 여시(汝時)·여화(汝和), 호는 존와(存窩)·명곡(明谷). 시호는 文貞. 『經世正韻圖說』을 저술하였다. 1697년 우의정(右議政)에 올랐고, 왕세자 책봉을 위한 주청사(奏請使)로서 청나라에 다녀왔다. 이때 붕당의 폐단을 논하면서 남인들의 일부 서용을 주장하는 입장을 개진함으로써 노론 세력의 강한 반발을 받기도 하였으며, 단종복위를 성사시키기도 하였다. 1699년 좌의정을 거쳐 1701년 영의정이 되었다. 1710년까지 모두 열 차례나 宰相의 지위에 올랐다. 최명길(崔鳴吉)은 최석정(崔錫鼎)의 할아버지이다.
110) 성생(省牲) : 제수에 쓰이는 소, 羊, 돼지 등을 잡는 禮를 가리킨다.

六三 : 渙其躬. 无悔. ◯ 象曰 : 渙其躬, 志在外也.

六三 : 그 몸을 [산산이] 흩어버린다고 하더라도, [살신성인(殺身成仁) 해서라도 의로움을 실천할 수 있다면] 뉘우침이 없을 것이다.[111] ◯「象傳」: "그 몸을 [산산이] 흩어버릴 수 있음(渙其躬)"은 [그] 뜻한 바가 [육신(肉身)에 있는 것이 아니라 몸] 밖에 있기 때문이다.

此 渙之巽也 巽自遯來 ≪二之四≫ 遯之時 四陽凝聚 ≪凝於上≫ 合成大巽 ≪兼畫三≫ 移之爲巽 ≪二之四≫ 則渙其體而二之 ≪亦以乾冰[112]成坎水≫ 遂成兩巽 ≪今重巽≫ 渙其躬也 曷云哉 渙者 離也 ≪序卦 雜卦文≫ 君子 當遯否之時 或殺身而無悔也

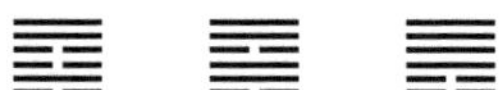

渙 → 巽 ← 遯

이것은 渙卦가 巽卦로 변하는 경우이다. 巽卦는 遯卦로부터 왔으니 ≪[遯卦의] 2가 4로 감≫ 遯卦의 때에는 네 陽이 뭉쳐 있어서 ≪위에서 [4陽이] 뭉쳐 있음≫ 합쳐서 大巽의 형태를 이루더니 ≪兼劃하여 三畫卦[로 만들면 巽이 됨]≫ [遯卦로부터] 推移하여 巽卦가 되면 ≪[遯卦의] 2가 4로 감≫ 그 형체를 흩어서 두 부분으로 되어 ≪역시 [遯卦에서는] 乾의 얼음이었는데 [巽卦가 되면] 坎의 물이 됨≫ 마침내 두 개의 巽을 이루니 ≪지금 [渙卦가 변하여] 重巽卦로 됨≫ [이것을 가리켜] "渙其躬"이라고 한 것이다. 어째서 그러한

111) 茶山이 "君子, 當遯否之時, 或殺身而無悔也"라고 한 주석에 따라서 해석하였다.

112) [校閱] 新朝本과 國中本에는 "乾氷"으로 되어 있으나 奎章本에는 "乾冰"으로 되어 있다.

가? 渙은 떠나는 것을 뜻하니 ≪「序卦傳」과 「雜卦傳」의 글≫ 君子가 은둔(隱遁)하고 비색(否塞)한 때를 당해서, 만일 내 스스로 죽더라도, [살신성인(殺身成仁)할 수만 있다면] 뉘우침이 없기 때문이다.

○本以兼巽 ≪遯大巽≫ 今爲重巽 均之爲兩巽 其占 无悔也 ≪象無變≫

○본래 [遯卦는] 兼畫卦의 巽이었는데 ≪遯卦는 大巽≫ 지금 [渙卦 六三이] 重巽卦가 되어, 균등하게 두 개의 巽으로 나누어졌으니, 그 占卦가 "无悔"의 占이 된다. ≪["无悔"는] 象에 변함이 없음을 가리킨다.≫

○志在外者 內坎之志 ≪下本坎≫ 在於外巽也 ≪謂以坎變巽≫

○"志在外"라고 한 것은 內部의 坎의 뜻하는 바를 ≪[渙卦의] 下卦는 본래 坎[이었는데, 巽卦로 변하면, 下卦가 巽으로 변함]≫ 外部의 巽에 두는 것을 가리킨다. ≪["志在外"는] 坎이 변하여 巽으로 된 것을 말한다.≫

六四 : 渙其羣, 元吉, 渙有丘. 匪夷所思. ○象曰 : 渙其羣[113] 元吉, 光大也.

113) [校閱] 奎章本과 國中本에는 "羣"으로 되어 있으나, 新朝本에는 "群"으로 되어 있다. "羣"은 "群"의 本字이다.

六四 : 그 [小人들의] 무리를 해산(解散)시킴으로써, 군주(君主)[의 道]가 크게 길하니, [그 소인의 집단(集團)을 해산시키는 것이] 마치 [큰 세력(勢力)을 형성하고 있는] 언덕을 헤쳐버리는 것과 같다. [君子와 小人은] 같은 부류가 아니니, [小人의 부류와 어울린다는 것은] 君子가 생각할 바가 못된다. ○「象傳」: "渙其羣元吉"이라고 한 것은 [君子의 道가] 빛나고 커진다는 것을 말한 것이다.

此 渙之訟也 訟自遯來 《二之三》 遯之時 君子在外 《上四陽》 小人在內 《艮小人》 下二陰 其羣也 《小人羣》

渙 → 訟 ← 遯

이것은 渙卦가 訟卦로 변하는 경우이다. 訟卦는 遯卦로부터 왔으니 《2가 3으로 감》 遯卦의 때에는 君子가 밖에 있고 《위의 네 개의 陽》 小人이 안에 있으니 《艮의 小人》 아래의 두 陰爻가 "其羣"에 해당된다 《小人의 무리》

其羣雖小 《只兩箇》 其勢浸長 《見遯卦》 置之不禁 必將爲觀而爲剝矣 《勢莫遏》

遯 → 否 → 觀 → 剝

[遯卦의] 그 무리가 비록 작으나 《다만 두 개에 그침》 그 세력이 점차 자라나니 《遯卦에 [그 例가] 보임》 [이를] 방치하고 억제하지 않는다면, 반드시 장차 觀卦가 되고 剝卦가 될 것이다. 《그 세력을 막을 수 없다.》

移之爲訟 則剛自外來 ≪三之二≫ 二陰分散 ≪中一陽≫ 渙其羣也 ≪渙小人之羣≫

渙 → 訟 ← 遯

[遯卦로부터] 推移하여 訟卦가 되면, 剛이 밖으로부터 와서 ≪[遯卦의] 3이 2로 감≫ 두 陰畫을 분산시키니 ≪가운데의 한 陽畫[이 두 陰畫 사이를 갈라놓음]≫ [이것을 가리켜] "渙其羣"이라고 한 것이다. ≪小人의 무리를 헤쳐버린다.≫

○元吉者 君道之吉也 否移爲渙 ≪四之二≫ 乾羣渙矣 ≪三陽離≫ 變而爲訟 三陽復完 ≪上今乾≫ 君子羣凝 ≪乾復合≫ 小人羣渙 ≪二陰散≫ 君道之吉也 ≪乾爲君≫ 剛反乎內 ≪三之二≫ 善之長也 ≪有震德≫

否 → 渙 → 訟

○"元吉"은 君道가 길함을 가리킨다. 否卦로부터 推移하여 渙卦가 되면 ≪[否卦의] 4가 2로 감≫ 乾의 무리가 흩어지게 된다. ≪세 陽이 분리(分離)됨≫ [渙卦 六四가] 爻變하여 訟卦로 되면, 세 陽爻가 다시 완전하게 되니 ≪上卦가 지금 乾≫ 君子의 무리는 뭉치고 ≪乾이 다시 합쳐짐≫ 소인의 무리는 흩어지게 되므로 ≪두 陰爻가 흩어짐≫ 君子의 道가 길한 것이다. ≪乾은 君子를 상징≫ 剛이 안으로 돌아오니 ≪3이 2로 감≫ 善이 자라나는 것이다. ≪震의 德이 있다.≫

○遯有艮阜 ≪本下艮≫ 是 有丘也 變而爲水 ≪下今坎≫ 渙有丘

也 小人在內 勢如丘山 ≪艮爲山≫ 今而渙之 ≪二陰分≫ 渙有丘也

渙 → 訟 ← 遯

○遯卦에는 艮의 언덕이 있으니 ≪[遯卦의] 下卦는 본래 艮≫ 이것이 [爻詞의 "渙有丘"의] "有丘"이다. [그런데 遯卦로부터 推移하여 訟卦가 되면, 언덕이] 변하여 [坎의] 물로 되었으니 ≪下卦는 지금 坎≫ [이것을 가리켜] "渙有丘"라고 한 것이다. 小人이 안에 있을 때에, 그 세력이 마치 구릉이나 산과 같더니 ≪艮은 山을 상징≫ 지금 이것을 흩어버리니 ≪두 음획(陰畫)으로 나뉘어짐≫ "마치 언덕을 헤쳐버리는 것과 같은 것(渙有丘)"이다.

○夷者 類也 ≪曲禮 在醜夷不爭≫ 君子小人 本非其類 雖有坎心 匪所思也 故必渙散之也

○"夷"는 무리(類)를 뜻한다. ≪『禮記』「曲禮」에 "在醜夷不爭", 즉 "동류끼리 다투지 않는다"라고 하였다.[114]≫ 君子와 小人은 본래 같은 부류가 아니므로, 비록 坎의 마음이 있더라도 [함께할 것을] 생각할 바가 못되기 때문에, 반드시 흩어버리는 것이다.

○光大者 离光之上 ≪二四离≫ 乾陽復完也 ≪陽曰 大≫

114) 『禮記』「曲禮上」(第一)에 나오는 구절이다. "凡爲人子之禮, 冬溫而夏凊, 昏定而晨省, 在醜夷不爭", 즉 "무릇 사람의 자식으로서 행할 예절은 겨울에는 어버이를 따뜻하게 해 드리고, 여름에는 서늘하게 해드리며, 날이 저물면, 자리를 펴드리고, 새벽에는 안부를 살피며, 동료들과 함께 있을 때에는 다투지 않는 것이다."(李相玉 譯, 『禮記』上, 자유문고, 2000, 32~33면)

渙 → 訟

○"光大"라고 한 것은 离의 광명(光明) 위에 ≪[訟卦의] 2·3·4는 离≫ 乾의 陽이 다시 완전해진 것을 가리킨 것이다. ≪陽을 가리켜 "大"라고 한다.≫

○案 盧氏云 自二居四 ≪否之移≫ 離其羣侶 是 渙其羣也 得位承尊 ≪承九五≫ 故元吉

否 → 渙

○[案] 盧氏[115]가 말하였다. "제2位로부터 옮겨서 제4位에 머무름에 ≪否卦로부터 推移함≫ 그 무리를 흩트리니, 이것이 '渙其羣'이라고 한 까닭이다. 지위(地位)를 얻어서, 존귀(尊貴)한 사람을 받드니 ≪九五를 떠받듦≫ 이런 까닭에 '元吉'이라고 한 것이다."

其說 疏矣

그 [盧氏의] 학설이 소략(疏略)하다.

○蘇洵云 羣者 聖人之所欲渙 以混一天下者也 ≪朱子曰 此說 雖程傳有所不及也≫

○소순(蘇洵)[116]이 말하였다. "[군중(群衆)의] 무리는 聖人이 흩어버리려

115) 盧氏: 중국 남북조시대의 역학자였던 노경유(盧景裕)를 가리킴. 앞서, 渙卦「彖傳」의 주석에서 이미 언급됨.

116) 소순(蘇洵, 1009~1066): 宋 眉山人. 字는 明允, 號는 老泉이다. 아들 소식(蘇軾)·소철(蘇轍)과 함께 삼소(三蘇)라 불렸고, 함께 당송팔대가(唐宋八大家)로 칭송되었다. 날

는 대상이니, [聖人은 群衆을 흩어버림으로써] 천하를 통틀어서 통일(統一)하고자 하는 것이다."[117] ≪朱子가 말하였다.[118] "[소순(蘇洵)의] 이 說은[119] 비록 『程傳』의 說이라고 하더라도 [거기에] 미치지 못하는 바가 있다."≫

其說 亦非矣 君人之道 唯當渙小人之羣 至於君子之羣 唯恐其渙散 若如蘇氏之說 則天下皆渙 人主罔與成厥功矣 又與其朋黨論義理 不合

그 [소순(蘇洵)의] 설(說)도 역시 옳지 않다. 君子의 道로 판단할 때, 오직 小人의 무리의 경우에는 해산(解散)시켜야 마땅한 것이지만, 君子의 무리의 경우에는 오직 [혹시라도] 흩어질까 걱정할 뿐이다. 만약 소순(蘇洵)의 학설을 따른다면, 天下가 모두 [뿔뿔이] 흩어져버릴 것이고, [그렇게 된다면] 君子가 함께 功을 이루는 일이 없을 것이다. [소순(蘇洵)의 학설은] 또한 붕당(朋黨)[120]과 관련하여, 義理를 論함에 있어서도 합치하지

카로운 논법(論法)과 정열적인 필치에 의한 평론이 구양수(歐陽修)의 인정을 받게 되어 일약 유명하여졌다. 그 후 조정에 나가 北宋 이래의 예(禮)에 관한 글을 모은 『太常因革禮』(100권)를 편찬하였다.

117) 蘇洵의 文集인 「嘉祐集」(卷15) 중에서 '雜文 21首' 「仲兄字文甫說」에 나오는 구절이다. "洵讀易至渙之六四曰. 渙其群, 元吉, 曰, 嗟, 夫群者, 聖人所欲渙以混一天下者也"라고 함.

118) 朱子는 朋黨과 관련하여, 君子黨이 소인의 집단을 누르고 정치를 주도하여야 한다는 '인군위당설(引君爲黨說)'을 제창하였다. 주희에 따르면, "붕당의 해는 진신(縉紳)에 그칠 뿐이지만 전에 붕당을 미워하여 그것을 없애려 했던 사람들은 종종 나라를 망하게 하였다"고 하여 붕당망국론을 부정하였다. 이어서 붕당 내에 군자와 소인이 함께 존재하므로 군자를 등용하고 소인을 배척해야 한다고 강조하였다. 더 나아가 군자가 스스로 붕당을 이루고 임금을 끌어들여 그 당에 속하게 해야 한다는 것이다.

119) 소순(蘇洵)은 구양수(歐陽修, 1007~1072)의 門下 출신이므로 그의 붕당론(朋黨論)은 구양수(歐陽修)가 인종(仁宗)에게 상주(上奏)한 『朋黨論』을 계승하고 있는 것으로 보아야 할 것이다. 歐陽修는 『朋黨論』에서, "군자는 道를 같이 하는 자를 벗으로 선택하고, 소인은 이익을 같이 하는 자를 친구로 고르기 때문에, 소인배의 가짜 우정은 배척하고, 군자의 참된 우정은 장려해야 한다"고 말하고, 참된 의미의 붕당(朋黨)은 군자만이 할 수 있다고 주장하였다.

120) 붕당(朋黨) : 붕당이란 붕(朋)과 당(黨)의 합성어로서, '붕'은 동사(同師)·동도(同道)의 사류, 즉 같은 스승 밑에서 의리(義理)인 道를 동문수학하던 무리(벗)를 말하며, '黨'은

않는다.

九五 : 渙汗其大號, 渙王居, 无咎. ○ 象曰 : 王居, 无咎, 正位也.

九五 : 그 큰 호령(號令)을 내려서 땀을 흘리게 하니, [王의 일가(一家)가 외국(外國)으로 나감으로써] 왕의 거처(居處)에서 흩어지더라도, 허물이 없을 것이다. ○「象傳」: [王의 거처(居處)로부터 흩어짐으로써] 王의 거처에 허물이 없는 것은 올바른 지위에 있기 때문이다.

此 渙之蒙也 蒙自觀來 《五[121]之二》 巽之命令 《觀上巽》 其大號

이해관계를 중심으로 모인 집단을 지칭한다. 다산은 붕당의 원인을 근원적으로는 작(爵)과 녹(祿)을 둘러싼 지배층 내의 갈등에서 연유된 것이라고 파악하고 있는데, 이러한 다산의 붕당론은 붕당은 싸움에서 생기고, 싸움은 이해 관계에서 생긴다고 주장한 성호 이익의 붕당론을 계승한 것으로 보아야 할 것이다. 茶山은「人才策」에서 붕당(朋黨)과 관련한 자신의 견해를 다음과 같이 펼치고 있다. "臣은 일찍이 붕당(朋黨)에서 수반되는 화(禍)를 음식에 대한 경쟁에 비교하였습니다……. 그 연유를 살펴보면 대체로 작(爵)과 녹(祿)일 뿐입니다. 아, 경쟁에의 결판은 힘이므로 힘이 부족하면 응원이 따르고 응원이 따르면 당(黨)이 따릅니다. 그러므로 당을 아끼는 마음은 응원을 바라는 데서 생기고 응원을 바라는 마음은 힘을 합하려는 마음에서 나오고 힘을 합하려는 마음은 먹을 것을 경쟁하려는 데서 나옵니다. 이로 말미암아 본다면, 붕당이 발생한 연유는 추하기 그지없는 것입니다……(臣嘗以朋黨之禍 比之飮食之訟 …… 而考其緣起 蓋有爵祿焉而已 噫爭之判力也 力之不足援至焉 援之至黨也 故愛黨之心 出於望援 望援之心 出於合力 合力之心 出於爭食 由是觀之 朋黨之所由發 亦孔之醜也……)."(『與猶堂全書』第1集『詩文集』卷8「對策」「人才策」)

121) [校閱] 奎章本과 國中本에는 "五之二"로 되어 있으나 新朝本에는 "上之二"로 되어 있다. 前者가 옳다.

也 《號令也》 移之爲蒙 則施其號令 降于坤民 《五之二》 坎膏之沾 《下今坎》 如汗沾膚 《坤爲膚》 汗其大號也 《陽曰大》 兩剛相離 《觀兩剛》 是 渙汗也

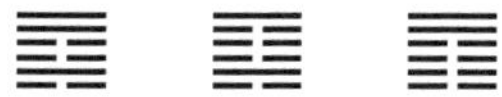

渙 → 蒙 ← 觀

이것은 渙卦가 蒙卦로 변하는 경우이다. 蒙卦는 觀卦에서 왔다. 《[觀卦의] 5가 2로 감》 巽의 명령이 《觀卦의 上卦가 巽》 "其大號(그 큰 호령)"에 해당된다. 《[號는] 호령(號令)을 뜻함》 [觀卦로부터] 推移하여 蒙卦가 되면, 그 호령(號令)을 시행하여, 坤의 백성들에게 명령을 내리니 《[觀卦의] 5가 2로 감》 坎의 기름진 것(膏)으로 적시는 것이 《下卦가 지금 坎》 마치 땀이 피부를 적시는 것과 같으므로 《坤은 피부를 상징함》 "그 큰 호령에 땀을 흘린다(汗其大號)"라고 한 것이다. 《陽을 가리켜, "大"라고 함》 두 剛이 서로 떨어지니 《觀卦의 두 剛》 이것이 "渙汗", 즉 "땀을 흩어지게 함"이다.

○蒙自臨來 《一之上》 臨之兩剛 是 本乾王之二子也 《凡陽皆乾男》 同居一宮 《皆在內卦中》 未及相離 《本相連》 移之爲蒙 則少男出居 《一之上 爲艮》 以主外國 《上本坤》 長男不動 《下互震》 以主坎宮 《下今坎》 渙王居也 渙者 分離也

渙 → 蒙 ← 臨

○蒙卦는 臨卦로부터 왔다. 《[臨卦의] 1이 上으로 감》 臨卦의 두 剛은 본래 乾王의 두 아들로서 《무릇 陽畫은 모두 乾의 男子에 속함》 한 宮에 함께 거처하면서 《모두 內卦에 있다》 서로 헤어지는 일이 없었는데 《[臨卦

의 두 개의 剛은] 본래 서로 연결됨≫ [臨卦로부터] 推移하여 蒙卦가 되면, 少男은 그 거처로부터 나가서 ≪[臨卦로부터 推移하여 蒙卦가 되면] 1이 上으로 가서, 艮이 됨≫ 외국의 군주가 되고 ≪上卦는 본래 坤≫ 長男은 움직이지 않으면서 ≪아래의 互卦가 震≫ 坎宮의 주인이 되었으니 ≪下卦가 지금 坎≫ [이것을 가리켜] "渙王居"라고 한 것이다. 渙은 분리됨을 뜻한다.

○臨之時 兌德乘剛 ≪臨下兌≫ 今陽旣升 ≪一之上≫ 是 无咎也

渙 → 蒙 ← 臨

○臨卦의 때에 [下卦인] 兌의 성격은 [柔로써] 剛을 타는 것이었는데 ≪臨卦의 下卦가 兌≫ 지금 [推移하여 蒙卦로 되면] 陽이 이미 위로 올라가니 ≪[臨卦의] 1이 上으로 갔다≫ 이것이 "无咎"라고 한 까닭이다.

○長子居中 ≪在坎中≫ 少男出外 是 正位也

渙 → 蒙

○[蒙卦에서 보면] 長子는 가운데 居處하고 ≪坎의 가운데에 있음≫ 少男은 밖으로 나가니, 이것을 [가리켜] "正位"라고 한 것이다.

○案 九家易云 乾爲首 下成坎水 是 汗象 ≪奚獨首有汗≫

○[案] 荀九家의 易에서 말하였다. "乾은 머리인데, 아래로 坎의 물을 형성하였으니, 이것이 땀의 象이다." ≪[茶山의 註] 어찌 유독 머리에만 땀이 있겠는가?≫

其說 踈矣

그 [荀九家의] 說이 소략(疏略)하다.

○舊說云 汗之爲物 有出无入 號令之有行无反 亦猶是也

○舊說에서 말하였다. “땀은 그 사물의 속성상 [일단 밖으로] 나온 뒤에는 [다시] 들어가는 일은 없다. 호령(號令)이 [일단] 시행되고 나면, 다시 되돌리는 일은 없는 것이 역시 이 땀과 같다.”

以卦象則 五之旣變 有震無巽 ≪上巽亡≫ 不可入也

渙 → 蒙

卦象으로 본다면, [渙卦의] 九五가 이미 爻變하게 되면 [蒙卦에서는] 震은 있으나, 巽이 없으니 ≪[渙卦에서는 上卦에 巽이 있었으나, 渙九五가 爻變하여 蒙卦로 되면] 上卦에 巽이 없어짐≫ 들어갈 수 없는 것이다.

上九 : 渙其血, ≪句≫ 去逖出, 无咎. ○象曰 : 渙其血, 遠害也.

上九 : 그 [뭉쳐 있는] 어혈(瘀血)을 풀어 버리고, ≪句≫ [놀라고] 두려워하는 증상(症狀)을 제거하여 내보내니, 허물이 없을 것이다. ○「象傳」: “그 [뭉쳐 있는] 어혈(瘀血)을 풀어 버림(渙其血)으로써” [해로운] 질병(害)을 멀리 내보내는 것이다.

此 渙之坎也 坎自觀來 ≪上[122]之二≫ 於坎之位 ≪四五六≫ 坎血凝滯 ≪上剛塞≫ 不行坤膚 ≪觀下坤≫ 移之爲坎 則上體下體 坎血流通 ≪今習坎≫ 渙其血也

渙 → 坎 ← 觀

이것은 渙卦가 坎卦로 변하는 경우이다. 坎卦는 觀卦에서 왔다. ≪[觀卦의] 上이 2로 감≫ [觀卦의 上卦인] 坎의 자리에 ≪4·5·6位는 坎位≫ 坎의 피가 뭉쳐 있어서 ≪위의 剛이 막혀 있음≫ 坤의 피부로 흐르지 않다가 ≪觀卦의 下卦가 坤≫ [觀卦로부터] 推移하여 坎卦가 되면, 上體와 下體에 坎의 피가 흘러 통하니 ≪지금 習坎卦≫ [이것을 가리켜] "渙其血", 즉 "그 어혈(瘀血)을 풀어버린다"라고 한 것이다.

◯ 逖讀作惕 ≪通作愁≫ 心之懼也

◯ '逖(적)'字는 '惕(척)'字로도 쓰니 ≪'愁(척)'字로도 씀≫ 마음의 두려움을 뜻한다.[123]

坎自臨來 ≪一之五≫ 臨之時 兌德乘剛 ≪乾九三之所以惕≫ 其心震惕 ≪臨大震≫ 移之爲坎 則去其惕而出之 ≪一之五≫ 坎心乃通 ≪下今坎≫ 去惕出也 曷云哉 渙之爲卦 坎之疾病 ≪下本坎≫ 巽以爲藥 ≪上本巽≫ 治病之卦也 ≪中大离爲治≫

---

122) [校閱] 新朝本과 國中本에는 "上之二"로 되어 있으나, 奎章本에는 "五之二"로 되어 있다. 前者가 옳다.

123) 이것은 왕필(王弼)의 해석과는 다르다. 왕필(王弼)은 "渙其血去, 逖出, 無咎", 즉 "그 피를 흩어버리고, 가서 멀리 나가면 허물이 없을 것이다"로 풀이하였다. 왕필(王弼)은 "逖出"을 "遠出", 즉 "멀리 나간다"는 뜻으로 풀이하였다(임채우 역, 『周易王弼注』, 길, 1998, 449면).

䷺ ䷜ ䷒

渙 → 坎 ← 臨

坎卦는 臨卦로부터 왔다. ≪1이 5로 감≫ 臨卦의 때에는 兌가 [柔로써] 剛을 올라타고 있는 성질을 가지고 있어 ≪乾卦 九三爻에서 兌로써 두려워함의 뜻으로 삼음≫ 그 마음이 놀라워하고 두려워하더니 ≪臨卦는 大震≫ [臨卦로부터] 推移하여 坎卦가 되면, 그 두려움을 제거하고 내보냄에 ≪初位의 陽이 제5位로 감≫ 坎의 마음이 이에 通하니 ≪[習坎卦의] 下卦는 지금 坎≫ [이것을 가리켜] “去惕出”이라고 한 것이다. 어찌 그렇게 말하는가? 渙卦는 坎의 질병을 ≪[渙卦의] 下卦는 본래 坎≫ 巽의 약으로 치료하는 것이니 ≪[渙卦의] 上卦는 본래 巽≫ 병을 치료하는 卦에 해당된다. ≪[渙卦의] 가운데 大离는 치료를 상징함≫

筮遇此爻 則曰 此 驚惕之所傷也 ≪震爲驚≫ 渙其瘀血 去其怔忡 其疾 可治也 ≪中大离≫

만약 점을 쳐서 이 [渙卦 上九의] 爻를 만나게 되면, 곧 다음과 같은 말을 듣게 될 것이다. “이것은 놀라고 두려워함으로 말미암아 상심(傷心)한 것이니 ≪震은 놀라워함을 상징함≫ 그 어혈(瘀血)을 풀어서 그 두려움을 제거해야만, 그 병을 치료할 수 있을 것이다.” ≪[渙卦의] 가운데 大离가 있음≫

易之爲道 大可以彌綸天地 小可以學爲巫醫 必欲以四百五十之繇 悉歸之於大義理 則不可以前民用也

易의 道는 큰 차원으로 말하자면 天地를 널리 경영하기 위한 목적으로 쓰일 수 있으며,[124] 작은 차원으로 말하자면 배워서 무당이나 의사가

124) 『周易』「繫辭傳」.

되기 위한 목적으로 쓰일 수도 있으니, 만약 450개의 占辭[125]를 모두 커다란 義理에 반드시 귀결시키고자 한다면, 백성의 日用生活을 위해 앞에 내세워 활용할 수 없을 것이다.

○臨之時 柔以乘剛 ≪臨下兌≫ 今陽旣升 ≪一之五≫ 是 无咎也

渙 → 坎 ← 臨

○臨卦의 때에는, 柔가 剛을 타고 있었는데 ≪臨卦의 下卦가 兌≫ 지금 [臨卦로부터 推移하여 坎卦가 되면] 陽爻가 이미 올라가니 ≪[臨卦의] 1이 5로 감≫ 이것이 "无咎"가 되는 까닭이다.

○遠害者 去疾也 古人名子 或云 棄[126]疾 或云 不害 害者 病也

○"遠害"라고 한 것은 질병을 제거함을 뜻한다. 옛날 사람들이 아들의 이름을 지을 적에 혹은 "기질(棄疾)" 즉, "질병을 버림"이라고도 하고, 혹은 "불해(不害)"[127] 즉, "해(害)를 입지 않음"이라고도 하였으니, 여기서 "해(害)"는 [해로운] 질병(疾病)을 가리킨다.

○案 逖 舊本多作愁 ≪亦作愀≫ 通作惕 漢書 王商傳 云 無怵愁

○[案] '逖(적)'字는 舊本에 흔히 '愁(척)'[128]字로 적었고 ≪역시 '愀(초)'

125) 여기서 384개의 占辭라고 하지 않고, 450개의 占辭(四百五十之繇)라고 한 까닭은 茶山 자신의 학설에 따른 것이다. 즉 ①64卦의 각 卦의 각6爻를 합친 384爻에 더해서, ②不變爻가 나왔을 경우인「彖辭」, 즉 64 경우, ③일종의 特例에 해당하는 乾卦의 用九, 坤卦의 用六의 2경우의 세 경우를 합치면 450개의 占辭가 된다(384+64+2=450).

126) [校閱] 新朝本과 奎章本에는 "弃"(기)로 되어 있으나, 國中本에는 "棄"(기)로 되어 있다. "弃"(기)는 "棄"(기)의 古字이다.

127) 申不害(?~B.C.337)의 경우가 그 例이다. 신불해(申不害)는 전국시대에 法家사상을 편 사상가로 黃老學과 밀접한 관계가 있다(『史記』「老子韓非列傳」).

字로도 적는다≫ '愓(척)'字로도 쓴다. 『漢書』「王商傳」에 "無怵悐"이라고 하였다.[129]

○又按 小畜云 有孚血 ≪句≫ 去愓出 ≪六四文≫ 此云 渙其血 ≪句≫ 去愓出 ≪句法同≫ 血出 叶韻也 舊註 皆云 血去愓出 則孔子之云 渙其血 爲誤讀乎

○[又案] 小畜卦에서 "有孚血, ≪句≫ 去愓出"이라고 하였고 ≪小畜卦 六四爻의 글≫ 여기서는 "渙其血, 去愓出"이라고 하였다. ≪[渙卦 上九에서] 句를 떼는 法이 [小畜卦의 경우와] 같다.≫ "血"과 "出"은 협운(叶韻)의 관계에 있는데도 불구하고, 舊註에서는 모두 "혈거(血去), 척출(愓出)"이라고 句를 떼었으니,[130] 그렇다면 孔子께서[131] [渙卦 上九의 象傳에서] "渙其血"[132]을 句로 떼어서 읽은 것이 오독(誤讀)이란 말인가?[133]

---

128) '悐'字는 '두려워할 척(愓)'字와 같다.

129) 『漢書』「王商傳」에서는 "無怵愓"이라고 하였다. '척(悐)'字는 '척(愓)'字와 同字이다. 『漢書』「王商傳」 卷82, "易曰 日中見昧, 則折其右肱, 往者丞相周勃再建大功, 及孝文時纖介怨恨, 而日爲之蝕, 於是退勃使就國, 卒無怵愓憂."(班固 撰, 顔師古 注, 『漢書』第10冊, 中華書局, 1983)

130) 王弼은 "渙其血去, 逖出, 無咎", 즉 "그 피를 흩어버리고, 가서 멀리 나가면 허물이 없을 것이다"로 풀이하였다. 王弼은 "逖出"을 "遠出", 즉 "멀리 나간다"는 뜻으로 풀이하였다. 程伊川은 "渙에 其血이 去하면, 逖에 出하면 無咎리라"로 끊어 읽었고, 주희朱熹는 "渙其血去하며 逖出이니 無咎리라"로 끊어 읽었다.

131) 孔子之云: '象曰'을 말한다.

132) 渙上九의 「象傳」에서는 "象曰 渙其血, 遠害也"라고 句를 떼었으니, "渙其血"을 한 句로 본 것이다.

133) 註釋家들이 爻辭에서는 "血去"를 한 단위로 끊어 읽으면서, 「象傳」에서는 "渙其血"로 끊어 읽는 부정합적(不整合的) 측면을 지적한 것이다.

【60. 수택 절(水澤 節)】

兌下坎上 ○第三十三卦之反 《泰三之五》

兌는 下卦이고, 坎은 上卦이다. ○第33卦의 反卦이다. 《泰卦의 3이 5로 간다.》

雜卦傳曰 節 止也

『雜卦傳』에 말하였다. "節은 그침이다."

○朱子曰 節 有限而止也 澤上有水 其容有限 故爲節

○朱子가 말하였다. "節은 한계가 있어 멈추는 것이다. 연못 위에 물이 있음에, 그 용량(容量)이 限界가 있으므로, 節의 뜻이 된다."[134]

○鏞案 節 竹節也 《字從[135]竹》 卦自泰來 泰由復始 《復 臨 泰》 復之時 蒼筤之竹 始萌[136]始筍[137] 爲臨爲泰 其竹漸長 則抽而上

---

134) 다산이 『周易本義』의 글을 축약해서 쓴 것이다. 原文에는 "有限而止也"와 "澤上有水" 사이에 "爲卦, 下兌上坎"이 들어 있는데, 다산의 글에는 생략되어 있다. 즉 원문은 다음과 같다. "節, 有限而止也, 爲卦, 下兌上坎, 澤上有水, 其容有限, 故爲節."

135) [校閱] 新朝本에는 "從"으로 되어 있으나 奎章本에는 "從"의 本字인 '从'으로 되어 있다.

之 ≪三之五≫ 一節乃成 ≪五今剛≫ 此 竹節也

復 → 臨 → 泰 → 節

○[鏞案] 節은 대나무의 마디를 가리킨다. ≪節字는 '대나무 竹(죽)'字를 따름≫ 節卦는 泰卦로부터 왔으며, 泰卦는 復卦로부터 말미암아 시작(始作)된 것이다. ≪復・臨・泰≫ 復卦의 때에 푸르고 어린 대나무가 비로소 싹을 내고, 죽순(竹筍)을 내더니, 臨卦가 되고, 泰卦가 되어, 그 대나무가 점점 자라나게 되면, 쭉 위로 뻗어 올라가서 ≪[否卦의] 3이 5로 감≫ [마침내] 하나의 [대나무] 마디가 이에 형성되니 ≪[節卦의] 제5位가 이제 剛≫ 이것이 대나무의 마디(竹節)인 것이다.

竹節之形 近根則短促 ≪下二剛≫ 旣抽則脩濶 ≪越三四≫ 靜觀卦形 誠活畫也

節

대나무 마디의 형태는 뿌리에 가까울수록 매우 짧고 ≪[節卦의] 下卦의 두 개의 剛을 가리킴≫ 이미 쭉 뻗으면, 길고 넓으니 ≪[節卦의 제5位의 剛은] 제3・4位의 柔를 뛰어넘음≫ 가만히 卦形을 관찰해본다면 진실로 살아 있는 그림인 것이다.

又 節者 符節也 周禮 掌節之職 山國 用虎節 澤國 用龍節 今

136) [校閱] "萌"의 上部가 新朝本에는 '竹'으로 되어 있는데, 誤記이다.

137) [校閱] 新朝本에는 "荀"으로 되어 있으나 奎章本과 國中本에는 "筍"으로 되어 있다. 後者가 더 적합해 보인다.

震竹剖分 ≪三之五≫ 艮節出外 ≪奉使出≫ 中成离信 ≪二五夾≫ 此所謂 節而信之也 ≪序卦文≫ 又 溪谷之水 流而不渟 則暵乾之時 無以灌漑 故爲之隄[138]澤 以滀其水 亦節止之義也

泰 → 節

또 節은 부절(符節)[139]을 가리킨다. 『周禮』「地官司徒」에서 「장절(掌節)」의 職에 "山이 많은 나라에서는 호절(虎節)[140]을 사용하고, 연못이 많은 나라에서는 용절(龍節)[141]을 사용한다"[142]라고 하였다.[143] 지금 震의 대나무가 부분으로 분할됨에 ≪[泰卦의] 3이 5로 감≫ 艮의 부절(符節)을 밖으로 [받들어] 내보내고 ≪받들어서 나가게 함≫ 가운데 离의 믿음을 이루었으니 ≪2·3·4·5의 협괘(夾卦)는 离≫ 이것이 이른바, [『序卦傳』에서] "節而信之",[144] [즉] "節制하여 믿음"이라고 한 뜻이다. ≪『序卦傳』의 글≫ 또 계곡

---

138) [校閱] 新朝本과 國中本에는 "隄澤"으로 되어 있으나 奎章本에는 "堤澤"으로 되어 있다.

139) 부절(符節): 木片 또는 竹片에 글을 쓰고 證印을 찍은 후에 두 쪽으로 쪼개어 한 조각은 상대자에게 주고 다른 한 조각은 자기가 보관하였다가 후일에 서로 맞추어 증거로 삼는 것.

140) 호절(虎節): 호랑이 그림이 그려진 信標.

141) 용절(龍節): 용의 그림이 그려진 信標.

142) 『周禮』「地官司徒」에 따르면, "장절(掌節)은 나라를 지키고, 王命을 돕기 위해 사용되는 것으로서, 用度에 따라 각각 다른 節이 사용된다. 즉 나라를 지키는 자는 玉節을 사용하고, 도읍과 촌락을 지키는 자는 角節을 사용한다. 무릇 제후국에서도 절을 사용하니 산이 많은 지역에서는 虎節을 사용하고, 땅이 많은 지역에서는 人節을 사용하고, 못이 많은 지역에서는 龍節를 사용한다. 장절(掌節)은 모두 금으로 만들며, 금은 국가에서 보관하는 금으로 보조한다(掌節掌守邦節而辨其用, 以輔王命, 守邦國者用玉節, 守都鄙者用角節. 凡邦國之使節, 山國用虎節, 土國用人節, 澤國用龍節)." 『周禮』의 原文에는 "山國用虎節, 土國用人節, 澤國用龍節"이라고 되어 있으나 다산의 인용문에는 "土國用人節"이 생략되어 있다.

143) 부절(符節)의 기본적인 용도는 여행증명서 또는 신분증명서였다. 관문을 통과하기 위해서는 부절(符節)을 제시해야 했으며, 각종 절(節)에는 규정된 기한이 있었으며, 기한이 되면 반납하였다(홍희 역, 許進雄 저, 『중국고대사회』, 동문선, 1991, 349~350면).

의 물이 흐르기만 하고 고이지 않는다면, [가뭄이 들어] 건조한 때를 맞아서, 관개(灌漑)를 위해 쓸 수 없을 것이므로, 이러한 까닭에 연못에 제방을 쌓아 그 물을 막으니, 역시 節의 뜻이다.

○盧氏曰 此本泰卦 分乾九三 上[145]升坤五 ≪三之五≫ 分坤六五 下處乾[146]三

泰 → 節

○盧氏[147]가 말하였다. "이 節卦는 본래 泰卦의 [下卦인] 乾의 九三을 분리해서 [泰卦의 上卦인] 坤의 제5위로 上升시키고 ≪[泰卦의] 3이 5로 감[148]≫ 坤의 六五를 분리시켜서 下卦의 乾의 [節]三에 處하게 한 것이다."

≪五之三 ○案 曰九曰六 不知爻變也≫

泰 → 節

144) "節而信之"는 『序卦傳』에 나오는 말이다.

145) [校閱] 新朝本과 奎章本과 國中本에 모두 "上升坤五"로 되어 있으나 이정조(李鼎祚)의 『周易集解』(北京市中國書店, 1990)의 原文에는 "上"이 없다. 原文은 다음과 같다. "盧氏曰, 此本泰卦, 分乾九三, 升坤五, 分坤六五, 下處乾三, 是, 剛柔分而剛得中也."(李道平, 『周易集解簒疏』 二, 文史哲出版社, 中華民國 60年, 708면)

146) [校閱] 新朝本에는 "乾節三"으로 되어 있으나 奎章本과 國中本에는 "乾三"으로 되어 있다. 『周易集解』의 原文에는 "節"이 없다. 따라서 여기서는 後者를 따른다.

147) 盧氏 : 노경유(盧景裕)를 가리킴. 盧景裕는 중국 남북조 시대의 역학자, 서준명(徐遵明)에게 易을 배웠는데, 노경유의 易注는 이치가 정미하고, 뜻이 고아하여 크게 칭찬을 받았다고 전해진다. 그는 생도를 모아 교수하지는 않았으나, 그의 역주는 세상에 크게 행해졌다. 노경유의 『주역주』는 이미 없어졌으나, 그 학문은 권회(權會)와 곽무(郭茂)에게 이어졌다.

148) "三之五"는 盧氏의 글을 인용한 것이 아니라, 茶山의 細注이다.

≪[泰卦의] 제5[位의 柔]가 제3位로 간 것이다. ○[案] [盧氏는 卦變의 법칙에 대해서는 알고 있는 듯 하지만, 九三이니, 六五니 하면서] 九를 말하고, 六을 말한 것은 爻變을 모르기 때문에 그렇게 말한 것이다.[149]≫

節, 亨, 苦節不可貞.

節은 亨通함이다. 괴로운 절개(苦節)만으로는 일을 맡아 처리할 수 없다.

此 節之不變者也 剛往得位 ≪陽居五≫ 遂以坎通 ≪上今艮≫ 中乃嘉會 ≪中大离≫ 其占 亨也

泰 → 節

이것은 節卦가 변하지 않는 경우이다. 剛이 가서 지위를 얻어서 ≪陽이 제5위에 머무름≫ 마침내 坎으로서 通하고 ≪[節卦의] 上卦는 지금 艮≫ 가운데서 이에 즐거운 모임을 가지니 ≪가운데 大离가 있음≫ 그 占이 형통한 것이다.

149) 推移는 14辟卦에서 50衍卦로 분화되는 것이다. 이 단계에서는 획(畫)의 위치이동만이 발생할 뿐이다. 그러므로 여기서는 九니 六이니 하는 數로써 설명해서는 안 되며, 剛畫 혹은 柔畫이라는 말로써 설명해야 한다. 九와 六이라는 숫자는 각각 老陽과 老陰을 나타내는 수이다. 따라서 이러한 數를 만나면 少陰과 少陽으로 爻變을 하게 된다. 또한 七과 八은 각각 少陽과 少陰을 나타내는 수인데 이들은 老陽과 老陰으로 변하기 때문에 爻變을 하지 않게 된다.

○苦者 离火之味也 ≪洪範云 炎上作苦≫

○쓴맛(苦)은 离의 불(火)이 나타내는 맛이다. ≪『書經』「洪範」에서 말하였다. "불꽃이 위로 올라가는 것은 쓴맛이 된다."150)≫

節之兩互 其卦爲頤 ䷚ 頤者 大离也 ≪上下夾≫ 下震之竹 ≪山雷卦≫ 上有堅節 ≪艮爲堅多節≫ 中含离苦 ≪火之味≫ 是 苦節也

節→ 兩互作卦→頤

節卦의 兩互卦는 그 卦가 頤卦가 된다. 頤卦는 大离의 괘이니 ≪上[位로부터] 下[位]에 이르기까지, [전체의] 협괘(夾卦)[는 大离]≫ [頤卦의] 아래로는 震의 대나무가 있고 ≪山雷 頤卦≫ 위로는 견고한 마디가 있으며 ≪艮은 견고하고 많은 마디를 상징함≫ 가운데로는 离의 쓴맛을 함유하니 ≪火의 맛[은 쓴맛]≫ 이것이 "苦節"이다.

節有坎固 ≪上有坎≫ 可以幹事 ≪貞 事也≫ 頤則無坎 ≪只上艮≫ 不可貞也 曷然哉 頤自臨來 ≪二之上≫ 震主讓位 ≪本大震≫ 逃於外國 ≪二之上≫ 遂以艮死 ≪物所終≫ 此 苦節也 太伯 逃於荊蠻 伯夷死於首陽 何事可爲 故曰 不可貞

節→兩互作卦→頤 ← 推移 ← 臨

150) 수(水)·화(火)·목(木)·금(金)·토(土)는 오행이 태어난 순서인데, 이 오행이 나타내는 맛은 다음과 같다. 水는 짠 것이고, 火는 쓴 것이고, 木은 신 것이고, 金은 매운 것이고, 土는 단 것이다(『書經』「洪範」篇 참조).

節卦에는 坎의 견고함이 있어서 ≪[水澤 節卦의] 上卦에는 坎이 있음≫ 일을 주간(主幹)할 수 있다. 반면에 ≪貞은 事를 가리킴≫ 頤卦에는 坎이 없으니 ≪[頤卦에는] 다만 上卦인 艮이 있음≫ 일을 맡아 처리할 수 없다. 어째서 그러한가? 頤卦는 臨卦로부터 왔으니 ≪[臨卦의] 2가 上으로 감≫ 震의 주인이 그 지위를 넘겨주고 ≪[臨卦는] 본래 大震의 형태≫ 외국으로 도망가서 ≪[臨卦의] 2가 上으로 감[으로써, 頤卦가 됨]≫ 마침내 艮의 죽음을 맞이하니 ≪[艮은] 物의 終末을 상징함≫ 이것이 "苦節"이다. 태백(太伯)[151]이 [중국(中國) 남방(南方)의] 형만(荊蠻)[152]으로 도망가고, 백이(伯夷)[153]가 수양산(首陽山)에서 죽으니, 무슨 일을 할 수 있겠는가? 그러므로 말하기를, "不可貞"이라고 말한 것이다.

○案 春秋傳曰 聖人達節 ≪君子論子臧≫ 達者 通也 坎以通之 故爲節亨 ≪此 聖人之節≫ 艮以塞之 故爲不可貞[154] ≪此 苦節≫

---

151) 태백(太伯)은 周나라의 건국시조인 太王(고공단보)의 長子이며, 周 文王의 伯父인데, 중옹(仲雍)과 더불어 吳나라를 건국하였다. 원래 太王에게는 태백과 중옹외에 계력(系歷)이라는 막내아들이 있었고, 그의 아들 昌이 현명하여 태왕은 손자 昌에게 왕권을 넘겨주기를 희망하여, 그 뜻을 안 태백과 중옹은 형만(荊蠻) 땅으로 가서 은둔했다.

152) 현재 江蘇省에 있는 소주(蘇州)를 가리킨다. 기원전 12세기경 周의 태백(太伯)과 중옹(仲雍)은 왕위계승의 권력투쟁을 피하여 강남으로 먼길을 떠나 이곳에 정착하게 되었는데, 이때 그들은 황하 문화와 농경기술을 가지고 와서 당시 토목 주민들의 옹호와 환대를 받았다고 한다.

153) 백이(伯夷)와 그의 동생 숙제(叔齊)는 고죽군(孤竹君)의 두 아들인데, 아버지인 孤竹君은 아우인 숙제(叔齊)를 후사(後嗣)로 세우려고 하였으나, 아버지가 죽게 되자 숙제(叔齊)는 형 백이(伯夷)에게 양위하려고 했다. 그러자 백이(伯夷)는 끝내 국외로 도망가 버리고, 숙제도 또한 제위에 오르기를 즐겨하지 않아 도망해 버렸으므로 孤竹國 사람들은 中子를 군주로 세웠다. 그 후, 백이(伯夷)와 숙제(叔齊)는 西伯 昌이 노인을 따뜻하게 모신다는 말을 듣고 거기에 귀속하려고 했으나, 막상 이르고 보니 서백(西伯)은 이미 죽고 그의 아들 무왕(武王)이 동쪽 殷나라의 주왕(紂王)을 치려 하고 있었다. 백이・숙제는 周나라 무왕의 말고삐를 붙들고 간하여, 殷나라를 치려는 것을 말렸으나, 무왕(武王)은 이를 듣지 않았는데, 무왕이 殷의 난을 평정한 뒤, 백이・숙제는 周나라의 녹봉을 먹는 것을 부끄럽게 여기어, 수양산(首陽山)으로 들어가 고사리를 캐어 먹으며 연명하다가 끝내 굶어 죽었다.

154) [校閱] "不可貞"이 新朝本에는 "不貞可"로 되어 있는데, 誤記이다.

○[案]『春秋傳』에 말하기를, "聖[人]達節"이라고 하였는데[155] ≪君子가 [정(鄭)나라 사람] 자장(子臧)[156]에 관하여 논함≫ "達"은 通함이니, 坎으로써 通하게 하는 까닭에 節의 亨通함이 되거니와 ≪이것은 聖人의 節≫ 艮으로써 막는 까닭에 "不可貞"이라고 말한 것이다. ≪이것이 "苦節"의 意味이다.≫

○學稼云 頤之象曰 頤貞吉 彼唯頤養之事 吉也 此云 不可貞 亦唯達節之事 [不][157]可也

○學稼가 말하였다. "頤卦의 「象詞」에서, '頤貞吉'이라고 하였으니, 저 쪽 [頤卦]에서는 오직 기르고 양육하는 일에 있어서 길한 경우이지만, 여기 [節卦]에서는 '[苦節]不可貞'이라고 하였으니, 오직 임의로 절조(節操)를 변통하는 달절(達節)[158]의 일만을 할 수 있다는 뜻이다."[159]

---

155)『春秋左氏傳』에서는 "聖人達節"이라고 한 것이 아니라, "聖達節"이라고 하였다.『左傳』'成公 15年 春'條에 다음과 같은 구절이 있다. "諸侯將見子臧於王而立之. 子臧辭曰, 前志有之曰, 聖達節, 次守節, 下失節, 爲君非吾節也, 雖不能聖, 敢失守乎, 遂逃, 奔宋(제후들이 조나라의 공자 장(臧)을 천자에게 보이고, 그를 조나라 군주로 세우려 하니, 공자 장(臧)은 사퇴하여 말하기를, "옛날의 책에 쓰여져 있어 이르기를, 聖人은 하늘에서 받은 자신의 분수를 남김없이 발휘하여 행하고, 그 다음에 [賢人인] 사람은 자기분수를 잘 지키며, 그 밑에 [어리석은] 사람은 자기의 분수를 잃는다. 군주가 된다는 것은 나의 분수가 아니다. 내 비록 성인이야 될 수 없을망정 , 어찌 분수지키지 못하는 사람이 될 것이랴?" 하고, 곧 송나라로 도망쳐 갔다)."(文璇奎 역,『春秋左氏傳』中, 명문당, 1987, 157~158면)

156) 자장(子臧) : "鄭나라 사람, 자장(子臧)이 宋나라로 달아났었는데 푸른 새의 깃을 모아서 만든 관 쓰기를 좋아하니 그의 아버지 정백(鄭伯)이 자장의 분수에 넘치는 행동을 미워하여 도적을 시켜 죽였다(鄭子臧出奔宋. 好聚鷸冠, 鄭伯聞而惡之, 使盜殺之)." 군자가 말하기를, "옷이 신분에 맞지 않는 것은 몸의 재해이다"라고 하였다.

157) [校閱] 新朝本과 奎章本과 國中本에 모두 "不可也"로 되어 있으나, 문맥상으로 볼 때, '不'字가 잘못 들어간 것으로 보인다.

158) 달절(達節) : ① 사리에 통달하여 격식에 얽매이지 않으면서도 절의에 맞음, ② 세상물정에 통달함.

159) 문맥상으로 볼 때, "亦唯達節之事 不可也"가 아니라, "亦唯達節之事 可也"가 되어야 의미가 통한다. 고절(苦節)만으로는 일을 추진할 수 없으나(不可貞), 달절(達節)은 고절(苦節)과는 달리 수시변통(隨時變通)하여 상황에 적응하는 것이므로, 일을 처리할 수 있다.

○學圃云 渙節之象 皆以兩互取象 ≪皆互頤≫ 反易之卦 文相照也

渙←反易→節

○學圃가 말하였다. "渙卦와 節卦의 象詞는 모두 兩互卦로써 象을 取한 경우이다. ≪[渙卦와 節卦의] 兩互卦는 모두 頤卦가 됨≫ [渙卦와 節卦는 서로] 反易의 [관계에 있는] 卦인 까닭에, [두 卦에 있어서] 文章이 서로 參照된다."

彖曰 : 節, 亨, 剛柔分而剛得中, 苦節不可貞, 其道窮也. 說以行險, 當位以節, 中正以通. 天地節而四時成, 節以制度, 不傷財, 不害民.

「彖傳」: "節亨"이라고 한 것은 剛과 柔가 나누어지고, 剛이 中을 얻었기 때문이요, "苦節不可貞"이라고 한 것은 그 궁색(窮塞)하기 때문이다. 즐거운 마음으로써, 험난함을 행하고, [그] 지위에 합당하게 절제하며, 中正으로써 통하는 것이다. 天地가 절기(節氣)를 조절(調節)함에, 사계절(四季節)이 형성되니, 제도로써 절제하여 [백성의] 재물을 손상하지 않으며, 백성들을 해치지 않는 것이다.

泰之時 陽陰皆純 ≪不相雜≫ 移則分之 ≪三之五≫ 剛柔分也 陽往得五 ≪得其位≫ 剛得中也

泰 → 節

泰卦의 때에, 陽과 陰이 모두 순수하더니 ≪陰과 陽이 서로 섞이지 않음≫ [泰卦로부터 節卦로] 推移하게 되면, [陰과 陽이 서로 모여 있던 것이 다시] 나누어지니 ≪[泰卦의] 3이 5로 감≫ [이것을 가리켜] "剛柔分"이라고 한 것이요, 陽이 가서 제5位를 획득하니 ≪그 지위를 얻음≫ [이것을 가리켜] "剛得中"이라고 한 것이다.

○ 頤之爲卦 ≪兩互頤≫ 始於震道 ≪山雷卦≫ 終以艮迷 ≪爲徑路≫ 其道窮也 節之正卦 ≪句≫ 則有坎通 ≪節上坎≫ 道不窮也

節→兩互作卦→頤

○[山雷] 頤卦의 성격은 ≪[節卦로부터] 兩互卦를 만들면, 頤卦가 됨≫ 震의 길(道)에서 시작하여 ≪山雷 頤卦≫ 艮[의 좁은 길]에서 미혹됨으로써 끝나니 ≪艮은 샛길이 됨≫ [이것을 가리켜] "其道窮也", 즉 "그 길이 막혔다"라고 한 것이다. [節卦의 兩互卦인 頤卦의 경우와는 반대로] 節卦의 正卦에서는 곧 坎의 通함이 있으니 ≪節卦의 上卦는 坎≫ 길이 막히지 않은 것이다.

○ 險而能說 君子之節操也 中天下而立 ≪立坤中≫ 正其身 ≪五得位≫ 以達其義 ≪坎通而兌義≫ 中正以通也

節

○험난함에 처해서도 기뻐할 수 있는 것은 君子의 절개와 지조 때문이다. 天下의 한 가운데 서서 ≪坤의 중간에 섬≫ 그 몸을 바르게 함으로써 ≪5가 지위를 얻음≫ 그 義理에 통달하니 ≪坎은 通함이며, 兌는 義로움≫ [이것을 가리켜] "中正以通"이라고 한 것이다.

○乾節其陽 ≪三之五≫ 坤節其陰 ≪五之三≫ 天地節也 震兌以成 ≪下互震 春 秋≫ 坎离亦具 ≪中大离 冬夏≫ 四時成也

䷊ ䷻

泰 → 節

○乾은 그 陽을 절제하고 ≪[泰卦의] 3이 5로 감≫ 坤은 그 陰을 절제하니 ≪[泰卦의] 5가 3으로 감≫ [이것을 가리켜] "天地節"이라고 한 것이다. [그렇게 陰陽이 절제됨으로써, 節卦에는] 震과 兌가 형성되고 ≪[節卦의] 下互卦는 震이니, 春에 해당됨 [그리고 兌는] 秋에 해당됨≫ 坎과 离도 역시 갖추어져 있으니 ≪[節卦의 2·3·4·5는 大离가 되므로, 節卦의] 가운데 大离가 있으니, [大离는] 여름에 해당됨 [그리고 坎은] 겨울에 해당됨≫ [이것을 가리켜] "四時成"이라고 한 것이다.

坎爲法制 ≪坎爲律≫ 艮爲尺度 ≪艮多節≫ 節以制度也 乾則爲富 ≪易例也≫ 藏富於民 ≪三之五≫ 不傷財也 坤則爲民 ≪上本坤≫ 損君益民 ≪三之五≫ 不害民也 兌雖折而不傷 ≪下今兌≫ 坎雖毒而不害也

䷊ ䷻

泰 → 節

坎은 法制가 되고 ≪坎은 法律이 됨≫ 艮은 척도가 되니 ≪艮은 '多節', 즉 "많은 마디"가 됨≫ [이것을 가리켜] "節以制度", 즉 "節制로써 法度를 지음"이라고 한 것이다. 乾은 곧 富를 상징하니 ≪易例에 따르면, 乾은 富가 됨≫ 백성에게 그 부를 쌓는 까닭에 ≪[泰卦의] 3이 5로 감≫ "不傷財([백성의] 재물을 손상시키지 않는다)"라고 한 것이다. 坤은 곧 백성을 상징하니 ≪[節卦는 泰卦로부터 왔으니, 泰卦의] 上卦는 본래 坤≫ [泰卦로부터 節卦로 推移함은] 君主로부터 덜어서 백성에게 보태 주는 것[에 해당되는 卦象]이므로 ≪[泰卦의] 3이 5로 감≫ "不害民"이라고 한 것이다. [節卦에는] 비록 兌의 꺾어짐이 있더라도, 손상되지 않는 것이며 ≪[節卦의] 下卦는 지금 兌≫ 비록 坎의 독(毒)이 있더라도, 해치지 않는 것이다.

初九 : 不出戶庭, 无咎. ◯ 象曰 : 不出戶庭, 知通塞也.

初九 : [말소리를 함부로] 문 밖으로 내보내지 않으니, [이처럼 언어를 절제한다면] 허물이 없을 것이다. ◯「象傳」: [말소리를 함부로] 문 밖으로 내보내지 않으니, [이처럼 언어를 신중하게 절제하는 것은] 통하고 막힌 바를 알기 때문이다.

此 節之坎也 坎自觀來 ≪上之二≫ 大艮之戶 ≪觀大艮≫ 坤 其庭也 ≪土在戶之下≫

節 → 坎 ← 觀

이것은 節卦가 坎卦로 변하는 경우이다. 坎卦는 觀卦로부터 왔으니 ≪[觀卦의] 上이 2로 감≫ 大艮의 門[아래]에 [있는] ≪觀은 大艮의 형태≫ 坤은 그 뜰이다. ≪흙이 지게문 아래에 있음≫

亦自臨來 ≪一之五≫ 兌口之啓 ≪臨下兌≫ 言語無節 ≪上无阻≫ 移之爲坎則 戶庭之內 ≪觀大艮之內≫ 兌言遂滅 ≪下今坎≫ 不出戶庭也 ≪言語 不出戶≫ 曷云哉 節言語 節飮食 節制之大者也 節之爲卦 兌口在下 坎法爲節故 諸爻多此戒也

節 → 坎 ← 臨

[坎卦는] 또한 臨卦로부터 왔으니 ≪1이 5로 감≫ 兌의 입이 열림에 ≪臨卦의 下卦는 兌≫ 언어에 절도(節度)가 없더니 ≪臨卦의 兌口의 위에 막힌 것이 없음≫ [臨卦로부터] 推移하여, 坎卦가 되면, 곧 지게문과 정원의 내부에 ≪觀卦는 大艮이니, 大艮의 內部를 지칭함≫ 兌의 언어가 마침내 사라지니 ≪[習坎卦의] 下卦는 지금 坎이 됨≫ [이것을 가리켜] "不出戶庭([말을] 門과 뜰 밖으로 내보내지 않음)"이라고 한 것이다. ≪말소리가 지게문 밖으로 나가지 않음≫ 어찌하여 그러한가? 언어를 절제하며, 음식을 절제함은 절제[의 미덕] 가운데 [가장] 큰 것이니, 節卦는 兌의 입이 下卦에 있고, 坎의 법률로 절제함이 되는 까닭에, [節卦의] 모든 爻에서 대부분 이로써 경계를 삼은 것이다.

○臨之時 兌厲升剛 ≪柔居三≫ 今陽旣升 ≪一之五≫ 是 无咎也 ≪善補過≫ 言語旣節 何咎之有

䷻ ䷜ ䷒

節 → 坎 ← 臨

○臨卦의 때에는, 兌에서 剛을 올라타고 있어 위태롭더니 ≪[臨卦에서] 柔가 3位에 머무름≫ 지금 [坎卦가 되면] 陽이 이미 [위로] 상승하니 ≪[臨卦의] 1이 5로 감≫ 이것이 "无咎"이다. ≪잘 허물을 보완함≫ 이미 언어를 절제하였는데, 무슨 허물이 있겠는가?

○坎則爲通 ≪說卦文≫ 兌乃爲塞 ≪川壅而爲澤≫ 我塞而彼通也 ≪內爲我≫ 當此之時 言語不愼 ≪兌爲言≫ 不可[160]謂知乎 今言不出 ≪兌今亡≫ 知通塞也 ≪坎爲知≫ 知者寡言

䷊ ䷻ ䷜

泰 → 推移 → 節→初爻變→坎

○坎은 곧 通함이 되며 ≪「說卦傳」의 글≫ 兌는 이에 막힘이 되니 ≪냇물이 막혀서, 연못이 됨≫ 나(我)의 편에서는 궁색(窮塞)한 반면에, 저 쪽은 통해 있다. ≪內卦는 我가 됨≫ 이러한 때를 맞아서, [만일] 언어(言語)를 신중하게 삼가지 않는다면 ≪兌는 言語가 됨≫ 지혜롭다고 말할 수 없을 것이다. 지금 말을 꺼내지 않으니 ≪[坎卦에서] 兌가 지금 없어짐≫ [이것을 가리켜] "知通塞", 즉 "通하고 막힘을 안다"라고 한 것이다. ≪坎은 지혜(知慧)가 됨≫ 아는 자는 [본래] 말이 적은 법이다.

---

160) [校閱] 新朝本에는 "不可謂知乎"로 되어 있으나 奎章本과 國中本에는 "可謂知乎"로 되어 있다. 그러나 뜻이 반대로 되는 것은 아니고 표현형식에 있어 차이가 있을 뿐이다. 즉, 前者의 경우에는 "안다고 말할 수 없을 것이로다"로 풀이할 수 있고, 後者의 경우에는 "안다고 말할 수 있을 것인가?"로 풀이된다.

孔子曰 亂之所生也 《節上坎 爲亂》 則言語 《節下兌爲言》 以爲階 《乾三陽 爲階三級》 君不密 《泰之乾君 開[161]其口》 則失臣 《三之五 而上坤亡》 臣不密 《五之三 又成兌言》 則失身 《坤體亡》 幾事 《坎爲機》 不密 《乾三陽 爲密》 則害成 《三之五爲坎》 是以 君子 《習坎之互震》 愼密 《坎德 堅固 亦爲密》 而不出也 《兌言 滅於艮戶內》

䷊ ䷻
泰 → 節

孔子께서 말씀하셨다. "곤란함이 생겨나는 것은 《節卦의 上卦는 坎이니, [坎은] 亂이 됨》 곧 언어를 《節卦의 下卦는 兌인데, [兌는] 언어를 상징함》 층계로 삼아 [그로 말미암아 단계적으로] 생겨나는 것이니 《[節卦는 泰卦로부터 왔으며, 泰卦의 下卦는 乾이니] 乾의 세 陽은 층계(層階)의 세 단계가 됨》 군주가 [언어를] 긴밀하게 단속하지 않는다면 《泰卦의 乾의 君主가 그 입을 여는 것에 해당됨》 곧 臣下를 잃을 것이며 《[泰卦의] 제3位에 있는 剛이 5로 가[서 節卦가 되]니, [節卦에서] 上卦의 坤이 없어짐》 臣下가 [언어를] 긴밀하게 단속하지 않는다면 《제5位의 柔가 제3位로 가니, 다시 兌의 언어를 형성함》 곧 [자신의] 몸을 잃을 것이며, 《坤의 형체가 없어짐》 기밀을 지켜야 할 일을 《坎은 機가 됨》 긴밀하게 하지 않는다면 《乾卦의 세 陽이 긴밀함의 뜻이 됨》 곧 해를 입을 것이다. 《3이 5로 가서 坎이 됨》 이러한 까닭에 君子는 《習坎卦의 互震은 君子[에 해당됨]》 긴밀함을 신중히 하고 《坎의 성질은 견고함이 되며, 또한 긴밀함이 됨》 [말을 밖으로] 내지 않는 것이다." 《[習坎卦가 되면] 兌의 言語가 艮의 戶[지게문] 안에서 소멸된다.》

---

161) [校閱] 新朝本에는 "關其口"로 되어 있으나 奎章本에는 "開其口"로 되어 있다. "關其口(그 입을 걸어 잠근다)"와 "開其口(그 입을 연다)"는 그 뜻이 서로 반대이다. "君不密"에 대한 細注이므로, 後者가 옳다.

○案 卦自泰來 其始也 乾君坤臣 各安其分 ≪內外位≫ 移之爲節 則君言一出 ≪三之五≫ 坤臣作亂 ≪坎爲亂≫ 當此之時 一言不密 機事盡泄 故戒之如此

泰 → 節

○[案] 節卦는 泰卦로부터 왔으니, 그 始作[인 泰卦]에 있어서는 乾의 君主와 坤의 臣下가 각각 그 분수에 안주(安住)하고 있더니 ≪內卦와 外卦에 자리잡고 있음≫ [泰卦로부터] 推移하여 節卦가 되면, 곧 君主의 한 마디 말이 말해지자 ≪[泰卦의] 3이 5로 감≫ 坤의 臣下가 난리를 일으키니 ≪坎은 亂이 됨≫ 이러한 때를 당해서, 한 마디 말이라도 긴밀하게 하지 않는다면, 기밀을 지켜야 하는 일이 모두 새어 나가게 되는 까닭에 경계하기를 이와 같이 한 것이다.

九二 : 不出門庭, 凶. ○ 象曰 : 不出門庭, 凶, 失時極也.

九二 : 門庭 밖으로 [말소리조차] 나가지 않으니, 흉할 것이다. ○「象傳」: "不出門庭, 凶"이라고 한 것은 [그 적절한] 시기(時機)를 놓침이 극(極)에 이르렀음을 말한 것이다.

此 節之屯也 屯自觀來 大艮之門 ≪觀大艮≫ 坤 其庭也 ≪門內地≫

節 → 屯 ← 觀

이것은 節卦가 屯卦로 변하는 경우이다. 屯卦는 觀卦로부터 왔으니, 大艮의 門이 있으며 ≪觀은 大艮의 형태≫ 坤은 그 정원(庭園)이다. ≪門의 안쪽에 있는 땅[이므로, 정원이 된다.]≫

亦自臨來 兌口之啓 言語无節 ≪上无阻≫ 移之爲屯 則門庭之內 兌言遂滅 ≪下今震≫ 不出門庭也 ≪言語 不出門≫ 易例 以下爲內故 初爲戶庭 ≪戶在內≫ 二爲門庭也 ≪門在外≫

節 → 屯 ← 臨

屯卦는 또한 臨卦로부터 왔으니, 兌의 입이 열려 있어서 언어(言語)가 절제(節制)됨이 없었는데 ≪위로 가로막힌 것이 없음≫ [臨卦로부터] 推移하여 屯卦로 되면, 곧 門庭의 안쪽에서 兌의 언어가 마침내 소멸되니 ≪[屯卦의] 下卦는 지금 震≫ "不出門庭", 즉 "[언어가] 門庭 밖으로 나가지 않음"이라고 한 것이다. ≪言語가 門 밖으로 나가지 않음을 가리킴≫ 易例에 下卦를 內(部)에 배당시켰으므로, 初位는 호정(戶庭)에 해당되고 ≪'戶', 즉 지게문은 안쪽에 있음≫ 제2位는 문정(門庭)에 해당된다. ≪門은 바깥쪽에 있다.≫

○陽進至三 ≪泰之時≫ 旣退一步 ≪移爲節≫ 二之旣變 又退一步 失時極也

復 → 臨 → 泰 → 推移→ 節→ 2爻變→ 屯

○[復卦로부터, 臨卦를 거쳐, 泰卦가 됨에] 陽이 前進하여 제3位에까지 이르렀더니 ≪泰卦의 때≫ 이미 한 걸음 물러서고 ≪[泰卦로부터] 推移하여 節卦가 됨≫ 제2爻가 이미 변하여 [屯卦로 되면] 또 다시 한 걸음 물러서니, "失時極"이라고 한 것이다.

六三 : 不節若, 則嗟若. 无咎. ○ 象曰 : 不節之嗟, 又誰咎也.

六三 : 절제(節制)하지 않는다면, 곧 탄식할 일이 있을 것이다. [그러나 그 잘못을 뉘우친다면] 허물이 없게 될 것이다. ○「象傳」: 절제하지 않아 탄식하게 되더라도 [다시 그 잘못을 뉘우친다면] 또한 누가 허물하겠는가?

此 節之需也 需自大壯來 ≪四之五≫ 大壯者 兼兌也 ≪兼畫三≫ 言語不節 ≪大兌言≫ 亂之本也 ≪坎將作≫ 飮食不節 ≪大兌食≫ 病之招也 ≪坎爲病≫ 兌體旣大 ≪兼畫兌≫ 不節若也 移之爲需 則坎心之痛 ≪需上坎≫ 發於兌口 ≪大壯本兼兌≫ 則嗟若也 離 萃 宜參看 ≪皆 坎兌爲嗟≫

節 → 需 ← 大壯

이것은 節卦가 需卦로 변하는 경우이다. 需卦는 大壯卦로부터 왔다. ≪4가 5로 감≫ 大壯卦는 겸태(兼兌)니 ≪[大壯卦를] 겸획(兼畫)하여 삼획괘(三畫

卦)로 만들면 兌가 됨≫ 언어를 절제하지 않는 것은 ≪大兌는 언어를 상징함≫ 亂의 근본이요 ≪坎이 장차 일어나려 함≫ 음식을 절제하지 않는 것은 ≪大兌는 음식을 상징함≫ 병을 불러오는 원인이 된다. ≪坎은 질병이 됨≫ [大壯卦는] 兌의 형체가 이미 크니 ≪겸획(兼畫)하면 兌가 됨≫ "不節若"의 상태이다. [大壯卦로부터 推移하여] 需卦가 되면, 곧 坎心의 고통을 ≪需卦의 上卦는 坎≫ 兌의 입으로 표현하니 ≪大壯卦는 본래 兼兌≫ "則嗟若(곧 탄식할 것)"이라고 한 것이다. 離卦[162)]와 萃卦[163)]의 경우를 마땅히 참고해 보아야 한다. ≪[離卦와 萃卦의 경우] 모두 坎과 兌로써 [탄식할] '嗟(차)'의 뜻으로 삼았다.≫

○大壯之時 卦德甚厲 ≪乘四剛≫ 今也 剛升而得位 ≪四之五≫ 是 无咎也

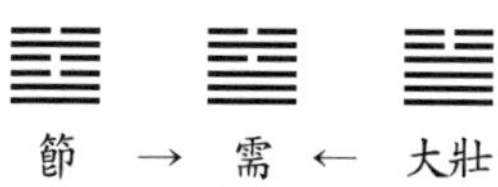

○大壯卦의 때에, 卦의 성격이 심히 위태롭더니 ≪[大壯卦에서] 제2位의 柔가 제4位의 剛을 타고 있음≫ 지금 [需卦에서는] 剛이 上昇하여, [그 합당한] 지위를 얻음이니 ≪[大壯卦의] 4가 5로 감≫ 이것이 "无咎"가 되는 까닭이다.

---

162) 離卦 六五의 "戚嗟若(슬퍼하고 탄식하는 듯함)"의 주석에서, 다산은 嗟을 坎과 兌의 象과 연관시켜 설명하고 있다.

163) 萃卦 六三의 "萃如嗟如, 无攸利(마치 모여 있는 듯 하며, 마치 탄식하는 듯 하니, 이로운 바가 없다)"의 주석에서 다산은 '嗟(탄식함)'의 의미를 坎과 兌와 연관시켜 설명하고 있다. 離卦 六五와 萃卦 六三에서 어느 경우이나 간에 坎 혹은 兌 중 어느 하나만으로 탄식함(嗟)의 의미가 성립하는 것은 아니다. 坎의 근심을 兌의 입으로 탄식하는 것이기 때문에, 坎과 兌의 象이 같이 있어야만 탄식함의 의미가 성립하게 된다. 이것은 節卦 六三의 "則嗟若(곧 탄식함)"에서도 마찬가지이니, 坎心의 苦痛을 兌의 입으로 표현하기 때문에 탄식함이 된다.

○既能嗟歎[164)]悔改可知 ≪兼兌變≫ 改之爲貴 又誰咎焉

節 → 需 ← 大壯

○이미 [자신의 잘못에 대하여] 탄식할 수 있다면, [또한 그 잘못을] 뉘우치고, 고칠 수도 있음을 알 수 있으니 ≪[大壯卦인] 兼兌가 변함≫ [잘못을] 고치는 것을 귀중하게 여긴다면, 또 누가 허물할 수 있을 것인가?

○案 泰卦之移爲節 ≪三之五≫ 大壯之移爲需 ≪四之五≫ 皆始不節 而終節也 故其占爲无咎

泰 → 節 → 需 ← 大壯

○[案] 泰卦가 옮겨져서 節卦가 되는 경우와 ≪3이 5로 감≫ 大壯卦가 推移하여 需卦가 되는 경우에도 ≪4가 5로 감≫ 모두 시작에는 절제하지 못하다가 끝에 가서는 절제로써 마치는 까닭에, 그 占이 "无咎"가 된다.

六四 : 安節, 亨. ○ 象曰 : 安節之亨, 承上道也.

164) [校閱] 新朝本에는 "嗟歎"으로 되어 있으나 奎章本과 國中本에는 "嗟嘆"으로 되어 있다. 뜻에는 차이가 없다.

六四 : 안일(安逸)함[에 빠지는 것]을 절제하니, 형통하다. ○「象傳」: 안일(安逸)함[에 빠지는 것]을 절제함으로써 형통한 것은 上位의 道를 받들기 때문이다.

此 節之兌也 兌自中孚來 ≪四之上≫ 亦自大壯來 ≪五之三≫ 中孚之時 旣治旣安 ≪大离爲治安≫ 上下無事 ≪與坎勞相反≫

節 → 兌

大壯 → 兌 ← 中孚

이것은 節卦가 兌卦로 변하는 경우이다. 兌卦는 中孚卦로부터 왔으며 ≪[中孚卦의] 4가 上으로 감≫ 또한 大壯卦로부터 왔다. ≪[大壯卦의] 5가 3으로 감≫ 中孚卦의 때에는 이미 다스려지고 이미 편안하여 ≪大离는 다스림이 편안한 것을 가리킴≫ 위와 아래로 [힘든] 일이 없다. ≪坎의 노역(勞役)과 상반됨≫

大壯之卦 本有泰進 ≪三陽而加一≫ 其安彌久 ≪序卦云 泰者 安也≫ 移之爲兌則 柔往成兌 ≪四之上≫ 遂以坎勞 ≪三六爽≫ 此所謂 悅以忘勞也 ≪孔子 於兌云≫ 勞逸有節 ≪昔逸而今[165]勞≫ 是 安節也 ≪節其安≫

泰 → 大壯 → 兌

大壯卦는 본래 泰卦로부터 나아온 것이니 ≪[大壯卦는 泰卦의] 세 陽에

---

165) [校閱] 奎章本과 國中本에는 "今"(금)으로 되어 있으나, 新朝本에는 "合"으로 되어 있다. 前者가 옳다.

한 개의 陽을 더한 것≫ 그 [泰卦의 때의] 편안함이 [大壯卦에 이르면] 더욱 오래 가더니 ≪『序卦傳』에서 "泰는 편안함"이라고 함≫ [大壯卦로부터] 推移하여 兌卦로 되면, 柔가 가서 兌를 이루어 ≪[大壯卦의] 4가 上으로 감≫ 마침내 坎의 勞苦가 있으니 ≪[兌卦의] 3·4·5·6의 협괘(夾卦)[는 大坎卦]≫ 이것이 이른바 "悅以忘勞(즐거움으로써 勞苦를 잊는다)"의 뜻이다. ≪孔子가 兌卦의 「彖傳」에서 그렇게 말함166)≫ [이처럼] 노동과 휴식에 절도가 있으니 ≪옛날에는 편안했으나 지금은 수고롭다.≫ 이것이 [이른바] "安節"의 뜻이다. ≪그 편안함을 절제함이다.≫

○不失嘉會 ≪猶互离≫ 其占亨也

節 → 兌

○기쁜 만남을 잃지 않으니 ≪[嘉會는 离의 象이니, 兌卦의] 下互卦는 离와 같음≫ 그 점이 길하다.

○上道者 大壯之上震也 ≪震爲途≫ 移之爲兌 上下皆悅 ≪上下兌≫ 承上道也 ≪下兌承上兌≫

大壯 → 兌

○"上道"라고 함은 大壯卦의 上卦인 震을 가리킨 것이니 ≪震이 길

166) "悅以忘勞"라는 말이 兌卦에 나오는 것은 아니다. 다만, 兌卦의 「彖傳」에 다음과 같은 말이 있다. 즉 "說以先民, 民忘其勞, 說以犯難, 民忘其死([백성들을] 즐겁게 해주는 말로써, 몸소 백성들 앞에 나선다면, 백성들이 그 노고勞苦를 잊을 것이고, 말로써 [백성들을] 즐겁게 해주면서, 기꺼이 험난함을 무릅쓴다면, 백성들이 죽음을 잊을 것이다)." 따라서 "悅以忘勞"라는 말은 "說以……"와 "民忘其勞"와 "民忘其死"의 전체 문장을 축약한 것으로 볼 수 있다.

이 됨≫ [大壯卦로부터] 推移하여 兌卦가 되면 위와 아래로 모두 즐거워하니 ≪上卦과 下卦가 [모두] 兌≫ 이것을 가리켜 "承上道"라고 한 것이다. ≪下卦인 兌가 上卦인 兌를 받드는 象≫

○案 人之所不能節者 言語也 飮食也 安逸也 故爻詞 必以是三者爲戒

○[案] 사람이 절제(節制)하기 어려운 것은 언어(言語)와 음식(飮食)과 안일(安逸)함이다. 이러한 까닭에 爻詞에서 반드시 이 세 가지 것으로써 경계한 것이다.

九五 : 甘節, 吉. 往有尙. ○象曰 : 甘節之吉, 居位中也.

九五 : 감미(甘味)로움[에 탐닉(耽溺)하는 것]을 절제하니, 길할 것이다. [백성을 영도(領導)하러] 가면, 숭상(崇尙)을 받음이 있을 것이다. ○「象傳」: 감미(甘味)로움[에 탐닉(耽溺)하는 것]을 절제하니, 길한 것은 그 머무르는 지위가 中位에 있기 때문이다.

此 節之臨也 卦自泰來 ≪三之五≫ 泰由臨進 ≪泰三陽≫ 臨之時坤土無疆 ≪臨上坤≫ 兌口仰食 ≪臨下兌≫ 土爰稼穡 ≪互震稼≫ 厥味作甘 ≪洪範文≫

臨 → 泰 → 節

이것은 節卦가 臨卦로 변하는 경우이다. 節卦는 泰卦로부터 오고 ≪3

이 5로 감≫ 泰卦는 臨卦로부터 말미암아 나아간 것이다. ≪泰卦의 세 陽[은 臨卦의 두 陽으로부터 나아간 것]≫ 臨卦의 때에, 坤의 땅에 경계가 없고 ≪臨卦의 上卦가 坤≫ 兌의 입은 음식을 향해 우러러 보고 있었는데 ≪臨卦의 下卦가 兌≫ 땅에서 이에 [곡식을] 심고 거두게 됨에 ≪下互卦인 震은 곡식을 상징함≫ 그 [곡식의] 맛이 달콤하다. ≪『書經』「洪範」에 나온다.[167]≫

進而爲泰 ≪臨而泰≫ 其甘不節 ≪諸象 如臨時≫ 甘之不已 必至夬乾 ≪將盡食坤土≫ 移之爲節 則坎以節之 ≪又艮止≫ 此 甘節也 五爲卦主 故言其本象

[臨卦로부터] 나아가 泰卦가 되면 ≪臨卦에서 泰卦로 나아감≫ 그 단맛을 절제하지 못하여 ≪[泰卦의] 모든 象이 臨卦의 때와 같음≫ [그] 감미로움의 그치지 않음이 夬卦와 乾卦에까지 계속되더니 ≪장차 坤의 땅을 모두 먹음≫ [泰卦로부터] 推移하여 節卦가 되면, 坎으로써 절제하게 되니 ≪[節卦의 互卦인] 艮도 역시 그치는 것을 상징함≫ 이것을 가리켜 "甘節"이라고 한 것이다. 제5位가 卦主가 되는 까닭에 그 本象을 말한 것이다.

○剛往居五 ≪三之五≫ 以領坤民 往有尙也 ≪上於民≫

167) 『書經』「洪範」篇에 "土爰稼穡. 潤下作鹹, 炎上作苦, 曲直作酸, 從革作辛, 稼穡作甘(土는 이에 稼穡을 한다. 潤下는 짠 것이 되고, 炎上은 쓴 것이 되고, 曲直은 신 것이 되고, 從革은 매운 것이 되고, 稼穡은 단 것이 된다)"라고 함. "土爰稼穡"은 『書經』에 나오는 말이지만, "厥味作甘"이라는 말은 『書經』「洪範」篇에 없다.

䷊ → ䷻

泰 → 節

○剛이 가서 제5位에 머무름으로써 ≪[泰卦의] 3이 5로 감≫ 坤의 백성을 영도(領導)하니, "往有尙"라고 말한 것이다. ≪[節卦의 제5位의 剛이 제3·4位의 柔의 위에 있으니] 백성의 위에 있음을 가리킨다.≫

○以剛得位 ≪陽居五≫ 居位中也

䷊ → ䷻

泰 → 節

○剛으로써 그 [합당한] 지위를 얻었으니 ≪陽이 제5位에 있음≫ 머무르는 위치가 中位에 있는 것이다.

䷼

上六 : 苦節, 貞凶. 悔亡. ○象曰 : 苦節, 貞凶, 其[168]道窮也.

上六 : 괴로운 절개(節槪)이니, 일을 맡아 처리하더라도 凶할 것이다. [변화가 있더라도, 다시 본래의 상태를 회복할 것이니, 결국에는] 바뀐 것이 없어질 것이다.[169] ○「象傳」: "苦節貞凶"이라고 한 것은 그 道가 궁색(窮塞)하기 때문이다.

168) [校閱] 新朝本에는 "其道窮也"의 "其"가 빠져 있으나, 誤記이다.

169) "苦節, 貞, 凶"과 "悔亡"을 별개의 사건으로 보고, 일단 "苦節, 貞, 凶"에서 문장을 끊고, 다시 "悔亡"이라는 별도의 문장이 시작되는 것으로 해석하였다.

此 節之中孚也 中孚者 大离也 ≪兼畫三≫ 炎上作苦 ≪洪範文≫ 此 苦節也 ≪義見彖≫ 坎貞亦滅 ≪上今巽≫ 於事 凶也

節 → 中孚

이것은 節卦가 中孚卦로 변하는 경우이다. 中孚는 大离의 형태이다. ≪[中孚卦를] 兼畫하여 삼획괘(三畫卦)[로 만들면, 离가 됨]≫ 불꽃이 위로 올라가는 것이 쓴맛이 되니 ≪『書經』「洪範」篇의 글[170]≫ 이것을 "苦節"이라고 한다. ≪뜻이 彖詞에 보인다.[171]≫ [節卦가 中孚卦로 되면] 坎의 일도 역시 소멸되니 ≪[中孚卦의] 上卦가 지금 巽≫ 일[을 맡아 처리함]에 있어 흉한 것이 된다.

○ 泰之時 坤德柔順 ≪泰上坤≫ 移之爲節 坎德剛險 ≪三之五≫ 今也 巽德柔順 ≪上今巽≫ 悔者亡也

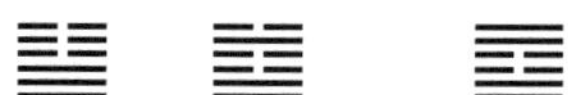

泰 → 節→上爻變→中孚

○ 泰卦의 때에는, 坤의 성질이 유순(柔順)하였는데 ≪泰卦의 上卦가 坤≫ [泰卦로부터] 추이하여 節卦로 되면, [節卦의 互卦인] 坎의 성질이 剛하고, 험난하게 된다. ≪[泰卦의] 3이 5로 감≫ [그런데 節卦 上六이 효변하여 中孚卦로 되면] 지금 巽이 다시 유순한 성질로 되니 ≪[中孚卦의] 上卦가 지금 巽≫ 변화됨이 없어진 것이다.

---

170) 앞의 주석의 「洪範」篇의 인용문을 참고할 것.

171) 茶山은 彖辭의 주석에서 태백(太伯)이 형만(荊蠻)으로 도망가고, 백이(伯夷)가 수양산(首陽山)에서 굶어죽은 것을 苦節의 例로 들고 있다.

○ 艮徑本迷 ≪三五互≫ 坎通又塞 ≪上今剛≫ 其道窮也

泰 → 節→上爻變→中孚

○ 艮의 길은 본래 미혹된 것이니[172] ≪[節卦의] 3・4・5의 互卦≫ [節卦의 互卦인] 坎으로써 通하던 것이 다시 [中孚卦가 되면] 막히게 되니 ≪[中孚卦의] 上畫이 지금 剛≫ "其道窮"이라고 한 것이다.

象傳之文 與彖傳同者 ≪皆云 其道窮≫ 明頤與中孚 皆大离也

節→ 兩互作卦→ 頤

節 → 中孚

「象傳」의 文章이 「彖傳」과 같은 것은 ≪[두 경우] 모두 "其道窮"이라고 함≫ 頤卦와 中孚卦가 모두 大离의 형태라는 것을 [분명히] 밝히기 위한 것이다.[173]

---

172) 茶山은 「說卦傳」의 艮卦의 주석에서 "徑路前塞, 迷之象也(좁은 길에 앞이 막혀 있으니 혼미함의 象이다)"라고 하였다.

173) 앞서 「彖傳」의 주석에서 다산은 "頤之爲卦, 始於震道, 終以艮迷, 其道窮也, 節之正卦, 則有坎通, 道不窮也"라고 하였다. 즉 節卦를 正卦로써 관찰하면, "其道窮也"가 되는 것이 아니라, 오히려 "道不窮也"가 되기 때문에, 節卦의 兩互卦인 頤卦로써 관찰해야만 "其道窮也"의 해석이 가능하다고 본 것이다. 또 지금 節卦 上六의 「象傳」에서 다시 "道窮也"가 나오는데, 이 경우는 節卦 上六이 효변하여 中孚卦로 되면, 3・4・5가 艮이 되기 때문에, "道窮也"가 되는 것이다. 다산은 「彖傳」과 上六의 爻詞에서 공통적으로 "[其]道窮也"라고 한 것은 頤卦와 中孚卦가 모두 大离의 형태라는 것을 분명히 밝히기 위한 것이라고 하였다. 그렇지만, 이러한 다산의 설명에는 오해가 생길 여지가 있다. 엄밀히 말한다면, 의미상으로 볼 때, 大离라는 것과 "道窮也"가 직접적으로 연관되는 것은 아니다. 다만 大离의 卦形에는 艮이 자연적으로 내포되어 있기 때문에, 艮의 길이 미혹하여 "道窮也"라는 해석이 가능하게 되는 것이다.

爻變表

1.乾	2.坤	3.屯	4.蒙	5.需	6.訟	7.師	8.比
初九=乾之姤	初六=坤之復	初九=屯之比	初六=蒙之損	初九=需之井	初六=訟之履	初六=師之臨	初六=比之屯
九二=乾之同人	六二=坤之師	六二=屯之節	九二=蒙之剝	九二=需之既濟	九二=訟之否	九二=師之坤	六二=比之坎
九三=乾之履	六三=坤之謙	六三=屯之既濟	六三=蒙之蠱	九三=需之節	六三=訟之姤	六三=師之升	六三=比之蹇
九四=乾之小畜	六四=坤之豫	六四=屯之隨	六四=蒙之未濟	六四=需之夬	九四=訟之渙	六四=師之解	六四=比之萃
九五=乾之大有	六五=坤之比	九五=屯之復	六五=蒙之渙	九五=需之泰	九五=訟之未濟	六五=師之坎	九五=比之坤
上九=乾之夬	上六=坤之剝	上六=屯之益	上九=蒙之師	上六=需之小畜	上九=訟之困	上六=師之蒙	上六=比之觀
用九=乾之坤	用六=坤之乾						

9.小畜	10.履	11.泰	12.否	13.同人	14.大有	15.謙	16.豫
初九=小畜之巽	初九=履之訟	初九=泰之升	初六=否之无妄	初九=同人之遯	初九=大有之鼎	初六=謙之明夷	初六=豫之震
九二=小畜之家人	九二=履之无妄	九二=泰之明夷	六二=否之訟	六二=同人之乾	九二=大有之離	六二=謙之升	六二=豫之解
九三=小畜之中孚	六三=履之乾	九三=泰之臨	六三=否之遯	九三=同人之无妄	九三=大有之睽	九三=謙之坤	六三=豫之小過
六四=小畜之乾	九四=履之中孚	六四=泰之大壯	九四=否之觀	九四=同人之家人	九四=大有之大畜	六四=謙之小過	九四=豫之坤
九五=小畜之大畜	九五=履之睽	六五=泰之需	九五=否之晉	九五=同人之離	六五=大有之乾	六五=謙之蹇	六五=豫之萃
上九=小畜之需	上九=履之兌	上六=泰之大畜	上九=否之萃	上九=同人之革	上九=大有之大壯	上六=謙之艮	上六=豫之晉

17.隨	18.蠱	19.臨	20.觀	21.噬嗑	22.賁	23.剝	24.復
初九=隨之萃	初六=蠱之大畜	初九=臨之師	初六=觀之益	初九=噬嗑之晉	初九=賁之艮	初六=剝之頤	初九=復之坤
六二=隨之兌	九二=蠱之艮	九二=臨之復	六二=觀之渙	六二=噬嗑之睽	六二=賁之大畜	六二=剝之蒙	六二=復之臨
六三=隨之革	九三=蠱之蒙	六三=臨之泰	六三=觀之漸	六三=噬嗑之離	九三=賁之頤	六三=剝之艮	六三=復之明夷
九四=隨之屯	六四=蠱之鼎	六四=臨之歸妹	六四=觀之否	九四=噬嗑之頤	六四=賁之離	六四=剝之晉	六四=復之震
九五=隨之震	六五=蠱之巽	六五=臨之節	九五=觀之剝	六五=噬嗑之无妄	六五=賁之家人	六五=剝之觀	六五=復之屯
上六=隨之无妄	上九=蠱之升	上六=臨之損	上九=觀之比	上九=噬嗑之震	上九=賁之明夷	上九=剝之坤	上六=復之頤

25.无妄	26.大畜	27.頤	28.大過	29.坎	30.離	31.咸	32.恒
初九=无妄之否	初九=大畜之蠱	初九=頤之剝	初六=大過之夬	初六=坎之節	初九=離之旅	初六=咸之革	初六=恒之大壯
六二=无妄之履	九二=大畜之賁	六二=頤之損	九二=大過之咸	九二=坎之比	六二=離之大有	六二=咸之大過	九二=恒之小過
六三=无妄之同人	九三=大畜之損	六三=頤之賁	九三=大過之困	六三=坎之井	九三=離之噬嗑	九三=咸之萃	九三=恒之解
九四=无妄之益	六四=大畜之大有	六四=頤之噬嗑	九四=大過之井	六四=坎之困	九四=離之賁	九四=咸之蹇	九四=恒之升
九五=无妄之噬嗑	六五=大畜之小畜	六五=頤之益	九五=大過之恒	九五=坎之師	六五=離之同人	九五=咸之小過	六五=恒之大過
上九=无妄之隨	上九=大畜之泰	上九=頤之復	上六=大過之姤	上六=坎之渙	上九=離之豊	上六=咸之遯	上六=恒之鼎